COCKTAIL KUNST

DIE ZUKUNFT DER BAR

Alle Angaben in diesem Werk wurden sorgfältig erarbeitet. Dennoch erfolgen
alle Angaben ohne Gewähr. Die in diesem Buch enthaltenen Informationen
sind weder völlig umfassend noch verbindlich. Verlag und Autor haften nicht
für eventuelle Nachteile und Schäden, die aus den im Buch gemachten
praktischen Hinweisen und dem Genuss genannter Nahrungsmittel resultieren.

© 2014 Fackelträger Verlag GmbH, Köln
Alle Rechte vorbehalten
Autor: Stephan Hinz
Unterstützt von: Andreas Kämmerling, Eva Zellmer, Lars Holzem, Ole Vormbrock
Fotografie: Daniel Kokavecz, Simon Gunnemann
Illustration: Florian Frick
Satz und Gestaltung: e.s.n Agentur für Produktion und Werbung GmbH
Gesamtherstellung: Fackelträger Verlag GmbH, Köln

ISBN: 978-3-7716-4553-3

www.fackeltraeger-verlag.de
www.cocktailkunst.de

COCKTAIL KUNST

DIE ZUKUNFT DER BAR

STEPHAN HINZ

Edition
Fackelträger

VOR WORT

Bunte, klebrige Happy-Hour-Drinks in riesigen Gläsern, ganze Obstplantagen als Dekoration und fragwürdiges Gedudel aus den Lautsprechern. So sahen die Bars aus, in denen ich anfing zu arbeiten. Und es gefiel mir, bei der Arbeit unter Menschen zu sein, neue Gäste kennenzulernen, Gastgeber sein zu dürfen. Obstplantagen hin oder her. Doch es war auch klar: Ich will mehr!

Ich war hungrig auf Erfahrung und Genuss. Und nachdem ich früh lernen musste, für mich selbst verantwortlich zu sein, fand ich in der Gastronomie ein zweites Zuhause. Na ja, um ehrlich zu sein, wurde eher meine Wohnung das zweite Zuhause, während ich begeistert hinter der Bar stand. Doch es war nicht nur die Arbeit des Bartenders, die mich faszinierte. Die Gastronomie wurde für mich zu einem Ort, an dem ich meine Träume verwirklichen kann. In Restaurants versuchte ich, den Kellnern die Geheimnisse der Köche abzuschwatzen und in Hotels lernte ich, wie Licht oder Musik einen ganzen Abend verändern können.

Nach meiner Ausbildung zum Restaurantfachmann fand ich mich schließlich als Barback hinter der Bar eines Hilton Hotels wieder. Auch wenn ich bereits

viel gelernt hatte, begegnete ich hier Menschen mit einem Genussbewusstsein, das ich vorher nicht mit einer Bar in Verbindung gebracht hatte. Die Gäste tranken nicht einfach. Sie stellten Fragen nach einer bestimmten Spirituose oder einer speziellen Zubereitungstechnik. Und immer wieder konnte ich diese Fragen nicht ganz beantworten. So versank ich jeden Morgen nach der Arbeit in Bergen von Fachliteratur. Ich wollte alles über die Bar wissen: Warenkunde, Spirituosentechnologie, Geschichte, Kommunikationsstrategien – ich geriet an Themen, die oberflächlich betrachtet mit dem Alltag hinter dem Tresen nichts zu tun hatten. Und ich begriff, dass an der Bar wesentlich mehr passiert als der Verkauf von Getränken.

Ein paar Jahre, viele Bücher und noch mehr Drinks später durfte ich mich dann Barmanager nennen. Da stand ich nun, Teil einer Barkultur, die sich rasant entwickelte, aber in all dem Innovationsdrang manchmal ihre Grundlagen vergaß. Ich durfte Kollegen erleben, die geniale Cocktails kreierten, aber sich zu fein zum Kellnern waren. Und was nützt es dem Gast, wenn der Bartender zwar sein Eis selbst aus dem Eisblock schlägt, aber dann trotzdem den Drink verwässern lässt, weil ihm das Geschmacksverständnis fehlt? Die Wahrnehmung der entscheidenden Kleinigkeiten schien bei einigen in all der Neuerungsflut verloren gegangen zu sein.

Andererseits konnte ich gerade den Neulingen hinter dem Tresen kaum Vorwürfe machen, denn ich hätte ihnen kein Buch empfehlen können, das eine Grundlage geschaffen hätte – die Möglichkeit zum Einstieg fehlte schlichtweg. Und in der gastronomischen Hektik bleibt eben nicht immer Zeit für Erklärungen. Auch den interessierten Gästen, die tatsächlich bereit waren, Zeit, Mühe und Geld in die Schulung ihres Geschmacks zu investieren, konnte ich keine Leseempfehlung aussprechen. Die meisten Bücher hatten mit ihren überzuckerten Fruchtschorlen nicht das Geringste mit Trinkkultur zu tun, und die wenigen anderen Veröffentlichungen machten aus der Freude am Trinken eine elitär-verkorkste Wissenschaft namens Mixologie – beides nicht sonderlich ansprechend.

Ehrgeizigen Bartendern blieb also nichts anderes übrig, als sich durch lieblose Aneinanderreihungen öder Daten und obskurer Rezepte zu kämpfen. Alle anderen blieben bei Büchern voller hübscher, bunter Drinks – wer sollte es ihnen verübeln? Gespräche mit anderen Bartendern, mit Experten aus der Spirituosenindustrie und Hotellerie, mit Sommeliers, Köchen und Brennmeistern zeigten mir, dass auch andere das Fehlen eines echten Überblicks und einer verlässlichen Empfehlung bemängelten.

Dieses Buch soll damit vor allem den Einstieg erleichtern, aber den Leser gleichzeitig bis zu den Höhen der flüssigen Kulinarik führen und dabei die Wahrnehmung für die Feinheiten des bewussten Genusses wecken. Mein Wunsch ist, dass dieses Buch Ihnen nicht nur beim Lesen Freude bereitet, sondern vor allem beim Trinken – es ist eine Anleitung zur Schärfung Ihrer Sinne. Ich möchte verständlich machen, dass die Bar ein Kulturgut mit einer gesellschaftlichen Berechtigung darstellt und der Cocktail kein wahlloses Zusammenschütten irgendwelcher Zutaten ist, sondern wie das Kochen einer geschmacklich erlernbaren Kompositionslehre folgt. In diesem Sinne gilt meine zukünftige Hoffnung auch der immer umfassenderen Verbindung von hochklassiger Bartender-Arbeit mit der Sternegastronomie. Die Innovationen, die in den letzten Jahren in der flüssigen Küche stattgefunden haben, sind wichtig und richtig – wenn die Grundlagen stimmen. Aufwendige Veredelung, Selbstherstellung von Zutaten, ausgefeilte Konzepte und mehrtägige Vorbereitungszeiten werden auch das gehobene Trinken prägen. Aber ich hoffe, dass die Bartender dabei nicht nur wissen, was sie tun, sondern warum sie es tun.

An dieser Stelle möchte ich mich bei allen Bartendern und Gästen bedanken, die ihren Geschmack hinterfragen, ihre Wahrnehmungsfähigkeit unablässig schulen und erweitern und aufgeschlossen bleiben. Es erfordert viel Zeit und Mühe, sich so genau mit seinen Sinnen zu beschäftigen und ist nicht selbstverständlich, aber es bildet die Grundlage unserer Trinkkultur.

UND NUN:
VIEL SPASS MIT DIESEM BUCH!
STEPHAN HINZ

Eine kleine
Geschichte des
TRINKENS

WIE KAM DER MENSCH ZUM ALKOHOL?

Und: Alkohol, was ist das überhaupt?

Der Mensch der Frühzeit hatte vermutlich ausreichend Gründe, um sich mal kräftig zu betrinken: nasse Höhlen statt warmer Häuser, harte Böden statt weicher Betten und dazu noch rund um die Uhr die stinkende Sippschaft am Hals. Da kann ein guter Schluck schon mal helfen. Dennoch verlief der erste Kontakt zwischen Mensch und Alkohol wohl erstaunlich sittsam. Man stelle es sich etwa so vor: Eines Tages blieb einem nichts ahnenden Urmenschen, ausgezehrt von Hunger und Jagd, nichts anderes übrig, als zu einer vergorenen Frucht zu greifen. Das schmeckte vielleicht erst einmal merkwürdig, aber führte nach ausgiebigem Mahl zu einem erstaunlich angenehmen Gefühl in Körper und Geist.

So oder so ähnlich mag es abgelaufen sein. Evolutionsbiologisch betrachtet, könnte der Mensch aber den Hang zum Alkohol auch von seinen animalischen Vorfahren haben. Denn bereits vor dem Menschen wurde dem Alkohol zugesprochen: Auch Tiere frönen bis heute dem Alkoholrausch und zwar nicht nur als zufällige Begleiterscheinung der Nahrungsaufnahme. Alkohol ist schließlich nichts, was Chemiker nach Jahren des Experimentierens in ihren Laboren hergestellt haben, sondern kommt ganz natürlich in unserer Umgebung vor. Aber was ist eigentlich Alkohol?

Die Chemie bezeichnet das, was wir allgemein (und auch in diesem Buch) „Alkohol" nennen als Ethanol oder Äthylalkohol. Neben diesem „Trink-Alkohol" existiert eine ganze Gruppe organisch-chemischer Verbindungen, die Alkohole genannt werden, aber zum Genuss eher ungeeignet sind. Daher bleiben wir lieber beim Ethanol und sehen es uns mal etwas genauer an. Ethanol ist eine farblose Flüssigkeit mit einem intensiven Geruch, die leicht entzündlich und hygroskopisch ist. Das heißt, sie zieht Wasser an, weshalb sie ein viel verwendetes Lösungsmittel ist. Mit einer

Dichte von etwa 0,79 g/cm³ ist Ethanol leichter als Wasser. Bei der Destillation macht man sich zunutze, dass Ethanol zudem flüchtiger ist als Wasser, es siedet bereits bei 78,3 °C. Aber diese Zahlen sagen uns immer noch nicht, wie Alkohol eigentlich entsteht.

Das ist im Grunde nicht kompliziert: Alkohol entsteht durch Gärung. Bei der alkoholischen Gärung wandeln Hefepilze Zucker in Alkohol und Kohlendioxid um. Der entstehende Alkohol ist ein Ausscheidungsprodukt der Hefepilze. Daher lässt sich Alkohol auch keineswegs nur in unseren Lieblingsgetränken finden, sondern zum Beispiel auch in reifen Früchten oder Brot. So kann Brot ca. 0,4% Vol enthalten, Kohl ca. 0,5% Vol und eine reife Banane sogar bis zu ca. 1% Vol. Bei dieser ständigen

Verfügbarkeit ist es kaum verwunderlich, dass Menschen und Tiere recht schnell auf die Idee kamen, den Alkoholrausch gezielt herbeizuführen. Was sich über die Jahrtausende verändert hat, sind die Gründe, sich am Alkohol zu berauschen und vor allem die Herstellung, die Darbietung und die Art der Rauschmittel. Folglich ist die Form des Alkoholkonsums jeweils eng verbunden mit den gesellschaftlichen Strukturen, den technischen Innovationen und der Geisteshaltung der jeweiligen Zeit. So könnte man sicher die Geschichte des Alkohols auch in einer Zeitleiste zusammenfassen, doch würden damit all die Gründe und Hintergründe des Rausches unbeachtet bleiben und damit letztlich das, was Alkohol von einem bloßen Nervengift zum Kulturgut gemacht hat.

Der Anspruch auf Vollständigkeit muss dabei im Folgenden etwas zurückgestellt werden. Statt endloser Datenreihungen soll anhand der großen Entwicklungslinien vielmehr gezeigt werden, wie die Geschichte den Alkohol geprägt hat und ebenso der Alkohol die Geschichte. Im Interesse der Barkultur werden wir dabei vor allem Europa und die USA in den Blick nehmen. Zwar finden Menschen auf der ganzen Welt Freude am Alkohol, doch die Bar und ihre Getränke lassen sich, wie wir sehen werden, vor allem auf die hochprozentige Tradition Europas und der USA zurückführen. Den Anfang machen wir allerdings in einer Zeit, in der es weder die USA noch Europa gab, sondern nur umherziehende Stämme in grenzenlosen Wäldern.

DIE GESCHICHTE
des Alkohols

FRÜHZEIT UND ALTERTUM

SCHOTTISCHE HALLUZINOGENE UND GRIECHISCHER WEIN

Nachdem unsere Vorfahren Generation um Generation auf der Suche nach Nahrung durch die Gegend gezogen waren, entstanden in der Jungsteinzeit nicht nur die ersten Siedlungen, sondern im Zusammenhang damit ab etwa 10 000 v. Chr. auch die Landwirtschaft. Ein großer Schritt nicht nur für die Menschheit, sondern auch für den Alkohol. Denn für den erfindungsfreudigen Frühmenschen war es ein Einfaches vom Getreideanbau zum Bierbrauen. Es gibt sogar Historiker, die überzeugt davon sind, das Bierbrauen sei der eigentliche Grund für die Sesshaftwerdung des Menschen gewesen. Das erste Bier lässt sich zwar heute wohl kaum noch genau datieren, das erste alkoholische Getränk, das man der Menschheit bisher mit Sicherheit nachweisen konnte, stammt dagegen aus Nordchina, ist etwa 9000 Jahre jung und besteht aus fermentiertem Reis, Honig und Früchten.

Wer in den frühzeitlichen Bierbrauern eher Nahrungsmittelproduzenten sehen möchte als Rauschbegeisterte, wird enttäuscht. Denn Funde von halluzinogenen Stoffen in altertümlichem Bier aus dem heutigen Schottland lassen auf eine ausgeprägte Rauschkultur schließen, und so trank man, wie heute, nicht nur gegen den Durst. Damit waren die Bedürfnisse der europäischen Trinkerseele wohl zuerst einmal gestillt. Ohne große Entwicklungen blieb man hier bei dem, was man kannte. Die Orte von echter Hoch- und Trinkkultur entstanden dagegen einige Jahrtausende später an anderer Stelle.

In Mesopotamien hatte im 3. Jahrtausend v. Chr. mit der Entfaltung von Wissenschaft und Kunst auch der Alkohol einen neuen Stellenwert erhalten. Die zentrale Rolle der Getränke zeigt sich in der detaillierten Aufzeichnung über ihre Menge, Qualität und Art. So gab es unter dem heimischen Bier (kash) acht Arten von Gerstenbräu, acht Arten von Weizenbräu und drei weitere aus sonstigem Getreide. Auch gab es spezielle Orte, an denen Alkohol zeremoniell konsumiert wurde – die ersten Bars sozusagen.

Sogar frühe Destillationsmethoden waren in Mesopotamien bereits um 5500 v. Chr. bekannt. Abbildungen dieser Zeit stellen Apparaturen dar, bei denen aufsteigende Dämpfe durch eine Art Schwamm aufgefangen werden. Für den trinkfreudigen Historiker mag hier allerdings die Tatsache enttäuschend sein, dass diese Art der Destillation nicht der Kreation von Spirituosen diente, sondern der Extraktion von Duftstoffen. Vermutlich resultierte diese Fortschrittlichkeit aus dem regen Handel mit China.

Die größte Brauerei befand sich derweil nicht in Asien, sondern in der ägyptischen Stadt Hierakonpolis. Bereits um das Jahr 3400 v. Chr. wurden hier geradezu industriell in Braubottichen mit einem Fassungsvermögen von jeweils 390 Litern bis zu 300 Gallonen Bier hergestellt. Das landete allerdings nicht in den prunkvollen Sälen der Pharaonen, sondern im Magen der Arbeiter und Sklaven. So ist die Ration während des Pyramidenbaus für einen Arbeiter mit etwa 5 Litern pro Tag überliefert. Dabei entsprach das Bier durchaus heutigen Trinkstärken von ca. 5 % Vol. Wer in Zukunft beeindruckt vor den ägyptischen Pyramiden steht, darf sich fragen, ob diese Monumente trotz oder wegen ihrer bierseeligen Geschichte so lange Zeit überdauert haben. Die Oberschicht jedenfalls zeigte ihren Reichtum lieber beim Genuss importierter Weine – flüssige Klischees, die bis heute überdauert haben. Seinen Ursprung hatte dieser Wein nicht selten in der Region des heutigen Israels. Maßgeblich verbreitete sich Wein im Mittelmeerraum aber erst im antiken Griechenland. Wir machen also erneut einen Sprung und landen im Zeitraum von etwa 1200–500 v. Chr. Zu dieser Zeit blühte die griechische Kultur auf und man entwickelte neben Demokratie und Philosophie passenderweise auch eine ausgeprägte Vorliebe für Wein. Dieser war kein Nahrungsmittel, sondern galt ausdrücklich als Kraft des Guten, die Gesundheit und Entspannung versprach und den Geist auf eine höhere Ebene hob.

Dennoch lässt sich der Wein dieser Zeit kaum mit den heutigen Abfüllungen vergleichen. Was den Bartender freut und den Sommelier ärgert: Die Griechen tranken ihren Wein als Mischgetränk. Bei den damaligen Herstellungsmethoden und dem resultierenden Geschmack mag das aber auch dem Weinliebhaber verständlich sein. Neben Honig und Kräutern wurde der Wein häufig mit dem Harz aus der Rinde der Terebinthe, einer Pistazienart, angereichert. Unverdünnten Wein zu trinken galt dagegen als unschicklich und Quelle zahlreicher Übel. So erzählte man sich vom spartanischen König Kleomenes I., der ausgesandt wurde, um Argos zu erobern. Stattdessen brannte er aber den Hain des gleichnamigen Gottes nieder. Als er sich vor seinen Landsleuten dafür rechtfertigen sollte, entgegnete er, das

Orakel habe ihm befohlen, nur den Hain zu vernichten, nicht die Stadt. Man erklärte ihn für geisteskrank und fand die Gründe dafür, völlig einleuchtend, in Kleomenes' Angewohnheit, unverdünnten Wein zu trinken.

Wie in sämtlichen Hochkulturen tauchen auch in Griechenland Hinweise auf Destillationsverfahren auf. So nutzten griechische Seefahrer ein einfaches Trennverfahren mithilfe einer Art Schwamm, um aus Meerwasser Trinkwasser herzustellen. Darüber hinaus aber pflegten die Griechen ihre Liebe zum Wein und erklärten den Gott Dionysos nicht nur zum Gott der Freude und der Fruchtbarkeit, sondern auch zum Gott des Weines. Dabei spiegelte dieser in seinem wilden Auftreten durchaus auch die zerstörerische Wirkung des rauschenden Festes wider. Entsprechend traf man sich zu sogenannten Symposien, um ausgiebig zu trinken – zum philosophischen Austausch und zur geistigen Erbauung selbstverständlich.

Mit dem Einfluss der griechischen Kultur verbreitete sich der Weinanbau weiter und verfehlte auch nicht seine Wirkung auf das Römische Reich. Kein Wunder also, dass auch die Römer dem Wein ausgiebig zusprachen. Mit steigendem Wohlstand wuchs der Hang der Oberschicht zur Dekadenz. Wo das griechische Symposium, zumindest der eigenen Stilisierung nach, noch eng mit Philosophie und feingeistiger Konversation verknüpft war, endete das römische Convivium in Orgien. Diesen ehrenwerten Lebensstil oder zumindest das Streben danach galt es nun noch den unterworfenen Gegnern aufzudrängen, und so wurde nach der Unterwerfung Galliens durch Julius Caesar 58-52 v. Chr. auch in Gallien der Weinbau eingeführt. Etwa 160 v. Chr. hatte der römische Schriftsteller Marcus Porcius Cato der Ältere im Auftrag des Senats einen karthagischen Text über den Weinbau übersetzt, woraufhin Anweisungen zum Weinbau systematisch verbreitet werden konnten.

Die Frage nach Wein oder Bier lässt sich hier durchaus als Kulturkampf sehen. Die vermeintlich barbarischen Germanen hatten einen ausgeprägten Hang zum Bier und überdachten wichtige Entscheidungen grundsätzlich zweimal – einmal betrunken und einmal nüchtern. Mit dem ungleich stärkeren Wein konnten sie dagegen nicht umgehen. Und auch wenn die Germanen Widerstand leisteten, verbreiteten die Römer den Weinanbau doch bis in die Gebiete des heutigen Englands und Wales'. Und auch wenn der internationale Durchbruch ausblieb, werden hier bis heute in den südlicheren Gebieten Weine hergestellt.

Mit der Entstehung des Christentums ab dem 1. Jahrhundert trat dagegen eine Religion auf, in der Rausch und Körperlichkeit eine zunehmend negative Konnotation erhielten. Zwar wird bis heute als Höhepunkt christlicher Messen das Blut Jesu symbolisch als Wein getrunken, doch die neue Religion war ganz dem Jenseits verpflichtet. In Erwartung eines ewigen Lebens nach dem Tod wurde das körperliche Hier und Jetzt zur bloßen Vorstufe und der Rausch eher Sünde als göttliches Geschenk.

Nach jahrhundertelanger Verfolgung der Gläubigen wurde das Christentum im Jahr 380 römische Staatsreligion, was nicht zuletzt die Grundlage für das christlich geprägte Mittelalter Europas legte. Zwar kam es bereits 395 zur Spaltung in ein West- und ein Oströmisches Reich und zu einem stetigen Schwinden der römischen Macht, doch nach dem Zerfall des Weströmischen Reiches ab dem 5. Jahrhundert behielt der überwiegende Teil der Bevölkerung den katholisch-orthodoxen Glauben bei.

MITTELALTER

ARABISCHE GELEHRTE UND RAFFINIERTE MÖNCHE

Während in Westeuropa die Christianisierung voranschritt, entwickelte sich im Osten der Islam. Und obwohl heute bei den meisten Muslimen der Alkoholkonsum als verboten gilt, scheint sich diese Ansicht erst schrittweise durchgesetzt zu haben. Zum Glück, kann man sagen, denn in der arabischen Welt machte die Wissenschaft rasante Fortschritte, während die christliche Welt sich eher geistiger Bescheidenheit hingab. Vor allem im Rückgriff auf griechische Anleitungen wurde die Destillation weiterentwickelt. So soll der Wissenschaftler Abū Mūsā Dschābir ibn Hayyān im 8. Jahrhundert Techniken zur Trennung von Stoffen entwickelt haben. Bei der Destillation von Wein entdeckte er einen merkwürdigen, „entzündbaren Dampf", den wir heute als Alkohol kennen. In seinen Aufzeichnungen findet sich auch die Darstellung eines Alambics, mit dem durch Kühlung mehr von diesem merkwürdigen Dampf gesammelt

werden konnte. Nebenbei ist die historische Existenz dieses Herrn aber leider umstritten. Dennoch dürften seine Erkenntnisse so oder so ähnlich verbreitet worden sein.

Ein halbes Jahrhundert später veröffentlichte der persische Wissenschaftler Abu Bakr Muhammad ibn Zakariya ar-Razi (auch: Al Razi) sein Werk *Kitab sirr al-asrar*, das „Buch des Geheimnisses der Geheimnisse", in dem er nicht nur den Destillationsprozess beschreibt, sondern auch den Begriff Al-Kuhl verwendet. Dieser bezog sich eigentlich auf ein Schminkpulver, wurde aber schließlich für sämtliche Kosmetika verwendet. Heute geht man davon aus, dass zahlreiche dieser Kosmetika auf Alkoholbasis entstanden. Dass Alkohol das Gegenüber häufig optisch verschönert, kann übrigens bis heute ganz ohne Kosmetikartikel im Selbstversuch erfahren werden ... Zurück zum Thema: Eine weitaus weniger verbreitete Theorie geht davon aus, dass das Wort Alkohol sich von „Al Kol" ableitet, was ungefähr „Stoff, der den Verstand raubt" bedeutet.

Der Philosoph und Wissenschaftler Abū Yāʿqūb ibn Ishāq al-Kindī schließlich soll im 9. Jahrhundert mittels ei-

nuss untersagt war, musste man bei Wasser und Brot, ausharren. Findige Mönche kamen so au die Beobachtung, dass Bier durch seine Getreidebasis ja eigentlich die gleichen Bestandteile hat wi Wasser und Brot, und durfter sich ungestraft dem Bier hinge ben. Oder aber man half sich gleich mit der Parole „Flüssiges bricht Fasten nicht" und tranl nach Belieben weiter. War Alko hol dann dennoch mal ausdrück lich verboten, musste man zu raf finierteren Methoden greifen. Sc wird von einem Kloster berichtet in dem die Mönche eigens ein Fastenbier anfertigten, das sie zur Beurteilung nach Rom schickten Bis zu seiner Ankunft beim Paps war das damals nur kurz haltbar Bier selbstverständlich so verdor ben, dass der Papst von dem Ge tränk keine besonders anziehen de Wirkung erwartete und es so den Mönchen als Fastengetränl zugestand. Damit die Mönche aber hier nicht allzu begierig er scheinen, sei gesagt, dass die Kir che ihnen bis zu 130 Fastentage im Jahr vorschrieb. Da wird auch der gläubigste Trinker schon ma schwach.

Übrigens war es durchaus üb lich, das Bier mit Kräutern und Gewürzen anzureichern. Hopfer verbreitete sich als Zutat dageger erst mit der Benediktinerin und Gelehrten Hildegard von Binger (1098–1179), die dem Hopfer bescheinigte, für eine länger Haltbarkeit der Getränke zu sor gen. Das Reinheitsgebot hat de

Kinder eingeschlossen. Die Klischees von der weinschlürfenden Oberschicht und den biertrunkenen Unterschichten finden sich auch hier wieder, der soziale Stand ließ sich also durchaus am Becherinhalt ablesen. Der angeblich aus dieser Zeit stammende Ratschlag „Bier auf Wein, das lass sein" dient damit weniger der Kater-Prävention, sondern eher der standesgemäßen Partnerwahl, die Hofdame sollte sich schließlich nicht in den Schusterungen vergucken.

Vorbildlich besorgt um den eigenen Messweinvorrat, betrieben auch zahlreiche Klöster den Weinbau. Um nicht dem Verdacht übermäßigen Konsums zu unterliegen, konzentrierte man sich dabei auf Qualität statt Quantität und lernte, die regionalen Besonderheiten gezielt zu nutzen. In Burgund, heute eines der renommiertesten Weinbau

gebiete der Welt, vertiefte beispielsweise der 1112 gegründete Zisterzienserorden die systematische Untersuchung von Boden und Anbaumethoden. Bald waren die Weine der Region so populär, dass in der Gegend außer dem Weinbau kaum noch andere Landwirtschaft betrieben wurde. Zur Freude der Weintrinker hatte der Zisterzienserorden in stetigem Missionierungseifer außerdem den Brauch, aus jedem Kloster, das mehr als 60 Mönche beherbergte, ein Dutzend zu entsenden, um ein neues Kloster zu gründen.

Allerdings lässt sich, zumal mit den damaligen Möglichkeiten, nicht überall Wein anbauen. Wo Klima oder Boden nicht stimmten, verschrieben sich die Mönche daher dem Bierbrauen. Zusätzliche Attraktivität verlieh dem Bier vor allem die Fastenzeit, denn während der Weinge-

...tatsächlich seine Wurzeln im deutschsprachigen Raum. Trotz dieser Entwicklungen blieb der Adel gerne beim Wein. Zwar sind Zahlen zum durchschnittlichen Konsum schwierig festzustellen, doch es sagt einiges aus, dass der englische König Edward I. zu seiner Hochzeit 1307 etwa 152 000 Flaschen Bordeaux bestellen ließ.

Als sich ab dem 11. Jahrhundert die Kreuzritter aus ganz Europa aufmachten, um in vorgeblich religiöser Missionsabsicht die arabische Welt zu erobern, standen sich Trinksitten gegenüber, die unterschiedlicher nicht hätten sein können. Sollte man meinen, die fortgeschrittenen Destillationsmethoden wären in den verstrichenen Jahrhunderten bei den Muslimen längst bis zur Spirituosenproduktion gediehen, hatte sich im Islam im Laufe des 7. Jahrhunderts stattdessen ein Alkoholverbot durchgesetzt. Aus welchen Gründen das geschah und ob es tatsächlich der Koran ist, der dieses Verbot begründet, soll an dieser Stelle den Religionswissenschaftlern überlassen werden. Tatsache ist aber, dass die Muslime in ihrer Abstinenz so weit gingen, dass der Kalif Al-Hakam II. die Rodung sämtlicher Rebstöcke in der Region von Jerez befahl. Die Einwohner fanden jedoch eine leidlich plausible Ausrede zur Verhinderung dieses Unterfangens, indem sie erklärten, man brauche die Trauben zur Rosinenproduktion, und falls

doch einmal Alkohol hergestellt werde, diene dieser alleine medizinischen Zwecken. So konnte der größte Teil der Reben bewahrt werden. Glücklicherweise, denn in dieser heute spanischen Region entwickelte sich später der Sherry.

Der kulturelle Konflikt zwischen trinkfreudigen Europäern und abstinenten Muslimen war jedenfalls sicher kein vereinendes Element im Kampf, sondern unterstrich nur die Fremdartigkeit der jeweils anderen Partei. Den Kreuzrittern erschien die Enthaltsamkeit ihrer Gegner geradezu unmoralisch, was eine französische Erzählung aus dem 13. Jahrhundert auf den Punkt bringt. Der Held Huon von Bordeaux führt hierin einen Kelch mit sich, der sich mit Wein füllt, wenn ihn ein wahrer Christ zum Mund führt, aber leer bleibt, wenn dies ein Muslim tut. Alkoholkonsum wurde so tatsächlich zur Glaubensfrage.

Heute einen Katzensprung von der spanischen Grenze entfernt, in der Nähe des französischen Perpignan, beschäftigte sich, Kulturkampf hin oder her, auch der spanische Gelehrte und Tempelritter Arnaldus de Villanova (1235–1311) mit arabischer Literatur. Besonders angetan hatte es ihm die Mazeration. Er stellte also Kräuterauszüge her und beschäftigte sich in seiner Eigenschaft als Mediziner auch mit der Wirkung von Alkohol als Heil-

mittel. Darüber hinaus soll er entdeckt haben, dass sich durch zugesetzten Alkohol die Gärung unterbrechen lässt. Auf diese Weise entstand der *Vin Doux Naturel*, der durch den rechtzeitigen Zusatz von Alkohol eine gewisse Süße behält, statt weiter zu gären. Sein Schüler Ramon Llull (1232–1316) schrieb über diese Entdeckungen, untersuchte die Destillation und erklärte Alkohol neben Feuer, Wasser, Luft und Erde sogar zum fünften Element. Nach einer Idee von Aristoteles sollte ein eventuelles fünftes Element nämlich vor allem belebend wirken – eine durchaus alkoholische Eigenschaft.

Es waren also Wissenschaftler, Mediziner und andere Gelehrte, die dafür sorgten, dass sich Hochprozentiges langsam aber sicher in Europa verbreitete. Fehlte nur noch ein ansprechender Name für die neuen Elixiere, der die heilende Wirkung angemessen widerspiegeln konnte. Und so wurden die alkoholischen Brände bescheiden „Lebenswasser" getauft, im Latein der Gelehrten folglich *aqua vitae*. Unter diesem Namen verbreiteten sich über Apotheken seit dem 15. Jahrhundert hochprozentige Brände in ganz Europa und legten so, je nach Rohstoff und Region, die Grundlage für die Vielfalt der modernen Bar – von Armagnac über Whisky und Wodka bis zum Obstbrand.

NEUE LÄNDER, NEUER SCHNAPS

Während die Destillationsmethoden zu Beginn des 15. Jahrhunderts noch mühsam Verbreitung fanden, schaffte Gutenbergs Drucktechnik ab 1450 Abhilfe. Mit dem Wissen um Destillationsmethoden stieg auch die Produktion alkoholischer Brände in ganz Europa massiv an. Langsam befassten sich ganze Berufsgruppen mit der Spirituosenproduktion. So erhielt 1505 in Edinburgh die neu gegründete Gilde der Chirurgen und Friseure ein Monopol zur Herstellung von Spirituosen. Was auf den ersten Blick absurd wirkt, erschließt sich, wenn man den Friseuren die Barbiere zur Seite stellt, denn Alkohol diente hier vor allem zur Säuberung. Mitte des 16. Jahrhunderts gründeten die französischen Destillateure schließlich eine eigene Gilde.

Mit steigender Popularität spielten alkoholische Getränke auch bei den Schiffsreisen und Entdeckungsfahrten als Proviant eine immer wichtigere Rolle. So soll bei den Reisen des portugiesischen Seefahrers Ferdinand Magellan der Sherry-Vorrat nahezu doppelt so viel gekostet haben wie sein Flagschiff. Dementsprechend interessiert zeigte man sich den Trinkgewohnheiten der Einheimischen in der „Neuen Welt" gegenüber. Die spanischen Eroberer dokumentierten den Konsum der Azteken im heutigen Mexiko: Trinken, wann und wo sie wollten, durften hier ausschließlich Personen, die älter als 52 Jahre alt waren. Besondere Bevölkerungsgruppen wie Adlige, Priester und Krieger hatten jeweils spezielle Trinkregeln. Verstöße gegen diese Regeln wurden teilweise bis zur Todesstrafe verurteilt. Wer unter dem Tierkreiszeichen des Hasen geboren wurde, galt dagegen von vorneherein als dem Alkohol verfallen. Bei ihm wurden ständiger Rausch und andere Missetaten hingenommen.

Ihre alkoholischen Getränke stellten die Azteken dabei aus fermentierten Stechwinden, Kakteen, Mais und Agaven her. Unter dem Einfluss der spanischen Destillationsmethoden entstand aus dem Saft der Agaven schließlich Mezcal und später Tequila. In Peru dagegen fanden die Eroberer hervorragende Bedingungen für den Weinbau. Mit importierten Reben entstanden Weingüter. Insbesondere überschüssige Weine, deren Qualität nicht zum Export ausreichte, wurden destilliert und schufen so die Grundlage für den heutigen Pisco.

Die Portugiesen landeten auf einer Fahrt nach Asien im heutigen Brasilien und entdeckten dort Bäume, aus denen sich ein begehrtes Färbemittel herstellen ließ. Um sich diese Vorräte zu sichern, errichteten sie Kolonien und pflanzten zur Versorgung

Zuckerrohr an. Schon bald wurde aus dem Zuckerrohrsaft in destillierter Form der Cachaça. Ein niederländischer Auswanderer namens Pietr Blower soll 1637 schließlich nicht nur Zuckersetzlinge, sondern auch Destillationsapparaturen von Brasilien nach Barbados gebracht haben. Wegen des zuträglichen Klimas war die Zuckerproduktion in den Kolonien mittlerweile deutlich günstiger als in Europa, der Rohstoff war begehrt. So kam man auf die Idee, nicht länger den vergorenen Zuckerrohrsaft zu destillieren, sondern fermentierte ein zähflüssiges Nebenprodukt der Zuckerproduktion, die Melasse. Um 1650 taucht erstmals der Name des neuartigen Getränkes auf: Rumbullion, später verkürzt zu Rum.

Zur Bewältigung der Nachfrage nach günstigem Zuckerrohr

schaffte man zudem Tausende Sklaven als billige Arbeitskräfte aus Afrika in die Kolonien. So entstand der Atlantische Dreieckshandel: Händler segelten nach Afrika, um dort verschiedene Waren gegen Sklaven einzutauschen, diese brachten sie in die südamerikanischen Kolonien und tauschten die Sklaven wiederum gegen Zuckerprodukte und Rum. Diese Ladung wiederum brachten sie in ihre Heimatländer zurück. Eine weitere Handelsroute ergab sich, als der Rum den Kaufleuten in den Produktionsländern zu teuer wurde. Sie kauften in der Karibik nur die Melasse, ließen sie in den eigens dazu entstandenen Rum-Destillerien an der Ostküste der USA destillieren und verschifften den Rum nach Afrika. Auch hier war die Rum-Nachfrage nämlich so sehr gestiegen, dass sich der Rum ohne Probleme gegen Sklaven eintauschen ließ. Diese wiederum brachte man Richtung Karibik, und so begann die Route von neuem.

In Europa stieg ebenso nicht nur der Bedarf nach Zucker, sondern auch nach Rum, der selbst europäische Spirituosen wie Cognac überflügelte. So kurbelte man den Dreieckshandel weiter an. Nach der Eroberung Jamaikas verordnete selbst die britische Navy, die aus Platzgründen bereits die Rationen von Bier auf Brandy umgestellt hatte, ihren Matrosen ab 1687 Rum. Andere ausländische Alkoholika stießen

dagegen auf weniger Gegenliebe. Der japanische Sake, den die Portugiesen auf ihren Reisen kennenlernten, findet bis heute kaum Verwendung in Europa. Fasziniert war man allerdings von der asiatischen Teekultur, die man in Europa nicht kannte.

Auch in Europa selbst entwickelten sich die Trinkgewohnheiten rasant. Während des 17. Jahrhunderts war in England ein großer Markt für französische Weine entstanden. In der nordfranzösischen Champagne wurde die Gärung der Weine allerdings durch den vergleichsweise früh einbrechenden Herbst gestoppt. Nach dem Transport bis England stellte man fest, dass der Wein im Frühjahr erneut zu gären begann und dabei Kohlensäure entwickelte. Während die Schaumbildung zunächst als unerwünschte Fehlentwicklung galt, die man sich nicht erklären konnte, fand der perlende Wein schließlich immer mehr Anhänger – so lernte der englische Adel den Champagner kennen. Als 1679 wegen Konflikten zwischen England und Frankreich der Import französischer Weine nach England verboten wurde, griffen die Engländer auf Weine aus dem verbündeten Portugal zurück. Im 18. Jahrhundert ging man hier dazu über, die Weine für den Transport mit Weindestillat aufzuspriten, wodurch auch der erste Portwein seinen Platz in der englischen Herrenrunde fand. Sherry und Madeira erging es ähnlich.

Ein eigenes Kapitel hat allerdings noch der englische Gin verdient. Denn als die Niederländer im Achtzigjährigen Krieg von 1568 bis 1648 um ihre Unabhängigkeit von der spanischen Krone rangen, sollte das weitreichende Auswirkungen auf die spätere Spirituosenlandschaft haben. Die an niederländischer Seite kämpfenden englischen Soldaten fanden schnell Gefallen am niederländischen Wacholderbrand Genever und brachten ihn mit in ihre Heimat.

Nachdem 1689 mit Wilhelm III. von Oranien ein Niederländer zum englischen König gekrönt worden war, erreichte der Wacholderrausch in England ganz neue Dimensionen: Im Distilling Act wurde 1690 der Import von Alkoholika aus dem verfeindeten Frankreich untersagt und die Gesetze zu Produktion und Verkauf englischer Destillate wurden vereinbart, bis ca. 25 Prozent der Haushalte etwas herstellten und verkauften, das dank Zusätzen wie Terpentin alles andere als gesundheitsfördernd wirkte. Der erste belegte Wandel des Wortes Genever zur verkürzten Form Gin folgte bei dem Arzt Bernard Mandeville. Schließlich wurde Gin nach einer neuen Besteuerung sogar billiger als Bier, was seine Folgen in einer zunehmenden Verwahrlosung der unteren Bevölkerungsschichten fand. Der Konsum nahm weiter zu, und der sogenannte Gin Craze erreichte einen ersten Höhepunkt, als

1733 in London für jeden Volljährigen durchschnittlich etwa 14 Gallonen Gin produziert wurden. Teile der Bevölkerung waren kaum mehr arbeitsfähig, und die Regierung zog daraus 1736 Konsequenzen im ersten Gin Act: Neben der Einführung einer teuren Produktionslizenz wurde auch der Verkauf reguliert, es durften keine Mengen mehr unter zwei Gallonen verkauft werden, eine Mindestmenge, die sich die Unterschicht nicht leisten konnte.

Eine Gesetzeslücke ausnutzend, verkaufte und konsumierte daraufhin die Bevölkerung ihren Schnaps unbeeindruckt unter neuem Namen, und 1743 wurde in London eine Menge Gin produziert, die jeden Einwohner täglich mit etwa 18 Unzen eindeckte – Männer, Frauen und Kinder. Auf den ersten folgten weitere Gin Acts, die alle mehr oder weniger erfolglos versuchten, den Konsum zu reduzieren. Erst 1751 schaffte es der achte Gin Act, bekannt als Tippling Act, mit detaillierteren Beschränkungen in Verkauf und Produktion, die massenhafte Betrunkenheit langsam einzudämmen. Der Ruf des Gins als billiges Rauschmittel für die Unterschicht tat sein Übriges, um die im Zuge der Industriellen Revolution entstehende, wohlhabendere Mittelschicht zu anderen Getränken greifen zu lassen und den Gin Craze im Laufe des 18. Jahrhunderts vorläufig zu beenden.

Auch im frisch besiedelten Nordamerika war derweil eine eigene Spirituosenlandschaft entstanden. Seit Beginn des 17. Jahrhunderts pflanzte man hier Äpfel zur Cider-Herstellung an, die bald auch für Apfelbrände genutzt wurden. Diese hatten einen so großen Stellenwert, dass sich Arbeiter teilweise bereitwillig mit Bränden statt mit Geld bezahlen ließen. Außerdem stellte man in großem Stil Whiskey her. Das verteuerte den Getreidepreis aber schließlich so sehr, dass ab 1676 nach Gesetz nur noch beschädigtes Getreide gebrannt werden durfte. Viele Destillerien stellten ihre Produktion daher auf Rum aus der wesentlich günstigeren Melasse um. Erst mit der Besiedelung Richtung Westen und den riesigen Getreidevorkommen in Tennessee, Kentucky, West Virginia und Pennsylvania gelangte Getreide als Rohstoff zu neuer Verfügbarkeit für die Spirituosenherstellung. Je nach Vorkommen fand im Norden vor allem Roggen, im Süden eher Mais Verwendung. Mit dem Unabhängigkeitskrieg (1775-1783) wurde die Verfügbarkeit von Melasse schlechter, und nach einem Handelsembargo ab 1807 war sie gar nicht mehr legal zu beschaffen. Was blieb, war das Getreide, und so wurde der Whiskey als Rye, Bourbon oder Tennessee zur bekanntesten amerikanischen Spirituose und nicht zuletzt zur essenziellen Grundlage für zahlreiche Cocktails.

WAS WURDE EIGENTLICH AUS…?

BIER UND WEIN

Bei all dem Schnaps fragt man sich aber doch, was unsere etwas sanfteren Bekannten in der Neuzeit so trieben. Bier und Wein, die uns bis zu dieser Stelle in verschiedenen Formen von der Antike an begleitet haben, ließen sich lange nicht durch die hochprozentige Konkurrenz stören. Wein blieb überwiegend ein Luxusgut, und Bier schien als Grundnahrungsmittel ohnehin unersetzlich in den Alltag eingebunden zu sein. Diese Stellung verlor sich am europäischen Frühstückstisch des 17. Jahrhunderts, allerdings nicht ohne Beteiligung der Neuen Welt.

Denn die Eroberer hatten in den amerikanischen Kolonien eine merkwürdige Knolle entdeckt, die wir heute unter dem Namen „Kartoffel" kennen und die die europäische Ernährung revolutionierte. Schon bald ersetzte die Kartoffel aufgrund ihres einfachen Anbaus einen wichtigen Teil der getreidehaltigen Nahrungsmittel. Parallel dazu verbesserte sich die Qualität des Brotes. Statt der altbewährten Biersuppe fand sich Brot damit immer öfter auch am Frühstückstisch, begleitet von einem weiteren Souvenir aus fernen Landen, dem Kaffee.

Auch auf alkoholischer Seite mussten Bier und Wein zurückstecken. Denn durch die Kartoffel als neu-er Rohstoff sowie industriell ausgereiftere Herstellungsverfahren wurde die Herstellung hochprozentiger Brände preisgünstiger als die Bierproduktion. Besonders die Arbeiterschicht nahm das neue Getränkeangebot, angesichts der zunehmenden Maschinisierung, dankbar an und nutzte die Brände als billigen Energielieferanten und einfaches Betäubungsmittel. Mit seinen damaligen Mängeln in Geschmack und Haltbarkeit schien Bier neben dieser Konkurrenz weder zum Nahrungs- noch zum Genussmittel zu taugen.

Einhalt bot dieser Entwicklung 1876 die Erfindung der Kältemaschine durch Carl von Linde sowie vertiefende Untersuchungen der Gärprozesse. Zumindest untergäriges Bier konnte nun permanent und mit besserer Lagerfähigkeit hergestellt werden. So entstand erstmals auch ein bedeutsamer Bierkonsum außerhalb der Schankstuben. Mit der Erhöhung der Branntweinsteuer 1887 konnte sich das Bier endgültig wieder gegen die Brände behaupten, und der Bedarf nach Hochprozentigem sank deutlich. Die Bierflasche mit dem typischen und vor allem dichten Bügelverschluss kam auf und die Eisenbahn ermöglichte einen schnellen Transport über weite Strecken, sodass Flaschenbier Ende des 19. Jahrhunderts zum gut erhältlichen Verbrauchsgut wurde.

Im industrialisierten 19. Jahrhundert angelangt, sieht man Bier und Wein in Europa allgemein weiterhin als medizinische Mittel zur Stärkung und Anregung. Dennoch ist das 19. Jahrhundert durch den insgesamt steigenden Spirituosenkonsum der Zeitraum, in dem in der Medizin Begriffe wie „Trunksucht" und „chronischer Alkoholismus" an Bedeutung gewinnen. Was für das deutsche Kaiserreich

als Werkzeug gesehen, um „minderwertige" Teile der Bevölkerung auszurotten. Man darf heute dankbar sein, dass sich wohl auch unter den Medizinern der ein oder andere Schnapstrinker fand.

In Abgrenzung zu den betäubten Unterschichten entstanden aber ebenso neue Formen der Trinkkultur. Denn Bürgertum und Adel tranken nicht, wie die Arbeiter,

Besonders in der Handelsstadt Turin fanden Kräuter aus aller Welt mit Alkohol und Zucker zusammen und begründeten so die reichhaltige italienische Wermut- und Likörtradition. Der um 1888 aufkommende Begriff „Aperitif" gibt dieser Getränkeform schließlich ihren Namen.

Dem Wein dagegen stieß eine ganz andere Katastrophe zu als dem Bier, und wieder liegt deren Ursprung jenseits des Atlantiks. Eine unscheinbare Laus fand Mitte des 19. Jahrhunderts, ganz ohne böse Absicht, ihren Weg von der Ostküste Amerikas über England nach Frankreich. Während die Läuse den langen Transport auf den langsamen Segelschiffen vorher kaum überlebt hatten, ermöglichten die wesentlich schnelleren Dampfschiffe ihnen eine bequeme Überfahrt. Das Ergebnis war verheerend, und die sogenannte Reblauskrise hinterlässt bis heute ihre Spuren im europäischen Weinbau.

hier nur angedeutet worden ist, lässt sich an den englischen Gin Palaces greifbar machen. Hier gab es nicht einmal Sitzgelegenheiten. Man stürzte den Gin möglichst schnell hinunter und verließ den Laden wieder. In ganz Europa prägten betrunkene Arbeiter das Straßenbild. In der Folge erörterten Mediziner Alkoholismus sogar im Rahmen der Eugenik (Rassenhygiene). Diesen Theorien zufolge sollte der Alkoholismus nicht bekämpft werden, sondern wurde

um durch Spirituosen möglichst schnell eine Mahlzeit zu ersetzen, sondern versuchten, im Gegenteil, mit aromatisierten Weinen ihren Appetit anzuregen. Hierzu eigneten sich vor allem bittere Aromen, die aber für ein schmackhaftes Ergebnis wiederum mit Zucker balanciert werden mussten. War dieser bisher ein teurer Rohstoff gewesen, wurde Zucker durch neue technische Möglichkeiten zur einfachen Gewinnung aus der Zuckerrübe ein erschwingliches Süßungsmittel.

Nachdem die Reblaus 1863 in Frankreich erstmals nachgewiesen worden war, vernichtete sie in ganz Europa den größten Teil der angebauten Reben. Allein in Frankreich wurden dabei innerhalb von zwanzig Jahren Reben auf einer Fläche von ca. 2,5 Millionen Hektar zerstört und damit etwa zwei Drittel des Gesamtertrags. Im Anbaugebiet um das spanische Jerez reduzierten sich die verwendeten Rebsorten zur Sherry-Produktion von 100 auf drei.

Nach zahlreichen vergeblichen Versuchen, den kleinen Biestern beizukommen, stellte man endlich fest, dass amerikanische Rebsorten den Läusen trotzen konnten. So schaffte man ab den 1880er-Jahren großflächig Abhilfe durch das Aufpropfen der europäischen Reben auf reblausresistente Wurzelstöcke aus Amerika. Der größte Teil der europäischen Rebsorten ist daher bis heute nicht wurzelecht.

Diese Entwicklungen hatten wichtigen Einfluss auf die Spirituosenkultur Europas. Denn infolge der Reblauskrise stieg der Weinpreis drastisch und wurde oftmals zu hoch, um Wein als Grundlage zur Destillation zu nutzen. Auch der legendär hohe Absinthkonsum

gegen Ende des 19. Jahrhunderts findet hier seinen Ursprung, denn Absinth wurde damals häufiger als heute auf Basis von Weindestillat hergestellt. Durch die verstärkte Verwendung anderer Grunddestillate sank folglich der Absinthpreis. Das kam den Franzosen gerade recht, die sich den teuren Wein nicht mehr leisten konnten. Der Absinthkonsum in Frankreich stieg jedenfalls von ca. 700 000 Liter im Jahr 1874 auf ca. 36 000 000 Liter im Jahr 1910.

DIE BAR und der Cocktail

DIE BAR VOR DER BAR

Bei aller Entwicklung in Herstellung, Menge und Art der berauschenden Getränke bedurfte es doch seit jeher immer eines Ortes,

um ebendiese in gebührendem Rahmen zu sich zu nehmen. Und mögen sich die äußeren Formen dieser mehr oder weniger kultivierten Treffpunkte auch bis heute verändert haben, unterscheiden sich die dahinterstehenden Bedürfnisse doch über die Jahrtausende nicht allzu sehr.

Wie auch heute noch die Bar manchmal ein Ort sein mag, an dem man der gewohnten Umgebung entflieht, so schätzten im 4. Jahrtausend v. Chr. bereits die sumerischen Männer die nahe gelegene Taverne als einen Ort, an dem man nach einem langen Arbeitstag den ehelichen Pflichten

entkommen konnte. Im antiken Griechenland indes hatte sich das Spiel umgekehrt, und es nutzten vor allem Frauen die lokale Weinschenke, *kapelion* genannt, um bei einem oder einigen Gläsern Wein der häuslichen Kontrolle des Gatten zu entschlüpfen. Die Römer übernahmen die Tavernenkultur, und schließlich verbreitete sie sich bis ins nördliche Europa. Neben einem Treffpunkt, an dem die nahe wohnende Bevölkerung trank und sich amüsierte, wurde die Taverne dabei zu einer frühen Art des Hotels, in dem Reisende sich mit Proviant versorgten, schliefen und ihre Zugtiere ausruhen ließen.

Doch wo Fremde zusammenkamen, um zu trinken, entstanden nicht selten handfeste Auseinandersetzungen. Der Wirt baute sich also eine „Barriere", einen stabilen Tresen, hinter dem er und seine Ware vor jeglichem Trubel im Schankraum geschützt waren. Und bis heute ist uns, über das französische Wort für Schranke „barre", die erste Silbe dieser Barriere als „Bar" geblieben. Im Wort „barrista" hat es dieser Wortstamm übrigens bis an die Espressotheken geschafft.

Damit ist zwar begründet, woher die Bar ihren Namen hat, der sogenannte Barkeeper ist allerdings in den seltensten Fällen wirklich ein Barkeeper. Denn in Deutschland gibt es keine offizielle Ausbildung zur Arbeit hinter der Bar. Das mag ein Grund dafür sein, dass in hiesigen Bars ein relatives Begriffschaos der Berufsbezeichnungen zu finden ist. Neutral kann man zwar von „Barmännern" und „Barfrauen" sprechen, doch ansonsten nennt sich der eine „Barmixer", ein anderer „Mixologe", und der Letzte bleibt bescheiden beim „Schankkellner". Mögen diese Bezeichnungen mehr oder weniger prätentiös sein, kann man doch einen wichtigen Unterschied festhalten: Im Englischen bezeichnet das Wort „Barkeeper" den Besitzer der Bar, also jemanden, der in vielen Fällen gar nicht selbst hinter dem Tresen steht. Dagegen steht der Begriff „Bartender" tatsächlich für die fleißigen Damen und Herren, die ihre Gäste Abend für Abend mit der Zubereitung gemischter Getränke beglücken. Unterstützt werden sie dabei übrigens vom „Barback", der ihnen die Shaker spült, neues Eis besorgt oder die nächste Kiste Champagner aus dem Lager holt.

Angelangt im 19.Jahrhundert endet die Geschichte der Bar nicht, doch ist die weitere Verwandlung in ihre heutige Gestalt untrennbar verbunden mit der Geschichte eines ganz speziellen Mischgetränks – dem Cocktail.

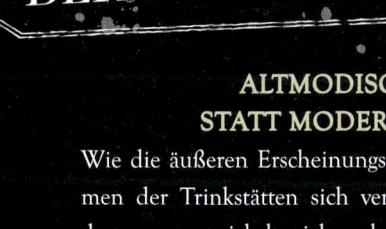

DER COCKTAIL

ALTMODISCH STATT MODERN?

Wie die äußeren Erscheinungsformen der Trinkstätten sich veränderten, so entwickelte sich auch die Getränkeauswahl, bis man schließlich in den noch jungen USA zu Beginn des 19. Jahrhunderts an diese merkwürdige Mischung namens „Cocktail" gerät.

Doch was man heute unter dem Begriff des Cocktails versteht, hat selten mit dem zu tun, was historisch darunter gefasst wurde. Schriftlich erwähnt wurde das Wort bereits 1798 in einer Londoner Zeitung, aber seine erste Definition findet sich in der amerikanischen Zeitschrift The Balance vom 13. Mai 1806. Dort heißt es: „Cocktail is a stimulating liquor, composed of spirits of any kind, sugar, water and bitters". Ein Cocktail war demnach nichts anderes als eine gehörige Portion der bevorzugten Spirituose, die durch Eis, ein wenig Wasser, etwas Zucker und einige Tropfen Bitters trinkbarer gemacht wurde, in einer Zeit, in der die Alkoholika noch etwas rauer und kräftiger waren als heute. Diese Mischung ist bis in unsere Gegenwart beliebt und trägt mittlerweile, aufgrund ihres altehrwürdigen Platzes in der Geschichte der gemischten Tränke, den Namen Old Fashioned. Auch andere berühmte Drinks wie der Champagner-Cocktail entsprechen bis heute unverändert der Definition.

Weder die farbenfrohen Saftgemische der letzten Jahrzehnte noch ein herber Negroni haben demnach viel mit dem zu tun, was der Begriff Cocktail ursprünglich bezeichnete. Und so erhielten ausgefallenere Kombinationen schnell Namenszusätze wie Improved oder Fancy, um den Gast selbst auf sanfteste Variationen des Schemas vorzubereiten.

Die Befolgung dieser starren Regeln war allerdings nur deshalb möglich, weil wesentlich mehr Kategorien existierten als in der Gegenwart. So trank man nicht nur die heute noch bekannten Sours oder Fizzes, sondern auch Slings, Rickeys, Shrubs oder Cobblers – und eben die Cocktails. Über 30

Arten von Mischgetränken gab es, jeweils nicht nur eigenständig in Zusammensetzung und Herstellung, sondern auch in Anlass und Zweck. So half ein leichter Fizz am Morgen, die Arbeit besser gelaunt anzugehen, und ein trockener Aperitif ließ das Essen noch vorzüglicher schmecken.

Natürlich entsteht eine solche Vielfalt nicht über Nacht. Jeder Drink ist aus bestimmten historischen und gesellschaftlichen Gegebenheiten zu erklären, deren Untersuchung zu Recht ganze Bücher füllt. Nachdem nun aber erklärt ist, was man unter einem Cocktail verstand, ist noch lange nicht ersichtlich, wie diese Mixtur zu ihrem irritierenden Namen kam.

ETYMOLOGIE

VON HAHNENSCHWÄNZEN UND EIERBECHERN

Die Geschichten zur Wortschöpfung des Cocktails sind so zahlreich wie bizarr. Übersetzt heißt er Hahnenschwanz, was nicht viel weiter hilft, sich aber in Anekdoten niederschlägt, die dann wahlweise von Drinks dekoriert mit Hahnenfedern handeln oder aber Mischgetränke als Finderlohn für einen wertvollen Kampfhahn bemühen. Nichtsdestotrotz gibt es einige überzeugendere Möglichkeiten zur Herkunft der Bezeichnung.

Da wäre zum einen der französische Apotheker Antoine Peychaud, der in New Orleans zu Beginn des 19. Jahrhunderts mit Getränken und Gewürzen experimentierte, für diesen Berufsstand damals keine abwegige Tätigkeit. Bei seinen Versuchen stellte er auch die bis heute erhältlichen Peychaud's Bitters her und um diese zu verbreiten, servierte er sie gemischt mit Cognac, Wasser und Zucker seinen Gästen, und dies tat er in einem großen Eierbecher. So übertrug sich angeblich das französische Wort für Eierbecher, coquetier, auf das Getränk und wurde in der amerikanischen Aussprache zum Cocktail.

Doch auch ganz ohne Eierbecher könnte der Cocktail seinen Namen dem Französischen entliehen haben. So gab es im Raum Bordeaux ein Mischgetränk mit Wein, das den Namen coquetel trug. Als nun die Franzosen ab 1778 den Amerikanern in ihrem Kampf um die Unabhängigkeit von der Englischen Krone beistanden, kamen die Amerikaner auf den Geschmack der französischen Mischung, amerikanisierten den Begriff und übertrugen ihn schlussendlich auch auf andere Getränke.

Die Entscheidung für diese Erklärung fällt nicht leichter, wenn man dazu noch auf das englische Getränk cock-ale stößt, für das ein gekochter Hahn mit Gewürzen in Bier eingelegt wurde und dessen Name sich bis zur Mitte des 17. Jahrhunderts zurück belegen lässt. Zu allem Überfluss verstand man zudem unter cock-ale aber nicht nur ein Getränk mit Hahn, sondern auch ein Getränk für den Hahn. So wurden in England und Amerika vor einem Hahnenkampf die Vögel mit einem speziellen Brot gefüttert, dem cock-bread-ale, einem Brot, das in einer Mischung aus Bier und Kräutern aufgeweicht wurde. Zudem trank man nach den Hahnenkämpfen auf den siegenden Hahn. Dazu wurden so viele verschiedenfarbige Zutaten vermischt, wie der arme Vogel noch Federn am Schwanz übrig hatte. Man trank demnach auf den Hahnenschwanz, den *cocktail*. Geschmacklich kaum weniger schauerlich kommen die sogenannten *cocktailings* daher, die man in den Schenken kurz vor der Sperrstunde aus den Resten sämtlicher Flaschen zusammengoss und preiswert verteilte.

Damit nicht genug: Beachtet man den Unterschied vom Cocktail zur älteren Getränkeklasse der Slings, der in der Verwendung von Bitters für den Cocktail besteht, könnte sich auch hier eine Namenserklärung finden. Denn die frühen *dash bottles*, mit denen die Bitters tröpfchenweise dosiert wurden, erhielten ihren engen Ausguss durch einen Korken, in den ein Federschaft gesteckt wurde – und so vielleicht auch der Schaft einer Hahnenfeder.

Angemerkt sei zur vollständigen Verwirrung, dass man den gestutzten Schwanz eines nicht reinrassigen Rennpferdes aufgrund seines Aussehens ebenfalls als *cocktail* bezeichnete, doch eine Verbindung zum Getränk bleibt die Sprachgeschichte hier schuldig, ebenso übrigens wie sichere Beweise für die obigen Theorien. Eine gewisse Wahrscheinlichkeit ist für jede gegeben, also – die Wahl liegt bei Ihnen!

THE AMERICAN WAY OF DRINKING

Als der Cocktail und seine Artgenossen, wir wollen sie American Mixed Drinks nennen, im 19. Jahrhundert an Popularität gewannen, tranken die Menschen nicht nur etwas anderes als heute, sondern sie tranken auch anders. Bereits morgens mit einem stärkenden Getränk den Tag zu beginnen, war keine Seltenheit, und so ergab sich aus der Vielfalt der Trinksituationen auch die beschriebene Vielfalt an Getränken. Ebenso hatte es nicht unwesentlichen Einfluss auf die Mannigfaltigkeit der Drinks, dass die US-Amerikaner keine einheitliche Bevölkerungsgruppe waren, sondern die Trinksitten ihrer jeweiligen Herkunftsländer weiterhin kultivierten. Ob englischen Gin oder französischen Cognac, ob spanischen Sherry oder deutschen Obstbrand, mit Stolz vermixte man, was man aus der Heimat kannte und passte es so der neuen Trinkkultur an.

Ein nicht unwesentlicher Bestandteil des trinkbaren amerikanischen Selbstbewusstseins war auch die ständige Verfügbarkeit von Eis zur Kühlung der Getränke durch neue Lagerungsmöglichkeiten. Man stellte die Nutzung des einstigen Luxusgutes für jedermann geradezu als Merkmal der klassenlosen Gesellschaft dar – denn in Europa war die Verwen-

27

schien, wenn überhaupt, den oberen Schichten vorbehalten zu sein. In den USA aber gehörten Eishändler bald schon zum gewohnten Straßenbild in den Städten, denn auch Bier und selbst Wasser trank man stets gut gekühlt. Die speziell amerikanische Rolle der Bar als Ort des Zusammenkommens lässt sich vielleicht auch dadurch verstehen, dass man in den USA jener Zeit nur selten mehr als Wasser zum Essen trank. Anders als in Europa war das gemeinsame Mahl kein ausgedehntes Miteinander, bei dem reichlich getrunken wurde. Eher wurde es schnell und still beendet, um daraufhin die Zeit am Tresen umso länger werden zu lassen.

Auch die ersten Hotelbars entstanden, und die Anzahl der Rezepte explodierte auf diesen Grundlagen förmlich bis zur Mitte des 19. Jahrhunderts. Kurz darauf lassen sich bereits die ersten amerikanischen Drinks in England nachweisen. Manche von ihnen trugen Namen wie Alabama-fog-cutter oder Connecticut-eye-opener und führten so wiederum den Europäern siegessicher ihre amerikanische Herkunft vor Augen und noch wichtiger – in die durstigen Kehlen.

Der Erste schließlich, der aus der unüberschaubaren Anzahl der Rezepte eine Auswahl traf und sie in Buchform veröffentlichte, war Jerry Thomas. Obwohl vereinzelte Quellen behaupten, auch vor ihm habe es Barliteratur gegeben, gilt allgemein als anerkannt, dass

Thomas 1862 mit seinem „How to mix drinks" das erste Cocktailbuch der Geschichte publizierte. Hierfür trug er nicht nur über 700 Rezepte zusammen, sondern stellte der Liste auch einige Regeln zur Hygiene des Bartenders, der richtigen Zubereitung oder dem Umgang mit Eis voran. Thomas wusste, wovon er schrieb, schließlich war er einer der bekanntesten Barmänner seiner Zeit. Seine Leidenschaft trieb ihn auf der Suche nach Rezepten durch Europa, aber auch zurück in die amerikanische Provinz, wo er den Dorfbewohnern Mixkurse anbot. Sein Buch jedenfalls zog eine Flut weiterer Veröffentlichungen nach sich, in denen andere Bartender ihre persönlichen Vorstellungen vollendeter Getränkezubereitung niederschrieben.

Hinter der Bar zu stehen, wurde ein zunehmend angesehener Beruf und erlangte eine Spur von Pioniergeist, als die Barleute ihren neuen Arbeitsplatz in den Western Saloons fanden. Diese Trinkstätten entstanden, als nach dem Amerikanischen Bürgerkrieg (1861-65) die Erschließung des amerikanischen Westens voranschritt und die vielen jungen Ortschaften auch mit Alkohol versorgt werden wollten. Zunächst behalf man sich mit dem Ausschank in umgebauten Wagen und Zelten, doch die Siedlungen wuchsen und damit ebenso das Verlangen nach Luxus. Die Saloons wandelten sich von einfachen Schenken zu üppig ausgestatteten Vergnügungsorten, wenn auch freilich nur auf das Ver-

gnügen der Männer ausgerichtet. Denn Frauen hatten auch in der so freiheitsliebenden amerikanischen Gesellschaft höchstens als Angestellte Zutritt.

Fernab des Wilden Westens steigerte sich ebenso das Interesse der Europäer an der amerikanischen Art zu trinken. In London genoss man Mischgetränke in Hotelbars, Gin Palaces oder Gentlemen's Clubs, einer leicht elitären Art des Stammtisches, zu der sich die Mitglieder der gehobeneren Schichten trafen. In Deutschland allerdings lässt sich das Wort „Cocktail" erst 1886 nachweisen, als das „Universal-Lexikon der Kochkunst" das erste Cocktailrezept in deutscher Sprache veröffentlicht und einen Cocktail einleitend definiert als „[e]in in Amerika sehr beliebtes Getränk, eine Art kalter Grog, welchen man aus Brandy, Bitter-Liqueur, Eis und Zucker zusammensetzt".

Kurios ist aber, dass bereits 1882 ein ganzes Buch über die amerikanischen Mischgetränke auf Deutsch erschienen war – und zwar nicht in Deutschland, sondern den Vereinigten Staaten. Harry Johnson, ein deutschstämmiger Bartender und geschickter Geschäftsmann, veröffentlichte speziell für seine eingewanderten Landsleute das deutsch-englische „New And Improved Bartender's Manual". Er war keineswegs der Einzige, der so die deutschen Einwanderer ansprechen wollte, denn deren Einfluss auf die amerikanische Trinkkultur des 19. Jahrhunderts ist nicht zu unterschätzen. Nicht nur, dass ein Viertel der eingewanderten Bartender deutschstämmig war, die Deutschen verbreiteten auch ihre Biergartentradition in den USA, sehr zum Leidwesen der ansässigen Iren übrigens. Sogar der Cocktailshaker findet seinen Ursprung im fernen Deutschland, wo er in Form eines zweiteiligen „Doppelfassbechers" bereits im 16. Jahrhundert zu entdecken war, zugegeben eher als feierliches Trinkgefäß denn als Mix-Utensil, bis er schließlich seinen Weg über England in die USA des 19. Jahrhunderts fand.

Dort stieg innerhalb von vier Jahrzehnten die Zahl der Bartender bis zur Jahrhundertwende von ca. 4000 auf fast 50000, und mit seinen hochangesehenen Gastronomen, bis heute wegweisenden Rezepten und weltbekannten Bars kann diese Periode als ein goldenes Zeitalter der Trinkkultur herhalten. Für einige damalige Zeitgenossen ging es dabei wohl etwas zu fröhlich her, denn die Rufe nach einem allgemeinen Alkoholverbot wurden lauter.

Keineswegs tauchte die amerikanische Prohibition erst plötzlich nach dem Ersten Weltkrieg auf. Bereits im Laufe des 19. Jahrhunderts hatte die Temperance-Bewegung (temperance = Mäßigung) mit ihren Forderungen nach einem eingeschränkten Alkoholkonsum zunehmend an Einfluss gewonnen. Die Bewegung speiste sich aus Mitgliedern kirchlicher und frauenrecht-

licher Vereinigungen, denen es in Erwartung einer besseren Gesellschaft tatsächlich zunächst nicht um ein völliges Alkoholverbot ging. Vielmehr verpflichteten sich die Mitglieder der Vereinigungen lediglich dazu, keine gebrannten Getränke zu konsumieren. Bier und Wein sollte dementsprechend kein Verbot drohen. Doch bereits in den 1830er-Jahren schlug die Bemühung um Mäßigung bei einigen Aktivisten ins Maßlose um. Vor allem in den nordöstlichen Staaten, geprägt durch den Rückgang der Rumproduktion, konnte die Bewegung ihren Einfluss geltend machen. Nach ersten Versuchen in Maine wurde 1838 in Massachusetts erstmals ein Gesetz erlassen, das den Handel mit Alkohol massiv erschwerte. Ähnlich wie bei den englischen Bemühungen, den Ginkonsum einzudämmen, erlaubte man den Verkauf von Schnaps ausschließlich in hohen Mindestmengen, die für den gewöhnlichen Kunden nicht zu bezahlen waren.

Ein findiger Wirt kam daraufhin auf ein ganz spezielles Geschäftsmodell: Zunächst bemalte er ein Schwein, das er auf seinem Hof hielt, mit Streifen und sperrte es ein. Nun verlangte er von jedem, der dieses „Striped Pig" sehen wollte, 6 Cents, einen Betrag der nicht nur zufällig dem üblichen Preis für ein Glas Schnaps entsprach, sondern von den Besuchern auch noch gerne gezahlt wurde. Denn schließlich bekam jeder, der das Schwein betrachten wollte, völlig „gratis" ein Glas Schnaps dazu.

Diese Idee fand, wenig überraschend, ihre Nachahmer, und die Beschränkungen wurden wieder aufgehoben.

Zwar wurden in zahlreichen Staaten des Nordostens neue Verbotsgesetze erlassen, doch von „trockenen" Bundesstaaten konnte die Temperance-Bewegung nur träumen. Denn ihre Mitbürger waren weniger einsichtig, als sie es sich gewünscht hätten. Man trank weiter, wie man es gewohnt war, wenn auch unter leicht erschwerten Bedingungen. Wiederum werden Erinnerungen an die reglementierten Schnaps-Verkäufe im England des 18. Jahrhunderts wach: Auch hier half man sich mit einem System, das Verkäufer wie Kunden unerkannt bleiben ließ, indem zunächst Geld und dann Getränke mittels einen Spaltes oder in einer Schublade durch einen Wanddurchbruch gereicht wurden. Der Alkoholkonsum sank dementsprechend keineswegs, und bis 1903 blieben von 16 Staaten, die ein Alkoholverbot eingeführt hatten, nur noch drei Stück übrig: Kansas, Maine und North Dakota, die sich allesamt durch eine sehr ländliche Siedlungsstruktur und den Mangel an großen Städten auszeichneten.

Schon aufgrund dieser Erfahrungen hätte erkannt werden können, dass das Verbot eines derart gesellschaftlich verwurzelten Rauschmittels und Kulturgutes ohne Rückhalt in der breiten Bevölkerung nicht durchzuhalten ist. Schnell aber

...am das Argument auf, die Verbote seien nur durch den Schmuggel aus den sündigen Nachbarstaaten umgangen worden, und eine wirksame Prohibition müsse daher in den gesamten USA gelten.

In diese Richtung lenkte auch die 1893 in Ohio gegründete Anti-Saloon-League. Anders als die zunächst mäßigen Temperance-Vertreter hatte sie sich von vornherein das eindeutige Ziel gesetzt, jegliche Art des öffentlichen Alkoholausschanks zu verurteilen und zu verbieten. Und so fand durch die Bestrebungen der Anti-Saloon-League und die Kampagnen der Temperance-Bewegung die schon verloren geglaubte Prohibition umso radikaler ihren Weg zurück in die Gesetzesbücher, als sich von 1907-1918 nun auch zahlreiche Staaten des saoontrunkenen Wilden Westens dem Verbot unterstellten. 1917 gipfelten diese Entwicklungen schließlich, aufgrund des Ersten Weltkrieges noch angefacht von der feindlichen Stimmung den deutschstämmigen Bierbrauern gegenüber, im Beschluss des 18. Verfassungszusatzes, der mit seiner Wirksamkeit ab dem 16. Januar 1920 die völlige Prohibition verhieß.

Angesichts der US-amerikanischen Prohibition wird übrigens gerne vergessen, dass es auch in Deutschland Bestrebungen gab, den Alkoholkonsum einzuschränken oder sogar zu verbieten. Bereits im Jahr 1600 ließ der Land

graf Moritz von Hessen einen „Temperenzorden" gründen, der den Konsum des Adels mäßigen sollte, um der restlichen Bevölkerung ein gutes Vorbild zu bieten. So wurden die Mitglieder unter anderem dazu verpflichtet, sich zwei Jahre lang nicht dem Vollrausch hinzugeben und zum Essen nicht mehr als sieben Becher Wein zu trinken. Eine Trinkdiät nach deutschem Maßstab? Na gut, von Prohibitionsbemühungen kann hier nicht wirklich die Rede sein! Allerdings entstanden auch in Deutschland im Verlauf des 19. Jahrhunderts verschiedene Gruppen, die insbesondere den Branntweinkonsum deutlich einschränken oder verbieten wollten und damit durchaus den amerikanischen Temperance-Bewegungen ähneln.

Dass aber auch die amerikanische Prohibition wenig erfolgreich war, ist bekannt. Zwar konnte kein Schmuggel zwischen den US-Staaten selbst stattfinden, doch die illegale Einfuhr aus dem Ausland wuchs umso mehr. In Europa begannen teilweise ganze Betriebe nur noch für den amerikanischen Markt zu produzieren. Die Kriminalität blühte dementsprechend, denn nicht nur die Schmuggler strichen ihre Anteile ein. Polizisten und Zollbeamte wurden reichlich bestochen und mit dem Beginn der Schwarzbrennerei im großen Stil gewann die Mafia zunehmend an gesellschaftlichem Einfluss. Wer erst mal ein Monopol errichtet hatte, diktierte die Preise. Auch die

Trinkgewohnheiten veränderten sich aufgrund der fehlenden amerikanischen Spirituosen. Wer es sich leisten konnte, trank geschmuggelten Cognac oder schottischen Whiskey. Ebenso fand Gin viele neue Liebhaber. Dies allerdings weniger, weil man ihn aufgrund seiner Komplexität oder Balance schätzte,

wohl vor allem in der Fähigkeit erschöpfte, die mangelhafte Qualität der Spirituosen durch süße Liköre, Sahne oder Saft zu überdecken. Was auch immer man trank, eines trank man nicht: weniger. Und so endete schließlich ein Jahrhundert des Kampfes für das Nüchternsein nur in der Ernüchterung, nicht demokratisch gegen den Willen eines Volkes regieren zu können, und die Prohibition wurde am 5. Dezember 1933 aufgehoben.

Dennoch hatten 13 Jahre der staatlich verordneten Abstinenz ihre Spuren in den Trinkgewohnheiten der Amerikaner hinterlassen. Nicht nur hatte man sich an die süßeren Mischungen gewöhnt, auch der Trink-Tourismus, den zahlreiche Amerikaner während der Prohibition nach Kuba pflegten, schlug sich in vermehrter Lust auf sommerlich-fruchtige und exotische Rum-Drinks nieder.

Berühmt geworden damit, diese neue Lust am Außergewöhnlichen aufzugreifen, sind vor allem zwei legendäre Bartender. Der erste von ihnen war Ernest Raymond Gantt, der unter dem Namen Donn Beach in den 1930er-Jahren die Beschäftigten der gerade entstandenen Traumfabrik Hollywood mit seinen neuartigen Getränkekreationen beglückte. Dazu servierte er kantonesisch und polynesisch inspiriertes Essen in einem Ambiente dekoriert mit Fundstücken kalifornischer Strände. Er kreierte einige bis heute weltberühmte Drinks wie den Zombie, eine wahre Bom-

sondern vielmehr, da man ihn auf unterstem Niveau als Mischung aus Neutraldestillat und Wacholderöl in der Badewanne zusammenrühren konnte. Dieser „Bathtube-Gin" mag kaum weniger widerlich geschmeckt haben als die anderen illegal in Kellern produzierten Spirituosen. Kein Wunder, dass einige der herausragenden Bartender ihr Glück daraufhin in Europas Metropolen suchten, angesichts der Tatsache, dass sich die Kreativität eines Prohibitions-Bartenders

... an Rum-Aromen. Nur um den Mai Tai führte er jahrelang einen Namensstreit mit seinem größten Konkurrenten: Victor Jules Bergeron Jr., genannt Trader Vic, dem zweiten großen Barmann dieser Zeit. Dieser hatte, inspiriert von Donn Beachs Erfolg, eine Bar mit tropischem Flair außerhalb von San Francisco eröffnet. Dort schuf er eben jenen Drink, den wir heute in seiner Kombination aus kräftigem Rum, Orangenlikör, Limette und Mandelaroma als Mai Tai kennen, Donn Beachs gleichnamiger Mischung mit ihrer völlig anderen Rezeptur zum Trotz. Der neue, fremdländisch und geheimnisvoll wirkende Stil dieser beiden Barleute wurde unter dem Schlagwort „Tiki" schnell populär und fand noch weiteren Antrieb, als die USA 1941 in den Zweiten Weltkrieg eintraten. Getreide wurde allerorts als Nahrung benötigt, und die Whiskey-Produktion kam zum Stillstand. Rum dagegen war preiswert und im Überfluss vorhanden. Die Getränkehändler nutzten diese Schieflage aus, indem sie eine Flasche Whiskey nur noch im Paket mit 20 Flaschen Rum verkauften. Die Bartender wussten nicht wohin mit dem vielen Zuckerbrand und entwickelten Mischungen mit noch höheren Rum-Anteilen. Balanciert mit exotischen Säften und Sirups kamen diese kräftigen Mischungen dennoch bei den Gästen an.

Durch die Erfindung von Ice-Crusher und Blender vereinfachte sich die Herstellung saftig-fruchtiger Drinks enorm, und in den nächsten Jahren verlor man sichtlich das Interesse an den trockenen Drinks der Vorkriegszeit. Sie wirkten altmodisch und schwerfällig und starben in der Aufbruchsstimmung der 1960er-Jahre nunmehr für eine untergehende Epoche. Wodka mit seiner aromenlosen Leichtigkeit wurde populär und verdrängte die klassischen, kantigeren Mix-Spirituosen. Mit der Inszenierung der modernen amerikanischen Hausfrau fanden zunehmend Fertigprodukte ihren Weg in die Küche und letztlich auch in die Bar, und Säfte aus der Flasche statt frischer Zutaten ließen vergessen, dass es bei der Mischung von Getränken einmal um ein Geschmackserlebnis anstelle eines Vollrausches gegangen war. Auch dank dieser Entwicklung begriff ein neues Gesundheitsverständnis Alkohol eher als Gift denn als Genussmittel. Wer aber weiterhin trank, bereitete eher seinen Augen als seinem Gaumen eine Freude. Denn dank chemischer Spielereien wurden die übersüßten Drinks immer bunter und verkamen zum schrillen Party-Accessoire, passend immerhin zur modischen Extravaganz der Achtziger. Man sonnte sich im Glanz klassischer Trinkkultur, indem man mit Wodka-Mischungen wie dem Appletini zumindest namentlich dem klassischen Martini-Cocktail Tribut zollte, während man sich geschmacklich längst vom Geschmack hochwertiger Spirituosen entfernt hatte. Nur in wenigen Bars, oft in traditionsreichen H...

tels verschanzt, wurde das Wissen um die Komposition eines klassischen Drinks weitergegeben.

Erst in den 1990er-Jahren entwickelte sich im Zusammenhang eines neuen Genussbewusstseins in den Metropolen der Welt auch wieder ein verstärktes Interesse an hochwertigen Mischgetränken. Zunehmend durchstöberten Bartender alte Cocktailbücher und verwendeten hochwertige Spirituosen. Gerade die Vernetzung der Barleute über das Internet ermöglicht heute regen Austausch über vergessene Drinks oder außergewöhnliche Zutaten. Durch die Globalisierung bedient

Anzahl frischer Zutaten, stellt Sirups selbst her oder aromatisiert Spirituosen in Heimarbeit. Auch zahlreiche Kräuter und Gewürze finden in der Gegenwart ihre Verwendung in erstklassigen Drinks und lassen die Gemeinsamkeiten von Bartender und Koch stetig wachsen. So verfügt man nun nicht nur über das Wissen des 18. und 19. Jahrhunderts, sondern erweitert die Trinkkultur mit verfeinerten Techniken und den Möglichkeiten des neuen Jahrtausends.

PRAXIS

GLAS

Das Genusserlebnis eines Cocktails geht weit über das Getränk hinaus und stößt dabei zuerst einmal, genau, an den Glasrand. Die Art des verwendeten Trinkgefässes ist vor allem durch die Haptik unmittelbar bedeutsam für das Geschmacksempfinden und die Stimmung des Genießenden. Obwohl die Vielfalt des Glassortiments zunächst undurchschaubar erscheint, lässt sich mit einem knappen Grundwissen das passende Glas zum jeweiligen Anlass finden.

GLAS
ARTEN

Jedes Jahr überschwemmt die Glasindustrie den Markt mit unzähligen neuen Modellen in einer riesigen Bandbreite in Form und Qualität. Für welche dieser Kreationen Sie sich entscheiden, bleibt letztendlich Geschmackssache. Doch ganz allgemein weisen verschiedene Arten des Werkstoffes Glas auch objektive Unterschiede auf, die sich unabhängig von Modell oder Hersteller beurteilen lassen:

NORMALGLAS

Der Name lässt es bereits erahnen: Dieses Glas ist der meistverbreitete Typus auf der Welt. Alternativ wird es auch Kalk-Natron-Glas genannt, da zu seiner Herstellung neben Sand vor allem Kalk und Natron verwendet werden. Als einfaches Standardmaterial ist es äußerst lichtdurchlässig, glatt, porenfrei und zeigt bei Wärmeeinwirkung eine recht schnelle Ausdehnung und damit Bruchempfindlichkeit.

PRESSGLAS

Das Pressglas ähnelt dem Normalglas, enthält allerdings einen erhöhten Soda-Anteil. Zudem unterscheidet es sich in der Herstellung, denn statt wie hochwertigere Glasarten geblasen zu werden, wird das Pressglas eben nur mittels einer Pressform bearbeitet. Dieses sehr günstige Material entwickelte sich im Zuge der Industriellen Revolution im 19. Jahrhundert als Rohstoff für die Gläser der ärmeren Bevölkerungsschichten.

BLEI- UND KRISTALLGLAS

Sehr hochwertig dagegen ist Bleiglas. Es muss zu 18–38 Prozent aus Bleioxid bestehen, daneben enthält es geringere Mengen Alkalioxide und natürlich Sand. Ähnlich aufgebaut ist Kristallglas. Dieses darf aber nur weniger als 18 Prozent Bleioxid enthalten und benötigt eine generelle Kennzeichnung, wenn überhaupt Bleioxid enthalten ist. Auch ansonsten ist diese edle Glasart stark reglementiert. So ist neben der Dichte auch festgelegt, dass Kristallglas Bleioxid, Bariumoxid, Kaliumoxid oder Zinkoxid alleine oder in der Summe zu mindestens 10 Prozent enthalten muss. Diese Zusammensetzung verleiht dem Glas eine hohe Lichtbrechung und eine gute Eignung zum Glasschliff. Kristallglas ist wesentlich schwerer als Kalk-Natron-Glas und eignet sich durch seine Stabilität gut für Trinkgläser.

BOROSILICATGLAS

Eher in der Küche als in der Bar findet man das Borosilicatglas. Dort beispielsweise als Back- oder Auflaufform verwendet, spielt dieses Glas normalerweise eher in der chemischen Industrie eine Rolle, da es durch seine Zusammensetzung aus Siliciumdioxid, Bortrioxid, Alkalioxiden, Aluminiumoxid und Erdalkalioxiden eine äußerst hohe Beständigkeit aufweist.

Allein der Name reicht nicht aus – auch wenn das Etikett ein Glas als Kristallglas ausweist, lohnt sich ein genauer Blick auf die Verarbeitung. Denn ein sorgfältig produziertes Normalglas kann einem Kristallglas mit Blasen oder anderen Verarbeitungsfehlern durchaus überlegen sein.

MODELLE

Die Wahl der Glasqualität richtet sich nach dem Anlass. Es fällt nicht schwer zu verstehen, weshalb ein handgefertigtes Kristallglas auf einer überfüllten Messe-Veranstaltung weniger gut aufgehoben ist als beim gepflegten Aperitif an der Heimbar. Die Entscheidung für das richtige Modell ist vor allem abhängig vom Inhalt des Glases. Demzufolge ist das Sortiment der Gläsermodelle in der Regel befallen von Überspezialisierung. So hat der kauffreudige Genießer dann am Ende vom individuell gravierten Grappa-Kelch bis zum mundgeblasenen Sangria-Eimer je nach Wohnungsgröße weder mehr Platz für Spirituosen noch für Gäste. Von der verständlichen Verkaufsabsicht der Hersteller mal abgesehen hat zwar

eine Vielzahl der angebotenen Modelle eine historische oder gesellschaftliche Berechtigung, doch rein geschmacklich reichen einige Basis-Modelle aus, ohne dass die Ästhetik völlig außen vor gelassen wird:

NOSING-GLAS

Füllmenge: ca. 18 cl
Nosing-Gläser eignen sich zur Purverkostung sämtlicher Spirituosen. Bei einer Befüllung von 2–4 cl können die Aromen hier in Gänze zur Geltung kommen. Dabei ermöglicht die Tulpenform, ähnlich wie bei einem Weinglas, einerseits einen möglichst großen Flüssigkeitsspiegel und damit mehr Luftkontakt, sodass sich die Spirituose voll entfalten kann. Andererseits wird der Duft durch die Verjüngung nach oben gebündelt – daher auch der Name. Teilweise erhält man zu diesen Gläsern auch kleine Deckel, mit denen sich das Glas verschließen lässt, um flüchtige Aromen nicht so schnell in die Luft entweichen zu lassen. Es muss allerdings angemerkt werden, dass eine Spirituose zunächst eine gewisse Luftzufuhr braucht, um ihren ganzen Geschmack hervorzubringen.

SINGLE-OLD-FASHIONED-GLAS

(AUCH SOF ODER KLEINER TUMBLER)
Füllmenge: ca. 30 cl
In diesem Glas werden in den meisten Fällen hochprozentigere Mischgetränke auf Eis serviert. Viel mehr ist zu seiner Form auch nicht zu sagen, denn es ist einfach, liegt gut in der Hand und bietet reichlich Platz für Eis. Seinen Namen verdankt es dem klassischen Old-

Fashioned-Cocktail, der in derartigen Gläsern Verbreitung fand.

DOUBLE-OLD FASHIONED-GLAS
(AUCH DOF ODER GROSSER TUMBLER)
Füllmenge: ca 39 cl
Das Double-Old-Fashioned-Glas ist die größere Ausführung der beiden Old-Fashioned-Gläser. In diesem Glas enden sämtliche Drinks, die auf Eis serviert werden und für das Single-Old-Fashioned-Glas zu viel Flüssigkeit haben.

HIGHBALLGLAS
(AUCH COLLINS- ODER LONGDRINKGLAS)
Füllmenge: ca 38 cl
Teilweise ist es Geschmackssache, ob ein Drink mit viel Flüssigkeit, der auf Eis serviert wird, in einem Double-Old-Fashioned-Glas oder einem Highballglas landet. Eindeutig besser geeignet ist das Highballglas aber für sämtliche Drinks, die Kohlensäure enthalten, etwa in Form von Tonic Water oder Soda. Denn durch die schlanke Glasform bleibt das Getränk länger spritzig als im breiten Old-Fashioned-Glas. Seinem Namen und dem großen Volumen nach sind es vornehmlich Highballs, die in diesem Glas serviert werden. Ebenso ist es bei den nah verwandten Collins- und Longdrinkgläsern, in denen entsprechend Collins und sämtliche Longdrinks serviert werden. Die Gläser ähneln sich in ihrer Funktion aber so sehr, dass sie untereinander austauschbar sind.

RIALTOGLAS
Füllmenge: ca 20 cl

Das Rialtoglas eignet sich besonders für Aperitifs wie den Americano oder Kräuter- und Bitterliköre, die mit ein wenig Eis serviert werden. Es liegt gut in der Hand, und auch das Eis schmilzt durch die schmale Form nur langsam.

COUPETTE
(AUCH COCKTAIL-SCHALE)
Füllmenge: ca 20 cl

Die Coupette eignet sich vor allem für Drinks mit mittlerem Volumen, die ohne Eis serviert werden.

COCKTAILSPITZ
(AUCH MARTINIGLAS ODER V-SHAPE)
Füllmenge: ca 15 cl
In den Cocktailspitz füllt man Drinks mit einer geringen Flüssigkeitsmenge, die ohne Eis serviert werden. Eng verwandt ist das „klassische" Martiniglas mit seiner typischen Dreiecksform. Doch macht sich ein Martini in jeder anderen Art von Spitz ebenso gut. Gewarnt sei nur vor den großvolumigen Ausgaben dieses Modells. Vom Volumen eigentlich eher wic cine Coupette zu verwenden, bringt es unwissende Bartender immer wieder dazu, hochprozentige konzentrierte Drinks wie eben den Martini mit so viel Schmelzwasser zu strecken, dass sie das eigentlich zu große Glas füllen. Der Geschmack bleibt dabei freilich auf der Strecke.

CHAMPAGNERGLAS

Füllmenge: ca 25 cl

Die gehobene Bar ist ein Ort des Champagners. Daher sei an dieser Stelle auch auf die Listung anderer Weingläser verzichtet. Neben dem Schaumwein finden im Champagnerglas zudem häufig die klassischen Champagner-Cocktails ihren Platz. Denn die Glasform erhält nicht nur den Kohlensäuregehalt der Mischung möglichst lange, sondern verleiht auch dem Cocktail etwas von der luxuriösen Eleganz des Champagners. Wie der Wein selbst wird natürlich auch ein Champagnercocktail stets ohne Eis serviert.

ES GEHT AUCH

OHNE GLAS

SILBERBECHER

Der Silberbecher zeichnet sich weniger durch seine Form als vielmehr durch sein Material aus. Dementsprechend vielfältig sind die erhältlichen Modelle. Er wird selten eingesetzt, ist aber das typische Gefäß für ganz spezielle Drinks. Dabei wird durch das Material entweder die Erlesenheit des Getränks unterstrichen (z.B. Prince of Wales) oder aber die gute Kühlwirkung des Silbers gezielt eingesetzt (z.B. Mint Julep). Selbstverständlich gehören Silberbecher nicht in die Spülmaschine, sondern sollten sorgsam per Hand gereinigt werden.

KUPFERBECHER

Dieses altertümliche Trinkgefäß konnte sich seinen Platz in der Bar vor allem durch den Moscow Mule sichern, der traditionell im Kupferbecher serviert wird. Schmeckbaren Einfluss auf den Drink hat das Material übrigens nicht, zumindest wenn man nicht mehrere Stunden braucht, um einen Becher zu bewältigen. Ebenso wie ihre silbernen Verwandten sollten Kupferbecher nicht in der Spülmaschine gereinigt werden.

TIKI-MUG

Tiki-Mugs sind Becher, die meist aus Keramik bestehen und historisch fest mit der Tiki-Kultur verbunden sind. Durch ihre große Füllmenge sind sie hervorragend für die zutaten- und eisreichen Tiki-Drinks geeignet. Auffällig ist die Gestaltung der Tiki-Mugs, die häufig von polynesischen Gottheiten oder exotischen Klischees inspiriert sind. Vorsicht, nicht alle Modelle sind spülmaschinenfest!

VOM RICHTIGEN

UMGANG MIT GLAS

Selbst mit dem richtigen Glas zum richtigen Drink im richtigen Moment kann noch einiges den Trinkgenuss trüben. Die folgenden Hinweise sollten aber eigentlich selbstverständlich sein.

SPÜLEN

Den Anfang macht die sorgfältige Reinigung der Gläser. So sollte sichergestellt werden, dass keinerlei Rückstände von Spülmittel den Geschmack beeinträchtigen können. Wenn möglich, empfiohlt sich bei Nosing-Gläsern sogar ausschließlich eine gründliche Reinigung mit klarem Wasser. Achten Sie außerdem darauf, Fettreste bereits vor der Spülmaschinenreinigung von sämtlichen mitgespülten Gegenständen zu entfernen, um die Gläser nicht bei der Reinigung zu verschmutzen.

POLIEREN

Ohne eine gute Spülmaschine sollten Gläser makellos poliert werden, um der Qualität eines hochwertigen Getränks auch optisch Respekt zu zollen. Dabei ist immer unbedingt auf die Hygiene zu achten. Das Poliertuch sollte stets sauber sein, regelmäßig gewechselt werden und ausschließlich zum Polieren der Gläser genutzt werden.

VORKÜHLEN

Jedes Glas, das zum Servieren kalter Mischgetränke verwendet wird, muss vorgekühlt werden. Nur so bleibt der Drink die komplette Trinkdauer über kühl, und er verwässert wesentlich langsamer bei Eis im Glas. Das bloße vorherige Befüllen der Gläser mit Eis zur Vorkühlung kann hier nur eine Notlösung darstellen. Wenn möglich, sollte jedes Glas mindestens fünf Minuten bei etwa -17 °C im Gefrierfach landen und erst unmittelbar vor dem Befüllen wieder herausgenommen werden. Um die Bruchgefahr zu senken, sollte man allerdings keine zu heißen Gläser direkt einfrieren.

BAR
WERKZEUG

Zur angemessenen Zubereitung gemischter Getränke benötigt man einige Utensilien, die nicht unbedingt zur alltäglichen Küchenausstattung gehören. Einige davon gehören zur absoluten Grundausstattung, andere sind für die Hausbar erst eine sinnvolle Erweiterung, wenn die eigenen Vorlieben bereits feststehen oder die Menge der produzierten Drinks steigt. Darüber hinaus bleibt eine kleine Anzahl sehr spezieller Werkzeuge, die selbst in professionellen Bars nicht immer zu finden ist.

Übung. Im Handel finden Sie teilweise Modelle, deren eine Hälfte aus Glas besteht. Ausgaben, die komplett aus Metall gefertigt wurden (Tin-Tin-Shaker), bieten aber im Vergleich eine längere Haltbarkeit.

RÜHRGLAS (ENGL.: MIXING GLASS)

Im Rührglas werden, nomen est omen, die Drinks kalt gerührt. Es sollte besser zu groß als zu klein sein, um auch bei großvolumigen Getränken mit genügend Eis arbeiten zu können. Zum erleichterten Abseihen ins Gästeglas besitzen viele Modelle einen Schnabel oder eine Lippe. Wer seinen Drink besonders kalt möchte, kann das Rührglas zusätzlich vorkühlen.

GRUND

AUSSTATTUNG

BOSTON SHAKER

Der Boston Shaker dient, wie jeder andere Shaker, dem Mischen von schwer zu mischenden Zutaten und besteht aus zwei Teilen. So ist er einfach zu handhaben und leicht zu reinigen. Das richtige Schließen und Öffnen erfordert bei den ersten Versuchen allerdings ein wenig

BARLÖFFEL (ENGL.: BAR SPOON)

Der Barlöffel dient dem Rühren oder Schichten der Zutaten. Außerdem wird er als Maß verwendet, wobei ein Barlöffel üblicherweise 0,5 cl fasst. Aber testen Sie vor dem Mixen besser, wie viel Flüssigkeit Ihr Löffel tatsächlich aufnehmen kann, denn nicht alle Modelle entsprechen dieser Norm.

BARSIEB
(ENGL.: STRAINER)

Das Barsieb hält feste Bestandteile wie Früchte zurück, aber ebenso das zum Rühren oder Shaken benutzte Eis. Denn wenn ein Drink nach Eis im Glas verlangt, wird hierzu stets frisches Eis verwendet. Es ist eine Vielzahl verschiedener Modelle erhältlich, die sich auch darin unterscheiden, ob sie oben aufs Glas gesetzt oder hineingesteckt werden. Praktisch sind Versionen mit einer Spirale, da sich diese verschiedenen Gläsergrößen anpassen kann.

FEINSIEB
(ENGL.:
FINE STRAINER)

Der Fine Strainer hat eine ähnliche Funktion wie der Strainer, hält aber durch sein dichteres Gewebe auch kleine Bestandteile wie Kräuterreste, Lavendelblüten oder Fruchtfleisch zurück. Bei der Verwendung eines Fine Strainers wird immer zunächst durch einen normalen Strainer und dann durch den Fine Strainer abgeseiht. Auch ein übliches Teesieb kann hierzu verwendet werden. Bitte unbedingt auf rostfreies Material achten!

BARMASS
(ENGL.: JIGGER)

Ein Barmaß ermöglicht das exakte Abmessen von Flüssigkeiten und verhilft den Drinks so zu gleichbleibender Qualität. Üblicherweise hat er zwei Füllkammern, die 2 cl bzw. 4 cl fassen. Besonders genau lässt sich mit Modellen arbeiten, die eine zusätzliche Skalierung aufweisen. Sollten Sie häufig mit englischsprachigen Rezepten

arbeiten, empfiehlt sich zusätzlich ein Barmaß, das sich nach Unzen richtet. Mehr zu den verschiedenen Einheiten finden Sie auch in unserer Tabelle auf Seite 54.

STÖSSEL
(ENGL.: MUDDLER)

Ein Stößel dient dem An- oder Zerdrücken von Früchten, Gewürzen und Kräutern. Wie beim Kochen verleihen zerriebene Zutaten auch dem Drink einen ganz besonderen Aromenreichtum. Egal ob Sie ein Modell aus Holz oder Kunststoff bevorzugen, wählen Sie eine große, schwere Ausführung, die ein einfaches Zerstoßen ermöglicht.

SCHNEIDBRETT
(ENGL.: CUTTING BOARD)

Eigentlich in jeder Küche zu finden,

wird das Schneidbrett hinter der Bar vor allem durch die häufige Verwendung von Zitrussäften einer besonderen Belastung ausgesetzt. Daneben werden natürlich sämtliche Festzutaten der Drinks nebst Dekoration auf dem Schneidbrett geschnitten und vorbereitet.

BARMESSER
(ENGL.: BAR KNIFE)

Zu Hause genügt häufig ein hochwertiges Küchenmesser, um Cocktail-Zutaten zu zerkleinern. Eine Klinge mit feinem Wellenschliff hilft, um z.B. Zitrusfrüchte einfach und schnell zu zerteilen.

ZITRUS-PRESSE
(ENGL.: CITRUS PRESS)

Vitamine und Aromen von Zitrusfrüchten gehen schon kurz nach dem Pressen zum Teil verloren. Daher sollten Zitrussäfte möglichst „à la minute", also unmittelbar vor der Verwendung, gepresst werden. Empfehlenswert hierbei ist eine Handsaftpresse, die mit ihrer Mulde gleichermaßen das schonende Pressen von Orangen, Zitronen und Limetten zulässt.

ZESTENREISSER
(ENGL.: PEELER)

Effizienter als ein einfaches Messer, ermöglicht der Zestenreißer das genaue Schneiden von Zesten. Wählen Sie zu langer Haltbarkeit und einfacher Reinigung ein Modell mit Metallgriff und glatter Klinge. Vorsicht, der verletzungsfreie Umgang erfordert ein wenig Übung, vor allem nach dem einen oder anderen Drink!

EISSCHAUFEL
(ENGL.: ICE SCOOP)

Die Eisschaufel hilft bei der schnellen und sauberen Befüllung von Shakern und Gläsern mit Eis. Ob aus Metall oder Kunststoff – wählen Sie ein Modell, das gut in der Hand liegt und zur Größe Ihrer Eiswürfel und Gläser passt.

BARZANGE
(ENGL.: BAR TONG)

Die Barzange ermöglicht im Gegensatz zur Eisschaufel ein einfacheres Positionieren einzelner Eiswürfel, hilft aber ebenso beim hygienischen Platzieren der Garnitur. Eine schmal zulaufende Spitze hilft, auch kleinere Dinge problemlos aufnehmen zu können.

BY SIDE

„Nur Anfänger messen ab", lautet ein gängiges Vorurteil, sowohl unter Bartendern als auch unter Gästen. Und neben dem Bild vom akrobatisch flaschenschwingenden Meistermixer scheint die Vorstellung eines dogmatisch auf die Skala des Jiggers schielenden Barmanns zugegeben nicht besonders attraktiv. Tatsache ist aber, dass die Arbeit mit dem Jigger bei vielen Drinks zur eindeutigen Qualitätssteigerung führen kann und auch die besten Bartender der Welt gerne mit dem Barmaß vorliebnehmen. Außerdem versichere ich Ihnen: Nach ein wenig Übung gelingt auch die Arbeit mit dem Jigger elegant und reibungslos. Fortgeschrittene, die jeden Abend hinter dem Tresen stehen, dürfen sich mit dem nötigen Training natürlich auch an das Free Pouring, also das Abmessen ohne Jigger, heranwagen. Dabei sollte allerdings vor jedem Schichtbeginn ein kleiner Pouring-Test durchgeführt werden, bei dem nachgemessen wird, wie genau das Abmessen ohne Jigger tatsächlich funktioniert. Selbst bei guter Tagesform empfiehlt sich für die fragilsten Zutatenkombinationen dennoch ein Jigger – das Abschmecken des Drinks ohnehin vorausgesetzt.

DREITEILIGER SHAKER (ENGL.: COBBLER SHAKER)

Zur Ergänzung eines Boston Shakers eignen sich vor allem kleinformatige Shaker aus drei Teilen. Sie bestehen aus einem Gefäß, einem Siebaufsatz sowie einem Deckel und sind üblicherweise vollständig aus Metall gefertigt. Vor allem Drinks mit geringer Flüssigkeitsmenge erhalten hiermit zubereitet in kurzer Zeit die nötige Menge an Schmelzwasser und erlauben beim Verzicht auf einen zusätzlichen Strainer ein schnelles Arbeiten. Achten Sie auf eine hochwertige Verarbeitung. Gerade preisgünstige Modelle überraschen häufig durch Mängel bei Dichte oder Öffnungsfreundlichkeit.

ELEKTROMIXER (ENGL.: BLENDER)

Einige Rezepte verlangen ausdrücklich nach dem Blenden der Zutaten. Außerdem können Sie im Blender auch unkompliziert Pürees selbst herstellen.

AUSGIESSER (ENGL.: POURER)

Der Pourer wird einfach auf den Flaschenhals gesteckt, und schon gelingt das Ausgießen wesentlich schneller und sauberer. Da Pourer üblicherweise eine bestimmte Menge Flüssigkeit pro Sekunde austreten lassen, können sie geübten Bartendern helfen, auch ohne Jigger relativ exakt zu messen. Dabei ist allerdings auch die Dichte der Flüssigkeit zu beachten, denn Sirup läuft zum Beispiel langsamer durch den Ausgießer als Saft. Zu einfacher Reinigung und langer Haltbarkeit sollten Sie ein Modell mit Metallkopf und Gummistopfen wählen. Für einige Drinks ist ein Jigger aber keinesfalls ersetzbar.

CHAMPAGNERVERSCHLUSS (ENGL.: CHAMPAGNE STOPPER)

Ein Champagnerverschluss dient dem möglichst dichten Verschließen einer bereits angebrochenen Flasche Schaumweins. So verliert der Wein weniger schnell Kohlensäure und Aroma. Länger als ein bis zwei Tage überdauert jedoch auch ein derart verschlossener Wein nicht, aber wozu sollte man Champagner auch stehen lassen?

CHAMPAGNER-BOWL (ENGL.: CHAMPAGNE BUCKET)

Der Champagnerkübel dient der fortgesetzten Kühlung von Schaumweinen direkt am Gästetisch. Füllen Sie ihn mit reichlich Eis und Wasser und stellen Sie die kühlschrankkalte Champagnerflasche hinein. Achten Sie beim Kauf auf eine ausreichende Größe des Kübels, damit die Flasche möglichst weit von Eis und Wasser bedeckt wird. Es sind auch sehr voluminöse Kübel für mehrere Flaschen oder Ausführungen mit Ständer erhältlich.

SPEZIELLES

ABSINTHLÖFFEL
(ENGL.: ABSINTHE SPOON)

Der Absinthlöffel wird ausschließlich für bestimmte Absinthrituale benötigt. Dazu legt man ihn, mit einem Stück Zucker bedeckt, auf das Absinthglas. Nun wird der Zucker, je nach Ritual, angezündet oder mit Wasser beträufelt. Durch die Perforation des Löffels gelangt der Zucker so ins Glas. Ein guter Absinth schmeckt allerdings auch ohne Zucker.

DASH BOTTLE

Die Dash Bottle ist eine kleine Flasche, aus der stets nur eine sehr geringe Menge Flüssigkeit, eben ein Dash, austritt. Sie ist vor allem für professionelle Bartender sinnvoll, die für ihre Drinks schnell und unkompliziert gleichbleibenden Geschmack garantieren müssen. Mehr zum Dash finden Sie auf Seite 55.

SWIZZLE STICK

Der Swizzle Stick findet einzig Verwendung in sogenannten Swizzles, einer alten Drink-Kategorie, die mit dem Sour verwandt ist. Der Stick dient dabei dem reichlichen Verrühren des Drinks mit Crushed Ice im Gästeglas. So entstehen die gewünschte Verwässerung und erfrischende Kühle, die für den Swizzle typisch ist.

ICE BUCKET

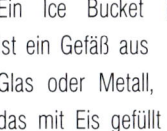

Ein Ice Bucket ist ein Gefäß aus Glas oder Metall, das mit Eis gefüllt wird und mithilfe einer Eiszange das einfache Portionieren von Eis auch jenseits des Tresens ermöglicht. So kann der Gast am Tisch beispielsweise selbstständig sein Eis dosieren.

ZUBEREITUNG

DIE BAR

ist gewischt, die Gläser gekühlt und das Obst geputzt. Endlich geht es ans Shaken! Oder doch besser ans Rühren? Welche Mischungen wie zubereitet werden, erfahren Sie hier.

GRUND TECHNIKEN

Die folgenden Techniken sind die Grundlage jedes guten Drinks. Wenn sie nicht beherrscht werden, nützt auch die beeindruckendste Schütteltechnik nichts mehr.

ABMESSEN
(ENGL.: TO MEASURE)

Bevor Sie Ihre flüssigen Zutaten weiterverarbeiten, müssen diese abgemessen werden. Dazu eignen sich im Prinzip sämtliche Messutensilien mit einer entsprechend feinen Skala in Zentiliter-

oder sogar Milliliter-Schritten. Im Baralltag hat sich aufgrund der einfachen Handhabung aber besonders der Jigger bewährt.

Wenn Sie Rechtshänder sind, halten Sie den Jigger zum Abmessen in Ihrer ausgestreckten linken Hand direkt neben den Shaker oder das Glas, als Linkshänder in der rechten. Nehmen Sie den Jigger dazu zwischen Mittel- und Zeigefinger und geben Sie mit der anderen Hand Flüssigkeit in den Jigger. Wenn die gewünschte Menge eingefüllt ist, drehen Sie zum Leeren des Jiggers einfach Ihr Handgelenk leicht Richtung Shaker oder Glas.

AUSGIESSEN (ENGL.: TO POUR)

Das Abmessen mit dem Jigger kann, die nötige Übung vorausgesetzt, bei weniger fragilen Drinks durch die Arbeit mit Ausgießern ersetzt werden. Außerdem erlauben Ausgießer gerade in Kombination mit dem Jigger ein sehr schnelles und trotzdem sauberes Arbeiten.

Vergewissern Sie sich vor dem Ausgießen, wie schnell die Flüssigkeit aus dem verwendeten Ausgießer austritt, und überprüfen Sie, ob der Ausgießer fest in der Flasche steckt. Umgreifen Sie nun den Flaschenhals mit einer Hand, halten Sie die Flasche neben Jigger,

Shaker oder Glas und drehen Sie Ihr Handgelenk um etwa 180 °C, damit die Flüssigkeit austreten kann. Um den Ausfluss zu stoppen, drehen Sie die Flasche leicht und führen den Boden wieder in Richtung Ausgangsposition. Diese Technik erfordert einige Übung.

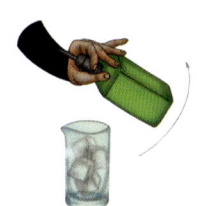

ABSEIHEN (ENGL.: TO STRAIN)

Wenn die Zutaten durch Schütteln oder Rühren ausreichend gekühlt und gemischt wurden, werden sie abgeseiht. Das bedeutet, sie werden durch ein Barsieb ins Gästeglas geschüttet. Dazu

setzen Sie das Barsieb mit der Spirale nach unten auf den Shaker oder das Rührglas auf und drücken das Sieb mit dem Zeigefinger so an die Innenseite des Shakers, dass die Spirale dicht geschlossen bleibt. Nur auf diese Weise

werden alle unerwünschten Bestandteile zurückgehalten. Nun halten Sie Shaker oder Rührglas einfach über das Gästeglas und gießen die Flüssigkeit aus.

ABSCHMECKEN (ENGL.: TO TASTE)

Bis auf einfache Highballs sollte jeder Drink abgeschmeckt werden, bevor er dem Gast serviert wird. Denn nur so lassen sich die passende Menge des Schmelzwassers oder die Harmonie der Zutaten sicherstellen.

Die einfachste Methode zum Abschmecken ist die Verwendung eines Trink-

halms. Halten Sie dazu einen langen Trinkhalm möglichst tief in die Flüssigkeit und bedecken Sie daraufhin die obere Öffnung des Halms mit einem Finger. So entsteht ein Unterdruck und Sie können den Halm herausziehen, ohne dass die Flüssigkeit wieder unten aus dem Halm tritt. Halten Sie nun die untere Öffnung des Trinkhalms in Ihren Mund und geben Sie die obere Öffnung frei, damit die Flüssigkeit ausfließen

kann. Diese Methode ist einfach und hygienisch. Sie können aber auch mithilfe des Barlöffels abschmecken.

Einige Bartender geben dazu etwas Flüssigkeit mit dem Löffel auf ihren Handrücken und schlürfen sie dort auf. Diese Methode empfiehlt sich allerdings wegen des Eigengeschmacks der Haut durch Fett und Salz weniger. Wenn Sie im Sinne der Nachhaltigkeit auf Wegwerfprodukte wie Trinkhalme verzichten möchten, schmecken Sie am besten direkt vom Barlöffel ab. Dazu sollte selbstverständlich eine ausreichende Menge an Barlöffeln vorhanden sein, um sie vor dem nächsten Rühren oder Abschmecken wieder gründlich reinigen zu können, ohne die Arbeitsgeschwindigkeit einzuschränken. Auch ein eigenes Tastingglas hinter der Bar kann übrigens seine Vorteile haben, ist allerdings noch aufwendiger zu reinigen.

Wann aber ist der richtige Zeitpunkt zum Abschmecken? Beim Rühren gestaltet sich die Sache relativ einfach, da Sie zum Beispiel jederzeit unproblematisch probieren können, ob der Drink noch etwas mehr von einer bestimmten Zutat benötigt. Ist das der Fall, geben Sie noch ein wenig dazu und rühren Sie kurz weiter. Schmecken Sie zur Kontrolle nochmals ab, wenn Sie sich nicht sicher sind. Bei geschüttelten Drinks ist es etwas schwieriger. Denn wenn der Shaker nach dem Schütteln erst einmal geöffnet ist, würde ein erneutes Schütteln durch das bereits zersplitterte Eis eine zu große Verwässerung verursachen. Geben Sie den Drink in diesem Falle ins Gästeglas und schmecken Sie dann erst ab. Hat der Drink zum Beispiel noch zu viel Säure, geben Sie ein wenig Zuckersirup dazu, um diese auszubalancieren, und rühren Sie kurz um. Schmecken Sie zur Kontrolle nochmals ab, wenn Sie sich nicht sicher sind.

AUFBAU

TECHNIKEN

Diese Techniken bauen den Drink auf. Sie sind das grundsätzlichste Unterscheidungsmerkmal zwischen verschiedenen Getränkekategorien und haben alle ihr spezielles Einsatzgebiet. Generell geht es bei all diesen Methoden darum, die Zutaten zu einer möglichst gleichmäßigen Flüssigkeit zu vermischen, sie mit etwas Schmelzwasser zu harmonisieren und dabei zu kühlen. Die Entscheidung für eine bestimmte Art des Aufbaus hängt damit von den verwendeten Zutaten und dem gewünschten Ergebnis ab. Aber keine Sorge: Normalerweise wird in jedem Rezept die passende Zubereitungsart angegeben.

BAUEN (ENGL.: TO BUILD IN…)
Das Bauen ist die einfachste und schnellste Art, einen Drink zuzubereiten. Geben Sie einfach alle Zutaten auf Eis ins Gästeglas und rühren Sie kurz um. Diese Methode eignet sich nur für Drinks, deren Zutaten sich sehr einfach miteinander vermischen lassen. Außerdem muss der Drink einiges an Schmelzwasser vertragen, denn anders als beim Schütteln oder Rühren wird er ja ausschließlich durch das Eis im Gästeglas gekühlt, das dementsprechend schnell schmilzt. Auch bereits gekühlte Zutaten wie etwa Filler verlangsamen die Verwässerung nur begrenzt.

SCHICHTEN (ENGL.: TO LAYER)

Das Schichten von Zutaten zielt hauptsächlich auf die Optik des Getränks ab, da so effektreiche mehrfarbige Drinks entstehen können. Ähnlich wie das Bauen findet diese Methode direkt im Gästeglas Anwendung.

Gießen Sie die schwerste, also tendenziell die zuckerreichste, Flüssigkeit ins Gästeglas. Lassen Sie daraufhin die nächst schwerere Flüssigkeit vorsichtig über den Rücken des Barlöffels auf die untere Schicht fließen, ohne die Oberflächenspannung zu brechen. Die nächs-

ten Schichten bauen Sie genauso auf. Erschwert wird diese Methode durch Eis im Gästeglas, das die geschichtete Struktur aufbricht. Auch deshalb findet das Schichten vor allem bei (eisfreien) Shots Verwendung.

RÜHREN (ENGL.: TO STIR)

Auch das Rühren eignet sich ausschließlich für Drinks mit einfach vermischbaren Zutaten. Das sind häufig vor allem Spirituosen, Liköre, Weinaperitifs oder Bitters. Sobald Sahne oder Saft ins Spiel kommen, reicht das Rühren meist nicht mehr aus.

Füllen Sie Ihr Rührglas mit Eiswürfeln und geben Sie die Zutaten dazu. Nun stecken Sie den Barlöffel in eine Lücke zwischen den Eiswürfeln ins Rührglas und zwar so, dass Sie nun beim Rühren die kompletten Eiswürfel als einen einzigen Block im Kreis drehen können. Achten Sie beim Rühren auf eine kreis-

förmige Bewegung, bei der sich der Löffel spiralförmig auf und ab bewegt. Kalt genug ist der Drink, wenn das Rührglas außen beschlägt. Wie lange aber genau gerührt werden muss, hängt vom Drink und der gewünschten Verwässerung ab. Ums Abschmecken kommen Sie hier nicht herum.

SCHÜTTELN (ENGL.: TO SHAKE)

Beim Schütteln können auch schwer vermischbare Zutaten zu einer gleichmäßigen Flüssigkeit verarbeitet werden. Die folgende Erklärung beschreibt die Technik anhand des üblichen Boston Shakers.

Füllen Sie den kleineren Teil Ihres Boston Shakers bis zum Rand mit Eiswürfeln und geben Sie die Zutaten hinein.

Stecken Sie den anderen Teil des Shakers auf und stellen Sie sicher, dass der Shaker nun fest verschlossen ist. So bildet sich ein Unterdruck im Shaker, der das Austreten von Flüssigkeit während des Schüttelns verhindert. Schütteln Sie nun kräftig, indem Sie den Shaker mit beiden Händen fassen und ihn in kräftigen Bewegungen leicht bogenförmig herauf und herunter bewegen. Achten Sie immer darauf, dass

der kleinere Shaker-Teil zu Ihnen zeigt, um niemanden zu gefährden. Lange genug haben Sie geschüttelt, wenn der Shaker außen beschlägt. Etwas länger müssen Sie teilweise shaken, um Festbestandteilen wie Minze ausreichend Aroma zu entlocken oder Drinks mit Ei oder Sahne schaumig genug werden zu lassen. Setzen Sie den Shaker stets mit dem größeren Teil nach unten ab, denn durch das Schmelzwasser enthält er nun mehr Flüssigkeit als vorher. Das Öffnen des Shakers kann zu Beginn etwas schwierig sein. Durch ein leichtes Klopfen auf die Seite des Shakers öffnet er sich jedoch ohne übertriebene Gewaltanwendung.

Beim Shaken verändert sich, im Gegensatz zum Rühren oder Schichten, auch die Konsistenz des Drinks deutlich. Denn durch das Schütteln erhält die Mischung mehr Sauerstoff. Tendenziell wird ein Drink kürzer geschüttelt als

gerührt, da durch die zersplitternden Eiswürfel im Inneren des Shakers beim Schütteln eine schnellere Kühlwirkung erzielt wird.

SWIZZLEN (ENGL.: TO SWIZZLE)

Diese fast vergessene Zubereitungsart deutet schon im Namen auf die mit ihrer Hilfe hergestellten Drinks hin – die Swizzles. Hierzu gibt man möglichst viel zerstoßenes Eis (Crushed Ice, Shaved Ice) mit den Zutaten in ein hohes,

schmales Gästeglas (z.B. Highball) und nimmt einen Swizzle Stick zwischen die Handflächen. Durch ein schnelles, gegensätzliches Aneinanderreiben der Handflächen rotiert der Swizzle Stick im Glas und vermischt so die Zutaten. Bewegen Sie dabei den Stick im Glas auf

und ab. Vor dem Servieren wird bis zum Glasrand mit zerstoßenem Eis nachgefüllt. Je größer die Eisstücke sind, desto einfacher lässt sich die Verwässerung steuern. Ersatzweise kann ein Barlöffel verwendet werden, der allerdings nicht ganz den gleichen Effekt erzeugt.

ROLLEN (AUCH: WERFEN) (ENGL.: TO ROLL)

Diese Zubereitungstechnik wird vergleichsweise selten angewendet. Sie dient, wie das Shaken, der Vermischung von schwer vermischbaren Zutaten.

Füllen Sie den größeren Teil Ihres Boston Shakers mit so vielen Eiswürfeln, dass Sie den Strainer noch mühelos einsetzen können. Besonders geeignet sind hier Strainer, die im Shaker plat-

ziert werden (z.B. Julep Strainer) und nicht nur am oberen Rand. Geben Sie die Zutaten dazu und gießen Sie die Mischung möglichst langsam durch den eingesetzten Strainer von oben nach unten in den kleineren Teil des Boston Shakers. Entfernen Sie während des Gießens die beiden Shaker-Teile immer weiter voneinander, indem Sie diese vorsichtig nach oben bzw. unten ziehen. Achten Sie dabei auf das untere Glas, damit Sie nichts danebenschütten.

Wenn Sie es richtig machen, sieht es aus, als seien beide Teile durch einen „Flüssigkeitsfaden" miteinander verbunden. Gießen Sie daraufhin die Flüssigkeit zurück in den größeren Shaker-Teil und wiederholen Sie den ganzen Vorgang mehrmals.

Diese zunächst etwas merkwürdig anmutende Methode hat ihre ganz eigenen Vorteile: Durch das Gießen durchläuft die Flüssigkeit jeweils die ganze Höhe der Eiswürfel und bekommt reichlich Sauerstoff. Dadurch wird eine ähnliche Wirkung wie beim Schütteln erzeugt, ohne aber das Eis zersplittern zu lassen und zu viel Wasser freizusetzen. Angewendet wird das Rollen vor allem bei dickflüssigen Zutaten wie Tomatensaft oder Fruchtpürees. Beim Schütteln würden diese Zutaten mit dem Eis im Shaker zu keiner ansprechenden Textur gelangen.

SPEZIAL

TECHNIKEN

Hier finden Sie Techniken, die nur für eine gewisse Gruppe von Drinks Relevanz haben, aber dem jeweiligen Getränk den letzten Schliff verpassen und im Geschmack den entscheidenden Unterschied machen.

DOPPELTES ABSEIHEN
(ENGL.: TO DOUBLE STRAIN)

Ob Lavendelblüten, Minze oder Fruchtfleisch – was gut für den Geschmack ist, wirkt im Gästeglas manchmal unästhetisch oder stört beim Trinken. Daher reicht bei sehr feinen Bestandteilen das übliche Abseihen nicht aus und man gibt den Drink nicht nur durch den Strainer, sondern daraufhin noch einmal durch ein feineres Sieb. Halten Sie dazu beim Abseihen einfach einen Fine Strainer unter den normalen Strainer.

FLOATEN (ENGL.: TO FLOAT)

Bei einigen Drinks, die eigentlich geschüttelt, gerührt oder gebaut werden, wird zusätzlich noch eine Zutat geschichtet und höchstens leicht vermischt. Das nennt man Floaten. Dazu

ZESTEN (ENGL.: ZESTS)

Zesten sind dünne Schalenstücke von Obst oder Gemüse, die der sanften Aromatisierung von Speisen oder Getränken dienen. Der Zestenreißer funktioniert hierbei nicht viel anders als ein Sparschäler für Kartoffeln. Achten Sie beim Schneiden grundsätzlich darauf, möglichst wenig der weißen Innenhaut (auch: Mesokarp) an der Zeste zu behalten. Denn dieses Mesokarp sorgt für Bitterstoffe im Drink und macht die richtige Aromatisierung schwierig. Wenn Sie eine Zeste geschnitten haben, können Sie diese eventuell noch mit dem Barmesser trimmen oder in eine dekorative Form bringen.

Entscheidend für den Geschmack sind aber die ätherischen Öle in der Schale. Um den Drink mit diesen Ölen zu aromatisieren, halten Sie die Zeste mit der Außenseite über den Drink und drücken sie nach außen längs zusammen. Bei

lassen Sie die entsprechende Zutat sehr vorsichtig über den Rücken des Barlöffels auf den Drink ins Gästeglas laufen. Je nach Rezept wird nun einmal sanft umgerührt, um eine leichte Vermischung zu erzeugen. Bei gefloateten

einer frischen Frucht und ausreichend Licht können Sie die Öle dabei in einem Sprühnebel austreten sehen. Möchten Sie einen Drink nur schwach aromatisieren, sprühen Sie die Öle aus einiger Entfernung ins Glas. So gelangen nur die „leichteren" Öle in den Drink.

Gerade für klassische Cocktails stellen Zitruszesten oft weit mehr als bloße Dekoration dar, denn kalte Getränke duften nun mal nicht besonders, und die Zitrusöle stimulieren die Geruchsnerven und bereichern die anderen Zutaten. Dementsprechend sollten Sie bei der Verwendung von Zesten unterschiedliche Methoden der Aromatisierung ausprobieren und vergleichen. Es macht einen subtilen Unterschied, ob Sie den Drink nur besprühen oder die Zeste zusätzlich mit ins Glas geben. Selbst Kombinationen verschiedener Früchte

Zutaten mit außergewöhnlichen Farben entsteht so ein besonderer optischer Effekt. Bekanntestes Beispiel hierfür dürfte der Tequila Sunrise sein, bei dem leuchtend roter Grenadinesirup gefloatet wird.

sind möglich. Probieren Sie doch mal einen Rum Old Fashioned mit Orangen- und Limettenzeste!

Zur starken Aromatisierung können Sie außerdem den Glasrand einreiben. Auch der Stiel eines Glases kann auf diese Weise parfümiert werden. Während des Trinkens wird der Gast immer wieder seine Hand unter der Nase haben und so die Zitrusöle vom Stiel auch zwischen den Schlucken wahrnehmen. Eine besondere Möglichkeit: Binden Sie zusätzlich eine Zeste um den Stiel. Experimentieren Sie einfach und vertrauen Sie Ihrer Wahrnehmung! Wenn aber im Rezept die Verwendung einer Zeste verlangt wird und Sie sich unsicher sind, wie stark Sie den Drink aromatisieren möchten, sprühen Sie die Öle nur leicht über den Drink und geben Sie die Zeste ins Glas.

FLAMBIERTE ZESTEN (ENGL.: FLAMED ZESTS)

Ein ganz spezieller Weg zur Verwendung einer Zeste ist das Flambieren. Am besten eignen sich hierzu Zigarrenfeuerzeuge, da sie eine gleichmäßige, beständige Flamme erzeugen. Trocknen Sie die Zeste zunächst knapp, indem Sie die Flamme noch nicht zu dicht heranhalten. Dann platzieren Sie die Zeste über dem Drink und die Flamme kurz und dicht unter der Zeste. Die ätherischen Öle in der Schale beginnen zu brennen und fallen auf den Drink. Die Röstaromen geben dem Getränk eine feine Rauchnote.

PARFÜMIEREN, AUSWASCHEN UND ANZÜNDEN (ENGL.: TO AROMATIZE, TO COAT/ RINSE, TO SET ON FIRE)

Auch über Zesten hinaus gibt es Zutaten, die den Drink nur subtil prägen sollen oder so intensiv sind, dass bereits einige Tropfen zur deutlichen Aromatisierung ausreichen. Auf diese Art werden zum Beispiel Absinth, sehr torfige Whiskys oder aromatische Liköre in einigen Rezepten eingesetzt. Eine einfache Methode, um ein Getränk zu parfümieren, ist das Ausspülen des Glases mit der gewünschten Zutat. Geben Sie also beispielsweise etwas Absinth in ein Glas und schwenken Sie es, um das komplette Glas zu benetzen. Daraufhin schütten Sie den Rest Absinth wieder aus. Durch ein wenig Zubehör können Sie sich das ständige Wegschütten teurer Zutaten aber sparen. Mit einer einfachen Sprühflasche, wie sie in der Apotheke erhältlich ist, lassen sich Gläser mit einem feinen Sprühnebel benetzen, fast ohne dass Flüssigkeit verloren geht. Eine dritte Art des Parfümierens stellt das Ausspülen des Glases gefolgt vom Anzünden der übrigen Flüssigkeit dar. Dabei mindert sich allerdings auch der Alkoholgehalt der Zutat.

MUDDELN (ENGL.: TO MUDDLE)

Einige Zutaten geben ihren ganzen Aromenreichtum erst durch leichten bis starken Druck preis. Dazu zählen neben verschiedensten Früchten vor allem Kräuter und Gewürze. Achten Sie zunächst darauf, ob das jeweilige Rezept nur ein leichtes Andrücken oder aber ein wirkliches Zerdrücken der Zutat erfordert. Geben Sie die entsprechenden Zutaten ins Rührglas, halten Sie dieses mit einer Hand fest und üben Sie durch leichte Stoßbewegungen mit dem Stößel in der anderen Hand leichten bis starken Druck aus. In jedem Falle sollte der Druck gleichmäßig bleiben und die Zutat nicht komplett zerstampfen. Denn dadurch könnten unerwünschte Aromen wie Bitterstoffe in den Drink gelangen. Einige Zutaten sollten direkt in Flüssigkeit angedrückt werden, damit flüchtige Aromen, wie etwa die ätherischen Öle der Minze, sich nicht in der Luft verlieren. Füllen Sie dazu vor dem Muddeln einfach eine flüssige Zutat des Drinks in Ihr Rührglas.

 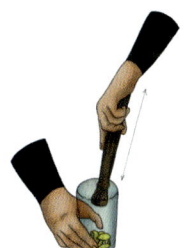 

ZITRUSFRÜCHTE PRESSEN

Selbst bei den scheinbar einfachsten Dingen lassen sich hinter der Bar Fehler machen, die die Getränkequalität beeinträchtigen. Dazu zählt auch das falsche Pressen von Zitrusfrüchten. Gleichgültig auf welche Art Sie pressen, sollten Sie immer aufpassen, dass Sie nicht zu lange oder zu stark pressen. Denn auf diese Weise wird das Mesokarp verletzt, also die weiße Schicht zwischen Fruchtfleisch und äußerer Schale, und es gelangen unerwünschte Bitterstoffe und Aromen in den Saft.

Zitrussäfte sollten außerdem möglichst unmittelbar bei der Zubereitung des Drinks gepresst werden. Doch warum eigentlich? Nun, Zitrussäfte geben nicht nur die gewünschten Aromen ab, sondern setzen Säuren frei, die beginnen, die geschmacksgebenden ätherischen

Öle zu zersetzen, sobald der Saft gepresst ist.

Sollten Sie in Ausnahmefällen aber einmal dazu gezwungen sein, Ihre Früchte bereits wenige Stunden vor der Weiterverarbeitung zu pressen, schützen Sie die Säfte bitte vor Wärme und Luft! Denn im Saft befinden sich Enzyme, die für eine zusätzliche Beschleunigung der chemischen Prozesse sorgen. Durch kühle und luftgeschützte Lagerung wird verhindert, dass diese Enzyme weiteren Sauerstoff und Wärme bekommen und damit den Geschmacksverfall verstärken können.

ZITRUSFRÜCHTE VERARBEITEN

Auch bei der Weiterverarbeitung von Zitrusfrüchten kann einiges schiefgehen. So sollten vor dem Muddeln die Enden der Früchte und, wenn möglich, die Kerne entfernt werden, da dort verstärkt Bitterstoffe enthalten sind. Gleiches gilt, wenn die Früchte oder Fruchtschalen mit in den Shaker kommen, denn auch hier sind zu starke Bitterstoffe

unerwünscht. Diese Behandlung vorausgesetzt, verleihen mitgeschüttelte Früchte dem Drink aber zusätzlich feine Fruchtaromen.

MINZE VERARBEITEN

Bei Minze werden sowohl die Blätter zum Muddeln oder Mitschütteln verwendet als auch die Minzspitze, die sich als Ganzes hervorragend zur Garnitur eignet. Zur einfachen Trennung dieser Teile halten Sie einen Minzzweig mit einer Hand etwas unterhalb der Spitze fest und streifen Sie mit der freien Hand die Blätter nach unten ab. Beide Teile der Minze sollten unmittelbar vor der Verwendung kurz zwischen den Handflächen angeklatscht werden. So wird die Struktur der Minze aufgebrochen und die ätherischen Öle treten hervor. Im Anschluss kann ein leichtes Andrehen der Minze diesen Effekt noch verstärken. Achten Sie darauf, die Minze beim Klatschen nicht zu zerdrücken – die Aromen sollen im Drink landen und nicht in Ihrer Hand.

GLASRÄNDER VERZIEREN

Das Verzieren von Gläsern durch Ränder aus Zucker, Salz oder anderen Zutaten dient bei einigen Drinks nicht nur der Optik (wie die sogenannte Coralle etwas unterhalb des Glasrands), sondern trägt entscheidend zum Geschmack bei. So gibt es beispielsweise recht saure Varianten des Brandy Crusta, die erst durch einen Zuckerrand harmonisch werden. Achten Sie darauf, die Minze beim Klatschen nicht zu zerdrücken – die Aromen sollen im Drink landen und nicht in Ihrer Hand.

Geben Sie etwas Ihrer pulverförmigen Zutat auf einen kleinen Teller, befeuchten Sie den äußeren Rand eines Glases (je nach Rezept mit Wasser, Saft oder Likör) und ziehen Sie den Glasrand in einer Drehbewegung durch die Zutat. Klopfen Sie das Pulver ab.

MASSEINHEITEN FÜR DIE BAR

UMRECHNUNG INNERHALB DES METRISCHEN SYSTEMS

Über einige Jahrhunderte der Barkultur entwickelten sich fast unzählige Maßeinheiten, um die „richtige Mischung" zu Papier zu bringen. Damit Sie auch vor Originalrezepten nicht verzweifeln müssen, sind hier die gängigsten Einheiten vom 18. Jahrhundert bis heute für Sie festgehalten.

MILLILITER (ML)	ZENTILITER (CL)	DEZILITER (DL)	LITER (L)	HEKTOLITER (HL)
1 ml	0,1 cl	0,01 dl	0,001 l	0,00001 hl
10 ml	1 cl	0,1 dl	0,01 l	0,0001 hl
100 ml	10 cl	1 dl	1 l	0,01 hl
1000 ml	100 cl	10 dl	1 l	0,01 hl
100.000 ml	10.000 cl	1000 dl	100 l	1 hl

UMRECHNUNG AMERIKANISCHER EINHEITEN INS METRISCHE SYSTEM

USA	METRISCHES SYSTEM
1 oz	2,96 cl
3/4 oz	2,22 cl
1/2 oz	1,48 cl
1/4 oz	0,74 cl
1/8 oz	0,37 cl

BEZEICHNUNG	EXAKTE MENGE	ARBEITSMENGE
Barlöffel/barspoon oder BL	0,5 cl	–
bottle	0,75 cl	–
cocktail glass	2 oz ≈ 5,92 cl	6 cl
cordial	1 oz ≈ 2,96 cl	3 cl
cum grano salis	–	je nach Geschmack
cup	8 oz ≈ 23,68 cl	24 cl
dash	–	Spritzer
dram	1/8 oz ≈ 0,37 cl	–
drop	–	Tropfen
Esslöffel oder EL	1,5 cl	–
gallon	160 oz ≈ 473,6 cl	4,8 l
gill	4 oz ≈ 11,84 cl	12 cl
grain	64,8 mg	Prise
jigger	1,5 oz ≈ 4,4 cl	4,5 cl
mixing glass	16 oz ≈ 47,36 cl	48 cl
ounce oder oz	2,96 cl	3 cl
part	(entspricht für einen Drink teilweise 1 oz)	je nach gewünschter Gesamtmenge wählen
pint	16 oz ≈ 47,36 cl	48 cl
pony	1 oz ≈ 2,96 cl	3 cl
pound	7000 GRAIN ≈ 453,6 g	450 g
quart	32 oz ≈ 94,72 cl	1 l
splash	–	großer Spritzer (ca. 1,5 cl)
sprig	–	kleiner Zweig
tablespoon	1/2 oz ≈ 1,48 cl	1,5 cl
teaspoon	1/8 oz ≈ 0,37 cl	–
Teelöffel oder TL	0,5 cl	–
wineglass	4 oz ≈ 11,84 cl	12 cl

ANMERKUNG:

Die Angaben richten sich grundsätzlich nach den US-amerikanischen Maßen. Zu vielen Begriffen (z. B. Unze, Gallone oder Gill) existiert in der Realität auch ein englisches Gegenstück. Dieses unterscheidet sich oft aber nur in geringer Menge von den US-Maßen. Die hier angegebenen Arbeitsmengen können zum ungefähren Abmessen dementsprechend größtenteils auch für die englischen Einheiten verwendet werden.

Außerdem finden sich teils sogar im selben Land unterschiedliche Verwendungen der gleichen Begriffe. Unsere Tabelle kann hierzu eine Orientierung bieten, aber im Zweifelsfalle sollte dem Rezept und vor allem dem eigenen Geschmack nachgegeben werden.

EINIGE WORTE ZUM „DASH"

Neben genauen Maßangaben findet sich in Rezepten auch häufig die Angabe „ein Dash". Dash bedeutet dabei in etwa „Spritzer". Sein Volumen ist nicht hundertprozentig zu bestimmen und dient eher als Orientierungsgröße. Um gleichbleibende Qualität zu gewährleisten, arbeiten daher viele Bartender mit sogenannten Dash Bottles, aus denen beim „Spritzer" stets die gleiche geringe Menge Flüssigkeit austritt.

EIS

Bereits 1805 fanden die ersten Eislieferungen in die USA statt und waren somit eine entscheidende Voraussetzung zum Entstehen des Cocktails. Denn Eis kühlt nicht nur, sondern sorgt auch für die erwünschte Verwässerung beim Mischen der Zutaten. Bei sehr minimalistischen Drinks kann und muss das Eis daher sogar als eigene Zutat gesehen werden.

Wie bei anderen Zutaten sollte beim Eis auf höchste Qualität geachtet werden. Aber was heißt das? Ist Eis nicht gleich Eis?

EISWÜRFEL

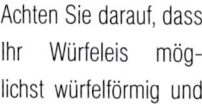

Achten Sie darauf, dass Ihr Würfeleis möglichst würfelförmig und massiv ist. Professionelle Eismaschinen produzieren sogenannte Volleiswürfel. Im Gegensatz zu Hohleiswürfeln halten diese der Verwässerung länger stand. Für den Hausgebrauch lassen sich Eiswürfel mit den entsprechenden Formen selbst herstellen. Bei sehr mineralhaltigem Leitungswasser verwenden Sie am besten einen Wasserfilter oder stilles Mineralwasser, um Eiswürfel herzustellen.

Nehmen Sie bei der Zubereitung von Drinks immer die maximale Menge Eis und verwenden Sie möglichst große Eiswürfel, denn: Je kleiner die Eisoberfläche im Verhältnis zum Volumen ist, desto besser lassen sich Kühlung und Verwässerung steuern. Das bedeutet, dadurch dass ein großvolumiger Eiswürfel langsamer schmilzt, können Sie Ihren Drink bei der Zubereitung in Ruhe abschmecken, ohne dass er zu schnell verwässert. Auch das Trinkglas wird, sofern das Rezept Eis im Trinkglas vorsieht, immer vollständig mit Eiswürfeln befüllt. Nur so bleibt der Drink möglichst lange kalt, ohne zu verwässern.

CRUSHED ICE

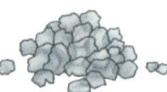

Drinks, die dagegen eine weitere Verwässerung benötigen, werden auf Crushed Ice abgeseiht, denn die kleinen Eisstückchen lassen sich bei sehr konzentrierten Drinks wie dem Mint Julep gezielt zur Verwässerung einsetzen. Das Schmelzwasser ist hier eine entscheidende Zutat des Drinks. Doch auch beim Crushed Ice gilt normalerweise: so viel wie möglich!

Sie können Crushed Eis auf rustikale Art und Weise ganz einfach selbst herstellen:

1. Nehmen Sie eine Tüte oder ein Küchenhandtuch.
2. Geben Sie dort ein paar Eiswürfel hinein.
3. Schlagen Sie nun mit einem Stößel oder Nudelholz vorsichtig die Eiswürfel klein.

Alternativ können Sie in gut sortierten Supermärkten oder an Tankstellen Crushed Ice auch gebrauchsfertig kaufen.

Ach, noch eine Kleinigkeit: Benutzen Sie dasselbe Eis nie mehrfach! Eigentlich eine Selbstverständlichkeit, aber Sie würden sich wundern, was man hinter manchen Tresen zu sehen bekommt ...

BY SIDE

Seit der Wiedergeburt der klassischen Cocktailkultur in den vergangenen Jahren wird in einigen Bars auch das Eis wieder wie im 19. Jahrhundert gefertigt. Das Personal schlägt dort tatsächlich **mit Hammer und Pickel** Eiswürfel und -stücke aus einem großen Eisblock heraus. Die Größe der Eisstücke kann damit besser der Größe der Trinkgläser angepasst werden. Die japanische Barkultur hat sich derweil mit dem kunstvollen Schnitzen von großen Eiskugeln hervorgetan.

Bevor Sie nun schon zum Hammer greifen: Einen echten Vorteil gegenüber hochwertigem Eis aus der Maschine oder der Eisform hat diese aufwendige Herstellung nicht. Das Ganze sieht aber, zugegeben, verdammt gut aus.

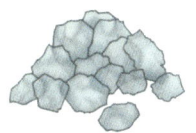

NUGGET ICE/ SHAVED ICE

Nugget und Shaved Ice sind Eisarten, die nach Größe und Wirkung etwa zwischen Eiswürfeln und Crushed Ice liegen. Sie eignen sich damit für Drinks, die zwar einen deutlichen Schmelzwasseranteil brauchen, aber durch Crushed Ice dennoch zu schnell verwässern würden.

DIE RICHTIGE TEMPERATUR

Es mag überraschen, aber auch beim Eis selbst spielt die richtige Temperatur eine wichtige Rolle. Kalt ist nicht immer kalt genug, und so schwören viele Bartender auf „doppelt gefrostetes" Eis. Darunter versteht man Eis, das nicht die übliche Temperatur von ca. -1 bis -3 °C hat, mit der es von vielen Eismaschinen ausgeworfen wird, sondern daraufhin noch einmal auf etwa -19 °C heruntergekühlt wird. Festhalten lässt sich, dass diese sehr kalten Eiswürfel tatsächlich langsamer schmelzen als die wärmeren Varianten.

Das Eis um -1 °C hat aber dafür eine schnellere Kühlwirkung. Das liegt daran, dass Eis, während es seinen Aggregatzustand von fest zu flüssig verändert, besonders viel Wärme aus seiner Umgebung aufnimmt (sog. latente Schmelzwärme). Um kurz ein Rührglas vorzukühlen, muss es also kein doppelt gefrostetes Eis sein, im Gästeglas kommt dagegen sehr kaltes Eis voll zur Geltung.

DER COCKTAIL

Harmonielehre und Aufbau

AUSSEN SEITE

VOR DER BAR

Ein Cocktail wird nicht nur getrunken und geschmeckt. Er wird gehört, gesehen, gerochen und sogar gefühlt. Das ist weder kulinarische Esoterik noch Übertreibung. Das werde ich im Folgenden versuchen, Ihnen zu erklären.

Bereits bevor Ihr Drink vor Ihnen steht, erleben Sie ihn. Das ist der Zauber der Bar. Denn um im Restaurant wirklich dabei zu sein bei der Entstehung Ihrer Mahlzeit, müssen Sie schon eines der seltenen Etablissements mit offener Küche aufsuchen. Und selbst dort wird der Koch in den seltensten Fällen so viel Zeit für Sie haben wie ein geübter Bartender. Vielleicht ist das auch einer der Gründe, aus denen Kochsendungen im Fernsehen sich solcher Beliebtheit erfreuen. Die Köche erklären Ihnen genau, welche Zutaten sie weshalb wählen, wie diese dann am besten zubereitet und letztendlich auf dem Teller angerichtet werden. All das haben Sie in der Bar live. Und das Beste ist: Alles wandert in Ihren Magen und nicht in den des Studiopublikums.

Um tatsächlich jede Esoterik zu vermeiden, wollen wir es etwas sachlicher angehen: Bei der Perzeption, also der Wahrnehmung, spielen im Groben sechs Arten der Reizaufnahme eine Rolle. Und alle haben Einfluss auf die Tatsache, ob Sie Ihren Cocktail wirklich genießen werden oder nicht.

Durch die visuelle Wahrnehmung können Sie nicht nur feststellen, in welchem Glas Ihr Drink serviert wird und ob die Dekoration ansprechend und passend ist. Genauso werden Sie bemerken, ob der Tresen sauber ist oder der Bartender besser sein Hemd zurück in die Hose stopfen sollte. Und all das wird Einfluss darauf haben, ob Sie sich wohlfühlen. Eng verbunden mit der visuellen Wahrnehmung ist die kinästhetische, durch die Sie Bewegungen beurteilen können. Arbeitet der Bartender trotz allgemeiner Hektik grazil und effizient oder hampelt er hinter der Bar herum, bewegt sich umständlich und lässt die Hälfte des Drinks auf dem Tresen landen? Gleichzeitig nehmen Sie auditiv wahr: Sie hören das frische Eis knacken, vernehmen den Rhythmus des Shakers oder lauschen dem Prickeln Ihres Champagner-Cocktails. Und auch die haptische Wahrnehmung gewinnt nicht erst an Bedeutung, wenn Sie Ihr gefrorenes, wohlgeformtes Glas in Händen halten. Sie lässt ebenso empfinden, ob Ihr Hocker bequem oder die Barkarte in edles Leder gebunden ist. Wenn Sie schließlich Ihr Gesicht dem Drink entgegenstrecken, ist es zunächst nicht der Geschmack, der Sie umfängt, sondern der Duft. Ob das Glas nun mit den Ölen einer Orangenzeste besprüht wurde oder mit ein wenig Absinth parfümiert, das nehmen Sie durch olfaktorische Reize wahr. Und dann endlich kommt gustatorische Wahrnehmung ins Spiel, der Geschmack

Doch ob es Ihnen schmeckt oder nicht, wird maßgeblich von allen vorherigen Faktoren beeinflusst. Wenn Sie sich nicht wohlfühlen, weil Ihnen der Bartender zu aufdringlich, die Musik zu laut oder die Einrichtung zu steril ist, kann der Inhalt des Glases noch so edel sein – vollendeten Genuss werden Sie so kaum erfahren.

Der eine mag es vielleicht nicht ganz so aufgeräumt oder legt beim Bartender eher Wert auf persönliche Sympathie als auf technische Vollendung, und ein anderer hat die Musik mal gerne etwas lauter. Aber die Bar wie auch der Drink müssen zu Ihnen und Ihrer Stimmung passen. Sie werden schon am besten wissen, ob Ihnen nach einer saftigen Erfrischung oder einem herben Stärkungstrunk ist. Und wenn nicht, weiß es der Bartender, denn das ist seine Aufgabe.

INNEN SEITE

HINTER DER BAR

stundenlangen Diskussionen darüber, ob der Drink nun aus diesem oder jenem Grund in die eine oder aber die andere Kategorie gehört. Dabei geht es doch letztlich darum, dass es schmeckt. Nicht mehr aber auch nicht weniger.

Bei der unüberschaubaren Vielfalt der gemischten Getränke kommt es immer auf das Gleiche an: Die harmonische Verbindung der Zutaten. Ein guter Cocktail setzt die Aromen verschiedener Zutaten zu einem neuen Geschmacksbild zusammen. Dabei sollen sich die Zutaten nicht gegenseitig überdecken, sondern ergänzen. Das heißt:

Nach aller Hingabe, mit der der Gast zu umsorgen ist, bleibt am Ende der Nacht die Hauptbeschäftigung des Bartenders letztendlich: Getränke zubereiten! Dabei wird Ihnen der eine Barmann erzählen, das sei ganz einfach und im Handumdrehen gelernt, wobei der nächste geradezu eine Wissenschaft daraus machen möchte, Ihnen im Flüsterton etwas von den Geheimnissen der Mixologie berichtet und verschworen über selbst hergestellte Spezial-Zutaten spricht. Die Wahrheit liegt irgendwo dazwischen. Denn die Zubereitung eines Drinks ist

ähnlich wie das Kochen weder regellos noch eine Geheimwissenschaft. Es ist nur eine Frage der Methode und des Könnens.

Für den Anfänger macht es kaum Sinn, sich Hunderte von Rezepten einzuprügeln, wenn er nicht verstanden hat, warum die Drinks so aufgebaut sind, wie sie es sind. Die Einteilung der Rezepte in Kategorien wie Sour, Sling oder Batida mag dem Fortgeschrittenen einen Überblick verschaffen. Bei Laien führt sie dagegen häufig zu Verwirrung und

„EIN COCKTAIL IST IMMER NUR SO GUT WIE SEINE SCHLECHTESTE ZUTAT!"

Wer wirklich gut trinken möchte, muss deshalb nicht nur auf hochwertige Alkoholika, sondern ebenso auf die Auswahl der frischen Zutaten, der Pürees oder der Limonaden achten. Um zu verstehen, wie sämtliche Zutaten in ihrem Zusammenspiel zur Harmonie gelangen, muss man begreifen, welche Rolle die einzelne Zutat im Drink spielt. Denn jedem Bestandteil kommt eine eigene Aufgabe zu. Das stelle ich so in meinem Schema dar: ⬇

BASIS (z.B. Cognac, Gin, Rum, Whiskey)	Die Basis ist das Fundament des Drinks. Die übrigen Zutaten des Drinks interpretieren die Basis. Sie überdecken unerwünschte Noten und arbeiten neue Nuancen aus ihr hervor. Daher eignen sich als Basis hauptsächlich aromatische, hochprozentige Spirituosen.
FORMER (z.B. Wermut, Zitronensaft, Likör)	Der Former, wie könnte es anders sein, formt den Drink und gibt damit die grobe Richtung vor. Er bestimmt zum Beispiel, ob der Drink leicht, sauer oder herb ist, und prägt damit den Charakter des Drinks entscheidend. Besonders geeignet hierfür sind Zutaten, die einen recht intensiven Geschmack aufweisen, mit dem sie die Basis beeinflussen, aber nicht überdecken.
BEGLEITER (z.B. Sirup, Likör, Wermut, geringe Saftanteile)	Der Begleiter bringt die Balance in den Drink. Auf dem Fundament der Basis spielt er mit dem Former und gleicht ihn aus. Die Intensität des Begleiters richtet sich daher nach der Art des Formers. So benötigt ein saurer Former einen süßen Begleiter, ein herber Former kann dagegen vielleicht mit einem fruchtigen Begleiter abgerundet werden.
FILLER (z.B. Tonic Water, Soda, Orangensaft, Champagner, Eiweiß)	Der Filler zeichnet sich tendenziell durch seine geschmackliche Leichtigkeit aus und wird daher häufig in großen Anteilen zugesetzt. Zwar kann man bspw. einen körperreichen Champagner, der als Filler genutzt wird, nicht zwingend als leicht beschreiben, doch in jedem Fall „füllt" der Filler den Drink. Das heißt, er macht die stark konzentrierte Mischung der anderen Zutaten süffiger und weicher und beeinflusst die Gesamtkonsistenz teilweise durch Kohlensäure oder Fruchtanteile.
ZUSATZ (z.B. Schmelzwasser, Zitrusöle, Bitters, Garnitur)	Der Zusatz sorgt für den letzten Schliff. Er macht den kleinen Unterschied, indem er mit zarten Zwischentönen die Gesamtmischung aus einem zufälligen Miteinander zum harmonischen Ganzen führt. Zusätze werden dementsprechend vorsichtig dosiert, denn mehr ist schnell zu viel.

Das bedeutet aber nicht, dass jeder Drink Zutaten aus allen Kategorien beinhaltet. **Einzig Basis und Former kommen immer vor.** Je nach Art des Drinks werden die anderen Kategorien ergänzt. Außerdem können mehrere Zutaten in die gleiche Kategorie fallen. Daher muss im Vorhinein klar sein, in welche Richtung der Drink gehen soll und welche Aufgabe die einzelnen Zutaten haben. Denn die gleiche Zutat, z.B. ein Wermut, kann in dem einen Rezept vielleicht die Rolle des Formers erfüllen, in einem anderen Rezept aber zum Begleiter werden.

Cocktail-Rezepte sind wie Kochrezepte keine starren Anweisungen, die auf jede Kleinigkeit hin befolgt werden müssen. Der eine mag es etwas süßer, der andere etwas herber. Jeder Geschmack ist verschieden und der Drink muss dementsprechend balanciert werden.

Bei all der Individualisierung der Rezepte empfiehlt sich für den Anfänger zunächst natürlich dennoch die Orientierung an guten (!) Rezepten. Denn das Gespür für die Balance der einzelnen Drinks muss erst einmal entwickelt werden. Ein guter Drink, um sich an dieses Gespür heranzutasten, ist der Sour:

WHISKEY SOUR

Zutaten:
6 cl Bourbon Whiskey
3 cl frisch gepresster Zitronensaft
2 cl Zuckersirup
optional: 1 Eiweiß

Garnitur: Orangenspalte
Glas: Tumbler

Geben Sie alle Zutaten in den Shaker und füllen Sie diesen mit Eiswürfeln. Schütteln Sie kräftig. Seihen Sie nun den Drink durch den Strainer in einen mit Eiswürfeln gefüllten, vorgekühlten Tumbler ab und garnieren Sie ihn mit einer Orangenspalte.

Welche Zutat hat hier welche Aufgabe?

BASIS	Der **Bourbon Whiskey** bildet die Basis des Drinks. Er sollte nicht überdeckt werden, sondern den Drink mit seiner Aromatik prägen, aber gleichzeitig von den übrigen Zutaten gezähmt und umspielt werden.
FORMER	Die Säure, die der Drink schon im Namen trägt kommt vom **Zitronensaft**. Er liefert neben dem Bourbon die dominanten Noten des Drinks und formt den Whiskey zu einer fruchtig-säuerlichen Mischung.
BEGLEITER	Damit der Drink aber nicht einfach nur sauer schmeckt, muss die Säure ausgeglichen werden. Das geschieht durch den **Zucker-sirup**. Je mehr Süße verwendet wird, desto weniger schmeckt man die Säure, und umgekehrt. Bei zu viel Süße sollte man sich hier aber fragen, ob man der Idee des Drinks noch gerecht wird oder lieber auf eine Limonade ausweicht. Der Zucker soll hier nur als Geschmacksverstärker wirken und dem Drink Tiefe verleihen.
OPTIONALER FILLER	Erleichtert wird das Balancieren des Süße/Säure-Verhältnisses deutlich durch das **Eiweiß**. Es nimmt der Säure die Spitzen und sorgt für eine angenehm schaumige Textur des Drinks.
ZUSATZ	Wie in jedem Cocktail gibt die richtige Menge an **Schmelzwas-ser** auch hier die richtige Verdünnung und Temperatur zur Harmonie der Zutaten. Gekrönt wird die ganze Mischung noch durch eine **Orangenspalte** am Glasrand, die den Drink angenehm frisch duften lässt und das Zitrusaroma so schon bis in den Antrunk bringt. Außerdem verstärkt sie visuell die Fruchtigkeit des Drinks.

Halten Sie sich beim ersten Versuch genau an das Rezept und lassen sie das Eiweiß noch beiseite, um einen Grundeindruck zu bekommen. War es Ihnen zu sauer? Dann verwenden Sie doch beim nächsten Versuch etwas mehr Zuckersirup. War es Ihnen zu süß? Dann senken Sie den Zuckeranteil ein wenig. Beachten Sie aber, dass keine Zitrone wie die andere ist. Der Säuregehalt der Früchte kann stark schwanken. Dementsprechend wird die Balance des Drinks beeinflusst. Es empfiehlt sich daher ein kurzes Abschmecken vor dem Servieren und eventuell ein vorsichtiges Nachbalancieren mit etwas Zitronensaft oder Zuckersirup.

Wenn Sie einmal den Dreh raushaben und wissen, wie Ihr Drink weder zu sauer noch zu süß wird, können Sie anfangen, mit dem Drink zu spielen. Probieren Sie doch mal die Variante mit Eiweiß aus und schmecken Sie, wie sich der Drink verändert. Auch eine Zitronenzeste oder ein Dash Angostura Bitters können interessante Veränderungen bewirken. Und wenn Sie Lust haben, ersetzen Sie den Bourbon durch Rye Whiskey. Folgen Sie Ihrem Gespür und haben Sie Spaß beim Ausprobieren!

In anderen Rezepten werden Sie daraufhin feststellen, dass Sie nicht nur gelernt haben, einen Whiskey Sour zu balancieren, sondern dass zahlreiche Rezepte ähnlich aufgebaut sind. In wiederum anderen Rezepten dagegen werden Sie weder Zitrussäfte noch Zuckersirup finden. Und doch lassen sich auch diese durch das gleiche Schema begreifen. Ein Beispiel hierfür ist der Rum Manhattan.

RUM MANHATTAN

Zutaten:
5 cl gereifter Rum
3 cl roter Wermut
2 Dashes Angostura Bitters

Garnitur: Orangenzeste
Glas: Cocktailspitz

Geben Sie alle Zutaten in ein mit Eiswürfeln gefülltes Rührglas. Verrühren Sie die Zutaten und seihen Sie sie durch den Strainer in einen vorgekühlten Cocktailspitz ab. Garnieren Sie den Drink mit einer Orangenzeste.

Welche Zutat hat hier welche Aufgabe?

64

her bei der Zubereitung immer abgeschmeckt werden.

Bei so wenigen und dazu noch volumenstarken Zutaten spielt jede Kleinigkeit eine Rolle. Falls Ihnen die obige Variante noch zu stark ist, erhöhen Sie den Wermut-Anteil leicht. Schon kleine Mengenunterschiede verändern die Gesamtbalance deutlich. Und selbst die wichtige Position des Begleiters braucht hier nicht mehrere Zentiliter Sirup oder Likör, sondern lediglich ein paar Tropfen Bitters. Seien Sie bei der Balance also vorsichtig. Ein Tropfen zu viel überlagert schnell den Rest. Ein nicht seltener Fehler hinter den Tresen zahlreicher Bars ist zudem die richtige Dosierung

dere Bedeutung zu. In anderen Drinks mag sie bloß optional sein, hier ist sie es, die den Drink erst zum Hochgenuss macht.

Lassen Sie sich trotz dieser fragilen Balance nicht davon abhalten zu experimentieren. Vielleicht stellen Sie fest, dass Ihnen Orange Bitters oder eine Zitronenzeste besser gefällt. Probieren Sie verschiedene Rums aus und finden Sie so Ihre ganz eigene Variante.

Übrigens wäre ohne den Mut zur Variation auch das Rezept des Rum Manhattans gar nicht erst entstanden, denn ursprünglich wird ein Manhattan mit Rye Whiskey statt mit Rum gemacht. Der Barmann würde sagen, es ist ein ‚moderner Twist‘ des ursprünglichen Manhattans. Selbst die so wichtige Basis lässt sich also mal austauschen.

BASIS	Der **Rum** bildet die Basis des Drinks. Es empfiehlt sich ein intensiver, länger gereifter Rum, der gegen den starken Former ankommen kann.
FORMER	Der **rote Wermut** formt den Rum sanft und ergänzt ihn durch seine Süße und Herbe.
BEGLEITER	Den **Angostura Bitters** kommt die Rolle des Begleiters zu. Sie balancieren das süßlich-aromatische Grundgerüst aus und verleihen ihm Tiefe.
ZUSATZ	Nicht zu vergessen sind die Zusätze. Das **Schmelzwasser** ist dafür verantwortlich, dass sich der Rum „öffnet" und mit den übrigen Zutaten verbindet. Die Öle der **Orangenzeste** sorgen dann dafür, den Drink mit einer subtilen Fruchtnote zu binden.

Wie Sie sehen, hat der Rum Manhattan weder einen Filler noch irgendwelche Saftanteile. Es ist ein puristischer Drink – minimal und ausdrucksstark. Die Basis-Spirituose wird hier kaum verdünnt. Die Cocktailkunst ist es nun, die Basis trotz ihrer Dominanz harmonisch mit den anderen Zutaten zu verbinden. Drinks wie der Manhattan müssen da-

des Schmelzwassers. Ist es zu wenig, wirkt der Drink ungelenk und kantig. Ist es zu viel, gehen die Aromen der edlen Zutaten im Wasser unter. Rühren Sie lieber kurz, schmecken Sie den Drink ab und rühren bei Bedarf noch etwas weiter. Auch der Zeste kommt bei einem so auf das Wesentliche konzentrierten Cocktail beson-

GIN TONIC

Zutaten:
5 cl Gin
Tonic Water
optional: 1 Spritzer Zitronen-
oder Limettensaft

Garnitur: Zitronenzeste (optional)
Glas: Highball

Geben Sie alle Zutaten in ein vorgekühl-
tes, mit Eiswürfeln gefülltes Highhall-
glas und rühren Sie kurz um.

Welche Zutat hat hier
welche Aufgabe?

BASIS	Der **Gin** bildet die Basis des Drinks.
FORMER	Das **Tonic Water** formt den Gin und ergänzt dessen Trocken-heit durch seine Süße und Herbe.
OPTIONALER BEGLEITER	Mit einem **Schuss Zitrussaft** lässt sich die Süße des Tonic Waters nach Bedarf balancieren.
ZUSATZ	Wieder gibt die richtige Menge an **Schmelzwasser** die ange-messene Verdünnung und Temperatur zur Harmonie der Zutaten. Die Öle einer **Zitronenzeste** sorgen dann eventuell noch dafür, den Drink mit einer subtilen Fruchtnote zu binden.

Wenn man die Zutaten betrachtet, ist
der Gin Tonic ein sehr einfacher Drink.
Gin, Tonic, Schmelzwasser – fertig. Das
bedeutet aber auch, dass diese wenigen Zutaten optimal aufeinander abge-
stimmt sein müssen. Das Tonic Water
ist hier keine einfache Limonade, sondern wirkt als Former ebenso auf den
Geschmack wie der Gin als Basis. Einen
Begleiter braucht es diesmal nicht unbedingt, denn ein gutes Tonic Water ist
als fertiges Produkt bereits ausreichend
balanciert. Erscheint Ihnen das Tonic
aber z.B. als zu süß, fügen Sie doch ei-

nen Spritzer Limetten- oder Zitronensaft
als optionalen Begleiter hinzu, um die
Süße zu balancieren.

Probieren Sie nicht nur verschiedene
Gins, sondern auch verschiedene Tonics
aus und erforschen Sie, wie ein trockener Gin mit einem süßen Tonic oder
ein floraler Gin mit einem herben Tonic
harmoniert. Die perfekte Kombination
gibt es dabei nicht, ebenso wenig das
ideale Mischverhältnis. Man kann Gin
und Tonic Water durchaus mal zu gleichen Teilen verwenden. Vertrauen Sie
Ihrem Geschmack und probieren Sie
Neues aus. Ein Zweig Rosmarin, eine
Grapefruitzeste oder ein Spritzer Bitters
lassen Sie den altbekannten Drink völlig
neu erfahren.

BIS ZUR EIGEN KREATION

Wenn Sie einige Rezepte verinnerlicht haben, bringen Sie den Mut zum Kreieren eigener Drinks auf! Dabei hilft es, wenn Sie sich vorher überlegen, wie Ihr Drink sein soll. Möchten Sie etwas Schweres, Süßes, das sich eher nach dem Essen genießen lässt, oder kann es etwas Spritziges, Leichtes sein? Überlegen Sie, welche Basis für Ihr Vorhaben geeignet ist. Sehr schwere, kantige Spirituosen werden beispielsweise nur schwer zu einem spritzigen Drink zu formen sein. Wenn Sie eine Basis gefunden haben, überlegen Sie, welche Aromen zu dieser Basis passen könnten, und besetzen Sie auf dieser Grundlage die übrigen Kategorien. Dosieren Sie die Zutaten entsprechend ihrer Funktion im Drink – Basis, Former, Begleiter oder Zusatz.

Oft ist es aber auch schon interessant, an einem bekannten Rezept nur eine einzelne Zutat auszutauschen. Eigene Twists bekannter Klassiker zuzubereiten, kann enorm helfen, das Originalrezept besser zu verstehen.

In den letzten Jahrzehnten sind übrigens viele Drinks entstanden, die sämtliche Positionen unseres Schemas im Drink gerne mit mehreren Zutaten besetzen. Die Basis besteht beispielsweise aus drei verschiedenen Rums. Zu allem Überfluss lassen sich oft auch Former, Begleiter und Filler kaum noch auseinanderhalten, weil der Rest des Drinks zum Beispiel aus drei verschiedenen Säften und zwei Sirups besteht. So ein Fruchtsalat mag sich auf der Cocktailkarte wahnsinnig exotisch lesen, führt aber in den meisten Fällen zu einer undefinierten Panscherei, in der hochwertige Spirituosen geradezu Verschwendung wären. Gleiches gilt für die Garnitur des Drinks. Sie sollte das Getränk bereichern, aber nicht in den Hintergrund drängen. Wahre Meister in der Vereinigung zahlreicher Aromen hat allerdings die Tiki-Kultur hervorgebracht, die in ihren besten Drinks zwar nicht immer jede Zutat gebührend zutage treten lässt, aber Einzelaromen durch die unerwartete Kombination zu einem aufregenden neuen Geschmacksbild vereint.

Altmodische Drinks mit ihren zwei, drei Grundzutaten mögen dagegen beim Lesen unspektakulär wirken, doch diese Kreationen sind nicht umsonst zu Klassikern geworden. Auf die Kleinigkeiten kommt es an. Nur die Beschränkung auf das Wesentliche gibt hochwertigen Zutaten die optimale Entfaltungsmöglichkeit.

Glücklicherweise erkennen das mittlerweile wieder immer mehr Bartender. Auch die vielen neuen Kreationen unserer Zeit, die sich schon aus der unglaublichen Zutatenvielfalt des neuen Jahrtausends ergeben, greifen meist auf jahrhundertealte Drink-Konzepte zurück. So verbirgt sich auch hinter der neusten Szenebar manchmal ein geradezu traditioneller Handwerksbetrieb.

DRINK
KATEGORIEN

Im Laufe der Bar-Geschichte haben sich verschiedene Kategorien entwickelt, durch die Drinks verstanden und unterschieden werden können. Dabei lässt sich nicht jedes Mischgetränk eindeutig einordnen, und auch zwischen den einzelnen Kategorien gibt es zahlreiche Zwischenstufen. Dennoch werden im Folgenden einige Kategorien mit typischen Beispielen vorgestellt, um eine Orientierung zu bieten. Lassen Sie sich durch die Kategorien nur nicht einschränken. Sie haben ihre historische Berechtigung, sollten aber einem kreativen Umgang mit Mischgetränken keinesfalls so im Weg stehen, wie sie das in vielen Bars leider immer noch tun. Der Geschmack ist es, der zählt!

(OLD FASHIONED) COCKTAILS UND SLINGS

Was historisch als Cocktail definiert wurde, ist heute als „**Old Fashioned**" bekannt. Diese altmodische Form des Cocktails besteht aus einer Spirituose, die sanft durch eine Süßequelle sowie Bitters bereichert wird – z.B. Old Fashioned (Bourbon). Durch den Austausch der Spirituose, den Einsatz von verschiedenen Sirups oder Likören als Süßequelle und die große Auswahl an mittlerweile wieder erhältlichen Bitters, bietet diese altehrwürdige Form aber trotzdem Raum für Experimente.

Als direkte Vorgänger der Old Fashioned Cocktails gelten die **Slings**. Im Gegensatz zum Cocktail enthielt der Sling keine Bitters, sondern bestand einfach aus Basis-Spirituose, Zucker und Wasser. Damit ist der Sling ein gutes Beispiel dafür, dass sich einige Getränkekategorien heute bis zu ihrem Gegenteil entwickelt haben. Denn was enthält wohl der berühmte Singapore Sling, die bekannteste Ausgabe dieser nahezu ausgestorbenen Gattung heute? Genau, Bitters!

SOURS

Ein **Sour** besteht in seiner einfachsten Form aus Basis-Spirituose, Zitrussaft und Zucker (z.B. Whiskey Sour, Daiquiri). Häufig wird der Zuckeranteil auch durch Sirups (z.B. Tommy's Margarita) oder Liköre ersetzt (z.B. Margarita, Side Car). Gemeinsam haben all diese Drinks die Säurekomponente, die die Basis lenkt und von einer Süßekomponente balanciert wird.

Eine besondere Form des Sours bildet der **Crusta** (z.B. Brandy Crusta). Benannt ist er nach der zuckrigen Kruste am Glasrand, mit der er serviert wird. Typischerweise enthält er neben Spirituose und Zitrussaft als Süßequelle Likör und wird etwas saurer balanciert serviert. Die Säure der Mischung lässt sich beim Trinken durch den Zucker am Glasrand ausgleichen und verschafft ein besonderes Trinkerlebnis. Unterstreichend hierbei wirkt außerdem die sehr breite Zitruszeste, die gerollt im Glas befestigt wird. So trinkt man nicht nur durch den Zuckerrand, sondern nimmt ebenso Aromen der Zitrusschale auf. Der Drink mixt sich sozusagen auf dem Weg vom Glas bis an den Gaumen erst vollständig.

Eine weitere Variante des Sours bietet der **Smash**. Übersetzt bedeutet to smash sth. „etwas eindrücken", und damit ist das Grundprinzip des Drinks gut erläutert. Denn das übliche Sour-Gerüst wird ergänzt durch Früchte und/oder Kräuter (z. B. Whiskey Smash), die mit einem Stößel ins Glas gedrückt werden, also gemuddelt werden. Traditionell bleiben diese Zutaten beim Servieren im Glas, heute werden sie aber der besseren Trinkbarkeit halber häufig mit Strainer oder Finestrainer herausgefiltert.

Nur noch entfernt verwandt mit dem klassischen Sour sind die **Shrubbs**. Sie zeichnen sich traditionell vor allem dadurch aus, dass die Zutaten als lange haltbare Mischung vorbereitet und erst kurz vor dem Genuss mit Spirituose und Eis vermischt werden. In der vorbereiteten Mischung finden sich üblicherweise säuerliche Früchte unter Beigabe von Zucker. Auch milder Essig wird für die Säurekomponente teilweise verwendet.

VERLÄNGERTE SOURS

Fizz und **Collins** bauen auf dem Sour auf, wobei die Unterscheidung zwischen Fizz und Collins historisch nicht klar auszumachen ist. Wir halten es so: Ein Fizz ist ein aufgefizzter Sour, das heißt, die klassische Sour-Grundlage aus Basis/Zitrus/Zucker wird mit einem Schuss Soda aufgepeppt (z. B. Gin Fizz). Der Collins dagegen hat eine größere Flüssigkeitsmenge und wird mit einem großen Anteil Soda aufgefüllt (z. B. Tom Collins). Selbstverständlich kann die Süßekomponente wie beim Sour variieren. Außerdem werden statt Soda in modernen Rezepten auch andere kohlensäurehaltige Filler wie z. B. Ginger Ale eingesetzt.

Eine andere Weise, den Sour in verdünnter Form zu trinken, gibt die **Daisy** vor. Ihr Wasseranteil ähnelt in der Menge dem Collins, muss jedoch keine Kohlensäure enthalten. Neben Spirituose und Zitrussaft kommen beim Süßeanteil üblicherweise Sirups (z. B. Gin Daisy) oder Liköre zum Einsatz, die den Charakter des Drinks deutlich prägen.

Der **Rickey** dagegen enthält neben Spirituose, Zitrussaft und Soda meist keinen Zucker. Um dem heutigen, balance-orientierten Geschmacksbild zu entsprechen, wird die Basis-Spirituose häufig durch einen Likör ersetzt (z. B. Bénédictine Rickey) und gleicht so den fehlenden Zucker aus. Üblicherweise wird die Zitrusfrucht direkt über dem Glas ausgepresst und mit hineingegeben.

BATIDAS UND COBBLERS

Batidas sind vergleichsweise leichte Drinks, die aus einer Basis-Spirituose, Früchten und einer Süßekomponente bestehen. Die richtige Dosierung des Schmelzwassers sorgt für erfrischenden Trinkgenuss. Aus ihrer Heimat Brasilien hat die Batida den portugiesischen Namen, der in der Übersetzung etwa „Zusammenprall" heißt – ein hervorragender Name also für ein Mischgetränk. Abgeleitet von bater = „schlagen" könnte hier auch ein Hinweis auf die Behandlung der Früchte liegen, die häufig gemuddelt verarbeitet werden (vgl. Smash). Werden in der Batida Zitrusfrüchte verwendet, gibt es durchaus Parallelen zum Sour (z. B. Caipirinha). Im Allgemeinen zielt man bei der Batida aber auf eine etwas leichtere und weniger säurebetonte Balance ab. Außerdem existieren auch Batidas mit anderen Früchten (z. B. Pineapple Batida).

Ähnlich sind auch die **Cobblers** aufgebaut, die im 19. Jahrhundert äußerst populär waren, aber heute weitgehend

JULEPS

Ein Julep besteht heute zu einem reichlichen Anteil aus Basis-Spirituose, etwas Süße sowie frischer Minze (z.B. Mint Julep). Trinkbar wird diese konzentrierte Mischung durch das Servieren mit reichlich zerkleinertem Eis, das den Drink langsam gewollt verwässert und im Laufe des Trinkens immer neue Nuancen der Spirituose hervortreten lässt. Neben Zucker finden als Süßequellen auch verschiedene Sirups oder Liköre Verwendung (z.B. Georgia Mint Julep). Wie so viele alkoholische Getränke hat auch der Julep seinen Ursprung in der Medizin. So trank man im arabischen Sprachraum spätestens seit dem Mittelalter mit Wasser verdünntes Rosenwasser (arab. julab). In gesüßter Form gelangte diese Sitte nach Europa, wurde dort aber vor allem zur schmackhafteren Aufnahme von alkoholhaltiger Medizin verwendet. Die heute typische Minze kann dagegen erst ab 1803 in den USA nachgewiesen werden.

vergessen sind. Auch hier mischt man Basis-Spirituose, Süßequelle und Früchte – gerne ebenfalls mit reichlich Schmelzwasser. Während die Batidas so durchweg sanfte Erfrischungen bieten, kann im Cobbler der Spirituosenanteil auch mal etwas höher sein. Gerne werden auf diese Weise im Cobbler auch verstärkte Weine verwendet (z.B. Sherry Cobbler).

PUNCHES

Der Punch ist wohl die Familie unter den Mischgetränken, über die sich kaum noch etwas Allgemeines sagen lässt. Von fruchtigen Varianten (z.B. Planter's Punch) über Bowlen und Heißgetränke bis zu Milchmischungen finden sich unter sämtlichen Getränkekategorien Rezepte mit dem Zusatz „Punch". Seinen Ursprung zumindest hat der Punch vermutlich in den großen Punchbowls, in denen bereits im 17. Jahrhundert Spirituosen, Früchte, Wein, Gewürze und andere Zutaten gemischt wurden. Diese Vielzahl an Zutaten erklärt letztlich auch, weshalb der Punch sich in so viele Richtungen entwickeln konnte. Eine gute Sache aber hat die Verwirrung: Welche Kategorie den Namen nun für sich beanspruchen darf, lässt sich hervorragend bei einem Glas Punch diskutieren …

HIGHBALLS

Trotz seiner vielfältigen Formen lässt sich ein Highball vereinfacht auf die Kombination aus Spirituose und Filler reduzieren. Der Filler kann sowohl kohlensäurehaltig sein, wie Tonic Water (z.B. Gin Tonic) als auch kohlensäurefrei, wie Orangensaft (z.B. Garibaldi). Häufig finden außerdem kleine Zusätze wie ein Spritzer Zitrussaft (z.B. Cuba Libre) oder Bitters (z.B. Horse's Neck) Verwendung.

Einen speziellen Highball stellt der **Buck** dar, der aus einer Spirituose, Ingwerlimonade und etwas Zitrussaft besteht (z.B. London Buck).

Allgemein lässt sich über Schaumwein-Cocktails nur sagen, dass sie Schaumwein enthalten – so banal es ist. Die Mischungen reichen dabei z. B. von der minimalen Bereicherung des Schaumweins mit Zucker und Bitters (z. B. Champagner Cocktail) bis zu zutatenreichen Gebilden mit Spirituose und Zitrussaft (z. B. Old Cuban). Obwohl sich traditionell ein Champagner- oder Sekt-

glas anbietet, um die Kohlensäure zu halten, werden Schaumwein-Cocktails teilweise auch in Highballgläsern oder Silberbechern (z. B. Prince of Wales) serviert. Der Begriff „Champagner Cocktail" bezeichnet übrigens sowohl den gleichnamigen Drink als auch jegliches Mischgetränk, das Champagner enthält.

Die Unterscheidung von Flip und Eggnog ist nicht ganz einfach. Häufig kann man sich darauf einigen, dass ein Flip Basis-Spirituose, Süßequelle und Ei (z. B. Brandy Flip) enthält, aber durch die Zugabe von Milch oder Sahne zum Eggnog wird (z. B. Eggnog). Allerdings sind durchaus Rezepte überliefert, die in einem Flip weder Milch oder Sahne und noch nicht einmal Ei finden lassen. Auf

die Zutat Ei sowie die allgemein eher süße Balance des Drinks kann man sich heute aber allgemein verlassen. Die Spirituose wird dagegen gerne durch Liköre oder Likörweine ersetzt. Auch die Süßequelle kann durch Sirup oder Likör vielfältig variiert werden. Eine schöne Ergänzung bieten außerdem Gewürze wie Muskat oder Piment.

Unter einem Pousse Café versteht man nicht nur ein alkoholisches Getränk, das nach dem Kaffee genossen wird, sondern auch eine Kategorie von Mischgetränken, die sich ausschließlich durch ihre Optik auszeichnet. Denn für einen Pousse Café werden die verschiedenen

Zutaten vorsichtig übereinander geschichtet, ohne sich deutlich zu vermischen. Oft werden diese Kreationen im Shotglas serviert und bieten dem Trinkenden, wie so vieles aus den kleinen Gläsern, leider nicht mehr, als die grelle Optik verspricht.

ÜBLICH, ABER NICHT IMMER SINNVOLL:

PROBLEMATISCHE ARTEN DER DRINK-KATEGORISIERUNG

APERITIV UND DIGESTIV (PRE- UND AFTER-DINNER DRINK)

Eine altmodische Variante, Cocktails zu kategorisieren, ist die Einteilung in Aperitifs und Digestifs. Ein **Aperitif** wird vor dem Essen eingenommen und soll den Appetit anregen, der **Digestif** soll dagegen nach dem Essen die Verdauung fördern. Zwar eignen sich damit eher leichte, herbe Drinks als Aperitif und schwere, süßere als Digestif, eine verbindliche Aussage lässt sich aber über den Aufbau von Getränken nach diesen Kategorien nicht machen.

Es ist eine schöne Sitte, ein ausgiebiges Essen durch gute Drinks ein- und ausklingen zu lassen, aber als Aperitif eignet sich eben auch ein Glas Champagner und als Digestif darf es gerne mal ein Glas Scotch sein und kein Cocktail. Im Zusammenhang mit Mischgetränken führen die Begriffe also eher zu Missverständnissen.

SHORT- UND LONGDRINKS

Ähnlich missverständlich sieht es mit den Short- und Longdrinks aus. Unter einem **Shortdrink** versteht man einen Drink mit geringer Flüssigkeitsmenge. Ein **Longdrink** ist dementsprechend ein Getränk mit einer größeren Flüssigkeitsmenge. Wo die Grenze zwischen einer großen und einer geringen Flüssigkeitsmenge liegt, ist allerdings keineswegs festgelegt. Außerdem halten viele Gäste die Bezeichnungen auch für eine Aussage über die Zusammensetzung des Drinks. So ist in Deutschland der Begriff Longdrink nahezu mit der Bezeichnung Highball verschmolzen. Dabei gibt es auch Longdrinks wie den Zombie, der – richtig zubereitet – extreme Spirituosenmengen enthält und nichts mit der Softdrink-Prägung eines Highballs zu tun hat.

FLÜSSIGE STERNEKÜCHE – DIE ZUKUNFT DER BAR

Eine weite Reise haben die alkoholischen Getränke hinter sich. Vom zufälligen Nahrungsmittel sind sie zum kultivierten Rauschgut und komplexen Geschmackserlebnis geworden. Und wenn jetzt noch der ein oder andere Flair-Bartender hin und wieder ein Fachbuch aufschlägt oder der Mixologe mal seinen Stolz hinter sich lässt und vernünftig kellnern lernt, kann sich die Bar erfreut auf die eigene Schulter klopfen und sich zurücklehnen. Ist ja alles da – klassische Manhattans, auf selbst geschlagenem Eis gerührt wie im 19. Jahrhundert, fruchtige Mai Tais mit besten Zutaten hergestellt und erfrischende Caipirinhas nach original brasilianischer Zubereitung. Sieht doch wesentlich besser aus als vor ein paar Jahren noch!

Doch ich sage Ihnen:
Da geht noch was!

ES WAR EINMAL IM KRÄUTER GARTEN

Wie Sie schon gesehen haben, ist die Zubereitung hochwertiger Getränke dem Kochen nicht unähnlich. Sie ist weder beliebig noch folgt sie völlig starr einem Schema. Man kann sie erlernen. Und weil sich auch die Köche nicht einfach hingesetzt haben mit dem Gedanken „Ist doch alles da", sondern die Küche seit Jahren immer neue Innovationen erlebt, bleibt ebenso der Bar viel Luft nach oben.

Parallel zur Rückbesinnung auf alte Rezepte und vergessene Zutaten fand so in der Barkultur vor einigen Jahren die Suche nach neuen Aromen statt. Exotische Sirups blieben im Schrank, und es landete auch mal ein Apfel aus dem eigenen Garten im Glas oder vielleicht etwas Gurke. Eine wahre Entdeckung aber waren Kräuter und Gewürze. Und so packte man halb besessen Thymian, Basilikum, Ingwer oder Lavendel in den Shaker und sah, was sich damit so alles anfangen ließ. „Cuisine Style" wurde dieser Trend getauft. In gehobenen Bars sind diese Ideen längst Standard, aber auch heute noch lässt sich den meisten Gästen ein verblüfftes Lächeln entlocken, wenn man ihnen einen Drink mit Salbei oder Rucola serviert.

Die Öffnung der Bar für neue Aromen war zwar eine wichtige Entwicklung, und ich möchte sie nicht missen, aber „Cuisine Style"? Etwas hochtrabend für ein paar Kräuter, oder? Echte Küchenkunst lässt sich ja nicht einfach auf bestimmte Zutaten herunterbrechen. Selbst in einer Küche mit mittlerem Niveau wird mehr auf Texturen und Temperaturen geachtet, als das hinter der Bar üblicherweise passiert. Und die gehobene Bar? Die sollte sich kaum eine Küche auf mittlerem Niveau, sondern wohl eher die kreativste Riege der Sterneküche zur Inspiration nehmen! Also raus aus dem Kräutergarten, auf zu wahrer Cocktailkunst!

MOLEKULARER SCHEIN

Neue Texturen in der Bar? War da nicht mal was? Vielleicht haben auch Sie jetzt das Bild von einem gelierten Drink zum Löffeln oder einem radioaktiv anmutenden Schäumchen vor Augen. Und in der Tat: Die Idee, auch in der Bar mit neuen Konsistenzen und moderner Technik zu arbeiten, wie das in der Sterneküche längst der Fall ist, ist nicht komplett

neu. Ein Gespenst geht um in den Bars, genannt „Molekularer Cocktail". Unter diesem Namen wird seit einigen Jahren munter experimentiert. Das Problem an der Sache ist: Wie viele Menschen können die meisten Bartender nicht kochen. Und ich spreche nicht von der Pfanne Bratkartoffeln nach der Schicht, sondern von mindestens durchschnittlichem Restaurantniveau. Die Bartender, die aber doch kochen können, machen meist einen weiten Bogen um die Pülverchen und Zusätze der molekularen Cocktails. Zu Recht. Denn was hier bisher überwiegend stattfindet, ist pure Effekthascherei. Im Vordergrund steht nicht, wie sich Aromen auf be-

sonders interessante und unerwartete Weise verbinden lassen oder wie man durch experimentelle Darreichung den Genuss neu erfahrbar macht, sondern eine hysterische Begeisterung über alles, was bunt, neu und anders ist. Wenn schon optisch der Verdacht aufkommt, diese Drinks solle man besser im Sondermüll entsorgen, bestätigt der Geschmack diesen Eindruck meist. Denn egal wie zukunftsweisend das Äußere der Drinks auch sein mag, für den Gaumen bieten sie nur kulinarisches Mittelalter – und das heißt für den Barmann klebrige 80er-Jahre-Süße.

FLÜSSIGE STERNE KÜCHE

Ohne großes Hintergrundwissen hat sich die Bar also bisher eher zufällig einzelner Techniken der Küche bedient, um vor allem optische Effekte zu erzielen. Dabei liegt, das ist meine Überzeugung, in der Verbindung von Küche und Bar die Zukunft der hochwertigen Getränke. Keine Sorge, ich möchte Ihnen

auf den folgenden Seiten weder einen urtümlichen Sazerac noch das einfache Glas Champagner schlechtmachen – auf beide möchte ich nicht verzichten. Aber auch in der Küche existieren seit Jahren traditionelle Gerichte und moderne Zubereitung friedlich nebeneinander und befruchten sich teilweise sogar gegenseitig. Hier möchte ich die Bar hinbringen. Die Qualitäten der Klassiker nutzen und gleichzeitig über die engen Grenzen des Cocktails hinausgehen. Mit dem Bewusstsein für die Geschichte eines Drinks, solidem Handwerk und technischer Innovation sind wir auf dem Weg vom bloßen Mischen zur Cocktailkunst.

Und so stelle ich Ihnen auf den nächsten Seiten Möglichkeiten vor, Methoden aus der modernen Sterneküche in die Bar zu integrieren – im Hinblick auf neue geschmackliche Perspektiven

statt plumper Showeffekte. Alle diese Methoden können Teil eines funktionierenden Arbeitsalltags hinter der Bar sein, wie ich selber erleben durfte, aber sie bleiben für die nächsten Jahre Zukunftsmusik. Viele dieser Zubereitungen erfordern teures Equipment, andere lassen sich schon relativ einfach umsetzen. Ich habe versucht, das technische Vokabular auf ein Minimum zu beschränken, aber ganz ohne geht es natürlich nicht. Beispielhaft finden Sie Rezepte, die sich direkt für die Bar umsetzen lassen und aufzeigen sollen, was alles möglich ist. Und auch wenn Sie weder zu Hause noch in der Bar Platz und Geld für Rotationsverdampfer und Konsorten haben, möchte ich Sie inspirieren, neugierig zu bleiben auf neue Aromen und spannende Erlebnisse. Denn von der Neugier lebt der Genuss.

EXTRAVAGANZ IN DER
PRAXIS

SOUS-VIDE

Das Spezialequipment für die folgenden Rezepte finden Sie bei den jeweiligen Beispielen. Darüber hinaus empfiehlt es sich, einige Dinge grundsätzlich anzuschaffen, die über das übliche Bar-Equipment hinausgehen, darunter Schüsseln und Töpfe in verschiedenen Größen, luftdicht verschließbare Plastikbehälter, Handschuhe, Thermometer, verschiedene Siebe, Sahnesiphon und Schneebesen.

In einem Zug speisen wie in einem Sterne-Restaurant? Einigermaßen schwierig. Dreht man die Uhr auf das Jahr 1985 zurück, wird aus der Schwierigkeit eine an das Unmögliche grenzende Aufgabe. Joel Robuchon, der gerade mit seinem Restaurant Jamin den dritten Michelin-Stern errungen hatte, wollte aber genau das: Mit seinen Gästen im TGV nach Paris speisen, wie in seinem prämier-

ten Restaurant. Gedacht, getan – so genial einfach scheint, zumindest aus heutiger Sicht, sein Einfall. In Vakuumbeuteln ließ er das im Restaurant zubereitete Menü auf einer schicksalsträchtigen Zugfahrt in einem Wasserbad erwärmen. Ohne Verlust an Zartheit des Fleisches, Aroma oder Textur. Diese spezielle Technik taufte er „Sous-vide". Wie aber funktioniert Sous-vide genau?

Sous-vide wird häufig mit „unter Vakuum" aus dem Französischen übersetzt, und genau darin liegt der Trick dieses Verfahrens. Denn hinter der Technik verbirgt sich das Verpacken der Zutaten in einen Plastikbeutel, in dem ein Vakuum erzeugt wird. Dieses Vakuum bewirkt, dass das anschließende Garen in einem Wasserbad, im Kombidämpfer oder einem anderen System mit exakter Temperaturregulierung bei gleichmäßiger Korntemperatur geschieht. Der Grund: Das Vakuum bewirkt, dass so wenig Luft wie möglich im Plastikbeutel verbleibt. Da Luft äußerst schlecht Wärme leitet, ist ein gleichmäßiges Aufwärmen ohne Vakuum also nahezu unmöglich. Die gleichmäßige Verteilung der Hitze ist wiederum von entscheidender Bedeutung, da so jede einzelne Faser der Zutat dieselbe Temperatur erreicht. Bei der Sous-vide-Technik wird verhindert, dass ein Teil der Speisen zu wenig oder zu viel gegart wird, wenn die richtige Kerntemperatur erreicht ist. Da die Oberflächen- und Kerntemperatur, beim gleichmäßigen Garen, identisch sind, kann es nicht zu einem Nachgaren kommen, wie es beim Braten in der Pfanne der Fall ist. Ein weiterer unschlagbarer Vorteil ist die perfekte Reproduzierbarkeit, die sich durch diese Kontrollmöglichkeiten ergibt. Sous-vide-Garen schließt Temperaturschwankungen aus und lässt das Ergebnis beliebig oft wiederholen.

Eine Art, sich dieser genialen Technik, in barrelevantem Zusammenhang zu bedienen, ist beim Entsaften von verschiedenen Früchten oder auch Gemüsearten gegeben.

→ Beispiel: Brombeeren Sous-vide-gegart

Spezialequipment: Sous-vide-Gerät, Vakuumiergerät, Vakuumierbeutel

1. Verrühren Sie 100 g Brombeeren, 7 g Zucker und 5 g Isomalt.
2. Vakuumieren Sie anschließend die gesüßte Beerenmischung. Der Beutel muss 35 Minuten Sous-vide im 65 °C heißem Wasserbad garen.
3. Nach Ablauf der Zeit nehmen Sie das breiige Gemisch aus dem Beutel und lassen es bei Zimmertemperatur abkühlen, nachdem Sie es durch ein feinmaschiges Sieb abgeseiht haben.

Der Vorteil dieser Methode kommt hier in zwei Punkten zum Tragen. Zunächst beschleunigt das Wasserbad die osmotische Reaktion um ein Vielfaches, da die Hitze die chemische Reaktion beschleunigt. Weiter lässt sich auf diese Weise eine gleichbleibende Qualität gewährleisten. Selbstverständlich eignet sich dieses Rezept nicht nur für Brombeeren sondern z. B. auch für Erd-

beeren, Himbeeren oder Blaubeeren. Auch beschränkt sich das Sous-vide-Verfahren nicht nur auf Obst. Sämtliche Lebensmittel können auf dieselbe Art behandelt werden. Es lassen sich sogar auf dieselbe Weise hervorragende Spirituosen aromatisieren. Und da Sous-vide mittlerweile zu einer grundlegenden Küchentechnik avanciert ist, werden Sie das Sous-vide-Verfahren mitunter verbunden mit anderen Techniken wiederfinden.

GESCHMACK EXTRAHIEREN

Will man einer Orange den Geschmack entziehen, also extrahieren, presst man sie. So weit, so unspektakulär. Sicher, von Zutat zu Zutat variieren die Möglichkeiten ein wenig, das Grundprinzip bleibt jedoch gleich: Das Fruchtfleisch und damit die Zellen müssen aufgebrochen werden. Und zwar mit Gewalt. Die einfachste Variante, um an den Geschmack zu kommen, ist die Verwendung einer Saftpresse. Ein simpler Schraubmechanismus sorgt für die benötigte Hebelkraft zweier Platten, um den Saft zu sammeln. Ein wenig futuristischer wird das Prinzip der Zellzerstörung mithilfe einer Saftzentrifuge umgesetzt. Wie ein Mixer oder eine Küchenmaschine konstruiert, zerstört ein Zentrifugalgerät das Saftgut im Behälter mithilfe einer Schneideplatte. Diese ist auf dem Boden eines rotierenden Siebkorbes angebracht. Die sich drehende Platte

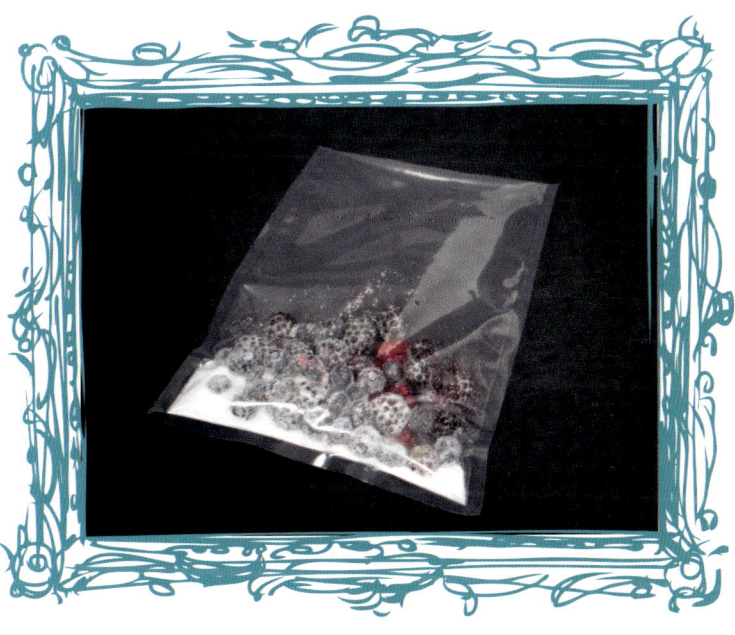

Ein paar Worte zur **Osmose**: Die Flüssigkeiten eines Körpers werden mithilfe einer Membran geschützt. Diese Membran hat die Eigenschaft, halb durchlässig zu sein. Das bedeutet: Kleinere Teilchen können die Membran problemlos passieren, größere dagegen nicht. Der ständige „Teilchenwechsel" von einer Membran zur nächsten ist von der Natur gewollt, da so ein Ausgleich von Konzentrationen stattfinden kann. Falls eine Zelle mehr „Wasserteilchen" als eine andere haben sollte, wandern die Teilchen zu den benachteiligten Zellen, bis das Verhältnis ausgeglichen ist. Wenn man nun beispielsweise eine Frucht, die viel Flüssigkeit in sich trägt, mit einem Stoff, der aus kaum Wasser besteht, z. B. Zucker oder Isomalt, umhüllt, wandert die Flüssigkeit durch die Membran zum Zucker, um die Konzentrationsdifferenz auszugleichen.

schleudert das zerhackte Fruchtfleisch gegen die perforierte Wand des Korbes. Dort wirken die Zentrifugalkräfte auf das Fruchtfleisch und treiben die Flüssigkeit aus dem Sieb. Neben Obst lassen sich auch Gemüsearten mithilfe der Saftzentrifuge entsaften. So praktisch die Zentrifuge aber bei der Anwendungsvielfalt sein mag, ein entscheidender Nachteil bleibt: Den Zutaten kann nicht vollständig die Flüssigkeit entzogen werden.

AUF DIE SANFTE TOUR – ENTSAFTEN MIT CHEMIE

Um dem mechanischen Entsaften ein bisschen auf die Sprünge zu helfen und auch den letzten Tropfen aus den Zutaten zu pressen, eignen sich bestimmte chemische Hilfsmittel. Das Enzym Pektinase beispielsweise bricht die zähen Zellwände in den pflanzlichen Zellen auf und macht selbst hartfaserige Früchte oder Gemüse wie Äpfel, Rhabarber, Sellerie, Birnen oder Ananas weich. Auf diese Weise wird der Saftertrag auf sanfte Art gesteigert. Ein Beispiel, für das sich das Enzym Pektinase hervorragend eignet, ist das Entsaften von Rhabarber.

→ Beispiel: Rhabarber mit Pektinase entsaften
Spezialequipment: Nadel, Sous-vide-Equipment

1. Schälen Sie den Rhabarber gründlich.
2. (optional) Die Haut mit Nadeln durchstechen. Die Perforation beschleunigt das Infundieren der Lösung und damit die Extraktion.
3. Pektinaseenzyme in der vom Hersteller empfohlenen Konzentration in das Wasser geben.
4. Das Saftgut mit der enzymatischen Lösung vakuumieren. So wenig Wasser wie möglich verwenden, um den Saft nicht zu verdünnen.
5. Für ein rascheres Ergebnis den Beutel im Wasserbad für maximal 2 1/2 Stunden bei einer Temperatur von unter 50 °C erwärmen.
6. Die Mischung in ein Sieb geben und leicht auf die festen Bestandteile drücken, um mehr Saft zu erhalten.

Wer gerade keine Pektinase zur Verfügung hat, kann sich die osmotischen Effekte zum Entsaften zunutze machen. Unter Osmose versteht man gemeinhin das Durchdringen eines Lösungsmittels durch eine durchlässige, feinporige Scheidewand in eine gleichartige, aber stärker konzentrierte Lösung. Dieser Prozess lässt sich beobachten, wenn man z. B. Salz oder Zucker auf eine aufgeschnittene Zitrone streut. Nach einer Weile beginnt ein Teil des Saftes durch die Zellwände zu wandern und kann auf der aufgeschnittenen Fruchtseite „gesammelt" werden. Da bei dieser Methode nur äußerst langsam Saft gesammelt werden kann, empfiehlt es sich, Osmose mit dem Sous-vide-Verfahren zu kopeln, um eine schnellere Entsaftung zu gewährleisten. Man zuckert oder salzt demnach seine Zutaten und gibt sie in einen vakuumierten Behälter, der im Wasserbad erhitzt wird. Aufgrund der erhöhten Temperaturen, gehen die chemischen Reaktionen schneller vonstatten. Der Saft kann anschließend mit einem Sieb von den Feststoffen leicht getrennt werden. Abgesehen von der eher gemächlichen Vorgehensweise, ist es nicht möglich, mithilfe der Osmose ungesüßte oder ungesalzene Flüssigkeiten zu erhalten. Neben der beschriebenen süßen Beerenmischung lassen sich auch Gemüse mithilfe von Osmose und Sous-vide gezielt entsaften:

SELLERIE MIT SOUS-VIDE UND OSMOSE ENTSAFTEN

Spezialequipment:
Sous-vide-Equipment

1. Zerkleinern Sie 100 g Sellerie und mischen Sie ihn mit 25 g Zucker und 10 g Isomalt.
2. Vakuumieren Sie anschließend die gesüßte Selleriemischung. Der Beutel muss ungefähr 1 1/2 Stunde Sous-vide im 55 °C-Wasserbad garen.
3. Nach Ablauf der Zeit nehmen Sie das breiige Gemisch aus dem Beutel und lassen es bei Zimmertemperatur abkühlen, nachdem Sie es durch ein feinmaschiges Sieb abgeseiht haben.

Besonders heimtauglich und schonend kann man Früchte mithilfe des Gefrierschranks entsaften. Wenn Obst gefriert, bilden sich im Inneren winzige Eiskristalle. Diese Eiskristalle durchbohren die Zellwände und setzen so die Voraussetzung für das spätere Entsaften. Sobald die Eiskristalle wachsen, drücken sie Zucker, Aromaverbindungen und weitere Saftbestandteile in die Flüssigkeit, dies senkt den Gefrierpunkt. Tauen Sie das Obst wieder auf, erscheint zunächst hochkonzentrierter Saft, gefolgt von weniger konzentriertem Saft. Zwar ist das systematische Einfrieren der Früchte sehr zeitintensiv, ermöglicht aber, eine größere Saftmenge zu gewinnen als durch das bloße Pressen.

FRUCHTSAFT FRISCH HALTEN

Den frischen Fruchtsaft zu extrahieren, ist die eine Frage, ihn frisch zu halten eine andere. Wie lange ein Saft sich hält, hängt entscheidend mit dem Zerstörungsgrad der Zelle zusammen. Viele der Aromen, die in frisch gepresstem Saft geschätzt werden, bilden sich ausschließlich beim Zerfall der Zelle. Das geschieht durch Enzyme, die in der Zelle eingeschlossen waren. Neben diesen, den sogenannten geschmacksbildenden Enzymen, werden auch schädliche Enzyme freigesetzt. Diese Enzyme schaden vor allem den Geschmacks-, Aromen-

und Pigmentverbindungen. Besonders Zitrusfrüchte sollten sofort nach dem Pressen weiterverarbeitet werden, da die freigesetzten Säuren sofort die Moleküle im ätherischen Öl zersetzen. Die zersetzten Moleküle vermitteln den charakteristischen Zitrusgeschmack.

Damit Ihr Saft auch über längere Zeit haltbar bleibt, hier ein paar praktische Tipps:

- Geben Sie dem älteren Saft ein wenig frisch gepressten Saft hinzu. So bekommen die geschmacksbildenden Enzyme Nachschub.
- Besonders wer den Saft optisch vor dem Altern bewahren will, verwahrt ihn im Kühlen. Werden chemische Reaktionen bei Wärme beschleunigt, verlangsamt Kälte sie. Zusätzlich empfiehlt es sich grundsätzlich, das Fruchtfleisch herauszufiltern, da so die

Enzyme kein Gewebe zur Bildung der Bräunungspigmente haben.

• Vermeiden Sie Luftkontakt. Die Enzyme, die den Saft verfärben, brauchen Sauerstoff. Setzen Sie also einen Deckel auf Ihre Säfte oder umschließen Sie die Öffnung mit einem Deckel. Sie können die Flasche auch mit einem Parafilm verschließen.

DÜFTE UND AROMEN

Ein Hauch Aprikose oder doch Pfirsich? Dass uns diese Entscheidung bei vielen Verkostungen so schwerfällt, ist wenig verwunderlich. Besonders wenn man bedenkt, dass unsere Nase zahlreiche flüchtige Chemikalien (Aromen, Gerüche) wahrnimmt und diese erst im Gehirn zu einem tatsächlichen Geruchsempfinden verarbeitet werden. Mithilfe von Destillation, Extraktion oder dem Auspressen dieser aromatischen Chemikalien gewinnt man die Essenz der Pflanzen und kann damit dem Lieblingsdrink einen ganz anderen Anstrich geben.

ESSENZEN GEWINNEN

Unter Essenzen versteht man meist konzentrierte Lösungen vor allem pflanzlicher Stoffe, insbesondere ätherischer Öle. Viele Essenzen sind im Handel erhältlich – was diese dann tatsächlich enthalten, ist eine andere Geschichte. Daher ist es bei der Essenzgewinnung so wie bei vielem: am besten hausgemacht zu genießen.

Aber welche Methoden eignen sich besonders dazu, an die Essenz der Pflanzen heranzukommen? Zitrusschalen und andere pflanzliche Gewebe, die reich an flüchtigen Ölen sind, geben diese meist bei der Kaltpressung ab. Das bedeutet, dass es ausreicht, die Schale einer Zitrone über einem Martini auszupressen, um dem Drink seine frische Zitrusnote zu verleihen.

Wer von Gewürzen und Kräutern wie Rosmarin oder Thymian die Essenz gewinnen möchte, sollte sich mit der Dampfdestillation vertraut machen. Sie eignet sich für vielfältige Duftmaterialien, um ätherische Öle zu gewinnen. Die Apparatur schickt Dampf durch ein Rohr in ein Gefäß, in dem die pflanzlichen Bestandteile liegen. Der Dampf vaporisiert alle flüchtigen Chemikalien, deren Siedepunkt unter dem des Dampfes liegt. Zusammen mit dem Dampf werden die flüchtigen Bestandteile in eine wassergekühlte Schlange geführt. Dort kondensiert der Dampf mitsamt den Essenzen, anschließend wird die Flüssigkeit in einem Sammelgefäß aufgefangen. Das Kondensat teilt sich nach und nach in zwei Teile. Ein Teil setzt sich am Boden ab, während der andere an die Oberfläche steigt. Der nach oben steigende Teil enthält die eigentlichen ätherischen Öle, die weniger wasserlösliche Verbindungen enthalten als der andere Teil. Mit einer Pipette ist es möglich, die Flüssigkeiten voneinander zu trennen.

Obwohl es auf diese Weise verhältnismäßig einfach ist, an die Essenzen von Gewürzen zu gelangen, bleibt ein entscheidender Nachteil: Die Hitze kann

empfindliche Aromamoleküle verändern oder zerstören. Lösungen für dieses Problem wie der Rotationsverdampfer oder Vakuumkondensator sind vorhanden, aber äußerst kostspielig.

→ Beispiel: Tomatenessenz

1. Schneiden Sie 1 Bund Suppengemüse und 2 Zwiebeln klein. Rösten Sie die Zutaten in einem großen Topf kurz an.

2. Würfeln Sie 1 kg Tomaten und geben Sie sie in den Topf mit den Zwiebeln und dem Gemüse. Mit Salz und Pfeffer abschmecken.

3. Lassen Sie das Ganze bei geschlossenem Deckel 4 Stunden köcheln.

4. Legen Sie ein großes Sieb mit einem Passiertuch aus und lassen Sie die Masse über Nacht austropfen.

5. Die noch leicht trübe Masse können Sie mit Eiweiß klären, indem Sie das Eiklar unter die Flüssigkeit rühren und kurz aufkochen. Die restlichen Trübstoffe haften sich an das Eiweiß und können anschließend leicht herausgefiltert werden.

6. Die so gewonnene, klare Tomatenessenz ist überaus aromatisch und eignet sich sehr gut für eine fast klare Bloody Mary.

DRUCK-EXTRAKTION

Auch beim gezielten Einsatz von Druck machte die Sterneküche den Anfang. Das beständige Verdampfen und Kondensieren führt in einem geschlossenen Topf zu vielfältigen Reaktionen, die in vielschichtigen Aromen resultieren. Besonders deutlich lässt sich dies an einem Schnellkochtopf verdeutlichen. Diese Töpfe haben einen verriegelbaren Deckel und ein Sicherheitsventil, die den Druck im Topf ansteigen lassen.

Der gestiegene Druck im Topf lässt den Siedepunkt des Wassers auf 120 °C ansteigen. Durch die Erhöhung der Siedetemperatur um 20 °C gehen sowohl die Diffusion als auch die Geschmacksreaktionen schneller vonstatten.

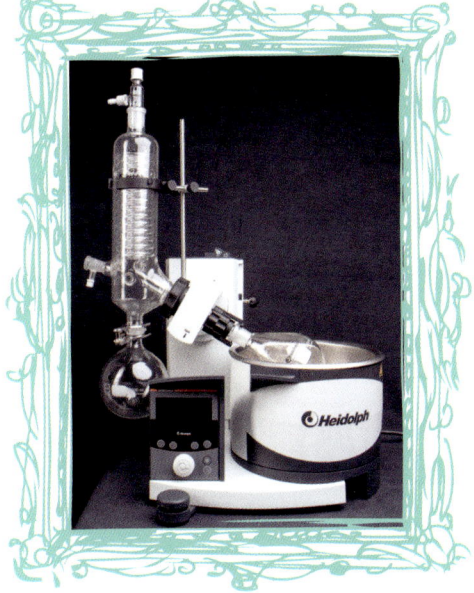

DER ROTATIONSVERDAMPFER

Der Rotationsverdampfer – die kostspielige Lösung für hitzeempfindliche Aromen. Die Vorteile dieser Methode gegenüber der Destillation mit Dampf sind klar: weniger Aromenverlust und -veränderung. Die Funktionsweise ist allerdings ein wenig vielschichtiger. Grundsätzlich ist ein Rotationsverdampfer die Laborversion einer Destillatiosvorrichtung, die auch bei niedrigen Temperaturen arbeiten kann. Die Vorrichtung verdampft zunächst Flüssigkeit in einer rotierenden Flasche, die sanft in einem Wasserbad erwärmt wird. Zusätzlich wird der Luftdruck über der Flüssigkeit gesenkt. Der Rotationsverdampfer an sich besteht nur aus wenigen Hauptteilen. Ein rundlicher Verdampfungskolben wird in einer Haltevorrichtung beständig gedreht, um die erhitzte Oberfläche zu vergrößern. Aufgrund der größeren Oberfläche erhitzt sich die Flüssigkeit wesentlich schneller. Zusätzlich befindet sich der rundliche Kolben in einem temperaturgeregelten Wasserbad, das für die Verdampfungswärme sorgt. Die Öffnung des Kolbens ist mithilfe eines Vakuumverdichters verschlossen, der mit einem Kondensator verbunden ist, der den Dampf kühlt. Die Kondensate tröpfeln in einen Sammelkolben, von wo aus man sie einfach weiterverwenden kann.

ALKOHOL-EXTRAKTION

Legen wir an dieser Stelle eine kleine Pause von mechanischen Gerätschaften ein und kommen wieder zurück zur Bar, dem Alkohol und der nahen Zukunft. Dass viele Geschmackskomponenten nur in Alkohol nicht aber in Wasser löslich sind, ist hinter der Bar meist bekannt. Gute Bartender stellen daher längst ihre eigenen Alkoholinfusionen her. Diese Alkoholinfusionen werden meist auch als Tinkturen bezeichnet, und die kann man mit relativ geringem Aufwand selbst herstellen. Im verhältnismäßig populärsten Verfahren legt man die gewünschten Zutaten in Alkohol ein und wartet bis zu mehreren Wochen, bis das Ergebnis der Mazeration den gewünschten Aromengrad erreicht. Koppelt man die Mazeration allerdings mit dem Sous-vide Verfahren, verkürzt sich die Zeit entscheidend. Ein einfaches Beispiel ist die Infusion von Wodka mit Zitronenschale.

FATWASHING ...
... IN DEN KINDERSCHUHEN

Fatwashing klingt beim ersten Lesen eher nach Fastfood-Küche, ist aber im Begriff, ein wichtiger Bestandteil der modernen Bar zu werden. Wen wundert es, dass die Inspiration dieser Technik wieder aus der Küche stammt – diesmal allerdings aus China. In der chinesischen Küche zeichnet sich ein erfahrener Koch dadurch aus, seinem Öl Aromaträger zuzuführen, die dem Gericht einen angenehmen Wohlgeruch verleihen. Da Öle sehr leichtflüssig sind, eignen sie sich hervorragend dazu, die zugefügten Aromen gleichmäßig aufzunehmen. Wir empfehlen, Fettinfusionen sous-vide herzustellen, weil dies eine unnötige Oxidation vermeidet und zusätzlich das Vakuum die Aromaübertragung unterstützt.

Um mithilfe von Fatwashing Spirituosen zu infusionieren, sind mehrere Schritte vonnöten. Als erstes muss man Fett (z. B. Butter oder Sonnenblumenöl) mit einem Geschmack infusionieren. Wie vieles funktioniert auch dies am besten sous-vide. Der Geschmacksträger muss mit dem Fett zusammen für eine definierte Zeit bei einer bestimmten Temperatur in einem Vakuumbeutel in dem Wasserbad verbringen. Die so gewonnene Fettinfusion wird mit der gewählten Spirituose zusammen in einen fest verschließbaren Behälter gegeben und kräftig geschüttelt. In der so entstandenen Emulsion geht ein Teil der Aromaverbindungen in den Alkohol über. Wenn Sie den Behälter einige Stunden stehen lassen, trennt sich die Emulsion wieder, und Sie können mithilfe der Vakuum- oder Druckfiltration das Fett von der Spirituose trennen. Um sich die Vorteile der Fettinfusion besser vorstellen zu können, lassen Sie sich folgendes Rezept auf der Zunge zergehen:

→ Beispiel: Trüffel-Cognac im Fatwashing

Spezialequipment: bei Vakuumfiltration – Sous-vide-Equipment, Nutsche, Saugpumpe, Sieb
bei Druckfiltration – Sous-vide-Equipment, Druckfilter

1. Hacken Sie 30 g Trüffel fein und geben Sie sie mit 100 g Butter in einen Vakuumierbeutel. Vakuumieren Sie den Beutel, um ihn für 1 Stunde bei 55 °C ins Wasserbad zu geben.
2. Danach die Trüffelbutterinfusion mit 700 ml Cognac in ein verschließbares Gefäß geben und kräftig aufschütteln.
3. Lassen Sie das Gefäß über Nacht stehen, sodass sich die Trüffelfettinfusion und der Cognac wieder trennen, stellen Sie die Infusion zusätzlich 2 bis 3 Stunden in den Gefrierschrank.
4. Befreien Sie den Cognac mithilfe von Vakuum- oder Druckfiltration von den restlichen Trübstoffen.

COCKTAILS RÄUCHERN

Um Verwechslungen zu vermeiden: Mit geräucherten Cocktails ist nicht gemeint, dass mit rauchigen Spirituosen gearbeitet wird. Wie immer haben wir mit dieser Technik Größeres vor.

Und das erreichen wir auf zwei Wegen. Einmal mit der Verwendung von Liquid Smoke, den man in Cocktails wie jede andere Zutat verarbeitet, indem man ihn mitschüttelt oder -rührt. Die zweite Option ist, den Drink mit einer Smoking-Gun zu bearbeiten und den Drink nicht nur mit Holzaromen zu versehen, sondern ihn auch mit den Aromen von geräucherten Kräutern zu verfeinern. Falls Sie ein besonders starkes Raucharoma in Ihrem Drink bewahren möchten, schließen Sie Ihr Glas nach dem Verwenden der Smoking-Gun. Als optischer Nebeneffekt strömt so, wenn das Glas geöffnet wird, der Rauch hinaus. Eine Smoking-Gun –oder auf gut deutsch „Räucherpistole" – ist im Prinzip eine Pfeife mit einem Gebläse, die Rauch durch eine Schicht aus glimmenden Kräutern oder Sägemehl saugt. Ein Ventilator sorgt dafür, dass der aromatische Dampf aus der Pfeife in die Flüssigkeit gelangt.

Eine etwas andere Note können Sie Ihren Drinks verleihen, indem Sie Eiswürfel räuchern. Legen Sie dazu einfach gefrorene Eiswürfel in einen Räucherofen und warten Sie, bis die Eiswürfel zu tauen beginnen. So räuchert der Ofen jede schmelzende Schicht Wasser, anstatt nur die Oberfläche zu räuchern, wie es der Fall wäre, wenn Sie das Wasser ungefroren in den Räucherofen geben würden. Frieren Sie das geräucherte Wasser wieder ein, um Räuchereiswürfel zu formen.

→ Beispiel: Geräucherte Cocktails

Spezialequipment: Feuerzeug, Stopfenglas, Ventilator

1. Den Cocktail vorbereiten und in ein verschließbares Glas (z. B. Stopfenglas) geben, das den Rauch halten kann.
2. Die Kräuter locker im Glaskopf andrücken und anzünden.
3. Wenn die Kräuter leicht zu glimmen beginnen, den Ventilator anschalten, der den Rauch in das unten liegende Austrittsrohr saugt.
4. Räuchern, das Glas mit Rauch befüllen und Deckel aufsetzen.

FILTERN

In einer Bar finden sich meist zwei Arten von Sieben, einmal das Barsieb (Strainer), mit dem man das Eis im Shaker oder Rührglas zurückhält, und meist noch eine Art Teesieb (Fine Strainer), um kleine, feste Partikel aus der Flüssigkeit zu filtern. Sie stehen jedoch am gröberen Ende eines umfangreicheren Spektrums von Trennmethoden. Feiner wird es dann schon beim kegelförmigen Spitzsieb. Seine Maschenweite ist kleiner als die des ordinären Haushaltssiebes. Um glatte und klarere Flüssigkeiten zu erzielen, kann das Spitzsieb mit Mull oder Musselin ausgelegt werden. Wer es noch feiner haben will, ist mit dem Laborsieb gut beraten. Die feinsten haben Maschenweiten bis auf 20 Mikrometer. Das entspricht einem Drittel des Durchmessers eines menschlichen Haars.

FILTERN DURCH DRUCK UND ZUG

Das altbekannte Sieben und Seihen macht sich die Schwerkraft zunutze, um Flüssigkeiten durch eine poröse Barriere zu leiten. Zwei etwas wirkungsvollere Techniken, Vakuumfiltration und Druckfiltration, können umstandslos aus dem Chemiekurs übernommen werden. Wenn Ihr Gedächtnis nicht so weit zurückreicht, kein Problem:

Vakuumfiltration

Das Utensil schlechthin für die Vakuumfiltration ist die Nutsche, die meist aus Keramik gefertigt wird. Nutschen sind Trichter mit einem flachen, perforierten Boden (auch Fritte genannt), der von einem Aufnahmegefäß überlagert wird. Auf die Fritte wird Filterpapier gelegt, sodass sie die Feststoffe aus der Flüssigkeit siebt, die über den Trichter in einen Kolben fließen. Das Entscheidende bei dieser Filtration ist das Absaugen der Luft aus der Flasche mithilfe einer Saugpumpe. Der entstandene Unterdruck presst die Flüssigkeit durch die Fritte und das feinmaschige Filterpapier und ermöglicht es so auch kleinste Verunreinigungen aus der Flüssigkeit zu filtern.

Druckfiltern

Der Filter wird für das Druckfiltern in stabile Metallplatten eingeschlossen. Die Flüssigkeit fließt durch Kanäle in einen Rahmen und durch die Filter hindurch wieder ab. Dort erhöht eine Elektropumpe den Druck über dem Filter.

SCHÖNEN

Schönen siebt im Gegensatz zu anderen Filtertechniken, die auf physikalischer Ebene ablaufen, die unerwünschten

Elemente mithilfe von Chemikalien aus der Flüssigkeit. Neben dem Herausfiltern von Fremdkörpern kann Schönen zusätzlich das Aroma verändern. Und wie bei fast allem mit chemischem Hintergrund gibt es eine Vielzahl von Stoffen, die ganz unterschiedlich reagieren. Grundsätzlich gilt jedoch, um zumindest den kleinsten gemeinsamen Nenner herauszuarbeiten, dass Schönen kleine Molekülverbindungen verändert, sodass die Flüssigkeit leichter gesiebt, gefiltert und zentrifugiert werden kann. Die meisten Schönungsmittel müssen außerdem wieder herausgefiltert werden. Die „Reinigungschemikalien" reichen von Proteinen wie Gelatine über spezielle Enzyme bis hin zu ungewöhnlicheren Mitteln wie Siliciumdioxidpulver und Polymeren. Viele Schönungsmittel funktionieren aufgrund von elektrostatischer Anziehung. Sie haben also entweder eine positive oder negative Ladung, die die Störpartikel mit entgegengesetzter Ladung anzieht. Zu dieser Gruppe gehören unter anderem Casein und Albumin. Stoffe, die nicht elektrostatisch wirken, heften sich an die Fremdstoffe, sodass sie leichter entfernt werden können. Ein Beispiel dieser nicht-elektrostatischen Filterchemikalien ist Agar-Agar.

→ Beispiel: Flüssigkeiten mithilfe von Agar-Agar klären

Spezialequipment: Mull, Trichter, Feinsieb

Agar-Agar findet eigentlich als Verdickungsmittel in Küche und Bar Verwendung, was uns aber nicht hindert, es als Klärungsmittel zweckzuentfremden. Wenn Sie wärmeempfindliche Flüssigkeiten wie Säfte klären möchten, lösen Sie Agar-Agar zunächst in heißem Wasser. Nehmen Sie die Mischung von der Wärmequelle und geben Sie den gewünschten Saft in einem Verhältnis von einem Teil Wasser zu vier Teilen Saft hinzu. Zusätzlich zum Klärungsfaktor kann Agar-Agar auch als Konzentrationsmittel genutzt werden.

1. 1,6 g Agar-Agar abwiegen.
2. Das Agar-Agar in 250 g kalten Orangensaft einrühren, bis es vollständig aufgelöst ist.
3. Die Mischung unter Schlagen mit dem Schneebesen aufkochen. Einige Minuten köcheln lassen, um das Agar-Agar zu verflüssigen. Oder erst das Agar-Agar in Wasser verflüssigen, dann den Saft zufügen.
4. 500 g kalten Saft unter heftigem Schlagen mit dem Schneebesen in einem dünnen Strahl in die kochende Lösung gießen. Die Temperatur nicht unter 35 °C absinken lassen.
5. Die Lösung sieben.
6. Die gesiebte Lösung auf ein Eisbad setzen, damit sie erstarrt.
7. Das erstarrte Agar-Agar mit dem Schneebesen aufbrechen.
8. Das Gelee in ein mit Mull ausgekleidetes Spitzsieb über einem Becher geben.
9. Den Mull anheben und vorsichtig ver-

drillen, damit der Saft abläuft. Nicht zu fest drücken, damit das Agar-Agar nicht aus dem Mull gedrückt wird.

10. Die Rückstände in eine Schüssel geben und die Schritte 7–9 wiederholen, um mehr Saft zu erhalten (optional).

Behalten Sie nur die erste Abpressung, die aus dem Gel extrahiert wurde, weil der Geschmack dann am intensivsten ist.

TROCKNEN

Schönen, Trocknen und Drinks säubern – falls der Eindruck entstehen sollte, die Anregungen für dieses Kapitel stammen weniger aus der Sterneküche als vielmehr aus Omas Hausfrauenhandbuch für heiratsfähige Fräuleins: keine Angst. Die vorgestellten Techniken mögen zwar noch unbekannt sein, aber sie sind mit Sicherheit die Zukunft der flüssigen Küche.

Nachdem der Drink nämlich aufgehübscht, sprich gefiltert wurde, wenden wir uns wieder dem Trocknen zu. Auch nicht-flüssige Lebensmittel bestehen im Schnitt aus 30 bis 90 Prozent Wasser. So enthalten z. B. Möhren oder Gurken durchschnittlich mehr Wasser als Rotwein. Viele Garmethoden wie das Kochen oder Anbraten sind ein Weg, den Zutaten das Wasser zu entziehen und sie damit nebenbei haltbarer zu machen. Gegenwärtig schätzen wir aber weniger die Haltbarkeit getrockneter

Zutaten als vielmehr die überraschenden Texturen. Currychips, Apfelchips, Candy-Ingwer-Chips werden als Barsnacks oder gezielt zu einem Cocktail gereicht, um das Geschmackserlebnis eines Drinks zu erweitern. In Campari marinierte Zitronen- oder Orangenräder, die später getrocknet und dann als Garnitur in einem Gin Tonic platziert werden, sehen nicht nur gut aus, sondern geben dem Drink auch noch eine zusätzliche Note. Bevor wir jedoch in den Tiefen des Dörrschranks versinken, die ein optimales Obstchips-Ergebnis versprechen, ist es vonnöten, sich die Grundlagen der Trocknung zu vergegenwärtigen.

Trocknen beginnt immer an der Oberfläche, indem das Wasser verdunstet. Um den Wasserverlust an der Oberfläche auszugleichen, sorgt eine Wechselwirkung verschiedener chemischer Phänomene dafür, dass das Wasser aus dem Innern an die Oberfläche wandert. Bei fortschreitender Trocknung verlangsamt sich diese Wechselwirkung. Schlussendlich kann das Wasser nicht mehr schnell genug an die Oberfläche gelangen, um den Wasserverlust dort auszugleichen. Somit kann die Trocknung tiefer vordringen, bis der Kern

erreicht wird. Es ist im Übrigen nutzlos, die Verdunstung an der Oberfläche zu beschleunigen. Falls dort das Wasser schneller entfernt wird, als es nachrücken kann, wird die Oberfläche hart und trocken. Und das hemmt die weitere Trocknung, sodass die Feuchtigkeit im Inneren zurückgehalten wird.

DÖRRSCHRANK

Ein vielseitig anwendbares und vor allem einigermaßen kostengünstiges Gerät zur Trocknung von Lebensmitteln ist der Dörrschrank. Er wird zusammengesetzt aus einer ventilierten Kammer, einem Ventilator und einem Heizelement, das die zirkulierende Luft erwärmt. Die zirkulierende Luft bewirkt, dass sich die Trocknung an der Oberfläche des Dörrguts beschleunigt. Auch hier sollte die Temperatur nicht zu hoch eingestellt werden, da man ansonsten mit einer harten Oberfläche und einem ledrigen Kern zu rechnen hat. Für die Praxis bedeutet das ganz einfach, Dörrgut in den Schrank geben, Temperatur einstellen und die angegebene Zeit abwarten. Die präzise Temperatureinstellung ermöglicht ein perfekt reproduzierbares Ergebnis, das nicht im haushaltsüblichen Ofen erreicht werden kann. Damit Sie

sehen, wie einfach ein Dörrschrank bedient werden kann, können Sie sich an folgenden Rezepten ausprobieren. Aber wie immer sind der Kreativität keine Grenzen gesetzt!

→ Beispiele:
Spezialequipment: Dörrschrank

Ananas-Curry-Chips: Ananas schälen und in Viertel schneiden. Den Mittelstrunk entfernen und in möglichst dünne Scheiben schneiden. Die Ananasscheiben mit Currypulver bestreuen und für 8 Stunden bei 51 °C in den Dörrschrank legen.

Apfelchips: Eine saure Apfelsorte wie Granny Smith mit einem Mikroplanhobel möglichst dünn reiben. Apfelscheiben kurz in Zuckersirup wenden und abtropfen lassen, für 9 Stunden bei 49 °C in den Dörrschrank legen. (Optional mit Zimtpulver bestreuen.)

Zitronen-Orangen-Räder: Zitronen und Orangen in möglichst dünne Räder schneiden. Diese über Nacht in Campari und Zuckersirup marinieren. Abtropfen lassen und für 9 Stunden bei 49 °C in den Dörrschrank legen.

VAKUUMTROCKNEN
Druck ist ebenso wie Hitze eine leistungsfähige Methode, um Nahrungsmittel zu trocknen. Steigt die Siedetemperatur bei hohem Druck, sinkt sie gleichermaßen bei niedrigem Druck. Wenn der Druck niedrig genug ist, ist es theoretisch sogar möglich, Wasser bei Raumtemperatur zum Sieden zu bringen – und damit die Zutaten, ohne große Hitze zu bemühen, zu trocknen.

SPRÜHTROCKNEN
Wenn Sie eine Flüssigkeit trocknen, also konzentrieren wollen, ist Sprühtrocknen die geeignete Methode. Die Grundidee ist schnell verstanden: je kleiner der Tropfen, desto schneller trocknet er auch. Der Sprühtrockner zerteilt also folgerichtig die Flüssigkeit in winzige Tröpfchen. An einem Zerstäuber befindet sich eine erwärmte Kammer, in die die Flüssigkeit als feiner Nebel geblasen wird. Der Nebel trocknet bei den extrem hohen Temperaturen und lässt den konzentrierten Staub zurück. Wer Sprühtrocknen mit einer Spirituose ausprobieren möchte, sollte am besten zu farbenfrohen, süßlichen Likören greifen, da diese dem staubigen Rest ein bisschen Farbe und Aroma geben.

VERDICKUNGS-MITTEL

Maisstärke, Mehl, Gelatine, die Liste der Binde- bzw. Verdickungsmittel ist lang. Für die Bar kommen aber nicht alle infrage. Neben den bekanntesten Mitteln wie Eiweiß, Eigelb und Sahne, die dem Drink nach dem Shaken eine sämige Textur geben, findet sich auch ab und an Gelatine hinter der Bar. Auf der Suche nach Neuheiten begaben sich die Mixologen und Cocktailkünstler mal wieder in die asiatische Küche, in der schon seit Jahrhunderten Verdickungsmittel auf Algenbasis wie Alginat, Agar-Agar und Carrageen verwendet werden. Bei Cocktails mit festen Zutaten wie Basilikum und Himbeeren, die beim

Wer nicht in teure Maschinen investieren möchte, aber nichtsdestotrotz seinen Drink beispielsweise mit **Crème de Mure-Staub** verfeinern möchte, kann dies auch ohne Profi-Apparatur erreichen. Geben Sie einfach eine dunne Schicht (max. 2 mm) Flüssigkeit auf ein Backblech und stellen Sie es für einige Zeit bei niedriger Temperatur (max. 62 °C) in den Ofen. Jetzt heißt es warten. Sobald die Flüssigkeit trocken ist, können Sie sie abkratzen und mit einem Mörser zu Staub mahlen. Verschließen Sie den Staub am besten luftdicht, um die feinen Aromen zu bewahren und vor Feuchtigkeit in der Luft zu schützen.

Zubereiten geschüttelt und später durch ein Sieb herausgefiltert werden, bleiben dennoch Festpartikel im Cocktail bestehen. An diese Feststoffe heften sich die Verdickungsmittel und bilden eine Struktur. Spirituosen, Wasser und andere Fluide gehen mit Masse nur eine sehr lockere Verbindung ein und trennen sich schnell wieder (Synärese). Da Cocktails meist sofort serviert werden, ist das wenig problematisch. Kritisch kann die Synärese bei im Voraus produzierten Pre-Mixes sein. Um dies zu verhindern, sollte man auf das Gesamtvolumen 0,2 % Xanthan und 0,5 % Ultra-Sperse 3 und optional auch ein wenig Citras hinzugeben, um eine Bräunung zu vermeiden.

ESSBARE FILME

Essbare Filme wirken nicht nur extravagant und werten den Cocktail als Garnitur optisch auf, sondern können zu einem geradezu unterhaltsamen Geschmackserlebnis werden. Aber ehe die Verkostung kommt, geht es an die Herstellung. Ein essbarer Film entsteht, indem man eine sehr dünne Schicht einer Flüssigkeit der Wahl mit einem Bindemittel mischt. Geeignet für die Filmherstellung sind Gelatine, Agar-Agar, Xanathan Niedrig-Acyl-Gellan und Zucker oder Isomalt. Die Mischung gießt man auf eine Silikonmatte und lässt sie trocknen. Aber Vorsicht: je höher die Temperatur, desto schneller reißt der Film. Mit einem Filmaufziehgerät kann man die Schichtdicke gleichmäßig halten. Ich empfehle, die fertigen Filme zwischen Backpapier in luftdichten Behältern zu lagern, da Luftfeuchtigkeit die Filme angreift und sogar wieder auflösen kann.

→ Beispiel: Zitronenplätzchen

(adaptiert nach Heston Blumenthal)
Spezialequipment: Vakuumiermaschine, Vakuumierbeutel, Filmziehgerät, Acetatfolie

1. Verrühren Sie gut 3,75 g Glycerin, 2,55 g ätherisches Zitronenöl und 225 ml vollentsalztes Wasser, um Zitronenwasser herzustellen. Stellen Sie die Mischung erst einmal beiseite.
2. Mischen Sie dann 7,95 g Maltodextrin DE, 8,58 g Algin 400 F, 3,18 g Viscarin TP 389 und 0,12 g Aspartam.
3. Rühren Sie anschließend das Trockengemisch langsam unter das Zitronenwasser.
4. Die verrührte Mischung wird vakuumiert oder 8 Stunden gekühlt, um Luftbläschen zu entfernen.
5. Mischung mit einen Filmziehgerät sehr dünn und gleichmäßig auf einer Acetatfolie verstreichen, Film etwa 24 Stunden bei Zimmertemperatur trocknen.
6. Zu guter Letzt den ausgehärteten Film in 2 x 2 cm große Plättchen schneiden; Plättchen von der Platte lösen und in einem luftdicht verschließbaren Behälter aufbewahren.

GELE

Gele werden gebildet, wenn Moleküle sich verbinden und ein Netz bilden, in dem Flüssigkeit gebunden wird. Da die Flüssigkeit in dem Molekülnetz gefangen ist, entsteht ein Gel. Manche Gele, sogenannte Flüssiggele, können gebrochen werden, indem die Struktur durch Umrühren zusammenbricht und das Wasser entlässt.

Grundsätzlich lassen sich Gele in thermoreversible und thermoirreversible Gele unterteilen. Ersteres bezeichnet Gele, die sich, über den Schmelzpunkt erhitzt, verflüssigen und bei Kühle wieder in den Gelzustand zurückkehren. Thermoirreversible Gele verflüssigen sich hingegen nur schwerfällig. In der Bar kann man mithilfe der Geltechnik ungewöhnliche Texturen erzeugen. Die Methode sollte hierbei aber gezielter eingesetzt werden, als das bei vielen Molekular-Cocktails der Fall ist, die nur noch auf Optik, aber nicht mehr auf Geschmack aufbauen.

SPHÄRIFIKATION

Diese avantgardistische Technik lässt staunen. Denn wer die Geheimnisse der Sphärifikation entschlüsselt hat, kann kleine Kügelchen herstellen, die erst im Mund platzen und Ihre Geschmacksknospen begeistern werden. Sensationell! Nicht? Na gut, gehen wir es etwas nüchterner an: Die Sphärifikation ermöglicht, Flüssigkeit in eine Kugel einzuschließen und mit einer Gelhülle zu umgeben. Das Geheimnis dieser Technik liegt in der Zubereitung einer Gelmischung, die sich nicht verfestigt. Man ist also in der Lage, die ungelierte Flüssigkeit problemlos in eine Spritze zu ziehen. Erst wenn Sie die Flüssigkeit sanft in ein Festigungsbad tropfen lassen, setzt die Gelierung ein. Aber was steckt hinter der plötzlichen Gelierung und warum sind die Kugeln rund? In dem Bad befinden sich Gerinnungsmittel wie zum Beispiel Magnesium,

Kalium, Wasserstoff oder Natriumionen, die für die Verdickung verantwortlich sind. Die Oberflächenspannung sorgt für die runde Kugelform. Je länger man die Gelhülle in dem Bad verweilen lässt, desto fester und dicker wird die Hülle. Selbstverständlich ist darauf zu achten, die Kugel nicht zu lange baden zu lassen, da sonst auch der Kern fest wird. Um den unangenehmen Geschmack des Festigungsbades zu eliminieren (man denke an die Inhaltsstoffe des Bades), empfiehlt es sich, die fertigen Kugeln sanft zu säubern. Damit bei der ganzen Theorie nicht die Praxis vernachlässigt wird, können Sie mit dem folgenden Rezept selbst Cranberrysaftperlen herstellen. Viel Spaß!

→ Beispiel: Aperol-Kaviar

Spezialequipment: Spritze, perforierter Löffel

1. Lösen Sie 4 g Algin in 60 ml Aperol mithilfe eines Stabmixers vollständig auf und rühren Sie dann zusätzlich 130 ml Aperol sowie 20 ml Läuterzucker unter.
2. Stellen Sie das Gemisch für einige Zeit in den Kühlschrank, sodass die eingeschlagene Luft wieder entweichen kann.
3. Füllen Sie das Aperol-Gemisch in eine Spritze. Lösen Sie in einer Schüssel 10 g Calcic in 1 l Wasser (Festigungsbad) und stellen Sie eine weitere Schüssel mit klarem Wasser bereit.
4. Tropfen Sie nun vorsichtig das Gemisch aus der Spritze in das Festigungsbad. Überprüfen Sie die Festigkeit der Perlen – je länger die Perlen im Festigungsbad liegen, umso fester werden sie.
5. Nehmen Sie die Perlen mit einem perforierten Löffel aus dem Festigungsbad und legen Sie sie zum Abspülen in das klare Wasser.

UMGEKEHRTE SPHÄRIFIKATION

Für die umgekehrte Sphärifikation wird die essbare Flüssigkeit mit Calciumlaktat oder einem anderen Salz gemischt. Das Geliermittel wird im Bad verteilt. Sobald die Flüssigkeit in das Bad tropft, bildet sich eine Gelmembran, die die Flüssigkeit umhüllt. Aufgrund der Zugabe von Xanthan wird die Flüssigkeit angedickt und die Kugeln somit glatter. Da das Bad keine Salze enthält, entfällt auch die Reinigung der Kugeln. Ob Sie Saft, Spirituosen oder sonstige Flüssigkeiten in Kugelform bringen möchten, bleibt ganz Ihrem Gusto überlassen. Der Effekt, die kleinen Kügelchen in ihrem Mund platzen zu lassen und sich den darin eingeschlossenen Geschmack auf der Zunge zergehen zu lassen, rechtfertigt jedenfalls jeden Aufwand.

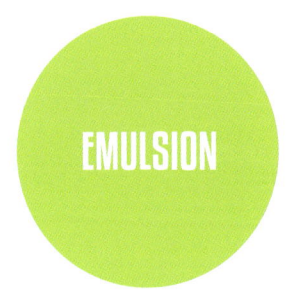

EMULSION

Erinnert man sich an seinen Chemieunterricht zurück, kriegt man gerade noch zusammen, dass Emulsionen aus zwei oder mehr Elementen bestehen, wahlweise Öl und Wasser. Alles was darüber hinausgeht ist schon wesentlich vielschichtiger. Eine Flüssigkeit bildet kleine Tröpfchen, die verteilt in der anderen Flüssigkeit sind. Die Flüssigkeit, die Tröpfchen bildet, nennt man innere Phase oder auch disperse Phase. Die Flüssigkeit, in der die Tröpfchen schwimmen, wird äußere Phase oder kontinuierliche Phase genannt. Ist die kontinuierliche Phase Wasser und die disperse Phase Öl, spricht man von einer Öl-in-Wasser-Emulsion. Rohmilch ist ein typischer Vertreter dieser Emulsion, wohingegen Butter als Vertreter der umgekehrten Wasser-in-Öl-Emulsion gilt. Öl und Wasser lassen sich nicht mischen aufgrund der polaren Ladung der Wassermoleküle. Weil Sauerstoffatome positiv geladen und Wasserstoffmoleküle negativ geladen sind, verbinden sich beide zu einem Wasseratom. Das ungeladene Ölmolekül hingegen wird nur höchst ungern als Reaktionspartner vom Wassermolekül ausgewählt, da die Wassermoleküle eher miteinander reagieren.

Um die störrische Verbindung doch irgendwie zustande zu bekommen, muss man fast immer mechanische Kraft anwenden. Als Faustregel lässt

sich festhalten: je kleiner die Tröpfchen, desto stabiler die Emulsion. Sicher ist es möglich, schon mit dem haushaltsüblichen Schneebesen eine Emulsion zu erzeugen, hier ist den Reaktionspartnern jedoch nur wenig gemeinsame Zeit gegönnt, ehe die Stoffe wieder getrennte Wege ge-

hen, da die Tröpfchen noch zu groß sind. Ein Stabmixer liefert da schon wesentlich bessere Ergebnisse, da die Tröpfchen aufgrund dieser Behandlung auf eine Größe von ungefähr 0,0004 mm schrumpfen. Hydokolloide können auch hier hilfreiche Emulgatoren sein, die die Emulsion

stabil halten. Die Wundermittel Xanthan und Agar-Agar finden auch ihre Anwendung. Agar-Agar eignet sich für niedrige und hochviskose Emulsionen. Allerdings muss man sehr genau arbeiten, ein bisschen zu viel oder zu wenig von einer Zutat und die Emulsion trennt sich.

SCHÄUME

Analog zu Emulsionen bestehen auch Schäume aus unterschiedlichen Komponenten, einer dispersen und kontinuierlichen Phase. Gase, in den meisten Fallen Luft, schlüpfen in die Rolle der dispersen Phase. Die Blasen, die meist wesentlich größer sind als in der Emulsion, werden von der kontinuierlichen Phase, meist eine Lösung oder Gemisch, umgeben. Um Sie vor den grenzenlosen Auswüchsen der Schaumwissenschaft zu schützen,

nenne ich an dieser Stelle ausschließlich die grundlegendsten Vorgänge und Mechanismen, die Schäume verhindern oder bilden.

Damit die eingeschlossene Schaumblase nicht platzt, sorgen Schaummittel oder Schaumstabilisatoren wie Eiweiß für den richtigen Halt. Diese Stabilisatoren (z. B. Eiweiß) oder Mittel (z. B. Zucker) lassen den Schaum steifer und haltbarer werden. Ein Schaummittel ist ein Stoff, der selbst keine Schäume erzeugen kann, aber anderen Stoffen hilft, fester zu werden. Modernistische Zutaten wie Xanthan, Lecithin, Agar-Agar, Carrageen und viele andere Hydrokolloide haben die beschriebene Wirkung. Um einen Schaum zu bilden, müssen viele Blasen in die Flüssigkeit. Ob man

das geschickt mit einem Schneebesen per Hand oder einem Mixer macht, beeinflusst höchstens die Arbeitsdauer und weniger das Resultat. Es sei aber auch hier gesagt: je kleiner die Blasen, desto stabiler der Schaum. Und weil das ständige Aufschäumen auf Dauer selbst mit einem Mixer, geschweige denn mit einem Schneebesen, zu viel Aufwand wäre, sind mittlerweile einige Geräte im Handel, die diese Arbeit erleichtern. Ein ISI-Siphon ist beispielsweise eine gute Alternative zu Schneebesen und Co. In einem Sahnesiphon löst sich Distickstoffoxid in Flüssigkeit. Eine Standardkapsel für Sahnesiphons enthält 8 g reines Distickstoffoxid, das unter Druck kondensiert. Größen- und Zutatenabhängig muss der Siphon mit zwei bis vier Kapseln geladen werden.

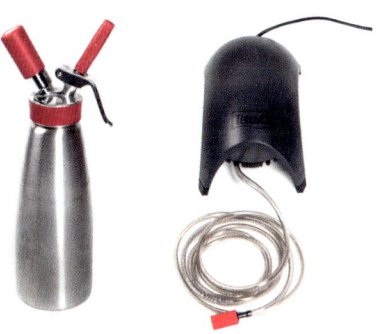

Dabei löst sich ein Teil des Gases in der Flüssigkeit, der Rest wird wieder gasförmig und setzt den Siphon unter Druck. Wenn der Hebel gedrückt wird, wird die Mischung aus Flüssigkeit und Gas dem niedrigeren atmosphärischen Druck ausgesetzt, dehnt sich aus und bildet einen Schaum. Um Ihnen eine kleine Vorstellung von der breiten Schaumvielfalt zu geben, hier ein paar Rezeptvorschläge:

→ Beispiele:
Ingwer-Galgant-Schokoladen-Schaum

1. 50 g Ingwer, 50 g Galgant, 35 g Kuvertüre-Drops in 400 ml Wasser in einen Sous-vide-Beutel geben. Für 1 Stunde bei 65 °C ins Wasserbad geben. Danach pürieren und durch ein Spitzsieb passieren.
2. Mischen Sie danach 450 ml des Ingwer-Galgant-Schoko-Wassers mit 50 ml Zucker, 5 g Xanthan und 2 Eiweiß.
3. Befüllen Sie anschließend den Siphon und verwenden Sie 3 Sahnekapseln.

Meerrettich-Curry-Schaum

1. Mischen Sie zunächst 300 ml Sahnemeerrettich, 200 ml Currywasser, 50 ml Sahne, 9 g Xanthan und 5 g Lecitin.
2. Befüllen Sie anschließend den Siphon und verwenden Sie 3 Sahnekapseln.

Ein vielleicht für die Bar etwas exotisch anmutendes Gerät, um Schäume herzustellen, ist ein Aquariumsprudler. Er eignet sich besonders für grobe Schäume mit großen aromatischen Blasen. Die geeigneten Schaumbilder für Schäume dieser Art sind Glukosesirup, Albuminpulver, Xanthan und natürlich Lecithin. Die Flüssigkeiten werden mit den Schaumbildern zunächst gründlich vermengt. Die so entstandene Basis wird in einen offenen Behälter gegeben. Der Aquariumsprudler wird unten im Behälter platziert. Lassen Sie den Sprudler 5 Minuten sprudeln, bis die gewünschte Menge an Bläschen aufgestiegen ist.

FASSGELAGERTE  COCKTAILS

Sie möchten den Drink Ihres Vertrauens einmal einen Hauch anders präsentieren? Mithilfe der Fasslagerung schaffen Sie genau das. Und das Beste: Einen Cocktail im Fass zu lagern, ist nicht einmal besonders kompliziert. Sie suchen sich den Cocktail Ihres Vertrauens aus und vervielfachen die Mengenangaben auf die gewünschte Masse. Wenn sie ein 10 l-Eichenfass haben, sollten Sie es maximal mit ca. 8 l Flüssigkeit befüllen, damit zwischen Flüssigkeit und Fassdecke ein Freiraum, der sogenannte „headspace", bleibt. Hierunter versteht man den Freiraum zwischen Flüssigkeit und Fassdecke, in dem sich keine Flüssig-

keit, dafür aber hohe Konzentrationen an flüchtigen Gasen befinden. Die richtige Lagerdauer für einen fassgelagerten Cocktail ist pauschal nicht zu definieren, da die Reife von verschiedenen Faktoren abhängt, vom Fass, seiner Größe und der Umgebungstemperatur. Dies bedeutet, Sie müssen alle paar Tage immer wieder probieren, bis Sie mit dem Ergebnis zufrieden sind.

Was passiert aber genau im Fass?

Wichtig im Fass ist besonders der bereits erwähnte „headspace", denn hier konzentrieren sich die flüchtigen und aromatischen Verbindungen und ermöglichen erst die drei folgenden chemischen Reaktionen:

1. Infusion: Der Cocktail nimmt verschiedene Aromen aus dem Holz auf. Vanille- und Karamellaromen geraten so zum Beispiel in die Flüssigkeit.
2. Oxidation: Durch eine leichte Oxidation entstehen oft nussige Aromen, die im Cocktail zu schmecken sind.
3. Extraktion: Das Holz reagiert mit der enthaltenen Säure im Cocktail und wandelt sie in Zucker um, der dem Drink ein weiches Mundgefühl verleiht und hilft, alle Elemente zu verbinden.

Wenn Sie neue Fässer verwenden, kommt es zu einer starken Infusion des Cocktails. Aus dem Fass werden Aromen extrahiert, die sehr schnell alle anderen Aromen überlagern können und den Cocktail ungenießbar machen. Es empfiehlt sich bei neuen Fässern, sie mit einer Spirituose wie Likör oder Wein vor- und anschließend mit heißem Wasser auszuwaschen.

→ Beispiel: Manhattan im Eichenholzfass

Spezialequipment: Eichenholzfass

1. Wenn Sie ein 10 l-Eichenholzfass haben, sollten Sie es maximal mit 8 l Flüssigkeit füllen, damit zwischen Flüssigkeit und Fassdecke der „headspace" bleibt. Dies bedeutet für unseren Manhattan: Wir nehmen etwa 5 l Rye Whiskey, 2,5 l süßen Wermut, verrühren alles und füllen das Fass damit.
2. Wichtig: Bitters geben wir nicht mit hinzu, da die intensiven Aromen sich im Fass konzentrieren und den Drink bitter erscheinen lassen können. Angostura und andere Bitters sollten immer erst à la minute dem Cocktail zugegeben werden.
3. Der Cocktail muss alle paar Tage abgeschmeckt werden. Wie viele Holzaromen der Drink verträgt, müssen Sie selbst entscheiden.

Wer seinen Drink weicher mag, ohne gleich taninbedingte Aromenvariationen in Kauf zu nehmen, der kann seinen Cocktail in Flaschen lagern. Das sogenannte Bottle Aging funktioniert besonders gut mit schweren, kräftigen auf Spirituosen basierenden Drinks wie dem Manhattan oder dem Brooklyn. Aufgrund der in der Flasche entstehenden Oxidation kommt ein chemischer Prozess in Gang, der die Ecken und Spitzen im Cocktail etwas runder und weicher erscheinen lässt. Bottle Aged Cocktails benötigen einige Zeit zum Reifen um eine deutlich schmeckbare Veränderung zu erzielen. Im Gegensatz zu fassgelagerten Cocktails, die schon nach ein paar Wochen eine deutliche Holznote und Veränderung erkennen lassen, benötigen Bottle-Aged-Cocktails manchmal sogar Monate. Bottle Aged-Cocktails sollten möglichst im Dunkeln und bei konstanter Temperatur gelagert werden.

→ Beispiel: Brooklyn Bottle Aged

Spezialequipment: 2 verschließbare 700 ml-Flaschen, Trichter

1. Mixen Sie mit folgenden Mengenangaben zunächst einen Brooklyn: 700 ml Rye Whiskey, 350 ml süßer Wermut, 125 ml Maraschino, 75 ml Amer Picon.
2. Kochen Sie die Flaschen vor dem Abfüllen aus und trocknen Sie sie sorgfältig.
3. Füllen Sie den Brooklyn mithilfe eines Trichters in die Flaschen. Das Rezept ist so bemessen, dass die Flaschen nicht randvoll sind. So entsteht etwas mehr Platz zwischen der Oberfläche der Flüssigkeit und dem Korken, was die Oxidation bedingt.

KARBONISATION

Eine Traube mit Kohlensäure genießen – oder doch lieber einen Drink? Egal was Sie prickelnd genießen möchten, die Technik ist dieselbe und vor allem relativ simpel. Denn Karbonisieren macht sich die Wasserlöslichkeit von Kohlendioxid zunutze. Dabei gilt stets: Je kälter eine Flüssigkeit ist, desto mehr Kohlendioxid kann darin gelöst werden. Sehr zu unserem Leidwesen ist es auch dieses Prinzip, das dafür sorgt, dass das Gas sofort entweicht, wenn eine Champagnerflasche nicht nur geöffnet, sondern auch leicht erwärmt wird. So weit, so theoretisch. Eine Möglichkeit, Kohlensäure in feste, oder weniger spektakulär, in flüssige Nahrungsmittel zu bekommen, ist eine mit Kohlendioxid gefüllte Druckflasche. Achten Sie beim Kauf im Fachhandel darauf, dass die Flasche eine Druckregulierung hat, da das Experiment sonst ganz schnell schiefgehen kann.

Eine etwas kreativere Lösung ist das Karbonisieren mithilfe von Trockeneis. In Trockeneis sind Kohlendioxidmoleküle sehr kompakt angeordnet. Wenn ein Feststoff sich direkt in ein Gas umwandelt, ohne vorher zu schmelzen, erweitert er sich um das ca. 500-fache. Mit geringen Mengen Trockeneis ist man somit in der Lage, große Mengen Flüssigkeit zu karbonisieren. Ein bisschen über 3 g Trockeneis reichen schon aus, um ca. 300 l Wasser in Sodawasser zu verwandeln. Von der Theorie wieder in der Praxis zurück, eignet sich besonders ein Siphon dazu, Kohlensäure in den Cocktail zu bringen:

→ Beispiel: Cocktails karbonisieren

1. Rechnen Sie das Rezept Ihrer Wahl auf 600 ml hoch.
2. Füllen Sie die vermengte Flüssigkeit in einen Sahnesiphon. Einen 1-l-Siphon sollten Sie nicht mit mehr als 600 ml Flüssigkeit befüllen.
3. Beim Einlegen der ersten Kapsel sollten Sie den Siphon kopfüber halten, damit die Restluft im Kopf entweichen kann.
4. Legen Sie dann 2 weitere Kapseln ein.

Wie aber sieht es mit Früchten aus? Viele Früchte bestehen zu einem Großteil, manche sogar bis zu 90 Prozent, aus Wasser. Und dieser Wassergehalt sorgt dafür, dass es möglich ist, Früchte zum Prickeln zu bringen. Wenn man sie zusammen mit Kohlendioxid in eine Druckkammer gibt, durchdringt das Gas die Haut und löst sich im Saft. Und wer hat's erfunden? Der Neurobiologe Galen Kaufman entwickelte ein Verfahren, ließ es sich 1997 patentieren und bot es für 10 Millionen Dollar zum Verkauf an. Ob

die Summe zu hoch war oder die Idee zu seltsam – die Idee fand keinen Abnehmer. Also gründete Kaufman ein Unternehmen, Fizzy Fruit, und vermarktete die Idee in Eigenregie. Wir haben das Patent so verstanden, dass es sich auf Karbonisierung von Früchten und ihre Verpackung unter Aufrechterhaltung der Karbonisierung bezieht. Mit Kohlensäure versetzte Früchte aus dem Behälter zu servieren, in dem sie karbonisiert wurden – was eine Bar tun würde –, scheint durch das Patent glücklicherweise nicht abgedeckt zu sein. Eine andere Möglichkeit, Cocktails mit Kohlensäure in Szene zu setzen, sind die Carbonated-Cocktails vom Zapfhahn. Die Kohlensäure wird in diesem Verfahren direkt im Zapfgerät hinzugefügt, was den Karbonisierungsprozess wesentlich beschleunigt.

→ Beispiel: Früchte mit Kohlensäure versetzen

1. Die Früchte müssen eiskalt sein und sollten leicht befeuchtet werden, bevor sie in den Karbonisierungsbehälter (unterer Teil des Siphons) gegeben werden.
2. Optional können Sie den Früchten noch Flüssigkeit zugeben wie z. B. Saft oder auch Spirituosen und Liköre. Die Früchte werden dann von der karbonisierten Flüssigkeit durchdrungen.
3. Den Siphon mit 3 Kohlensäurekapseln unter Druck setzen. Beim Eindrehen der ersten Kapsel sollten Sie den Entlüfter kurz offen lassen, damit die Luft im Behälter durch Kohlendioxid ersetzt werden kann.
4. Zum Karbonisieren lange kalt stellen, damit sich das Gas in der Frucht lösen kann. Die Zeit vari-

iert je nach Größe und Feuchte der Früchte – bei Trauben reichen z. B. schon etwa 50 Minuten, ungeschälte Orangen müssen über Nacht stehen bleiben.

5. Die Früchte müssen gekühlt serviert werden, am besten auf Eis. Die Wirkung der Kohlensäure hält ca. 25 Minuten an, nachdem sie den Karbonisierungsbehälter verlassen haben und ist von der Frucht abhängig.

→ Beispiel: Karbonisierung von Früchten mit Trockeneis

Spezialequipment: Trockeneis, Küchenpapier, Handschuhe

Kohlendioxid umgibt uns. Allein wir Menschen atmen pro Tag etwa ein Kilogramm Kohlendioxid pro Person aus. Wenn man Kohlendioxid auf eine Temperatur von ca. -78 °C kühlt, entsteht ein Feststoff, den man als Trockeneis bezeichnet. Da Kohlendioxid wasserlöslich ist, eignet er sich hervorragend zur Karbonisierung,

1. Auf dem Boden eines gut verschließbaren Plastik- oder Metallbehälters eine Schicht zerkleinertes Trockeneis verteilen.

2. Auf der Eisschicht eine isolierende Schicht aus Küchenpapier platzieren. Diese schützt das Obst vor der extremen Temperatur.

3. Kalte Früchte auf die Isolierschicht geben. Einige Minuten warten, bis „Dampf" entsteht, der den Sauerstoff im Behälter verdrängt.

4. Behälter verschließen. Durch den Luftdruckaufbau kann der Deckel einige Male abspringen. Das ist kein Problem, setzen Sie den Deckel einfach wieder auf.

5. Früchte karbonisieren lassen: Bei kleinen Früchten wie Weintrauben nimmt dies nur 30 Minuten in Anspruch, große, ganze Früchte wie Äpfel und Orangen müssen über Nacht behandelt werden. Bei längerer Karbonisierung ist zusätzliche Kühlung notwendig.

FLÜSSIG-STICKSTOFF

Dass Stoffe ihren Aggregatzustand wechseln können, ist klar. Dass man sogar Gase in der Luft gefrieren kann, ist sicher aufwendig, aber auch nicht weltbewegend. Interessanter ist dann schon, wie man die Temperaturen erzeugt, die Gase gefrieren lassen. Die Antwort auf dieses Problem heißt Cyrogenik (was übersetzt so viel wie „Eiseskälte erzeugen" bedeutet) und erzeugt Temperaturen unter -150 °C. Kalte Flüssigkeiten, z. B. Flüssigstickstoff, die sogenannten Cyrogene, sind das entscheidende Mittel zum Erfolg der Cyrogenik. Stickstoff eignet sich besonders für das Verfahren, weil es zum einen der am häufigsten vorkommende reine Elementarstoff der Erde ist und einen Siedepunkt von -196 °C mit einem Gefrierpunkt von knapp unter -210 °C hat.

In der Bar lässt sich Flüssigstickstoff vielfältig anwenden. Zum einen ist es möglich, Getränke mit Stickstoff zu kühlen. Abgesehen davon, dass das Blubbern und Dampfen ein netter Nebeneffekt ist, verwässert Stickstoff den Drink

nicht. Auch ein halb gefrorener Gin Tonic ist eine verlockende Anwendung für Flüssigstickstoff. Befrosten Sie Gläser à la minute, indem Sie ein wenig Flüssigstickstoff in ein leeres Glas geben und es schwenken. Der Wasserdampf in der Luft kondensiert auf der Stelle zu Reif auf dem gekühltem Glas. Beachten Sie bitte immer, dass das Glas vollständig trocken sein muss, da es sonst brechen kann. Wenn Sie frische Kräuter in Flüssigstickstoff gefrieren, lassen sie sich leicht ohne Frischeverlust zu Pulver mahlen. Tatsächlich lässt sich so gut wie alles, was Sie pürieren möchten, auf diese Weise gefrieren, zerschmettern oder pulverisieren.

Vorsicht: Trockeneis und Flüssigstickstoff können lebensgefährlich sein. Verwenden Sie die Stoffe also immer mit Bedacht und konzentriert, um Unfälle und Erfrierungen zu vermeiden. Dabei sind Sicherheitsvorkehrungen wie Handschuhe und lange Kleidung Pflicht!

SORBETS HERSTELLEN

Besonders an heißen Sommertagen sind sie besonders gefragt, doch auch darüber hinaus kann die kühle Eisspeise punkten. Denn gerade in der Bar bieten die leichten Sorbets eine abwechslungsreiche Alternative zu vielen Standarddrinks. Besonders wenn Sie neben den üblichen Säften ein wenig mit Ihrem Spirituosenschrank experimentieren. Ganz klassisch rühren/pürieren Sie Ihr Wunsch-Sorbet zusammen und stellen es in den Gefrierschrank. Unter stündlichem Rühren stellen Sie sicher, dass das Endergebnis kein Eisklotz, sondern tatsächlich ein Sorbet wird. Mit ein wenig technischer Hilfe können Sie sich die ewige Rührerei sogar sparen. Füllen Sie einfach die gefrorene Eismasse in den Pacojet. Dieser pacossiert, womit Pürieren ohne Auftauen gemeint ist, den Inhalt zu einem feinen, servierfertigen Mousse.

→ Beispiel: Chambord Sorbet

Spezialequipment: Passiertuch, Thermomix, Pacojet

1. 500 g kernlose Trauben, 6 Stk. Zitronengras fein gehackt, 250 ml Mozart Black, 100 ml Zucker und 300 ml Chambord einkochen und anschließend durch ein Passiertuch passieren und ausdrücken.
2. Das so entstandene Püree mit 200 ml Rum, 120 ml PX Sherry, 200 ml Chambord und 6 EL Textura

Basic in den Thermomix geben und so lange auf niedriger Stufe mixen, bis eine feste Masse entsteht.
3. Die fertige Masse in den Pacojet-Behälter füllen und in den Gefrierschrank stellen. Vor dem Servieren mit dem Pacojet blizzen, um die Eiskristalle zu zerstören und eine feine, glatte Konsistenz zu erhalten.

Da Sorbet als gefrorenes Fruchtmus in der Regel kein Fett wie Sahne oder Milch enthält, ist es leichter als Eiscreme.

→ Beispiel: Spargel-Sorbet

Spezialequipment: Pürierstab, Thermomix, Pacojet

1. Kochen Sie 1 kg Spargel weich und pürieren Sie ihn anschließend.
2. Passieren Sie das Püree und dicken es mit 5–10 g Xanthan leicht an.
3. Messen Sie 1 l von dem Wasser, in dem der Spargel gekocht wurde, ab. Geben Sie das Wasser mit dem

Spargelpüree, 200 g Zucker, 2 Stk. Vanilleschoten, 100 ml Ahornsirup, 3 EL Textura Basic in den Thermomix. Mixen Sie das Ganze, bis eine feste Masse entsteht.
4. Stellen Sie die Masse in den Gefrierschrank.
5. Die gefrorene Masse vor dem Servieren mit dem Pacojet blizzen, um die Eiskristalle zu zerstören und eine feine, glatte Konsistenz zu erhalten.

Spargeleis

Spezialequipment: Eismaschine

1. 3,5 l Milch, 1,5 l Sahne, 240 g Glucose, 1,5 l Eigelb, 200 g Eiweiß und 1 kg Zucker in die Eismaschine geben und zu einer Eisgrundmasse verarbeiten.
2. Pürieren Sie 3 kg gekochten Spargel.
3. Geben Sie das Püree und 5 Stk. Vanilleschoten und 3 Flaschen Ahornsirup in die Eismasse und frieren Sie die Masse in der Eismaschine herunter.

COLD DRIP

Für den, der noch nie davon etwas gehört haben sollte, die Formalitäten zuerst: Als Cold Dripper wird eine Kaffee- beziehungsweise Teezubereitungsart bezeichnet, die das eigentliche Heißgetränk kalt „brüht". Und zwar tröpfchenweise. Cold-Dripper-Geräte bestehen grundsätzlich aus drei Behältern (siehe S. 94). Zunächst wird kaltes Wasser Tropfen für Tropfen auf grob gemahlene Bohnen oder Teeblätter getropft. Die kalten Tropfen durchweichen langsam die Bohnen und nehmen deren Aroma auf. Anschließend passieren sie ein

Filterpapier und werden in einem Sammelgefäß aufgenommen. Der obere der drei Behälter ist mit einem Ventil versehen, das die Tropfgeschwindigkeit reguliert. Der Prozess kann zwar zwischen 6 bis 8 Stunden in Anspruch nehmen und dauert ein wenig länger, als Kaffee auf die alte Tour zu kochen und abzukühlen, lässt uns aber dafür im Getränk ganz neue Aromen erfahren, die sonst vom Röstgeschmack überdeckt werden. Sie können aber auch, wenn gerade kein Gerät zur Hand ist, einen Cold Drip selbst herstellen, indem Sie

400 ml Wasser auf 100 g frisch gemahlenen Kaffee füllen und in einem Gefäß gut verrühren. Lassen Sie das Gemisch 12 Stunden ziehen und filtern Sie Ihren Kaffee zweimal. Die Geräte zur Herstellung von Cold Drip (Cold Dripper Clear usw.) lassen sich zum Infusieren von Spirituosen sehr gut zweckentfremden und finden so ihren Platz in der Bar.

→ Beispiel: Aromatisieren von Gin mit Lavendel und Rosenblättern

1. Füllen Sie den Gin in den Wasserbehälter.
2. In den darunterliegenden Behälter füllen Sie die klein gehackten, getrockneten orientalischen Rosenblätter und Lavendelblüten. Je kleiner Sie die Blätter und Blüten hacken, umso größer wird deren Oberfläche und umso schneller können die Aromen extrahiert werden.
3. Lassen Sie den Gin langsam durch die Blüten und Blätter tropfen; nach 6 bis 8 Stunden erhalten Sie einen wunderbar aromatisierten Gin.

Und zu guter Letzt wird es doch noch einmal bunt. Wer bei den ein wenig technischen Einzelheiten nicht so richtig warm werden konnte, der kann jetzt seiner Kreativität freien Lauf lassen. Die einzige Voraussetzung: eine Spritzpistole. Denn unter Airbrush wird im Allgemeinen eine Maltechnik verstanden,

bei der Farbe mit einer kleinen Spritzpistole aufgetragen wird. Damit das gelingt, wird die Spritzpistole zusätzlich an einen Kompressor angeschlossen, wodurch mithilfe von Druckluft Farbe fein auf das Objekt aufgesprüht werden kann. Diese Technik erlaubt es, feinste Farbverläufe zu erstellen, was eine Grundvoraussetzung für die photorealistische Malerei ist. In der Pâtisserie werden Airbrushgeräte schon seit einiger Zeit eingesetzt, um Pralinen oder Torten farblich zu gestalten und mit feinen Schriften und Ornamenten zu versehen. Dazu verwenden die meisten Köche Lebensmittelfarbe oder -pasten. Diese sind in fast allen Farben und von matt bis metallic im Fachhandel erhältlich. Aber wie sieht es mit der Bar aus? In der Bar findet Airbrush seinen Einsatz, um Gläser mit einer dünnen farbigen Schicht zu versehen oder Garnituren zu bemalen. Sie können Gläser einen feinen Schokoladenüberzug geben, indem Sie die Schokolade zergehen lassen und sie in einem Wasserbad warm halten. Die flüssige Schokolade können Sie wie normale Lebensmittelfarbe behandeln – und Ihrer Kreativität freien Lauf lassen.

CHEMIE IN DER BAR

PRODUKT	VERWENDUNG	QUELLE	TRANSPARENZ	GELTEXTUR	MUNDGEFÜHL
Agar-Agar	Stabilisierung von Emulsionen, Verdicken, Gelieren	veschiedene Rotalgenarten	leicht trüb	sehr spröde; mit LBG oder Sorbitol elastisch	sauber
Calcic	Gelieren	Calciumsalz	klar	elastisch	sauber
Lambda-Carrageen	Stabilisierung von Emulsionen, Schäumen, Verdicken	verschiedene Rotalgenarten	klar	ungeeignet	sauber, cremig
Gelatine	Verdicken, Gelieren, Emulgieren, Schaumbildung, Filmherstellung	Collagenhydrolyse	sehr klar	elastisch	sauber bis nachklingend und klebrig
Kappa-Carrageen	Stabilisierung von Emulsionen, Verdicken, Gelieren	verschiedene Rotalgenarten	leicht opak	spröde	sauber, cremig
Hoch-Acyl-Gellan	Stabilisierung von Emulsionen, Verdicken, Gelieren	mikrobakterielle Fermentation	opak	elastisch	sauber, cremig
Niedrig-Acyl-Gellan			klar	spröde	sehr sauber
Gumiarabikum	Stabilisierung von Emulsionen, Verdicken, Filmherstellung	Pflanzensaft eines Akazienbaumes	trüb	ungeeignet	nachklingend, klebrig
LM-Pektin	Stabilisierung von Emulsionen, Gelieren, Verdicken	Zitrusschale und Apfeltrester	klar	spröde bis sehr spröde	sauber bis nachklingend
Johannisbrotkernmehl (LBG)	Stabilisierung von Emulsionen, Gelieren, Verdicken	Nährgewebe des Johannisbrotkern	trüb	elastisch mit Xanthan	nachklingend
Methylcellulose	Stabilisierung von Emulsionen, Schäumen, Gelieren	Holz, Baumwolle oder andere zellstofffreie Pflanzen	klar	spröde bis elastisch	sauber bis nach-klingend, klebrig
Hydroxyporpylmethylcellulose	Schaumbildung, Filmherstellung				
Natriumalginat (Algin)	Stabilisieren, Verdicken, Gelieren, Filmherstellung	verschiedene Braunalgenarten	klar	M-Block elasitsch; G-Block spröde	nachklingend, klebrig
Natriumcitrat (Citras)	entsäuert Lösungen	Zitrusfrüchte	klar		
Xanthan	Stabilisieren von Emulsionen, Verdicken	mikrobakterielle Fermentation	klar	elastisch mit Konjak-gummi oder LBG	nachklingend, glatt bis klebrig

SKALIERUNG	HYDRATISIERUNG	GELIERPUNKT	SCHMELZPUNKT	pH-STABIL	GELIERHILFE Na, Ca, Mg, K	ANMERKUNG
0,05 % – 0,5 %	95 °C	35 – 45 °C	85 °C	2,5 –10	nein	tolerant gegenüber Salz, Zucker und Alkohol; starke Hystersis
0,5 % – 1,5 %	beliebig	beliebig	n/a	4,0 – 10	Algin	Sphärenbildung in Verbindung mit Algin
0,02 % – 2,0 %	kalt	keiner	n/a	4,0 – 10	nein	toleriert 12 –15 %ige Alkoholkonzentration
0,5 % – 8,0 %	quillt in kaltem Wasser; löst sich ab 60 °C	4 – 35 °C	37 °C	5,0 – 9	nein	moderate Alkoholtoleranz; schmilzt im Mund
0,02 % – 2,0 %	70 °C	30 – 60 °C	40 – 75 °C	4,0 – 10	K und Ca	neigt zu Synärese; spröde mit Kaliumionen; mit Zucker klar
0,05 % – 3,0 %	85 °C	70 – 80 °C	71 – 75 °C	3,0 – 10	nein	tolerant bis zu 50 % Alkohol und Calcium
0,05 % – 3,0 %	75 – 95 °C	10 – 50 °C	80 – 140 °C	3,0 – 10	alle	synäreseresistent; Zucker hinzufügen erst nach Hydratisierung
5 % – 50 %	kalt und heiß	keiner	n/a	3,0 – 9	nein	Viskosität nimmt mit pH-Wert ab; optimal bei pH 4
0,15 % – 3,0 %	40 – 85 °C	40 – 85 °C	70 – 85 °C	2,0 – 7	Ca	Viskosität steigt mit Calcium- oder Kationenkonzentration
0,05 % – 0,25 %	90 °C	keiner	n/a	4,0 – 10	alle	selten allein verwendet; salztolerant; verhindert Eiskristalle; moderate Alkoholtoleranz
0,1 % – 3,0 %	kalt	50 – 90 °C	15 – 50 °C	2,0 – 13	nein	neigt stark zu Synärese; bis zu 100 % alkoholtolerant; verstärkt reversibel bei 50 – 75 °C
0,1 % – 0,3 %	kalt	25 – 90 °C	35 – 50 °C	3,0 – 10	nein	hochtolerant bei Alkohol und Salz; verstärkt reversibel bei 60 – 90 °C
0,5 % – 1,5 %	beliebig	beliebig	n/a	4,0 – 10	alle	moderate Alkoholtoleranz; stärkere Gelbildung bei höherer Zuckerkonzentration
	beliebig	beliebig	n/a		nein	entsäuert Lösungen wie Mangopüree oder Cocktails mit Zitrussäften, die aufgrund ihrer hohen Säure nicht mit Algin reagieren würden zur Bildung von Sphären
0,05 % – 0,8 %	beliebig	beliebig	n/a	1,0 – 13	nein	toleriert 50 - 60% Alkohol; tolerant gegenüber Salz; Scherung mindert Viskosität

AVANTGARDE
REZEPTE

CALL ME

ZUTATEN

Kalamansipüree
Shiso-Blätter
Xanthan
Zuckersirup
Nikka from the Barrel Whisky
Algen

GLAS // Double-Old-Fashioned-Glas

Nicht selten sind gerade die männlichen Besucher einer Bar weniger an den Drinks interessiert, die ihnen serviert werden, als vielmehr daran, die Telefonnummer der anwesenden Damen zu ergattern. Der Call-Me-Cocktail bietet zwei Optionen, dieser Situation stilvoll zu begegnen. Sollten die Damen also trotz der penetranten Nachfrage noch interessiert sein, können sie ihre Nummer von nun an gleich am Glas hinterlassen. Und wenn nicht: Auch eine falsche Telefonnummer wird gleich bereitwilliger akzeptiert, wenn sie an einen wohlschmeckenden Drink geheftet ist.

Ach ja, die Telefonnummer auf dem Foto müssen Sie gar nicht erst wählen – der Bedeutung kommen Sie auf die Schliche, wenn Sie die Zahlen durch die richtigen Buchstaben ersetzen.

Kalamansi-Shiso-Püree:
500 ml Kalamansipüree,
15 Shiso-Blätter

Geben Sie alle Zutaten in einen Vakuumbeutel, verschließen Sie ihn und legen Sie ihn für 30 Minuten in ein 51 °C warmes Wasserbad. Passieren Sie das Kalamansi-Shiso-Gemisch, sodass keine Blätter im Püree zurückbleiben.

Kalamansimayonnaise:
500 ml Kalamansipüree, 5,5 g Xanthan,
100 ml Zuckersirup

Verrühren Sie alle Zutaten im Stabmixer, bis die Masse eine fest-cremige Konsistenz erreicht, die an Mayonnaise erinnert.

Für den Drink:
40 ml Kalamansi-Shiso-Püree,
60 ml Nikka from the Barrel,
20 ml Zuckersirup, Kalamansimayonnaise, Algen

Geben Sie alle Zutaten, abgesehen von der Kalamansimayonnaise und den Algen, in den Shaker, füllen Sie ihn mit Eiswürfeln und schütteln Sie kräftig In das mit Eiswürfeln gefüllte Gästeglas doppelt abseihen.

Geben Sie auf die Flüssigkeit eine Haube Kalamansimayonnaise. Richten Sie by side ein kleines Schälchen mit der Kalamansimayonnaise an, das Sie mit klein geschnittenen Algen garnieren.

+31 12 12 135

Die USA könnten
falschen Kräften hel-
fen.
Schreiben wird in
als Argumentations-
Präsident Obama verstan-
selbst gegenüber Waffen-
lieferungen lange Zeit skeptisch
war.
Mittwoch,
400 Tonnen Altmetall

Im Land der Prohibition, den USA, hat man auch heute noch ein Problem mit Alkohol in der Öffentlichkeit. Daher ist man teilweise verpflichtet, seine Lieblingsgetränke schamhaft hinter Papierhüllen zu verstecken. Wir machen aus der Not eine Tugend. Denn das leicht angebrannte Papier an unserer Flasche stimuliert mit seinen Röstnoten die Nase des Trinkers. Im Rezept selbst dürfen typisch amerikanische Zutaten wie Bourbon und Ahornsirup natürlich nicht fehlen. Um dem hispanischen Teil der Bevölkerung aber auch flüssige Repräsentation zu verschaffen, darf ein wenig spanischer Sherry nicht fehlen.

Die Karbonisierung sorgt hier dafür, einem Drink mit der Aromendichte eines Sours die leichte Textur eines Fizz' zu verleihen.

50 ml Blanton's Single Barrel Bourbon, 20 ml Lustau Pedro Ximenez Murillo, 20 ml frischer Zitronensaft, 10 ml Ahornsirup, 1 Barlöffel Bitterorangenmarmelade, 1 Eiweiß

Geben Sie alle Zutaten in den Pellinibehälter, befüllen Sie ihn mit Eis und verschließen Sie ihn. Behälter schütteln. Setzen Sie den Druckaufsatz auf den Pellinibehälter und karbonisieren Sie den Cocktail.

Zeitungspapier am Rand vorsichtig ansengen. Füllen Sie den Drink in eine verschließbare Flasche und umwickeln Sie diese mit Zeitungspapier.

MESSAGE ON A BOTTLE

ZUTATEN

Blanton's Single Barrel Bourbon
Lustau Pedro Ximenez Murillo
Zitronensaft
Ahornsirup
Bitterorangenmarmelade
Eiweiß

GLAS // verschließbare Flasche

Wer schon einmal ein ordentliches Barbecue erlebt hat, der weiß, wie sehr gutes Fleisch und kräftiger Bourbon harmonieren. Klar, dass dieses klassisch amerikanische Ritual sich auch in einem klassisch amerikanischen Drink einfangen lässt – dem Old Fashioned. Die Fasslagerung sorgt zusätzlich für eine Verschmelzung der Aromen und für ein vielschichtiges Trinkerlebnis.

Schinken und Öl-Bourbon:

280 g Serrano-Schinken, 700 ml Erdnussöl, 700 ml Bulleit Bourbon

Geben Sie Schinken und Öl in einen Vakuumbeutel. Verschließen Sie ihn und legen ihn für 6 Stunden in ein 70 °C warmes Wasserbad. Geben Sie das so gefertigte Serrano-Öl mit dem Bulleit Bourbon in ein verschließbares Gefäß und schütteln Sie die Mischung kräftig.

Lassen Sie das Gefäß über Nacht stehen, sodass sich die Serranofett-Infusion und der Bulleit Bourbon wieder trennen. Stellen Sie die Infusion danach 2 bis 3 Stunden in den Froster – so kann das gefrorene Öl vom noch flüssigen Bourbon getrennt werden. Lassen Sie den Bourbon zusätzlich durch einen Kaffeefilter laufen, um restliche Trübstoffe zu entfernen.

Fasslagerung:

700 ml Serranoschinken-Bourbon, 200 ml Zuckersirup, 15 Dashes Angostura Bitter

Alle Zutaten für ungefähr 4 Wochen im Eichenfass lagern. Zwischendurch den Geschmack prüfen.

Für den Drink:

Zapfen Sie 90 ml aus dem Fass ab und verrühren Sie den Drink auf Eiswürfeln. In das mit Eiswürfeln gefüllte Gästeglas abseihen und mit einer mit Nelken gespickten Orangenzeste garnieren.

BACON & BARREL OLD FASHIONED

ZUTATEN

Serranoschinken
Erdnussöl
Bulleit Bourbon
Zuckersirup
Angostura Bitter

GLAS // Single-Old-Fashioned-Glas

PRESENT COCKTAIL

Wie verpackt ein Bartender ein Geschenk? Richtig, in einer Eiskugel! Ob Sie Ihren Gästen einen Löffel zur Verfügung stellen, um das „Auspacken" zu erleichtern, bleibt Ihnen überlassen. Denn nach einer Weile sorgt das Schmelzen der Kugel auch von ganz allein dafür, dass die Zutaten zueinander finden.

Für die Eiskugel:
1 Luftballon, Wasser

Für die Eiskugel: Füllen Sie den Luftballon mit Wasser, sodass der Ballon noch in das Glas passt. Frieren Sie den Luftballon für ca. 3 Stunden und 15 Minuten bei -23 °C ein.

Nach Ablauf der Zeit schneiden Sie den Luftballon auf und legen Sie die halb gefrorene Eiskugel frei. Schlagen (oder bohren) Sie vorsichtig ein kleines Loch in die Eiskugel und gießen das darin eingeschlossene Wasser aus der Kugel. Legen Sie die Kugel wieder vorsichtig in den Gefrierschrank.

Für den Rhabarber-Vanille-Saft:
4 Stangen Rhabarber, 2 Vanilleschoten, 50 g Zucker

Schneiden Sie den Rhabarber in kleine Stücke und die Vanilleschoten der Länge nach auf. Geben Sie alle Zutaten in einen Vakuumbeutel. Den Vakuumbeutel verschließen und bei 58 °C für 1 Stunde in ein Wasserbad legen.

Den Inhalt des Beutels in einen Entsafter geben, um den Saftertrag zu erhöhen.

Für den Verbenaschaum:
1 Handvoll Verbena, 1/2 l Wasser, 50 ml Zitronensaft, 35 ml Zuckersirup, 2,5 g Lecithin, Salz, Pfeffer

Alle Zutaten, abgesehen vom Lecithin, im Mixer pürieren. Passieren Sie anschließend das Gemisch zweimal.

Geben Sie 200 ml des Verbenawassers und 2 g Lecithin in den Mixer. Mit einem Aquariumsprudler wird das Verbena-Lecithin-Wasser zu einem luftigen Schaum aufgeschäumt.

Für den Drink:
50 ml Grappa Nonino di Merlot, 15 ml Zitronensaft, 30 ml Vanille-Rhabarber-Saft, Verbenaschaum

Alle Zutaten abgesehen von dem Verbenaschaum in den Shaker geben, mit Eis auffüllen und schütteln. Geben Sie den Schaum unten ins Glas und setzen darauf die Eisblase. Füllen Sie die Eisblase durch einen Trichter mit dem Drink.

ZUTATEN
Wasser / Rhabarber
Vanilleschoten / Zucker
Verbena / Zitronensaft
Zuckersirup
Lecithin
Salz / Pfeffer
Grappa Nonino di Merlot
außerdem: Luftballon

GLAS // Single-Old-Fashioned-Glas

Weiße Kuvertüre / frischer Ingwer
in Essig eingelegter Ingwer
Orangenschalen / Himbeeren
Brombeeren / Heidelbeeren
Zucker / Portwein Ramos Pinto
Late Bottled Vintage 2008
Cointreau / Zitronensaft

GLAS // Highball

SIGNATURE-COCKTAIL

Signature-Cocktails – so nennt man die hauseigenen Kreationen auf der Karte, mit denen sich Bar und Bartender einen Namen machen wollen. Ein Signature-Cocktail unter vielen wäre uns natürlich zu wenig, wir wollen DEN Signature-Cocktail. Denn das „Signieren" ist hier wörtlich genommen, indem man mit einem Pinsel seine Unterschrift über den Glasrand zieht – individuell und immer neu. Genauso individuell werden auch Ihre Gäste übrigens mit dem Drink umgehen: Wagen sie sich gar nicht bis an den Glasrand oder schlecken sie genussvoll das Glas ab?

Für die Garnitur:
200 g weiße Kuvertüre, 40 g frischer Ingwer, 15 g in Essig eingelegter Ingwer, Schale von 1 unbehandelten Orange

Lassen Sie alle Zutaten langsam in einer Pfanne und unter ständigem Rühren schmelzen, bis eine glatte, samtige Masse entsteht. Passieren Sie die Masse.

Mit einem Pinsel die Kuvertüre auf Außenseite des Glases von oben bis unten in einem Pinselstrich auftragen.

Für den Beerensaft:
200 g Himbeeren, 200 g Brombeeren, 200 g Heidelbeeren, 200 g Zucker

Alle Zutaten in einen Vakuumbeutel geben, verschließen und für 45 Minuten bei 55 °C in ein Sous-vide-Bad geben. Nach Ablauf der Zeit passieren.

Für den Drink:
50 ml Portwein Ramos Pinto Late Bottled Vintage 2008, 15 ml Beerensaft, 15 ml Cointreau, 7 ml Zitronensaft

Alle Zutaten in das Gästeglas geben, mit Crushed Ice füllen und gut verrühren, erneut mit Crushed Ice auffüllen. Garnieren Sie den Drink mit einer getrockneten Orangenscheibe, auf die die entsafteten Beeren gelegt werden.

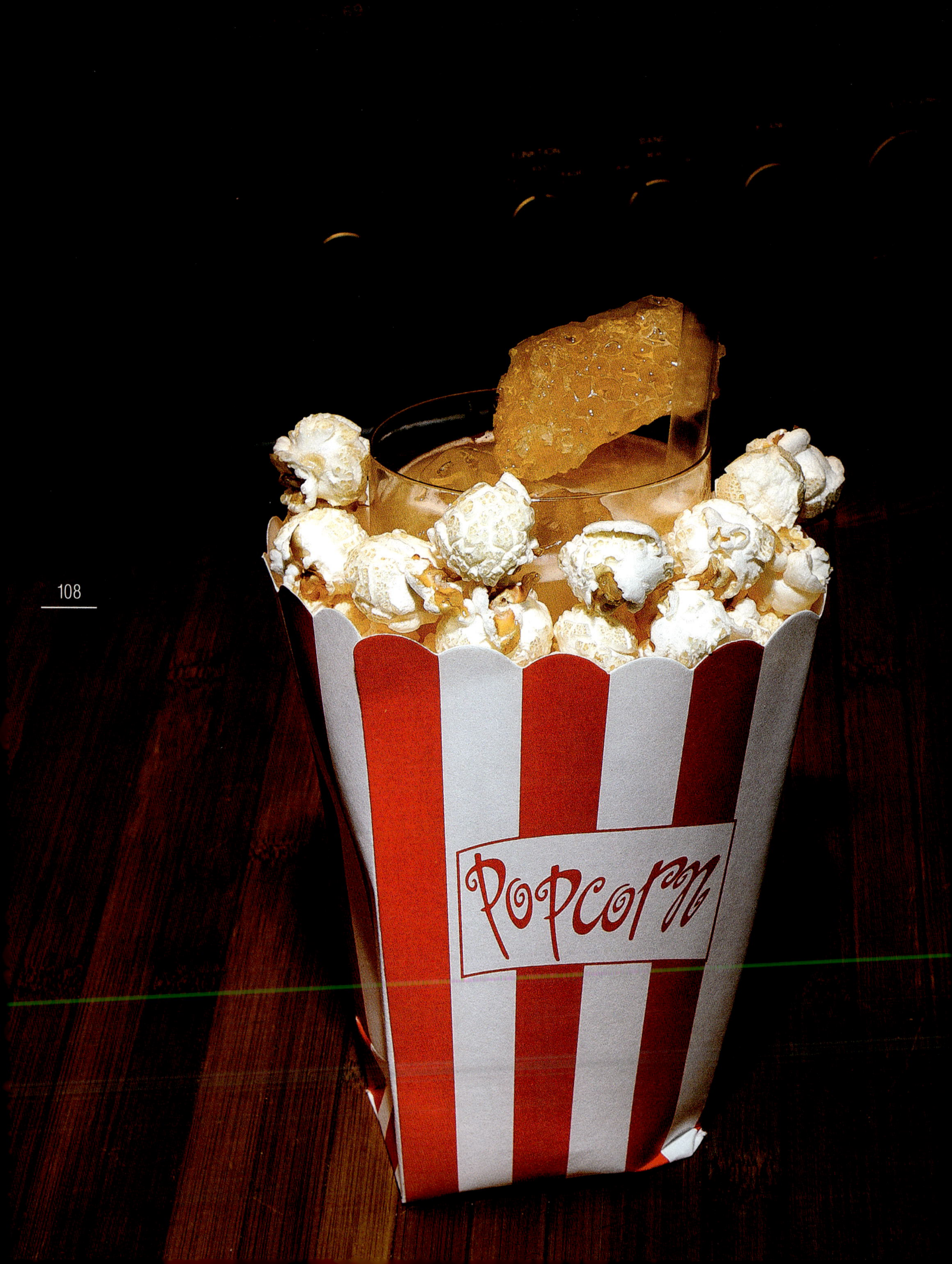
Popcorn

ZUTATEN

Bulleit Bourbon
Orangensaft
Honig
Trüffelöl
Maiskörner
außerdem: Popcorntüte

GLAS // Highball

CINEMA COCKTAIL

Im Kino hat es der Cocktail-Connaisseur schwer. Zeit, das zu ändern!

Denn aus Mais kann man mehr machen als nur Popcorn, Bourbon Whiskey zum Beispiel! In unserer Popcorntüte befindet sich daher nicht nur Popcorn, sondern auch ein versteckter Drink. Damit wird auch die schlechteste Fortsetzung auf der Leinwand erträglicher.

Für den Drink:
1 Barlöffel Trüffelöl, 10 Maiskörner, 55 ml Bulleit Bourbon, 40 ml Orangensaft, 15 ml Honig,

Trüffelöl mit den Maiskörnern in den Shaker geben und erhitzen, sodass die Maiskörner sich öffnen. Wenn alle Maiskörner sich geöffnet haben, die restlichen Zutaten in den Shaker geben, mit Eis füllen, schütteln und doppelt in das mit Eiswürfeln gefüllte Glas abseihen.

Stellen Sie das Glas in die Popcorntüte, füllen Sie den Freiraum zwischen Glas und Popcorntüte mit Popcorn und garnieren den Drink mit einer Honigwabe.

REMIND ME

ZUTATEN

Zucker
Wasser
Rosmarinzweige
Rhum Agricole
Limettensaft
außerdem: Trockeneis

GLAS // Weckglas

Gerade Alkohol ist ja für die Gedächtnisleistung oft nicht gerade förderlich und man vergisst die wichtigsten Dinge: die Namen der Gäste, die eigenen Cocktail-Rezepte und was nicht noch alles ... Ein bedachter Bartender sorgt da natürlich vor. Aus dem Nebel, der sich über die Erinnerung legt, ragt hier ein Drink mit Rosmarin, denn das soll angeblich gedächtnisfördernd wirken. Ausprobieren kann man die Sache ja mal, eine Anti-Filmriss-Garantie gibt es ab dem dritten Glas trotzdem nicht mehr ...

Für den Rosmarinsirup:
500 g Zucker, 300 ml Wasser, 8 frische Rosmarinzweige

Alle Zutaten in einen Vakuumbeutel geben, verschließen und bei 65 °C für 55 Minuten ins Wasserbad legen. Nach Ablauf der Zeit den Sirup passieren, sodass keine Festbestandteile in der Flüssigkeit verbleiben.

Für den Drink:
50 ml Rhum Agricole, 20 ml Limettensaft, Trockeneis, 15 ml Rosmarinsirup

Alle Zutaten, abgesehen von dem Trockeneis, in einen Mini-Shaker geben, mit Eis auffüllen und schütteln. Anschließend ein Chunk Trockeneis in den Shaker geben. Shaker verschließen und die obere Kappe des Shakers öffnen, sodass Dampf austritt. Servieren Sie separat zu dem Shaker ein mit Eis gefülltes Weckglas.

MILKMAN

Eine Kindheit auf dem Land? Der Milkman holt sie für diejenigen zurück, die sie erlebt haben, und spendet allen Übrigen etwas Trost. Damit der Drink auch kindheitskompatibel bleibt, verzichten wir hier auf Alkohol.

Die bereits aromatisierte Milch erhält einen Frischekick, wenn sie auf die Kräuter gegeben wird. Hier lohnt sich das Experimentieren: Kuhmilch mit Thymian, Ziegenmilch mit Rosmarin, Büffelmilch mit ...

Zubereitung Milch:

1/2 Vanilleschote, 1/2 l Ziegenmilch, 4 Zweige Thymian, 2 Zweige Rosmarin

Vanilleschote der Länge nach aufschneiden. Alle Zutaten in einen Vakuumbeutel geben, verschließen und für 2 Stunden im Gefrierschrank ruhen lassen. Nach Ablauf der Zeit die Kräuter-Milch-Mischung komplett auftauen. Die aufgetaute Mischung passieren und in kleine Milchflaschen füllen. Dazu werden frische Kräuter gereicht.

BLOOD SUPPORT

ZUTATEN
Zitronengras
Wodka
Piri-Piri-Schoten
rotes Paprikapüree
Zitronensaft
Zuckersirup
Salz / Pfeffer

GLAS // Transfusionsbeutel

Manchmal kann ein guter Cocktail Leben retten. Grund genug, unsere blutrote Mischung in einem Transfusionsbeutel zu servieren. Chili, Paprika, Zitronengras und Zitrone sorgen dabei dafür, dass der Drink beim ausgelaugten Trinker tatsächlich belebende Wirkung zeigt.

Für den Zitronengras-Chili-Wodka:
3 Stangen Zitronengras, 700 ml Wodka, 5 Piri-Piri-Schoten

Das Zitronengras der Länge nach halbieren. Anschließend alle Zutaten in eine verschließbare Glasflasche füllen und diese 1 Woche ruhen lassen.

Für den Drink:
50 ml Zitronengras-Chili-Wodka, 40 ml rotes Paprikapüree, 20 ml Zitronensaft, 10 ml Zucker, Salz, Pfeffer, Zuckersirup

Alle Zutaten in ein mit Eis gefülltes Rührglas geben und verrühren. Den Drink in den Transfusionsbeutel füllen und kalt stellen. Zu dem Transfusionsbeutel wird ein Glas gereicht, mit Eis oder ohne.

ZUTATEN

Brauner Zucker
Salbeiblätter
Orangensaft
Wodka
Cointreau
Zitronensaft
Goldpulver

GLAS // Spritze

GOLDENER SCHUSS

Auch wenn die gesundheitlichen Folgen übermäßigen Alkoholkonsums nicht zu unterschätzen sind, gibt es doch weitaus gefährlichere Substanzen. Warum also die Überdosis, den berühmten „goldenen Schuss", nicht besser durch einen guten Drink ersetzen? Völlig legal, versteht sich. Das Aufkochen der Zutaten in der Pfanne sorgt dabei für echte Bahnhof-Zoo-Romantik. Ein wenig Humor sollten Ihre Gäste für diesen Drink allerdings mitbringen.

Für den Salbeisud:

50 g brauner Zucker, 8 Salbeiblätter, 100 ml Orangensaft

Den Boden einer kleinen Pfanne leicht mit braunem Zucker und den Salbeiblättern bedecken. Sobald der Zucker karamellisiert, mit Orangensaft ablöschen. Orangensaft zur Hälfte einkochen lassen und den Sud anschließend passieren.

Für den Drink:

25 ml Wodka, 10 ml Cointreau, 10 ml Zitronensaft, 5 ml Salbeisud, 1 Prise Goldpulver

Alle Zutaten in ein Rührglas geben und gut miteinander verrühren, sodass sich das Goldpulver optimal verteilt. Den Drink kalt stellen und in Spritzen aufziehen.

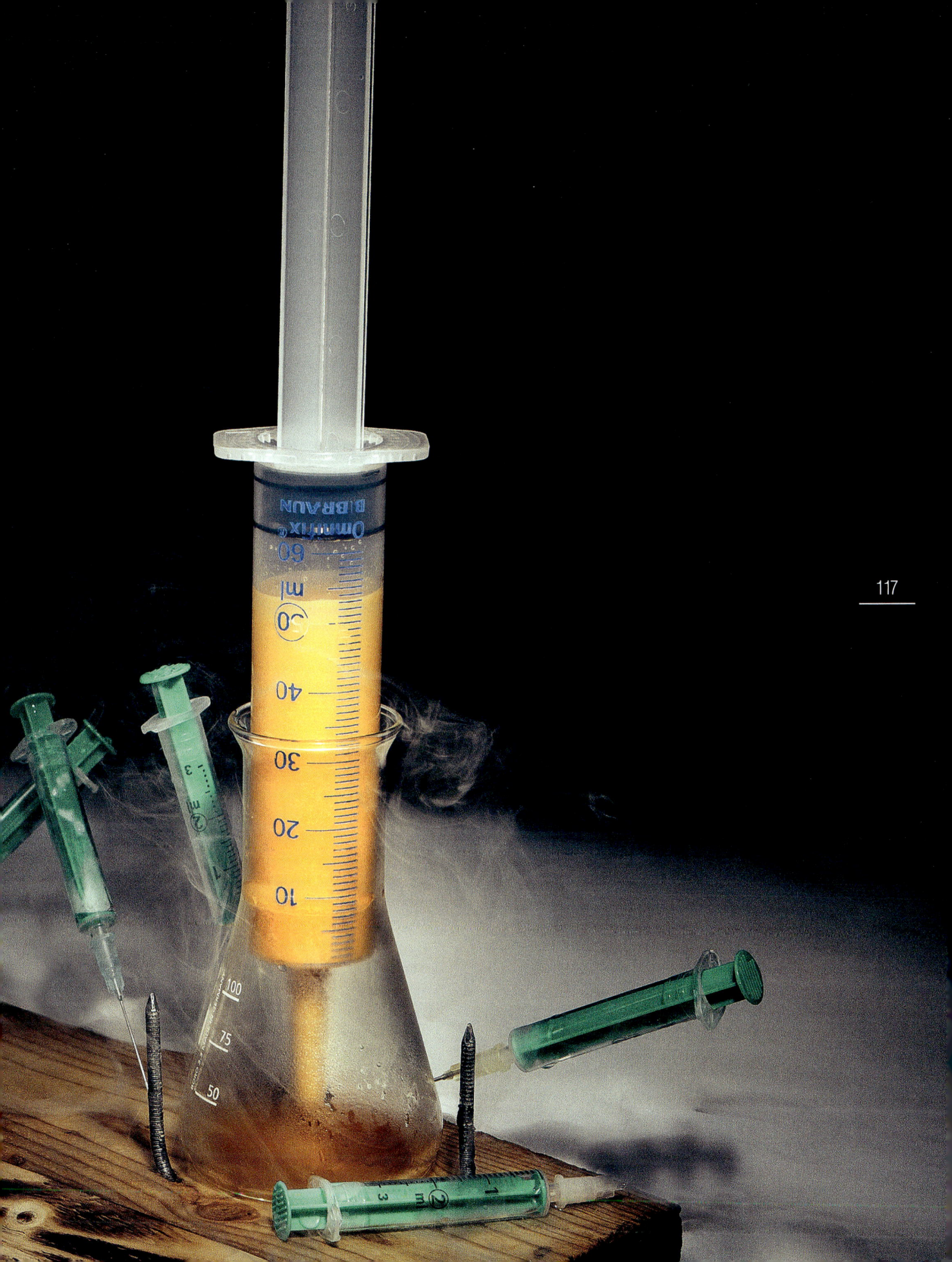

Granatapfelsirup / Algin
Calcic / Wasser
Tanqueray No. 10 Gin
Zitronensaft
Gurkenscheibe
Salbei / Zitronenthymian
Tonic Water

GLAS // Highball

HOLIDAY TONIC

Wenn Sie in London einen Drink ordern , ist er häufig eine Spur süßer balanciert als zum Beispiel an den Tresen Berlins. Andere Länder, andere Sitten heißt es also auch für den Bartender. Unser Holiday Tonic lässt sich daher vom Gast ganz individuell nachbalancieren – mit einer Pipette voller Granatapfelsirup. Während die Gin-Tonic-Grundlage hier tatsächlich auf die etwas süßere Vorliebe der Engländer verweist, ist der Granatapfel als typisches Aroma der arabischen Küche eine Verneigung vor der Gastfreundschaft im Morgenland. Und was wären Ferien schon ohne herzliche Gastfreundschaft?

Für die Granatapfelsirup-Perlen:
250 ml Granatapfelsirup, 1,5 g Algin,
1 l Wasser, 3 Barlöffel Calcic

Granatapfelsirup mit Algin verrühren. Wasser in eine Schüssel füllen und Calcic darin auflösen. Vorsichtig die Granatapfel-Algin-Mischung in das Was-

serbad tropfen lassen. Es bildet sich eine feste Schicht um den Sirup. Je länger die Perlen im Wasserbad bleiben, desto dicker wird diese Schicht. Perlen aus dem Wasserbad nehmen und gründlich mit Wasser abspülen.

Für den Drink:
50 ml Gin, 1 Dash Zitronensaft,
1 Gurkenscheibe, 1 Blatt Salbei,
1 Zweig Zitronenthymian, Tonic Water

Geben Sie Gin und Zitronensaft ins Glas und füllen Sie es mit Eis, darauf drapieren Sie dann Gurkenscheibe, Salbei und Thymian. Füllen Sie das Glas mit Tonic auf. Dann werden die Granatapfelperlen in den Drink gegeben. Eine Pipette mit Granatapfelsirup ins Glas stecken.

PAPRIKA COCKTAIL

Während Gemüse heute seinen festen Platz an der Cocktailbar gefunden hat, war es früher vor allem in Pick-Me-Up-Drinks wie der Bloody Mary zu finden. Wir modernisieren dieses leicht verstaubte Konzept und füllen eine frisch-würzige Mischung direkt in eine Paprika. Ein erwünschter Nebeneffekt: Während sich der Drink in der Paprika befindet, aromatisieren sich Getränk und Paprika gegenseitig. Dadurch erhält nicht nur Ihr Drink zusätzliche Aromen, sondern auch die Paprika. Wenn der Drink also einmal getrunken ist, darf die Paprika durchaus auch noch verzehrt werden – eine besondere Vorspeise gefällig?

Für den Gurken-Senf-Saft:
1 Gurke, 50 ml Zitronensaft, 1 Barlöffel Senf, Salz, Pfeffer, 20 ml Zuckersirup

Alle Zutaten im Mixer pürieren. Anschließend die Flüssigkeit doppelt passieren. Schmecken Sie den Gurken-Senf-Saft nochmals ab und würzen Sie bei Bedarf nach.

Für den Drink:
60 ml Havana Club 3 Años, 50 ml Gurken-Senf-Saft, Soda

Den Havana Rum und den Gurken-Senf-Saft in den Shaker geben, mit Eis auffüllen und schütteln. Den Drink in eine ausgehöhlte, mit Eis gefüllte Paprika geben und mit Sodawasser auffüllen.

ONSEN EGGNOG

„Onsen" sind eigentlich heiße Quellen in Japan. Dort gart man nach traditioneller Methode Eier über lange Zeit bei schonender Temperatur, wodurch man eine gleichmäßige, fast wachsartige Konsistenz erhält. Was fängt ein Cocktailkünstler mit dieser Information an? Ganz einfach: Man nehme einen klassischen Ei-Drink wie den Eggnog und fülle ihn in ein Onsen-Ei. Denn mit dem Sous-vide-Verfahren lässt sich der Effekt der heißen Quellen vorzüglich imitieren.

Für das Ei:

1 Ei

Das Ei bei 60 °C für 45 Minuten garen, danach schälen und das noch leicht flüssige Eiweiß vom Eigelb trennen. Platzieren Sie das Eigelb auf einem Porzellanlöffel.

Für die Vanillebutter:

100 g Butter, 1 TL Orangenschalenabrieb, Mark einer Vanilleschote

Die Butter bei mittlerer Hitze verflüssigen und mit dem Orangenschalenabrieb sowie Vanillemark vermischen. Flüssige Butter auf den Porzellanlöffel geben.

Für den Drink:

10 ml Rémy Martin VSOP, 5 ml Vanillebutter, 5 ml Henriques & Henriques Madeira Single Harvest 1997

Alle Zutaten in ein Rührglas geben und verrühren. Die Mischung mit einer Spritze aufziehen. Die Flüssigkeit in das Eigelb spritzen.

ZUTATEN

Don Julio Reposado Tequila

1 Bund Koriander

GLAS // Shotglas

RACHENPUTZER

Tequila-Shot-Rituale haben meist nicht allzu viel mit gehobener Barkultur gemein. Dabei hat die verbindende Gemeinsamkeit des Trinkens auf beiden Seiten ihren Reiz. Insbesondere wenn sich der Drink für die ganze Runde komfortabel am Tisch „zapfen" lässt. Und auch das schöne Wort „Rachenputzer" erhält angesichts des Seifenspenders eine ganz neue Qualität.

1 Bund Koriander in 1 l Don Julio Reposado einlegen. Bereits nach ein paar Stunden gibt der Koriander sein Aroma an den Tequila ab. Die Mischung in einen Seifenspender geben.

FEUERZANGENBOWLE RELOADED

Rum, Wein, Früchte, Gewürze und das wärmende Feuer – so fühlt sich eine klassische Feuerzangenbowle an. Dieses Erlebnis verpacken wir jetzt glasgerecht und ein wenig erfrischender. Aus dem Wein machen wir rebsortenreinen Traubensaft, aber dafür gibt es eine echte Innovation in Sachen Röst- und Raucharomen. Denn durch eine Glashaube gespeichert, entfalten die geräucherten Ahornholzspäne unmittelbar beim Trinken ihr Aroma.

Für den Dornfeldersirup:
250 ml Van Nahmen Dornfeldersaft, 6 Zitronenzesten, 2 Grapefruitzesten, 5 Macisblüten, 1 Prise Safran, 2 TL Malz

Alle Zutaten in eine Pfanne geben, auf 1/3 der Menge einkochen lassen und passieren. Den Sirup abkühlen lassen.

Für den Drink:
60 ml Zacapa XO Rum, 20 ml Dornfeldersirup, 1 Dash Absinth, Zitronenzeste

Alle Zutaten in ein Rührglas geben, mit Eiswürfeln füllen und verrühren. In ein mit Eiswürfel gefülltes Gästeglas abseihen. Mit einer Zitronenzeste garnieren. Die Smoking Gun mit den Spänen füllen und den Drink damit räuchern. Stellen Sie die Glosche über das Glas, damit der Rauch nicht entweicht.

AIRBRUSH COCKTAIL

ZUTATEN

Zuckerwasser
Kakaopulver
Cashewnüsse
Zucker / Orangensaft
Rémy Martin VSOP Cognac
Angostura Bitters
Dubonnet Rouge

GLAS // Cognacschwenker

Graffiti in der Bar? Aber sicher! Im Airbrush-Verfahren besprühen wir unser Glas mit Kakaopuder. Und weil zu Graffiti die richtige Musik gehört, gibt es dazu Cognac – die Spirituose, die Anfang der 1990er-Jahre in jedem Hip-Hop-Video ihren Platz fand.

Für die Dekoration:
Zuckerwasser, 1 Barlöffel Kakaopulver

Das Glas von außen mit Zuckerwasser benetzen, damit das Kakaopulver an der Glaswand haften bleibt. Anschließend das Glas mithilfe einer Airbrush-Pistole mit dem Kakaopulver besprühen.

Für die karamellisierten Nüsse:
150 g Cashewnüsse, 75 g Zucker,
50 ml Orangensaft

Alle Zutaten in der Pfanne karamellisieren und die Nüsse abkühlen lassen.

Für den Drink:
45 ml Rémy Martin VSOP, 6–7 Nüsse,
2 Dashes Angostura Bitters, 20 ml
Dubonnet Rouge,

Die karamellisierten Nüsse im Shaker zerdrücken, anschließend die restlichen Zutaten hinzugeben, den Shaker mit Eis auffüllen und schütteln. Den Drink doppelt in ein Glas mit einer Eiskugel abseihen. Cashewnüsse by side servieren.

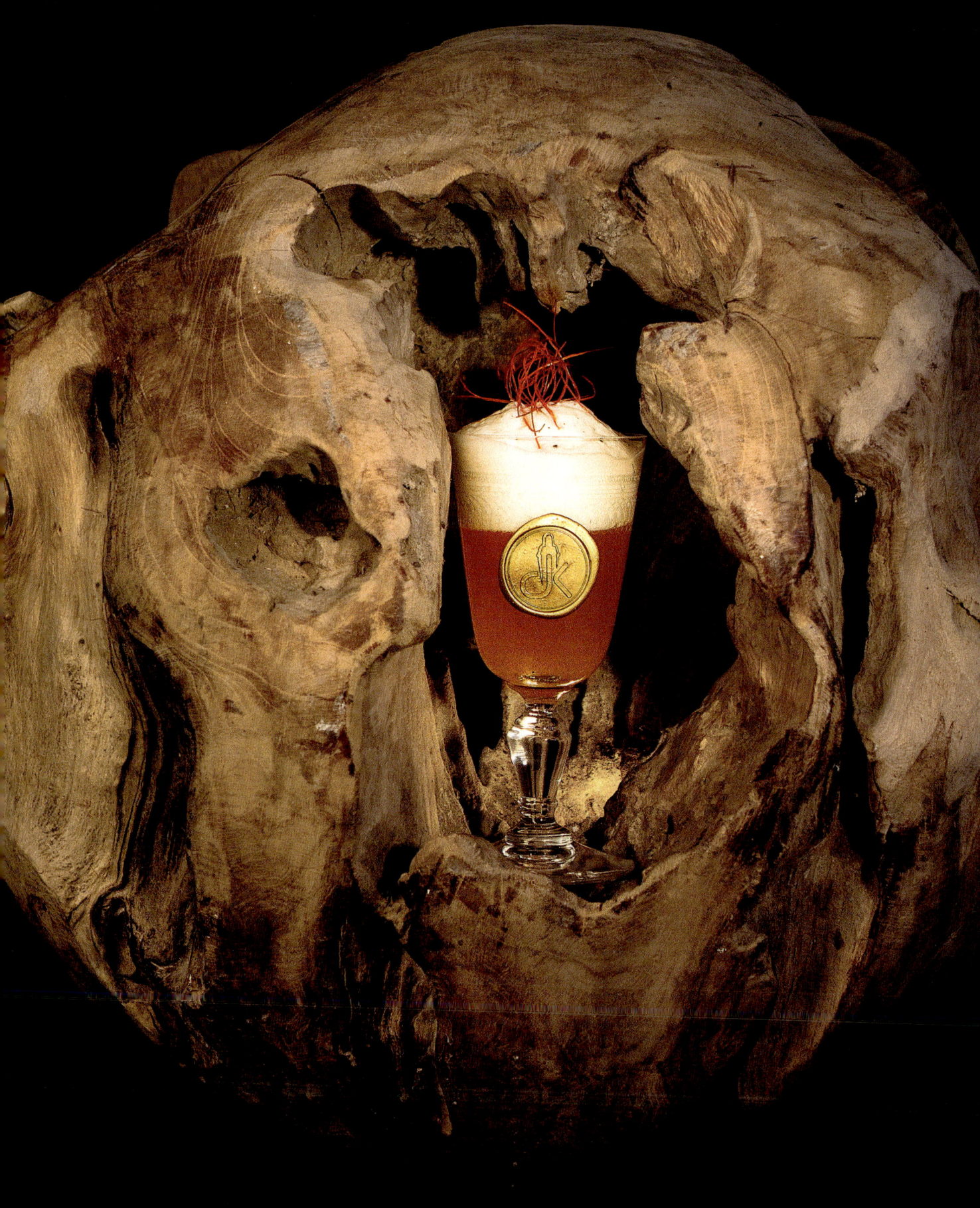

Wem die klassische Bloody Mary mit der dichten Textur des Tomatensaftes schon immer zu schwer im Magen lag, kommt hier auf seine Kosten. Denn der geklärte Tomatensaft verschafft diesem Drink eine ungekannte Leichtigkeit. Die Grobschlächtigkeit der „blutigen Marie" weicht hier der eleganten Schlagkraft der asiatischen Kampfkunst – eine willkommene Gelegenheit für Teriyakisauce, Sesam und Chili.

Für geklärten Tomatensaft:

700 ml Tomatensaft, 1,5 g Agar-Agar

Die Zutaten unter ständigem Rühren aufkochen lassen. Einige Minuten köcheln lassen. Die noch warme Lösung sieben und anschließend auf ein Eisbad setzen, damit sie erstarrt. Das erstarrte Agar-Agar mit dem Schneebesen aufbrechen und in ein mit Mull ausgekleidetes Spitzsieb über einen Becher geben und passieren.

Für den Meerrettichschaum:

200 g Sahnemeerrettich, Salz, Pfeffer, 50 ml Eiweiß, 3 iSi-Sahnekapseln

Sahnemeerrettich über einem Sieb ausleeren, den Sud auffangen. Den Meerrettichsud mit Salz und Pfeffer würzen und mit Eiweiß in einen iSi-Siphon geben. Mit 3 Kapseln unter Druck setzen.

Für den Drink:

60 ml geklärter Tomatensaft, 30 ml Tanqueray Gin, 2 Barlöffel Teriyakisauce, Pfeffer, Salz, Chilifäden, 3 Dashes Sesam-Chili-Öl

Alle Zutaten, abgesehen von den Chilifäden, auf Eis rühren, in ein Glas abseihen und den Schaum on top setzen. Garnieren Sie den Meerrettichschaum mit Chilifäden.

ZUTATEN

Tomatensaft / Agar-Agar
Sahnemeerrettich
Salz / Pfeffer
Eiweiß /Tanqueray Gin
Sesam-Chili-Öl
Teriyakisauce
Chilifäden
außerdem: iSi-Sahnekapseln

GLAS // Coupette

CLEAN MARY

CARNIVAL CLASH

ZUTATEN

Ananassaft
Kardamomkapseln
Vanilleschote
Eiweiß / Ananas
Magnifica Tradicional Cachaça
Zuckersirup
außerdem: iSi-Sahnekapseln

GLAS // Kölschglas

Was haben die Städte Köln und Rio de Janeiro gemeinsam? Genau, sie sind auf der ganzen Welt berühmt für ihren Karneval. Zeit also für einen gemeinsamen Umtrunk! Man nehme brasilianischen Cachaça und serviere ihn in einer fruchtigen Mischung samt Schaumkrone in einem Kölschglas. Völkerverständigung gelungen!

Für den Ananas-Kardamom-Schaum:
300 ml Ananassaft, 2 Barlöffel Kardamomkapseln, 1 Vanilleschote, 50 ml Eiweiß, 3 iSi-Sahnekapseln

Den Ananassaft, die Kardamomkapseln und die Vanilleschote in den Mixer geben und gut pürieren. Anschließend den Brei mindestens zweimal passieren. Die passierte Masse mit dem Eiweiß in den Siphon geben und mit 3 Sahnekapseln unter Druck setzen.

Für den Drink:
1 frische, 1 cm dicke Scheibe Ananas, 60 ml Cachaça, 20 ml Ananassaft, 10 ml Zuckersirup, Ananas-Kardamom-Schaum

Die Ananas im Shaker andrücken und die restlichen Zutaten, abgesehen vom Ananas-Kardamom-Schaum, hinzugeben. Mit Eiswürfeln auffüllen und schütteln. Den Drink in ein Kölschglas doppelt abseihen und den Schaum on top setzen.

TIME LOOP BARREL

Die Fassreifung kann einem Whiskey unglaubliche Komplexität verleihen – von feiner Frucht über reiche Würze bis zu voller Süße. Wir drehen den Spieß um und lagern einen fertigen Whiskey erneut. In dieser Zeitschleife gelangt der Whiskey dann eben doppelt zu Frucht, Würze und Süße. Damit Sie das Holz bei jedem Schluck spüren können, servieren wir diesen Drink außerdem in Eichenholzbechern.

Für die Home-Made-Bitters:

700 ml Rhum Agricole, 2 Barlöffel Piment, 2 Barlöffel Nelken, 1/2 Bund frischer Koriander, 1 Barlöffel Safran, 6 Stk. Sternanis, 4 Zitronenzesten

Alle Zutaten in den Rotationsverdampfer geben. Unter Vakuumdruck bei 60 °C destillieren, anschließend mit 100 ml Wasser verdünnen, fein filtern und abfüllen.

Für den Drink:

45 ml Lagavulin 16, 1 Dash Absinth, 20 ml Apfelsaft, 15 ml frischer Zitronensaft, 15 ml Ahornsirup, 3 Dash Home-Made-Bitters

Geben Sie alle Zutaten in den Shaker. Mit Eiswürfeln auffüllen und schütteln. In einen mit Eiswürfeln gefüllten Holzbecher abseihen.

Die Cocktailkunst stellt die asiatische Küche auf den Kopf: Das traditionelle Porzellan wird mit Shiitake-Gin gefüllt, und statt Sojasauce gibt es einen hausgemachten Sweet & Sour-Mix mit Thymian. Wie mit der Sojasauce können Sie hier Ihre eigene Balance bestimmen: Jeder Gast mischt seinen Drink im eigenen Verhältnis, und je länger Sie warten, desto mehr kann nebenbei auch der Thymian nachziehen. Um der nichtflüssigen Nahrung dann zumindest noch ein wenig Freiraum zu verschaffen, reichen wir dazu eingelegten Ingwer.

Für den Shiitake-Gin:
500 ml Tanqueray No. 10 Gin,
200 g Shiitake-Pilze, 300 g Butter,
1 EL brauner Zucker

Die Pilze, Butter und Zucker in einen Vakuumbeutel füllen, gut verschließen und für 90 Minuten bei 58 °C ins Wasserbad legen. Anschließend die Masse zusammen mit dem Gin in einen verschließbaren Behälter geben und 12 Stunden in den Eisschrank stellen. Den noch flüssigen Gin anschließend durch einen Kaffeefilter fließen lassen, um ihn von sämtlichen Trübstoffen zu befreien.

Für den Drink:
30 ml Kalamansipüree, 20 ml Zuckersirup, 55 ml Shiitake-Gin, 4 Zweige Thymian

Den Thymian andrücken. Mit Kalamansi und Zuckersirup in die Menage geben. Den Gin auf Eis by side servieren.

ZUTATEN

Thymian
Shiitake-Pilze
Butter
brauner Zucker
Kalamansipüree
Zuckersirup
Tanqueray No. 10 Gin

GLAS // Sakeschale

SOJIN

Ein Cocktail in einer Muschel – so weit, so gut. Aber um das Meer tatsächlich in die Bar zu holen, reicht das noch nicht. Und weil Fischeier nicht jedermanns Sache sind, kreieren wir unseren eigenen Kaviar. Um dann aber doch noch richtigen Fisch ins Spiel zu bringen, wird der Gin kurzerhand einer Aromatisierung mit Lachs unterzogen. Garantiert grätenfrei. Jetzt müssen Sie nur noch eine Muschel finden, aus der man auch trinken kann. Für den flüssigen Teil bietet sich dann doch eher das Gehäuse einer Meeresschnecke an.

Für die Lachs-Thai-Basilikum-Gin-Infusion:

250 g Lachs, 700 ml Tanqueray Gin, 17–20 Thai-Basilikumblätter

Alle Zutaten in einen Vakuumbeutel geben, gut verschließen und für 70 Minuten bei 63 °C ins Wasserbad legen. Anschließend durch ein Tuch passieren.

Für die Crème-de-Mure-Perlen:

300 ml Crème de Mure, 1,5 g Algin, 3 Barlöffel Calcic, 1 l Wasser

Die Crème de Mure mit 1,5 g Algin anrühren und kalt stellen. Anschließend die Flüssigkeit tropfenweise in ein angerührtes Calcicbad geben. Die sich bildenden Perlen werden herausgenommen und mit Wasser abgespült.

Für den Drink:

30 ml Zitronensaft, 20 ml Zucker, 60 ml Lachs-Thai-Basilikum-Gin-Infusion

Alle Zutaten in den Shaker geben, mit Eis auffüllen und schütteln. Den Drink in eine voluminöse Muschel (oder ein Gehäuse) abseihen und die Perlen by side in einer Muschel reichen.

ZUTATEN
Lachs
Tanqueray Gin
Thai-Basilikumblätter
Crème de Mure / Algin
Calcic / Wasser
Zitronensaft / Zuckersirup

GLAS // Muschel/Meeresschneckengehäuse

SEAFOOD COCKTAIL

Man aromatisiere Gin mit feinen Blütenaromen, dazu etwas Veilchenlikör und runde das Ganze mit etwas Zitrone und Champagner ab. Ach ja, serviert in einem Glas, verziert mit Lavendel – mehr Blumenwiese geht wirklich nicht ins Glas.

Für den Lavendel-Rosen-Gurken-Gin:

500 ml Hendricks Gin, 15 Rosenblüten, 3 EL Lavendelblüten, 5 dünne Scheiben Gurke

Gin in den Wasserbehälter des Cold Drip geben, die klein gehackten Rosenblüten, Lavendelblüten und Gurkenscheiben in den Cold Drip geben. Gin langsam durch die Blüten tropfen lassen.

Für die Dekoration:

Zuckerwasser, Lavendelblüten

Die Glasaußenseite mit Zuckerwasser benetzen. Das benetzte Glas in einer Schale mit Lavendelblüten rollen, sodass die Blüten haften bleiben. Die Blüten kurz und vorsichtig mit einem Gasbrenner ansengen.

Für den Drink:

40 ml Lavendel-Rosen-Gurken-Gin, 10 ml Crème de Violette, 10 ml Zitronensaft, Louis Roederer Champagner.

Den Lavendel-Rosen-Gin mit der Crème de Violette ins Glas geben. Zitronensaft hinzufügen. Mit Eiswürfeln auffüllen und umrühren, mit Champagner auffüllen.

ZUTATEN

**HENDRICK'S GIN
ROSENBLÜTEN / LAVENDELBLÜTEN
GURKENSCHEIBEN
ZUCKERWASSER
LAVENDELBLÜTEN FÜR DIE DEKORATION
CRÈME DE VIOLETTE
ZITRONENSAFT
LOUIS ROEDERER CHAMPAGNER**

GLAS // Weißweinglas

BLOOMY GLASS

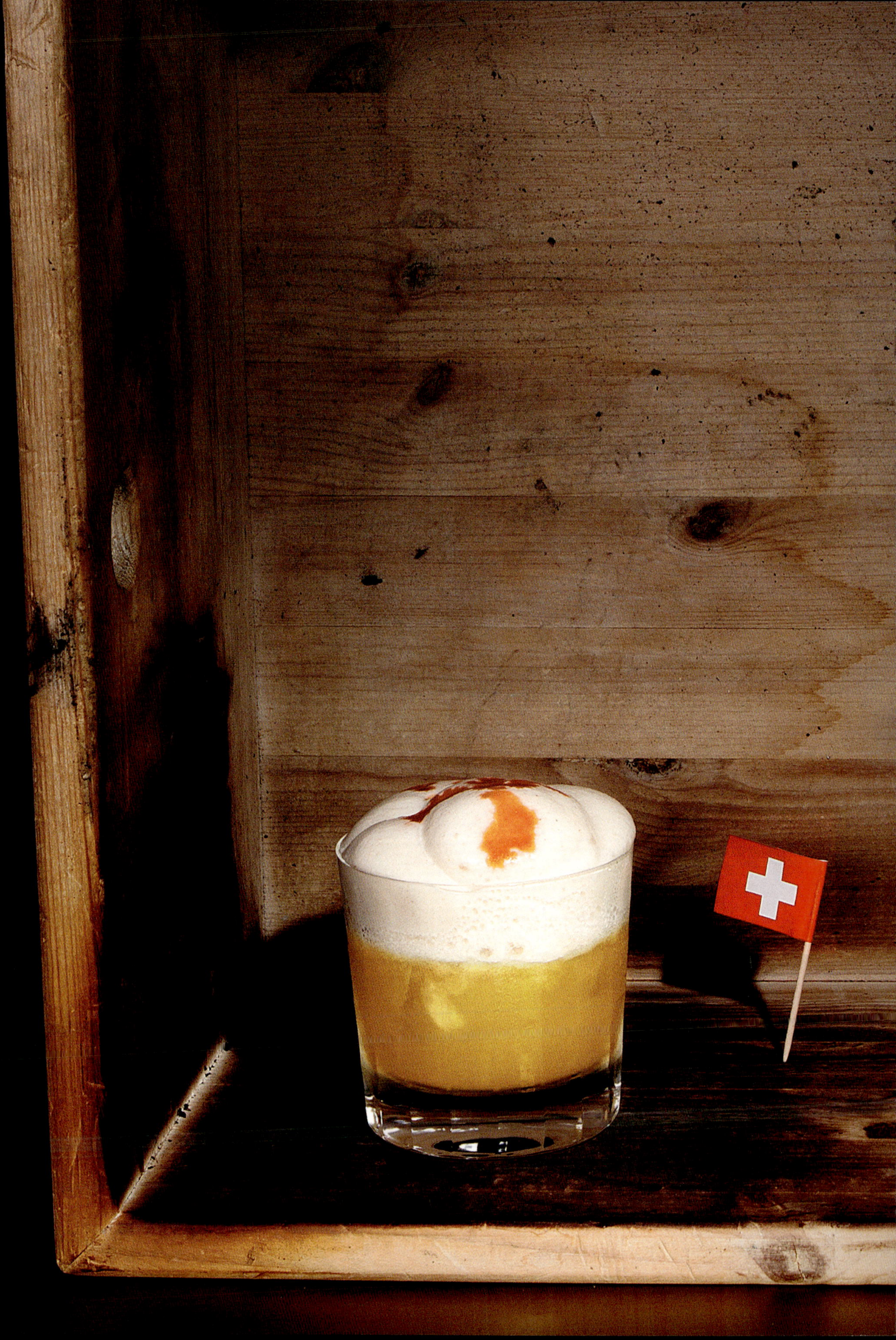

ZUTATEN

Ricola Bonbons
Orangensaft / Läuterzucker
Limettensaft
Zuckersirup / Minzblätter
Eiweiß / Wodka
Zitronensaft
außerdem: iSi-Sahnekapseln

GLAS // Single-Old-Fashioned-Glas

SWISS SOUR

Was man in Deutschland über die Schweiz weiß, erschöpft sich allzu häufig in Klischees: Die Schweizer lieben feine Schokolade, präzise Uhrwerke und ihre Kräuterbonbons. Aber ein wenig Wahrheit steckt hinter jedem Klischee, und so überrascht es dann doch nicht, dass dieser Drink mit Ricola-Sirup bei unseren Gästen aus der Schweiz ganz besonders gut ankommt. Vorurteile hin oder her, am Ende heißt es doch nur: Wer hat's erfunden …?

Für den Ricola-Sirup:
10 Ricola-Bonbons, 150 ml Orangensaft, 50 ml Läuterzucker

Die Bonbons mit dem Orangensaft unter ständigem Rühren erhitzen, bis sie schmelzen. Den Läuterzucker langsam bei mittlerer Hitze hinzugeben. Den fertigen Sirup abkühlen lassen.

Für den Limetten-Minz-Schaum:
250 ml frischer Limettensaft, 150 ml Zuckersirup, 20 Minzblätter, 50 ml Eiweiß, 3 iSi-Sahnekapseln

Den Limettensaft, Zucker und die Minzblätter in einen Vakuumbeutel füllen, gut verschließen und für 4 1/2 Stunden in den Gefrierschrank geben. Anschließend die aufgetaute Masse passieren. Das Eiweiß zu der Menge geben und alles in den Siphon füllen. Den Siphon mit 3 Sahnekapseln unter Druck setzen.

Für den Drink:
55 ml Wodka, 30 ml Zitronensaft, 20 ml Ricola-Sirup, Limetten-Minz-Schaum

Alle Zutaten, abgesehen vom Limetten-Minz-Schaum, in den Shaker geben, mit Eis auffüllen und schütteln. Den Drink in ein mit Eis gefülltes Glas geben und Schaumhaube aufsetzen.

POCKET ROCKET

Die Kunst des Bartenders hat auch immer ein wenig etwas von Laborarbeit. Was läge da näher als ein Drink in einem Reagenzglas? Nebenbei passt der Drink so in jede Jackentasche – aber nicht zu warm werden lassen!

Für den Pre-Mix:
200 ml Wodka, 250 ml Maracujasaft, 60 ml frischer Limettensaft, 20 ml Mandelsirup, 50 ml Kokosnusssirup, 1 Handvoll Rucolasalat, 2 Barlöffel Citras (Rezept für ca. 14 Reagenzgläser)

Alle Zutaten in den Mixer geben und pürieren, bis eine glatte Flüssigkeit entsteht. Die Flüssigkeit zweimal passieren. Citras vollständig unterrühren, es hilft, die kräftige grüne Farbe zu erhalten. Den Drink in Reagenzgläser füllen. Anschließend kalt stellen.

ZUTATEN

Wodka
Maracujasaft
Limettensaft
Mandelsirup
Kokossirup
Rucolasalat
Citras

GLAS // Reagenzgläser

ZUTATEN

Verbena
Pfirsichpüree
Gin
Zitronensaft
Perrier Jouet Grand Brut Champagner

GLAS // Coupette

GOLDKÜSTE

Als Goldküste bezeichnet man in der Schweiz ein Ufer des Zürichsees, das seinen Namen dem Reichtum seiner Anwohner verdankt. Dass ein Drink des gleichen Namens Champagner enthalten muss, erklärt sich damit von selbst. Noch regionaltypischer wird der Drink außerdem durch die Verbenen, die in der Schweiz nicht selten Verwendung finden.

Für das Verbena-Pfirsich-Püree:
1 Bund Verbena, 1 l Pfirsichpüree

Alle Zutaten in einen Vakuumbeutel geben, gut verschließen und für 30 Minuten bei 55 °C in ein Sous-vide-Bad legen. Anschließend die Masse passieren.

Für den Drink:
20 ml Gin, 10 ml Zitronensaft, 30 ml Verbena-Pfirsich-Püree, Perrier Jouet Champagner

Alle Zutaten, abgesehen vom Champagner, in den Shaker geben, mit Eis auffüllen und schütteln. Den Drink in das Gästeglas abseihen und mit Champagner auffüllen.

OCÉAN CHAMPNOISE

ZUTATEN

Mangopüree
Limettensaft
Cachaça
Zuckersirup
Basic textur
Perrier Jouet Grand Brut Champagner
Minzspitze

GLAS // Coupette

Sorbet und Champagner – klingt langweilig? Aber nicht, wenn man dank moderner Technik gleich eine Spirituose mit ins Sorbet packen kann. Einen besonderen Effekt erzielt das Auftürmen des Sorbets zu einer kleinen Insel, die sanft vom Champagner umspült wird. Ein Ozean aus Champagner – jetzt sagen Sie noch mal „langweilig"!

Für das Mangosorbet:

500 ml Mangopüree, 150 ml Limettensaft, 250 ml Cachaça, 100 ml Zuckersirup, 350 g BASIC textur

Alle Zutaten in den Mixer geben und mixen, bis eine feste Masse entsteht. Die Masse in einen verschließbaren Behälter füllen und für 3 Stunden in den Gefrierschrank stellen. Das Sorbet alle zwanzig Minuten herausnehmen und mit einem Schneebesen die Eiskristalle zerstören. So entsteht ein lockeres Sorbet.

Für den Drink:

Mangosorbet, Perrier Jouet Champagner, Minzspitze

Eine Nocke Mangosorbet in eine große Champagnerschale geben und mit Champagner auffüllen. Mit einer Minzspitze garnieren.

Klassiker lassen sich nur schwer übertreffen. Und was sollte man an einem
Old Fashioned auch verbessern können? In aller Bescheidenheit, diese moderne Variante ist vielleicht nicht besser,
aber mindestens genauso gut wie der
Klassiker.

Für den Drink:

50 ml Blanton´s Single Barrel Bourbon,
10 ml Zuckersirup, 2 Dashes Angostura,
1 Barlöffel Trüffelöl

Alle Zutaten in ein Rührglas geben und
auf Eis rühren. Den Drink in ein mit Eiswürfeln gefülltes Stopfenglas geben.
Die ätherischen Öle der Orangenschale
über den Drink spritzen, die Orangenschale und einen Thymianzweig hinzugeben.

Für den Rosmarin-Thymian-Rauch:

Rosmarin, Thymian

Rosmarin und Thymian klein hacken,
in die Smoking geben und verbrennen.
Den Rauch ins Glas blasen, das Glas
mit dem Stopfen verschließen.

ZUTATEN

Blanton's Single Barrel Bourbon
Zuckersirup
Angostura
Trüffelöl
Orangenzeste
Thymian
Rosmarin

GLAS // Stopfenglas

SMOKED TRUFFLE
OLD FASHIONED

CURRYWURST COCKTAIL

Ein flüssiger Tribut an die Currywurst: Wodka mit fruchtigem Paprika-Tomaten-Püree. Darauf eine Krone aus Curryschaum und dazu würzige Serranoschinken-Chips. So schön kann Fast Food sein.

Für den Curryschaum:

350 ml Wasser, 3 EL Currypulver, 3 iSi-Sahnekapseln, 50 ml Sahne, 50 ml Zuckersirup, 50 ml Eiweiß

Das Wasser mit dem Currypulver in eine Flasche geben und schütteln. Die Flasche unter gelegentlichem Schütteln über 24 Stunden ziehen lassen. Das Currywasser passieren. Das passierte Currywasser mit der Sahne, dem Zuckersirup und dem Eiweiß in den Siphon geben. Mit 3 Sahnekapseln unter Druck setzen.

Für das Tomaten-Paprika-Püree:

150 ml gelbes Paprikapüree, 150 ml rotes Paprikapüree, 500 ml Tomatensaft, 100 ml Zitronensaft, 12 Dashes Tabasco, 10 Dashes Worcestersauce, Salz, Pfeffer

Alle Zutaten gleichmäßig vermengen. Abschmecken.

Für die Serrano-Chips:

Serranoschinken

Den Serranoschinken in dünnen Scheiben bei 50 °C für 15 Stunden in das Dörrgerät geben. Für eine längere Lagerung luftdicht verschließen.

Für den Drink:

20 ml Wodka, 45 ml Tomaten-Paprika-Püree, Curryschaum, rote Beeren, Cannelloni, Serrano-Chips

Den Wodka mit dem Tomaten-Paprika-Püree im Glas auf Eis rühren. Den Curryschaum on top geben und mit den Serrano-Chips und roten Beeren garnieren. Die nicht gekochte Cannelloni als Trinkhalm in das Glas geben.

COQUETIER

ZUTATEN
Zacapa Centenario 23
Mozart Black
Lustau PX Sherry
Pimento Dram
Cherry Heering
Angostura
Eiweiß / Eier

GLAS // Eierschalen

Eine bekannte Anekdote führt das Wort Cocktail auf den französischen Begriff für Eierbecher (coquetier) zurück. Einen Drink deshalb einfach in einem Eierbecher zu servieren, wäre aber natürlich viel zu einfach. Wir nehmen gleich ein ganzes Ei, öffnen es vorsichtig von einer Seite, reinigen es von innen und setzen die halbe Eierschale in den Becher.

Für den Drink (Rezept für 4 Eierschalen):

50 ml Zacapa Centenario 23, 25 ml Mozart Black, 20 ml Lustau PX Sherry, 15 ml Pimento Dram, 20 ml Cherry Heering, 3 Dashes Angostura, 30 ml Eiweiß

Alle Zutaten in den Mixer geben und 15 Sekunden auf Stufe 2 mixen. Ein wenig Crushed Eis hinzugeben und noch einmal 15 Sekunden auf Stufe 2 mixen.

Für die Eierschalen:

Die Eier mit einem Messer über Kreuz einschlagen. Die entstandenen Schalenspitzen herausheben. Das Ei ausgießen und mit lauwarmem Wasser auswaschen. Eierschale in einem Topf mit kochendem Wasser auswaschen. Anschließend noch mal von Hand auswaschen, um sämtliche Rückstände zu entfernen. Den Drink mithilfe eines Trichters in die Eierschalen füllen.

ZUTATEN
Koriander
Piri-Piri / Ingwer
Kokosmilch
Limettensaft
Kokossirup
Rhum Agricole
getrocknete Ananas-Curry-Chips

GLAS // Sakeschale

BARTENDER'S SOUP

Eine Verneigung vor der asiatischen Küche und im Speziellen vor ihren aromatischen Suppen ist dieser Drink. Sollten Sie also mal nicht Ihren kompletten Mix in Drinkform verarbeiten, wie wäre es mit einer Suppe als Barfood?

Für den Premix:
1 Bund Koriander, 1 Piri-Piri-Schote, 50 g Ingwer, 1 l Kokosmilch, 150 ml Limettensaft, 75 ml Kokossirup

Alle Zutaten in den Thermomixer geben und die Masse unter langsamem Erhitzen pürieren. Abkühlen lassen und anschließend passieren.

Für den Drink:
20 ml Rhum Agricole, 50 ml Premix

Alle Zutaten in den Shaker geben, mit Eiswürfeln auffüllen und schütteln. Drink in eine Sakeschale abseihen, Eiswürfel hinzugeben. Mit getrockneten Ananas-Curry-Chips by side servieren.

MODERN SHRUBB

Die alte Drink-Kategorie der Shrubbs wurde ehemals mit Essig zubereitet, um sie haltbar zu machen. Bei Bedarf ließ sich die konservierte Mischung einfach mit der gewünschten Spirituose vermischen. Der Fortschritt brachte uns dagegen die geniale Idee, Lebensmittel in Tuben luftgeschützt und lange haltbar aufzubewahren. Ein Essig-Cocktail in einer Tube – noch Fragen?

70 ml Tequila, 100 ml Balsamessig, 50 g Zucker, 150 g Erdbeeren

Alle Zutaten in die Pfanne geben, das Gemisch auf 1/3 der Menge reduzieren, passieren und kalt stellen. Anschließend, je nach Geschmack, noch Tequila dazu geben. Den Drink in eine Tube geben und diese für mindestens 1 Stunde vor dem Servieren kalt stellen.

ZUTATEN
Tequila Blanco
Balsamessig
Zucker
Erdbeeren

GLAS // Tube

Longlife product – so nennt man im Englischen ein lange haltbares Produkt. Und sieht man sich in der Geschichte um, waren die Menschen stets äußerst erfinderisch, wenn es darum ging, ihre liebsten Güter haltbar zu machen. Äpfel wurden eingekocht und in Gläser gefüllt, Whiskey und Wein landeten in Fässern und sämtliche Lebensmittel schließlich in Konservendosen. Damit haben wir auch schon fast unsere Zutaten für diesen Drink beisammen. Also, stoßen Sie an – auf Ihr eigenes long life.

LONGLIFE COCKTAIL

Für die Apfel-Minz-Zimt-Infusion:
700 ml Van Nahmen Streuobstwiesen-Apfelsaft, 20 Minzblätter

Alle Zutaten in einen Vakuumbeutel geben, gut verschließen und für 4 Stunden in den Eisschrank legen. Die aufgetaute Masse passieren.

Für den Drink:
50 ml Penderyn Whiskey Madeira ,
25 ml Antica Formula, 10 ml Stevia,
Eiweiß, 50 ml Apfel-Minz-Zimt-Infusion

Alle Zutaten, abgesehen von der Peta-Zeta-Schokolade und dem Zimt,, in den Shaker geben und schütteln. Den Drink doppelt in eine mit Eis gefüllte Dose abseihen und mit Zimtpulver und Peta-Zeta-Schokolade garnieren.

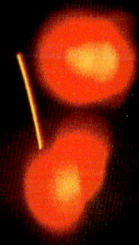

ZUTATEN
Van Nahmen Streuobstwiesen Apfelsaft
Minze
Penderyn Whiskey Madeira
Antica Formula Wermut
Stevia / Eiweiß
Peta-Zeta-Schokolade
Zimtpulver

GLAS // Konservendose

ALL STAR

Im Sport kennt man den Begriff All Star für einen Sieger in sämtlichen Disziplinen. Wie würde der wohl als Cocktail aussehen? Vielfältig müsste er sein und immer wieder überraschen. Deshalb gilt es hier sechs unterschiedliche Geschmacksebenen zu entdecken, die mit Texturen und Temperaturen spielen: Kalter Vanille-Himbeer-Schaum, Erdbeergel, halb gefrorene Himbeere, warmer Zitronengras-Ingwer-Schaum, Schokoladen-Crunch und zuletzt aromatisch zerplatzende Perlen überzeugen rundum. Ach ja, nur alkoholfrei muss so ein Spitzensportler natürlich bleiben.

Für das Erdbeergel:

200 ml Erdbeersaft, 1,2 g Agar-Agar

100 ml Erdbeersaft mit dem Agar-Agar verrühren und erhitzen, von der Herdplatte nehmen und restlichen Erdbeersaft (100 ml) unterrühren. Das Gemisch kalt stellen, bis es ein festes Gel ist.

Für den Zitronengras-Ingwer-Schaum:

6 Stangen Zitronengras, 80 g Ingwer, 500 ml Wasser, 50 ml Eiweiß, 3 iSi-Sahnekapseln

Das Zitronengras und den Ingwer klein schneiden und mit dem Wasser in den Vakuumbeutel füllen, gut verschließen und für 1 Stunde bei 58 °C im Sous-vide-Bad liegen lassen. Anschließend passieren und mit dem Eiweiß in den Siphon geben. Mit den Sahnekapseln unter Druck setzen.

Für das Minz-Himbeer-Püree:

100 ml Wasser, 10 Minzblätter, 400 ml Himbeerpüree

Das Wasser mit den Minzblättern in einen Vakuumbeutel füllen, gut verschließen und für 2 Stunden in den Gefrierschrank legen. Anschließend die Masse passieren. Das Himbeerpüree mit 100 ml des Minzwassers vermischen.

Alle Zutaten in einer Porzellanschale mit einem Gourmetlöffel anrichten, mit Peta-Zeta-Schokolade garnieren.

CRANE COCKTAIL

ZUTATEN
Cranberrynektar
Verbena
Pfeffer
Zucker
Gin
Lufthansa First Class Likör
Limettensaft
Vanillesirup

GLAS // Coupette

Seit den 1950er-Jahren ist an Bord der Lufthansa-Maschinen ein hauseigener Likör erhältlich, der aber in Bars eher selten zu finden ist. Eines Tages bekam ich die Gelegenheit, einen speziellen Drink für die Lufthansa zu kreieren. Dass der hauseigene Likör hinein musste, war klar. Aber was weiter? Ein himmelblauer Cocktail lässt sich aus einem orangefarbenen Likör kaum machen.

Da fiel mein Blick auf das Logo der Lufthansa. Stolz prangt dort ein Kranich. Und diesem Vogel wird eine ganz besondere kulinarische Vorliebe nachgesagt – er verspeist gerne Moosbeeren, eine Frucht aus der Gattung der Heidelbeere. Diese Vorliebe des Kranichs hat sogar dazu geführt, dass die Moosbeere auch unter dem Namen Kranichbeere populär geworden ist. Viel bekannter aber ist sie unter ihrem englischen Namen Cranberry (von engl. crane = Kranich).

Es stand also fest: In einen echten Lufthansa-Drink gehören Kranichbeeren! Da trifft es sich natürlich, dass der bekannteste Drink mit Cranberrysaft den schönen Namen „Cosmopolitan" trägt. Und was wäre kosmopolitischer als das gepflegte Fliegen? Ein gewöhnlicher Cosmopolitan wäre aber natürlich etwas zu einfach gewesen, und wir haben zu folgender Variante gegriffen:

Für die Cranberry-Verbena-Infustion:

1 l Cranberrynektar, 1/2 Bund Verbena

Alle Zutaten in einen Vakuumbeutel geben und verschließen. Den Beutel für 35 Minuten bei 58 °C in ein Sousvide-Bad geben. Passieren und in einen verschließbaren Behälter füllen.

Für den Pfeffer-Zucker-Rand:

Einen fruchtigen, nicht zu scharfen Pfeffer zu gleichen Teilen mit Zucker mischen. Den Rand einer Coupette mit Orangensaft befeuchten und durch die Mischung drehen. Glas danach leicht abklopfen.

Für den Drink:

40 ml Gin, 20 ml Lufthansa First Class, 50 ml Cranberry-Verbena-Infusion, 2 Dashes Limettensaft, 1 Dash Vanillesirup

Alle Zutaten mit Eiswürfeln schütteln. Doppelt in die verzierte Coupette abseihen. Mit einer Orangenzeste garnieren.

GREEN PIPE

ZUTATEN
Basilikum / Zitronensaft
Zuckersirup
Citras / Mangopüree
Gin
Maracujasaft / Maracujasirup
Xanthan
Peta-Zeta-Schokolade naturell
außerdem: iSi-Sahnekapseln

GLAS // Single-Old-Fashioned-Glas

Haben Sie sich früher auch begeistert in den animierten Abenteuern des Klempners Super Mario verloren? Dann erinnern Sie sich bestimmt auch noch an die grellgrünen Rohre, die überall aus der Erde ragten und Mario in die entlegensten Räume führten. Zumindest in der Farbe eifern wir hier diesen Gängen nach, und wenn man es mal genauer betrachtet, führt uns ja auch der richtige Cocktail manchmal in unbekanntes Gebiet. Damit die Kindheitserinnerung perfekt wird, gibt es außerdem noch ein bisschen Brausepulver oben drauf.

Für den Basilikum-Mix:

30 Basilikumblätter, 650 ml Zitronensaft, 350 ml Zuckersirup, 4 Barlöffel Citras

Alle Zutaten im Blender glatt pürieren. Mischung doppelt passieren. Kalt stellen.

Für den Mango-Maracuja-Schaum:

200 ml Mangopüree, 400 ml Maracujasaft, 50 ml Maracujasirup,
2 gestrichene Barlöffel Xanthan, 3 iSi-Sahnekapseln

Püree, Saft und Sirup gut vermengen und Xanthan unterrühren. Alles in einen Sahnesiphon füllen und mit 3 Kapseln füllen. Siphon kalt stellen.

Für den Drink:

50 ml Gin, 60 ml Basilikum-Mix

Alle Zutaten mit Eiswürfeln schütteln. In ein Doble-Old-Fashioned-Glas auf Eiswürfel abseihen. Mango-Maracuja-Schaum aufsetzen und mit Peta-Zeta-Schokolade garnieren.

167

ZUTATEN
Zitronengras
Gin
Salatgurke
Rote Bete-Saft
Kohlensäurekapseln
Zitronensaft
Holunderblütensirup
Soda

GLAS // Standbeutel

DUCKTAIL

Dieser spezielle Drink entstand im Rahmen eines Menüs als kleiner Tribut an die schmackhaften Entengerichte der asiatischen Küche. Zitronengras sorgt dafür, dass auch der Geschmack einen Hauch Asien mit sich bringt. Sollten Sie übrigens wirklich den Griff zur Gummiente wagen, achten Sie auf Inhaltsstoffe und Geschmacksneutralität!

Für den Zitronengras-Gin:
1 l Gin, 4 Stangen Zitronengras

Zitronengras der Länge nach halbieren. Mit dem Gin in ein verschließbares Gefäß geben und 1 Woche ziehen lassen. Mit einem feinen Sieb filtern.

Für die roten Gurken:
1 Salatgurke, 250 ml Rote-Bete-Saft

Salatgurke in dünne Scheiben schneiden. Gurke und Rote-Bete-Saft in einen Sahnesiphon geben und mit 3 Kohlensäurekapseln füllen. Verschließen und für 30 Minuten in den Kühlschrank stellen. Danach den Druck ablassen und den Siphon öffnen.

Für den Drink:
40 ml Zitronengras-Gin, 20 ml Zitronensaft, 10 ml Holunderblütensirup, 30 ml Soda

Alle Zutaten außer Soda mit Eiswürfeln schütteln. In einen Standbeutel abseihen und mit Soda auffüllen. Kurz umrühren. Etwas rote Gurke (und eine Ente) hinzugeben und den Beutel verschließen.

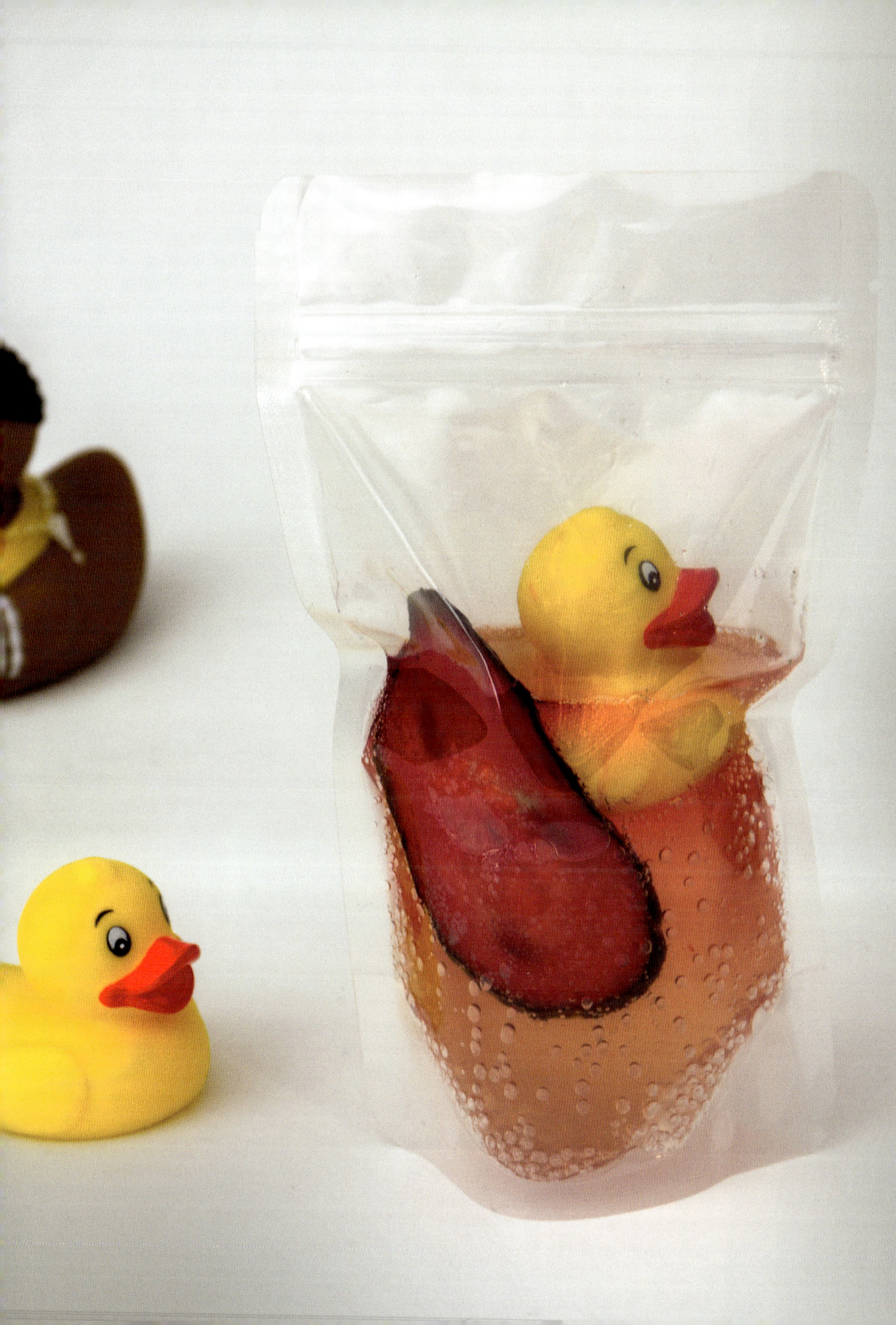

DIE KUNST
DES TRINKENS

VERKOSTEN UND SCHMECKEN

Etwas über Spirituosen zu lesen ist die eine Sache, sie wirklich zu kennen und zu verstehen eine andere. Wer begreifen möchte, warum ein Mai Tai mit dem einen Rum fast ungenießbar ist, aber mit einem anderen eine kulinarische Sensation, der muss seine Zutaten pur kennen und seine Geschmacksnerven trainieren. Aber nicht nur Spirituosen sollten Sie pur verkosten. Auch Liköre, Weine und andere Mixzutaten können Sie erst gezielt einsetzen, wenn Sie ihren Charakter unvermischt verinnerlicht haben. Beim Vergleich sehr konzentrierter Zutaten wie Sirups oder Zitrussäfte ist gegen etwas Verdünnung mit Wasser natürlich nichts einzuwenden.

Nun werfen Sie aber nicht gleich das Buch zur Seite, um sich auf die nächste Flasche zu stürzen. Denn – wie könnte es anders sein – auch beim Verkosten kann einiges falsch laufen. Trotzdem ist der erste Schritt zum gesteigerten Genuss einfach umzusetzen, wenn Sie auf ein paar Kleinigkeiten achten.

VERKOSTEN

DIE UMGEBUNG

Der Raum, in dem verkostet wird, sollte so neutral wie möglich sein. Vermeiden Sie alle ablenkenden Gerüche: Tabakrauch, Parfüm, Essensgeruch etc. Idealerweise sollte die Flüssigkeit eine Temperatur von ca. 20 °C haben. So kann sich das Aroma vollständig öffnen. Auch für Sie selbst sollte die Raumtemperatur angenehm sein, denn eine Whiskey-Verkostung bei 30 °C im Schatten ist kein besonderes Vergnügen.

DAS RICHTIGE GLAS

Verwenden Sie zur Verkostung unbedingt Nosing-Gläser. Durch die Tulpenform dieser Gläser ergibt sich ein großer Flüssigkeitsspiegel, der den

Luftaustausch begünstigt und so Aromen freisetzt. Andererseits werden die Aromen durch die Verjüngung des Glases zur Öffnung hin für die Nase gebündelt – daher auch der Name „Nosing-Glas". Reinigen Sie diese Gläser gründlich mit klarem Wasser, damit keine Rückstände von Reinigungsmittel zurückbleiben. Gießen Sie zur Verkostung zwischen 2 und 4 cl in das Nosing-Glas und lassen Sie die Flüssigkeit etwa 1 bis 3 Minuten atmen.

RIECHEN

Führen Sie zunächst das Glas auf Brusthöhe. Schwenken Sie das Glas nicht, sondern atmen Sie einfach nur langsam durch die Nase ein. Nehmen Sie aufmerksam die Aromen wahr, die sich bereits im Glas entwickelt haben. Führen Sie das Glas dann bedächtig immer weiter Richtung Nase. Bei jeder Zwischenstufe halten Sie inne und schnuppern. Jedes Mal werden Sie neue Nuancen wahrnehmen. Achten Sie darauf, die Nase nicht zu tief ins Glas zu stecken, denn die alkoholischen Dämpfe können Ihren Geruchssinn schnell betäuben. Zum krönenden Abschluss dürfen Sie dann endlich das Glas schwenken und erneut riechen. Jetzt können Sie die Aromenvielfalt der Spirituose vollständig wahrnehmen.

TRINKEN

Danach gehen Sie zum ersten Schluck über. Je nach Alkoholgehalt wird der etwas brennen, und das ist ganz normal. Der erste Schluck ist damit nicht unbedingt zum schmecken da, sondern um Zunge und Gaumen wachzurütteln. Lassen Sie den zweiten Schluck für kurze Zeit auf der Zunge liegen, bevor die Flüssigkeit einen Rundgang durch Ihre ganze Mundhöhle macht. Lassen Sie Luft in Ihren Mund hinein und schlürfen Sie leicht. Der eingesogene Sauerstoff hilft Ihnen, die Aromen besser wahrzunehmen. Übertriebenes Gurgeln und Schmatzen, wie von einigen vermeintlichen Experten immer wieder vorgeführt, ist dagegen unnötig und bringt keinen geschmacklichen Mehrwert.

WIEDERHOLEN

Verkosten Sie nach wenigen Minuten noch einmal, um sich endgültig das Geschmacksbild der Spirituose einprägen und bewerten zu können.

BY SIDE

Gerade im Bereich der Whiskey-Verkostung liest man immer wieder, wie förderlich die **Bereicherung einer Spirituose durch etwas Wasser** sei. Tatsächlich kann ein wenig Wasser die Verkostung entscheidend ergänzen. Die geschlossene Struktur der Spirituose wird durch einige Tropfen Wasser „geöffnet", so lassen sich eventuell andere Aromen schmecken. Das Wasser wirkt hier als Lösungsmittel. Da dieser Prozess auch bei der Cocktailzubereitung auftritt, ist er besonders im Bar-Kontext interessant. Eine andere Funktion hat die Zugabe von Wasser für den Trinkanfänger. Ohne Training sind die Geschmacksnerven durch den hohen Alkoholgehalt bei einer Purverkostung schnell überlastet, weshalb sich hier eine leichte Verdünnung anbietet. Eine echte Einschätzung der einzelnen Spirituose ist bei so starker Verdünnung allerdings kaum mehr gegeben, eher eignen sich gleichwertig verdünnte Spirituosen zum Vergleich untereinander.

NEUTRALISIEREN

Sobald Sie zur Verkostung der nächsten Spirituose wechseln, neutralisieren Sie Ihren Mund mit stillem Wasser ohne deutlichen Eigengeschmack. Riechen Sie zum Neutralisieren des Geruchssinns zwischen den Proben außerdem an Ihrer Haut.

SCHMECKEN

GESCHMACK – WAS IST DAS EIGENTLICH?

Geschmack findet keineswegs nur auf der Zunge statt, sondern ist ein mehrteiliger Sinneseindruck, bei dem **Geschmackssinn** und **Geruchssinn**, aber auch **Temperatur- und**

Schmerzempfinden sowie der **Tastsinn** zusammenwirken. Das können Sie zum Beispiel feststellen, wenn Sie erkältet sind: Obwohl eigentlich nur Ihre Nase verstopft ist, schmeckt alles lasch und fad. Oder beißen Sie doch einmal mit zugehaltener Nase auf ein Blatt Minze – Sie werden fast nichts schmecken. Unsere Geruchsnerven sind demnach deutlich entscheidend für das, was wir als Geschmack empfinden. Mit der Zunge aber können Sie trotzdem wesentlich mehr wahrnehmen als den dumpfen Geschmack, der Ihnen bei zugehaltener Nase bleibt. Denn mit der Zunge fühlen Sie zusätzlich die Form, Textur und Beschaffenheit Ihrer Nahrung. Wie bei allen Empfindungen, findet der entscheidende Prozess der Wahrnehmung und Bewertung aber im Gehirn statt.

GESCHMACKSQUALITÄTEN

Wir gehen von sechs geschmacklichen Grundqualitäten aus, nach denen man Geschmacksnoten näher kategorisieren kann. Neben den bekannten Qualitäten **süß, sauer, salzig** und **bitter**

zählen dazu auch **fett** und **umami**. Fette sind in unserer Gesellschaft die wichtigsten Geschmacksträger und beeinflussen den Geschmack zu deutlich, um sie einfach den anderen Kategorien unterzuordnen. Das liegt daran, dass viele Aromastoffe sowie Vitamine lipophil (also „fettliebend") sind und daher erst durch das Fett gelöst werden. Unter umami versteht man dagegen den intuitiv angenehmen Geschmack, der durch Glutamate entsteht und einen gewissen würzigen Kick verleiht.

GESCHMACKS-BESCHREIBUNGEN

Je mehr verschiedene Spirituosen Sie verkosten, desto nützlicher werden Notizen, die Ihre individuellen Geschmacksempfindungen festhalten. Dazu ist es gar nicht notwendig, etwa halbe Romane über den Abgang eines aromatischen Cognacs zu schreiben, wie teilweise bei professionellen Geschmacksbeschreibungen üblich. Schreiben Sie nur auf, was Sie auch wirklich schmecken. Versuchen Sie sich dabei nicht zu stark von der Produktkategorie oder der Marke beeinflussen zu lassen. Wenn Sie bei einem Rum an eine weihnachtliche Süßigkeit aus Ihrer Kindheit denken müssen oder bei einem Bourbon an Klebstoff, ist es egal, ob das jemand anders nachvollziehen kann. Es geht nur darum, dass Sie sich ein eigenes Vokabular schaffen und sich durch einen Blick auf Ihre Notizen auch nach einigen Monaten noch einen Geschmackseindruck der Spirituose verschaffen können.

Das Wort „Glutamat" hat in den letzten Jahren einen negativen Beiklang erhalten, und in der Tat finden sich in vielen Fertiggerichten hohe Glutamatanteile als künstliche Geschmacksverstärker. Glutamate befinden sich aber ebenso ganz natürlich und zu großen Mengen in Käse, Fleisch oder Tomaten. Selbst die menschliche Muttermilch enthält Glutamate. Wie bei den meisten Inhaltsstoffen machen also auch bei den Glutamaten Art und Dosis den entscheidenden Unterschied.

Vor allem im Weinbereich hat sich zur Beschreibung von Getränken eine ganz eigene Sprache entwickelt, deren Ausdrücke teilweise auch von professionellen Spirituosenverkostern übernommen werden. Sie sollten zwar Ihrem eigenen Geschmack vertrauen und nicht den Beschreibungen selbsternannter Profis, doch die folgenden Begriffe können helfen, das Reden und Schreiben über Geschmack besser zu verstehen und sich ein eigenes Bild zu machen. Echte Objektivität können aber auch sie nicht bieten.

Abgang: Geschmack, der noch nach dem Herunterschlucken wahrzunehmen ist oder sich erst nach diesem entwickelt

Bouquet: unklar definierter Begriff, der teilweise den Geruch, in anderen Fällen aber auch die Gesamtwahrnehmung von Geschmack und Geruch beschreibt

Harmonie: balanciertes Gesamtbild der Aromen

Komplexität: vielschichtiges, interessantes Gesamtbild der Aromen

Körper: zusammenfassende Bezeichnung für die Extraktfülle insbesondere fassgelagerter Spirituosen; körperreiche Spirituosen weisen häufig viele Gerbstoffe oder Phenole auf

Spitze: Aroma, das besonders heraussticht

Textur: sensorische Wahrnehmung des Getränks im Mund, z. B. als weich, ölig oder leicht beschrieben

Tiefe und Vollmundigkeit: besonders reichhaltiger Körper

BLINDVERKOSTUNG UND TRIANGELTEST

Um sich bei Ihrem Geschmacksempfinden und speziell bei den Geschmacksbeschreibungen nicht durch den Flaschenpreis oder blumige Marketingformulierungen beeinflussen zu lassen, bietet eine objektive Bewertung nur die Blindverkostung – auch für Profis. Blind verkosten heißt nicht etwa, dass Sie sich die Augen verbinden müssen – obwohl auch das einen interessanten Effekt auf die geschmackliche Wahrnehmung haben könnte –, sondern dass Sie nicht wissen, was im Glas ist. Um die „Blindheit" tatsächlich auch auf das optische Empfinden auszuweiten, verwenden Experten teilweise sogar schwarz gefärbte Gläser. Dieses Verfahren desillusioniert immer wieder, wenn etwa die heiß geliebte Edelabfüllung gegen die vermeintliche Massenware versagt.

Die Welt der Spirituosen ist vielfältig, gerade bei ähnlichen Produkten wird es aber auch für erfahrene Verkoster schwieriger. Eine besonders effiziente Methode zur Überprüfung des eigenen Geschmacksempfindens ist der Triangeltest. Hierzu werden drei Proben miteinander verglichen, von denen zwei identisch sind. Ziel ist es, die eine unterschiedliche Probe zu identifizieren. Um eine Beeinflussung durch die Reihenfolge der Proben zu vermeiden, sollte die Anordnung bei jedem Verkoster wechseln (Verkoster 1: A B A; Verkoster 2: A A B usw.).

Aber nicht vergessen ...

Zwischen Nosing Kits und aufwendigen Verkostungsreihen läuft der Genuss manchmal Gefahr, vergessen zu werden. Doch der Zweck aller Geschmacksschulung sollte es bleiben, Ihre Sinne so weit zu schärfen, dass Sie auch ohne viel Nachdenken intensiver schmecken und sich Ihre Freude an komplexen Getränken vergrößert. Die Analyse sollte Mittel zum Ziel bleiben. Machen Sie sich Entspannung und Rausch also nicht durch übertriebene Rationalisierung kaputt, denn Spirituosen sind zum Trinken da, nicht zum Analysieren. Lassen Sie sich auch nicht hetzen oder unter Druck setzen von der Vielfalt an Spirituosen oder den zahlreichen Empfehlungen der Fachliteratur. Verkosten Sie mit Genuss und lassen Sie Ihren Geschmacks- und Geruchsnerven die Zeit, die sie brauchen.

Zelebrieren Sie das Trinken und werden Sie nicht beliebig! Lassen Sie sich von Ihrer Stimmung leiten, von Ihren Gästen, dem Wetter oder der Musik. Je intensiver Sie sich mit anspruchsvollen Getränken auseinandersetzen, desto mehr Genuss wird es Ihnen bereiten, den richtigen Drink zum richtigen Anlass zu finden. Denn letztendlich ist es nicht das Leeren des Glases, das zählt, sondern die gute Zeit, die Sie haben – währenddessen, davor und danach.

ALKOHOL ZWISCHEN

RAUSCH UND GENUSS

BY SIDE

Um Ihre persönlichen Geschmackseindrücke genauer und vergleichbarer zu machen, gibt es sogenannte **Nosing Kits**. Diese bestehen aus einer Vielzahl konzentrierter Aromen, die, meist ausgerichtet auf eine bestimmte Spirituose, einzeln in Fläschchen abgefüllt wurden. So könnten Sie in einem Nosing Kit für Scotch zum Beispiel typische Aromen wie Heu, Nelke oder Sherry finden. Auf diese Weise können Sie sich einzelne Aromen systematisch antrainieren und später wesentlich objektiver komplexe Geschmacksbilder auseinandernehmen. Als Anfänger können Sie sich aber auch ganz einfach von den Gewürzen in Ihrer Küche inspirieren lassen, um Ihren Geschmackssinn zu verfeinern. Ist es wirklich der Koriander, der diesem Gin sein Aroma verleiht? Ab in die Küche!

Wir halten fest: Alkohol ist ein wichtiger Geschmacksträger, und damit wird der größte Teil der geschmacklich komplexesten Getränke bis auf Weiteres alkoholischer Natur sein. Wer aber nur noch über feinste Geschmacksnuancen philosophiert statt den gekonnten Rausch offen zu würdigen, belügt sich in den meisten Fällen selbst. Denn auch ein genussvoller Rausch bleibt, was er ist – ein Rausch. Die Bar ist eben nicht nur, wie etwa das Restaurant, ein Rahmen kulinarischer Genüsse, denn die Funktion der Bar geht darüber hinaus. Sie ist der entscheidende Ort in unserer Kultur, an dem das unabsichtlich Exzessive friedlich neben der kontrollierten Betäubung stattfindet, und erzeugt so eine ganz eigene Genussebene.

Mit den Freunden, die Sie lange nicht gesehen haben, gehen Sie nicht zufällig in eine Bar. Nach ein paar Gläsern werden die Witze dreckiger, die Kommunikation offener, und die Distanz, die sich in der Zeit seit Ihrem letzten Treffen aufgebaut hat, ist wie weggeblasen. Als junger Bartender habe ich am Tresen oft staunend beobachtet, wie aus der fast sterilen Atmosphäre am frühen Abend fast unbemerkt der offene Raum entsteht, der die Bar spät nachts zu dem Ort macht, an dem Wildfremde tiefe Gespräche führen und gemeinsam lachen.

Damit sich Genuss und Rausch bei Ihrem nächsten Bar-Besuch nicht im Wege stehen, beschreiten wir im folgenden Unterkapitel den Pfad des professionellen Trinkens. Denn: Trinken will gelernt sein, vertrauen Sie mir!

ALKOHOLAUFNAHME: ES FING DOCH ALLES SO HARMLOS AN …

Schon vor dem ersten Schluck können Sie etwas tun, um Ihren Rausch gekonnt zu meistern. Während Ihr Bartender also noch emsig den Tresen schrubbt, bereiten Sie sich an anderer Stelle huldvoll mit einem deftigen Essen auf seine flüssigen Kreationen vor. Denn Fett und ein gefüllter Magen verzögern die Aufnahme von Alkohol deutlich. Sie werden also nicht weniger, wohl aber langsamer betrunken. Nun aber ab an den Tresen.

Wenn Sie genüsslich den ersten Schluck nehmen, gelangt ein kleiner Teil des Alkohols sofort über die Schleimhäute in Mund und Speiseröhre bis ins Blut. Ein weiteres Viertel nimmt die Magenschleimhaut auf, und der Rest sucht sich über den Darm einen Weg in die Blutbahn. „Da ist es doch gut aufgehoben", werden Sie zwei Drinks später denken, flüssig ist schließlich flüssig. Vom Blut allerdings landet das Ethanol geradewegs im Gehirn.

ALKOHOLWIRKUNG: VOM DAUERGRINSEN BIS ZUM FILMRISS

In Ihrem Hirn kann sich das Ethanol daraufhin so richtig austoben und an verschiedene Rezeptoren binden. Das macht Ihnen zunächst einmal nichts aus, denn durch die Bindung an Rezeptoren im Belohnungssystem verstärkt sich die Ausschüttung von Dopamin, Histamin und Endorphinen. Das löst Glücksgefühle aus und erzeugt Euphorie. Das erstaunlich intensive Gespräch mit dem Herrn am Tresen neben Ihnen und die plötzliche Vertrautheit dem Barpersonal gegenüber lassen sich auf diese kleine Veränderung zurückführen.

Eingeschränkt wird diese Wirkung wiederum durch die Bindung des Ethanols an Rezeptoren des Glutamatsystems. Hierdurch wird die Hirnaktivität gebremst, was auch die Euphorie im Belohnungssystem wieder etwas im Zaum hält, gleichzeitig werden Sie entspannt und ruhig. Die vielfältige Anbindung erklärt, weshalb Alkohol sowohl belebend als auch beruhigend wirken kann. Bei weiterer Ethanolaufnahme gewinnt Ihr Entspannungsmodus auch beunruhigendere Seiten: Die Reaktionen lassen nach, und Sehstörungen setzen ein.

Verstärkend wirkt dazu noch die Ethanolbindung im Gabasystem, die neben der optischen Wahrnehmung auch sprachliche Fähigkeiten einschränkt. Der Gleichgewichtssinn wird verzerrt und die Hirnaktivität allgemein beeinträchtigt. Übertreiben Sie es, kann dies bis zum Gedächtnisverlust führen.

Eine Kleinigkeit, die Ihnen vor allem am Tag nach der durchzechten Nacht noch Freude machen wird, ist die Wirkung von Ethanol auf das antidiuretische Hormon (ADH), dessen Ausschüttung gestört wird. Normalerweise verhindert dieses Hormon eine übermäßige Wasseraus-scheidung, doch durch die Wirkung des Ethanols auf die Ausschüttung des Hormons dehydriert Ihr Körper und leidet unter Flüssigkeitsmangel. Greifen Sie also beherzt zu, wenn Ihnen in einer Bar zuvorkommend ein Glas Wasser by side serviert wird, oder scheuen Sie sich nicht, im Laufe des Abends auch mal eine Wasserbestellung dazwischenzu-schieben. Den geübten Trinker erkennt man auch am Griff zur Wasserflasche – Ihr Körper wird es Ihnen danken.

ALKOHOLABBAU: SCHON VERKA-TERT ODER NOCH BETRUNKEN?

Einige Gläser sind geleert, der Kopf wird schwer, die Zunge noch schwerer – Sie sind betrunken, schön und gut. Aber wie werden Sie den Alkohol wieder los?

Ungefähr 2 bis 10 Prozent des Ethanols werden über Urin, Schweiß und Atem abgegeben, die „Fahne" hat damit durchaus ihre positive Seite, könnte man meinen. Trotz der Abgabe über die Atemluft ist es aber nicht das Ethanol, was man unangenehm riecht, sondern die Abbauprodukte der Fuselöle. Höchstens 5 Prozent des Alkohols werden zudem im Magen abgebaut, den größten Teil aber übernimmt Ihre Leber.

Dort findet der Abbau in zwei Phasen statt. Zunächst wird das Ethanol durch die Enzyme Alkoholdehydrogenase (ADH) und Katalase in Acetaldehyd und Wasserstoff umgewandelt. Daraufhin sorgt das Enzym Acetaldehyddehydrogenase (ALDH) dafür, dass das Acetaldehyd zu Essigsäure oxidiert. Die Essigsäure wiederum wird in Wasser und Kohlenstoffdioxid aufgespalten. Übrigens müssen etwa 50 Prozent der asiatischen Bevölkerung mit dem mu-tierten Enzym ALDH-2 vorliebnehmen, das ihnen deutlich höhere Vergiftungs-erscheinungen gönnt.

Bei chronischem Trinken oder hoher Alkoholaufnahme wird außerdem das mikrosomale Ethanol-oxidierende System (MEOS) in Gang gesetzt. Das MEOS liefert auch die biologische Antwort auf die beunruhigenden Mengen an Alkohol, die alkoholkranke Menschen zu sich nehmen können, ohne betrunken zu werden.

Denn das MEOS baut Alkohol zusätzlich zum ADH ab. Dabei wird allerdings in kurzer Zeit als Abbauprodukt des Ethanols eine große Menge Acetaldehyd erzeugt, was unter anderem für den Kater verantwortlich ist. Das MEOS beeinflusst außerdem den Fettstoffwechsel der Leber, was zu Erkrankungen wie der Fettleber führen kann. Darüber hinaus besitzt das MEOS eine Erinnerungsfunktion. Selbst wenn ein Alkoholiker nach vielen Jahren rückfällig wird, springt das MEOS an, baut das Ethanol mit hoher Geschwindigkeit ab und verursacht so das Bedürfnis, weitertrinken zu müssen, um einen Rauschzustand zu erzeugen.

ZEIT FÜR DEN HEIMWEG: WO STAND NOCH MAL MEIN AUTO?

Spätestens wenn der Bartender Sie zum zweiten Mal darauf hinweist, dass das gerade bereits die letzte Runde war, ist es auch für Hartgesottene Zeit, nach Hause zu gehen. Oder zu fahren – allerdings mit Taxi oder U-Bahn und nicht mit dem Auto!

Die gesetzlichen Richtwerte zur Teilnahme am Straßenverkehr richten sich übrigens nach Ihrem Blutalkoholwert.

1 Promille (lat. pro = für; mille = tausend) entspricht dabei einem Teil Alkohol auf 1000 Teile Blut. Absolute Gewissheit über die tatsächlich aufgenommene Alkoholmenge kann aber auch der Blutalkoholgehalt nicht geben. Denn obwohl sich ein Teil der Alkohole im Blut verteilt, lagert sich ein anderer im Körperfett ein. Ansonsten ist die Verträglichkeit von Alkohol eine äußerst individuelle Angelegenheit, und selbst die tödliche Dosis schwankt von ca. 6 bis 8 g pro Kilo Körpergewicht (3 bis 6 Promille).

Wir verzichten an dieser Stelle daher auf gesetzliche Grenzwerte für Alkohol am Steuer, denn ganz egal, wie viel man trinkt: Mit dem Auto fährt man nicht zur Bar und noch weniger von der Bar zurück. Vorsichtiges Nippen und strategische Drinkauswahl, nur um die Rückfahrt noch zu meistern, gehören nicht an diesen Ort von gepflegtem Exzess und entspannter Sorglosigkeit. Keine Kompromisse!

DER KATER: ES GIBT DINGE, ÜBER DIE MACHT MAN KEINE WITZE

Selbst dem geübtesten Trinker passiert es hin und wieder. Ob der Cognac zu gut war, die Bedienung zu charmant oder der Champagner aufs Haus ging – es war das berühmte Glas zu viel. Am nächsten Morgen oder realistischer: am frühen Nachmittag, finden Sie sich mit Kopfschmerzen, Übelkeit oder der stilsicheren Kombination aus beiden im (hoffentlich eigenen) Bett wieder. Begrüßen Sie Ihren Kater!

Abgeleitet ist das Wort Kater ursprünglich scherzhaft vom medizinischen Begriff Katarrh, der eigentlich eine Schleimhautentzündung benennt. Allerdings werden Sie im beschriebenen Zustand wohl kaum noch über diese studentische Spielerei lachen können. Schuld am Kater jedenfalls ist einerseits die bereits erwähnte Hemmung des antidiuretischen Hormons. Denn Ihr Körper verliert so nicht nur Wasser, sondern auch zahlreiche dringend benötigte Mineralien. Was aber eigentlich giftig auf Ihren Körper wirkt und für Ihren vergnüglichen Zustand verantwortlich ist, sind die Aldehyde, also die Abbauprodukte des Ethanols und der anderen Alkohole. Denn bei der Alkoholgewinnung entsteht nicht nur Ethanol, sondern es entstehen auch aliphatische Alkohole, Ketone, Ester und Säuren. Zwar könnte man diese Nebenprodukte teilweise herausfiltern, würde so aber auch auf wichtige Aromen verzichten müssen. Daher warten geschmacksintensive Produkte wie Whiskey tendenziell mit mehr Nebenprodukten auf als „leichte" Spirituosen wie Wodka – vorausgesetzt, beide sind gleichwertig produziert.

Da wir gerade bei der Getränkeauswahl sind: Der häufige Rat, besser über den Abend hinweg beim gleichen Getränk zu bleiben, statt munter zwischen Bier, Wein und Spirituosen zu wechseln, bietet nur bedingte Katerprävention. Die Wirkung dieses Konsummusters ist vor allem damit zu erklären, dass sich innerhalb einer Getränkegruppe besser der Überblick über die bewältigte Alkoholmenge behalten lässt. Ein empfindlicher Magen muss sich beim häufigen Wechsel der Getränke außerdem ständig umstellen, was zwar nicht die Kopfschmerzen, wohl aber die Übelkeit am nächsten Tag freudig vorantreibt.

UM IHRE **KATERTAGE** ZUMINDEST ZU VERMINDERN, HALTEN SIE SICH AN FOLGENDE **RATSCHLÄGE:**

TRINKEN SIE VIEL WASSER

TRINKEN SIE LANGSAM (SO HAT DER KÖRPER ZEIT, BEREITS ALDEHYDE ABZUBAUEN)

TRINKEN SIE GUT (HOCHWERTIGE SPIRITUOSEN ENTHALTEN WENIGER FUSELALKOHOLE)

TRINKEN SIE NÄHRSTOFFREICH (VITAMINE, KOHLENHYDRATE, MINERALSTOFFE UND EIWEISSVERBINDUNGEN BEEINFLUSSEN DEN ALKOHOLABBAU UND SORGEN FÜR EINEN AUSGLEICH)

TRINKEN SIE ZUCKERARM (ZUCKER HEMMT DEN ABBAU DER ALDEHYDE VON ETHANOL)

Und wenn das alles nicht hilft? Wenn Sie zitternd unter der Bettdecke hervor kriechen und bereits Vogelgezwitscher wie Autobahnlärm auf Ihre Schädeldecke wirkt?

Dann lassen Sie sich Zeit, denn jetzt ist es ohnehin zu spät. Ihr Körper braucht eine Möglichkeit zur Regeneration und keine weitere Anstrengung. Allerdings können Sie diese Regeneration unterstützen, mit behutsamer Nahrungsaufnahme (Mineralstoffe!) und viel Wasser. Die Kategorie des Pick-Me-Up-Drinks dagegen ist zwar in zahlreichen Cocktailbüchern zu finden, aber verschleppt Ihr Problem eher.

Denn der Alkohol wirkt bestenfalls kurz betäubend auf Ihren Zustand, um Sie danach noch brutaler aufschlagen zu lassen. Eine alkoholfreie Bloody Mary allerdings kann Ihren Körper durchaus mit Mineralstoffen versorgen. Und gegen eine einfache Suppe mit genügend Salz und Fett ist auch nichts einzuwenden.

Nehmen Sie sich also den Tag frei, und lassen Sie sich das Ganze eine Lehre sein, Sie Anfänger! Ach ja, der Fachbe-griff für den Kater lautet übrigens „Alkoholisches Post-Intoxikations-Syndrom" – das macht sich doch gar nicht mal so schlecht auf einem ärztlichen Attest ...

WARENKUNDE

ALKOHOLISCHE ZUTATEN

HERSTELLUNG

FERMENTATION

Dass Alkohol in geringen Mengen auch ohne menschlichen Einfluss in der Natur entsteht, reicht für die Produktion hochprozentiger alkoholischer Getränke nicht aus. Die Ausgangsmaterialien wie Getreide, Früchte oder andere Pflanzen werden daher durch verschiedene Methoden gezielt zur Fermentation (Gärung) gebracht.

Vorbereitung des Ausgangsmaterials
Bei der alkoholischen Gärung wird Einfachzucker durch Hefepilze in Alkohol und Kohlensäure umgewandelt. Das bedeutet aber auch, dass erst einmal Einfachzucker im Ausgangsmaterial vorhanden sein muss. In der Herstellung von Wein oder Obstbränden stellt das kein Problem dar, weil die verwendeten Früchte reichlich Einfachzucker enthalten. Bei der Produktion von bei-

spielsweise Whisky aus Getreide weisen die Ausgangsmaterialien dagegen lediglich Mehrfachzucker auf. Diese Mehrfachzucker müssen zur Alkoholgewinnung erst in Einfachzucker aufgespalten werden. Möglichkeiten hierzu sind das Schroten von Getreide, also die Zerkleinerung in einer Mühle, und das anschließende „Kochen".

Gärung
Nun wird das Ausgangsmaterial mit Wasser angereichert und diese Maische durch die Zugabe von Hefe zur Gärung gebracht. Die Hefepilze ernähren sich dabei vom Zucker der Maische und scheiden Alkohol und Kohlensäure aus. Außerdem verursachen die Pilze bei diesem Prozess eine beträchtliche Wärmeentwicklung.

Die Gärung lässt sich in verschiedene Phasen gliedern: Die Hefe vermehrt sich durch Zellteilung, verbraucht dabei Sauerstoff und produziert Kohlenstoffdioxid (aerobe Phase). Da der sonstige Sauerstoff aufgebraucht ist, verbraucht die Hefe nun den Sauerstoff aus den Zuckermolekülen. So entstehen neben Kohlenstoffdioxid auch Alkohol und andere Aromen (Ester, Aldehyde, Acetale,

Säuren). Wenn aber der Sauerstoff aufgebraucht ist oder der Alkoholgehalt zu hoch wird, sterben die Hefepilze (anerobe Phase). Nach dem Absterben der Hefepilze finden vor allem Harmonisierungs- und Stabilisierungsprozesse statt (postmortale Phase).

Bedingt durch die Art der hinzugefügten Hefen unterscheidet man zwei Möglichkeiten der Gärung. Bei der **Spontangärung** vertraut man allein auf die Hefen die bereits auf natürliche Art in den Ausgangsmaterialien vorhanden sind. Dabei bleibt allerdings unbeeinflusst, welche der verschiedenen natürlichen Hefen sich durchsetzen. So bleibt Platz für unkonventionelle Aromen, das Ergebnis kann aber auch entsprechend schwanken oder sogar misslungen sein. In der **industriellen Gärung** bedient man sich daher verschiedener Reinzuchthefen, die speziell für ihren Einsatzzweck gezüchtet wurden. Außerdem können Fermentationsbeschleuniger hinzugefügt werden. Die industrielle Gärung dauert somit wesentlich kürzer als die spontane.

Beeinflussung des späteren Geschmacks
Nicht nur die Wahl zwischen spontaner oder industrieller Gärung hat bei der Fermentation Auswirkungen auf den Geschmack des späteren Getränks. Ebenso kommt es auf die Dauer und

Temperatur der Fermentation an, die unter anderem Säure- und Ester-Anteile beeinflussen. Auch die Wahl des Wassers sowie Größe, Form und Material (z. B. Holz, Stahl) des Maischbehälters spielen eine Rolle.

DESTILLATION

Nach der Fermentation hat die entstandene Mischung meist einen Alkoholgehalt von etwa 5 bis 15 Prozent Vol., je nach Ausgangsmaterial und Fermentationsmethode. Es gilt also, den Alkoholgehalt durch die Destillation weiter zu erhöhen.

Bei allen Unterschieden ist eine Destillation immer ein Prozess, bei dem Flüssigkeiten mit unterschiedlichen Siedepunkten voneinander getrennt werden. Um den Alkoholgehalt einer Flüssigkeit zu erhöhen, nutzt man aus, dass Trinkalkohol bereits bei etwa 78 °C siedet, Wasser aber erst bei 100 °C. Wenn man also eine Mischung aus Wasser und Alkohol erhitzt, verdampft der Alkohol zuerst. Man muss die alkoholischen Dämpfe nur noch auffangen und wieder kondensieren lassen und erhält so eine wesentlich höhere Alkoholkonzentration. Außerdem ist die Destillation ein Reinigungsprozess, der Mikroorganismen absterben lässt, feste von flüssigen Bestandteilen trennt und die Flüssigkeit homogenisiert.

Geschmacklich würde dieses Ergebnis aber wohl noch nicht überzeugen, denn es wäre, im wahrsten Sinne des Wortes, „Fusel". Sprich: Unser Destillat würde zu viele Fuselöle enthalten. Diese sind zwar als Geschmacksträger teilweise erwünscht, lassen die Spirituose aber in höheren Anteilen sprittig und

Ester sind eine Gruppe chemischer Verbindungen, die bei der Reaktion eines Alkohols und einer Sauerstoffsäure unter Abspaltung von Wasser entstehen. In vielen Spirituosen spielen sie eine wichtige Rolle bei der Aromenbildung. Ester sind aber nicht nur bei der Herstellung von Spirituosen wichtig, sondern begegnen uns täglich in Form von Fetten, Aromastoffen oder in Kunststoffen (Polyester).

Zu hoch sollte der **Alkoholanteil** aber auch nicht werden. Denn obwohl Alkohol ein Geschmacksverstärker ist, kann eine zu hohe Alkoholkonzentration zu Aromenverlust führen. Vor allem bei der Wodkaherstellung im westlichen Stil ist das zwar gewünscht, doch ansonsten versucht man, ein möglichst aromatisches Destillat zu erhalten. Einige Whiskeys zum Beispiel dürfen per Gesetz nur bis zu einer bestimmten Konzentration gebrannt werden, um ein Mindestmaß an geschmacklicher Intensität zu gewährleisten.

beißend schmecken. Glücklicherweise hat man herausgefunden, dass in einer bestimmten Phase der Destillation, dem sogenannten **Mittellaufs**, die alkoholischen Dämpfe zugleich sehr aromatisch als auch niedrig an Fuselölen sind. Man verarbeitet dementsprechend nur das Destillat des Mittellaufes, sozusagen das **Herz des Destillats** direkt weiter. Die minderwertigen Dämpfe des **Vor-** und **Nachlaufs** werden dagegen meist noch einmal dem nächsten Destillationsvorgang hinzugefügt. Ein großer Teil der Brennkunst besteht deshalb darin, das Herz des Destillats zu isolieren.

Diese Grundprinzipien bleiben bei jeder Destillation gleich. Trotzdem haben sich mit der Zeit verschiedene Destillationsarten mit ihren jeweiligen Vor- und Nachteilen entwickelt. Hauptsächlich unterteilt man diese Verfahren in zwei Gruppen:

→ Diskontinuierliche Destillation – Pot Still, Alambique

Beim diskontinuierlichen Brennen füllt man die Brennblase mit der fermentierten Maische und erhitzt sie durch einen Brennofen. Die Alkoholdämpfe steigen nach oben und werden durch ein Rohr in einen Kondensator geleitet, wo sie, wie der Name schon sagt, kondensieren. Für den nächsten Brennvorgang muss die Brennblase erst vorbereitet werden, wozu man unter Umständen auch noch die Schlempe entfernen muss. Darunter versteht man die Maische, aus der der Alkohol bereits herausdestilliert wurde. Anschließend

wird die Blase erneut gefüllt und muss auch wieder erhitzt werden – daher die Bezeichnung „diskontinuierlich". Der Grundaufbau ist damit denkbar einfach gehalten und entspricht im Prinzip der traditionellen Art des Brennens.

Meist wird bei der diskontinuierlichen Destillation mehrfach gebrannt, um eine höhere Konzentration des Destillats zu erreichen. Bei dieser periodischen Art der Destillation wird der erste Brennvorgang als **Raubrand** bezeichnet. Das so entstandene Destillat wird anschließend im **Feinbrand** nochmals gebrannt. Auch weitere Durchläufe sind möglich.

Einfluss auf die Aromatik des Destillats haben sowohl Form, Material und Größe der Brennblase und des Kondensators als auch die Art, in der der Brennofen befeuert wird. Sehr verbreitet ist traditionell das Brennen in sogenannten **Pot Stills** oder **Alambiques**, also Brennblasen aus Kupfer. Doch auch Brennbehälter aus beispielsweise Keramik oder Holz sind zu finden.

Allgemein gilt die diskontinuierliche Destillation als kostenintensiv und zeitaufwendig. Dennoch sehen viele Brenner gerade bei schweren, aromatischen Spirituosen zu dieser Methode keine Alternative, um ein qualitativ gleichwertiges Destillat zu erzeugen.

→ Kontinuierliche Destillation – Patent Still, Coffey Still, Column Still

In anderen Bereichen leistet dagegen die kontinuierliche Destillation gute Dienste. Diese Brennmethode ist erst seit dem 19. Jahrhundert populär und im Aufbau etwas komplizierter.

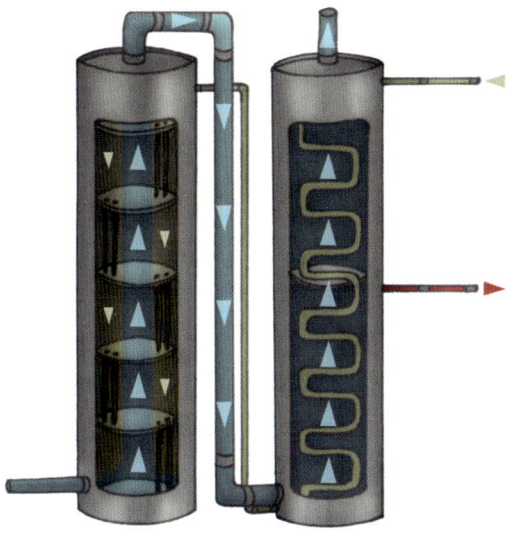

Die Maische wird bei der kontinuierlichen Destillation meist von oben kontinuierlich in die sogenannte Kolonne gegeben. Diese besteht aus mehreren glocken- oder siebförmigen Böden, die übereinander angeordnet sind. Von oben läuft also die Maische die Trennböden hinab, während von unten heißer Dampf aufsteigt. Der Dampf erhitzt die Maische und lässt dabei den Alkohol verdampfen. Die Alkoholdämpfe steigen nach oben und kühlen sich langsam ab. Dabei kondensiert auf jedem Trennboden ein Teil des Dampfes, wobei unerwünschte Stoffe zurückbleiben und mit der Maische nach unten tropfen. Hat der Alkoholdampf alle Böden passiert, ist er äußerst rein und hochprozentig. Er wird durch ein Rohr abgeleitet und kondensiert.

Dementsprechend kann bei der kontinuierlichen Destillation permanent weiterdestilliert werden, ohne die Brennblase neu füllen zu müssen. Auch die aufwendige Trennung von Vor-, Mittel- und Nachlauf bereitet keine Probleme mehr, denn in die Kolonne lassen sich unterschiedliche Temperaturzonen einbauen, die das Trennen sehr einfach machen, und man erhält schon beim einmaligen Brennen einen sehr reinen Feinbrand. Der Aufbau kontinuierlicher Brennanlagen ist dabei vielfältig und bringt folglich eine entsprechend unterschiedliche Beeinflussung der Destillate mit sich. So spielt zum Beispiel die Art und Anzahl der Trennböden eine Rolle, sowie die Höhe der Säule, in der sich die Böden befinden.

Allgemein ist das kontinuierliche Brennen kostengünstiger, weniger zeitintensiv und effektiver als die diskontinuierliche Destillation, kann aber einigen Spirituosen aufgrund seiner Effizienz die geschmackliche Komplexität nehmen.

➔ Vakuumdestillation

Unabhängig von der Unterscheidung zwischen kontinuierlichen und diskontinuierlichen Verfahren findet sich, zum Beispiel bei Obstbränden, die Vakuumdestillation. Die empfindlichen Früchte würden bei üblichen Destillationstemperaturen ihr Aroma einbüßen. Daher wird ausgenutzt, dass sich die Siedetemperatur der Flüssigkeiten bei Vakuum, also niedrigerem Druck, verringert. In der Brennblase wird folglich ein Unterdruck erzeugt, damit temperaturempfindliche Ausgangsmaterialien bei möglichst niedrigen Temperaturen zum Sieden gebracht und damit destilliert werden können. Dieses Verfahren ist allerdings sehr kostenintensiv.

AROMATISIERUNGSVERFAHREN

Fermentation und Destillation sind Verfahren, die vor allem auf die Steigerung des Alkoholgehalts abzielen – aromatische Veränderungen inklusive. Bei einigen Spirituosen werden aber auch unabhängig davon Prozesse angewendet, um den Geschmack des Endprodukts zu beeinflussen. Welches Verfahren wo und wann erlaubt ist, hängt von der jeweiligen Spirituose ab. So kann z. B. eine Mazeration ebenso bei einer alkoholfreien Flüssigkeit wie bei einem bereits destillierten Produkt eingesetzt werden.

Extraktionsverfahren

Unter dem Prozess des Extrahierens versteht man Verfahren, bei denen mithilfe eines Lösungsmittels einzelne Komponenten aus einem Gemisch „herausgezogen" werden. Es lassen sich verschiedene Arten der Extraktion unterscheiden:

Mazeration (auch: Infusion)
Die Mazeration ist ein Kaltauszug. „Kalt" bedeutet hier aber nicht tiefgekühlt, sondern meist „bei Zimmertemperatur" und soll von Extraktionsverfahren abgrenzen, bei denen man Wärme und Hitze einsetzt. Zur Getränkeproduktion werden bei der Mazeration sogenannte Drogen (z.B. Kräuter oder Früchte) in ein Lösungsmittel wie Wasser oder Alkohol gegeben. Die Festbestandteile weichen durch das Lösungsmittel langsam auf und geben ihre Aromen an die Flüssigkeit ab. Die Stärke und Art der Aromatisierung ist dabei unter anderem abhängig vom Verhältnis der Drogen zum Lösungsmittel, der Dauer der Mazeration sowie der Qualität und Lösbarkeit der verwendeten Drogen. Beschleunigend können Umpumpen oder Rühren wirken.

Auch zu Haus lässt sich das Mazerationsverfahren einfach anwenden. Einen Zitronenwodka können Sie beispielsweise ohne großen Aufwand selbst herstellen, indem Sie Zitronenschale in eine Flasche Wodka geben und etwa zwei Tage ziehen lassen. Schmecken Sie zwischenzeitlich ab, um zu überprüfen, ob der gewünschte Aromatisierungsgrad erreicht ist. Für jede Mazeration gilt: Irgendwann ist das Lösungsmittel gesättigt und kann keine weiteren Aromen mehr aufnehmen. Es erwartet Sie also kein alkoholischer Zitronensaft, wenn Sie Ihren Wodka die nächsten zehn Jahre lang mit Zitronenschale ziehen lassen.

Digestion
Im Gegensatz zur Mazeration wird bei der Digestion ein erwärmtes Lösungsmittel verwendet. Durch die erhöhte Temperatur (üblich sind ca. 30 bis 60 °C) werden die Drogen schneller aufgeschlossen und erreichen gegebenenfalls auch eine stärkere Aromatisierung. Die Aromen temperaturempfindlicher Stoffe können unter diesem Verfahren allerdings auch leiden. Ähnlich funktioniert übrigens auch der Teebeutel, der die Aromen seiner Inhaltsstoffe an das heiße Wasser abgibt.

Perkolation
Der Unterschied zwischen Mazeration und Perkolation ist nicht die Temperatur, sondern die Bewegung. Denn bei der Perkolation lässt man das Lösungsmittel langsam durch die Drogen hindurchsickern. Geeignet ist diese Methode für gleich große und gleichförmige Drogen, die ein regelmäßiges Durchfließen des Lösungsmittels ermöglichen. Perkolation kann auch mit einem erwärmten Lösungsmittel eingesetzt werden, wie sich zum Beispiel bei Filterkaffee beobachten lässt, wenn das heiße Wasser langsam durch den gemahlenen Kaffee gegeben wird.

Vaporisation
Beim Vaporisieren oder Verdampfen werden Drogen erhitzt, bis sie ihre flüchtigen Inhaltsstoffe gasförmig abgeben. Diese werden aufgefangen und in Flüssigkeit geleitet. Die Vaporisation hat in der Getränkeindustrie noch vergleichsweise geringe Bedeutung und ist eher in der Parfümherstellung zu finden.

LAGERUNG UND REIFUNG
Nachdem die Spirituose destilliert worden ist, verändert sich ihr Geschmack noch maßgeblich. Damit ist aber nicht nur die eventuelle Fasslagerung gemeint, denn oft ist eine Spirituose nach der Destillation zunächst nicht viel mehr als ein unharmonisches Gemisch aus Alkoholen und Wasser. Der Geschmack ist häufig scharf und nicht ausbalanciert, und die Spirituose benötigt eine Ruhephase zur Stabilisierung. Durch die Lagerung in Behältern aus Stahl, Stein, Ton oder Glas harmonisiert sich das unruhige Gemisch. Aromatische Spirituosen mit großen Anteilen höherer Alkohole und Ester benötigen dabei eine deutlich längere Zeit zur Stabilisierung.

Bei einigen Spirituosen reicht diese bloße Harmonisierung allerdings nicht aus. Sie benötigen für ihren typischen Geschmack eine Lagerung im Holzfass.

Fasslagerung
Die Lagerung eines Destillats im Holzfass bringt drastische geschmackliche Veränderungen mit sich. Während der Lagerung findet eine Vielzahl physikalischer und chemischer Vorgänge statt: Die Spirituose reagiert direkt mit dem Holz, aus dem Holz werden lösliche Stoffe extrahiert, mit denen die Spirituose wiederum reagiert, Sauerstoff wird gelöst, und die Spirituose oxidiert. Gemeinsam mit Reaktionen im Holz und der Spirituose selbst sowie dem sogenannten Angels' Share entstehen komplexe und vielfältige Aromen. Die oftmals belächelten Beschreibungen einiger Spirituosenexperten, die von „reifen Pfirsischnoten" oder „Anklängen von Muskatnuss" sprechen, obwohl doch nur Getreidedestillat im Glas ist, finden dabei durchaus ihre chemische Entsprechung. So lassen sich die ein-

zelnen geschmacklichen Komponenten auf jeweils ganz spezifische Reaktionen während der Fasslagerung zurückführen – bis zu einem gewissen Maße selbstverständlich.

Wenn man es ganz allgemein ausdrücken möchte: Eine Spirituose wird bei der Fasslagerung tendenziell geschmacklich schwerer und weicher sowie farblich dunkler. Damit es so weit kommt, muss aber erst einmal ein zur Spirituose passendes Fass gefunden werden. Dazu kombinieren einige Produzenten gezielt verschiedenste Fässer.

Die Auswahl geht hier weit über Holzart und Größe hinaus. Entscheidend ist unter anderem, ob die Fässer erstmalig zur Reifung verwendet werden (engl.: first fill) oder bereits benutzt wurden (engl.: refill, second fill). Ein altes Fass gibt zwar weniger Holzaromen ab, ist dafür aber bereits mit den Noten der Spirituose „parfümiert". Noch deutlicher wird dieser Einfluss, wenn das Fass vorher zur Reifung eines anderen Produkts verwendet wurde. In der Scotchherstellung werden beispielsweise Fässer benutzt, die vorher bereits Bourbon oder Sherry enthielten. Manchmal werden diese Aromen auch nur dezent eingesetzt, und die Spirituose erhält ein sogenanntes Finishing, also eine kurze, abschließende Lagerung in einem markanten Fass.

Holzarten:
Der offensichtlichste Unterschied bei der Wahl der Fässer liegt in den zahlreichen Holzarten mit ihren jeweiligen Lagereigenschaften. Vor allem Eichenholz in seinen verschiedenen Ausprägungen hat sich aufgrund seiner Aromatik, Halt-

barkeit und Struktur bewährt. Zu den wichtigsten Hölzern zählen neben der Europäischen Eiche mit ihren zahlreichen Unterarten auch die Amerikanische Eiche, Akazie oder Ipe.

Fassherstellung und Fassvorbereitung
Um aus einem einfachen Baumstamm ein hochwertiges Fass herzustellen, wird das Holz zunächst, je nach seiner Beschaffenheit, in Material für Kopfstücke und Dauben unterteilt. Die Kopfstücke bilden die runden Endteile des Fasses, wogegen die Dauben die längliche Seite des Fasses formen. Der Stamm wird dazu in kürzere Stücke geteilt und daraufhin längs geviertelt. Sofern Größe und Qualität ausreichen, schneidet man nun aus diesen Vierteln Längsstücke heraus, die die Grundlage der Fässer ausmachen.

Zur weiteren Verarbeitung und einer erhöhten Haltbarkeit muss das Holz anschließend getrocknet werden. Um den Rohstoff dabei nicht unnötig zu strapazieren, muss dieser Prozess äußerst schonend vonstattengehen. Je nach Holz und Region kann das Trocknen variieren, von mehreren Wochen in speziellen Öfen bis zur Lufttrocknung über viele Monate. Mithilfe von heißem Wasserdampf werden die Dauben im Anschluss flexibel gemacht und mit Dübeln und Eisenringen in Fassform gebracht.

Bei einigen Spirituosen kann die Behandlung der Fassinnenseite mit Hitze weiteren Einfluss auf den Geschmack haben. Dazu wird das Fass geröstet (engl.: toasting), das heißt, von innen erhitzt. Hierbei wird das Holz teils

Der **Angels' Share**, übersetzt: der Anteil der Engel, beschreibt den Teil der Spirituose, der während der Lagerung verdunstet. Er wird beeinflusst von Temperatur, Luftfeuchtigkeit und Art des Fasses. Dabei begünstigt ein trockenes, heißes Klima durch die höhere Wasserverdunstung einen Anstieg des Alkoholgehalts, wogegen ein feuchtes, kühles Klima durch eine höhere Alkoholverdunstung eher für eine langsame Abnahme des Alkoholgehalts sorgt. Dementsprechend existieren teilweise Gesetze, nach denen die erlaubte Größe des Verdunstungsanteils künstlich beschränkt werden muss.

Namen haben die **Fasshersteller** übrigens viele: von Fassbinder über Böttcher, Kübler und Schäffler bis zum Tonnenmacher. Viele dieser Bezeichnungen sind aber eher regional verbreitet. Die Bezeichnung Küfer dagegen wird überregional verstanden und leitet sich vom Wort „Küfe", einem alten Begriff für Eimer, ab.

zersetzt, wodurch sich sowohl neue Geschmacksstoffe bilden wie auch unerwünschte Aromen beseitigt werden. Stattdessen kann das Fass aber mit ähnlichen Effekten ebenso verkohlt werden (engl.: charring). Dazu wird die Fassinnenseite mit einem Gasbrenner erhitzt, sodass sie leicht verkohlt, ohne in Flammen aufzugehen. So entstehen feine Risse, die dem Destillat mehr Holzkontakt ermöglichen.

Fassgröße

Selbstverständlich spielt auch die Fassgröße eine enorme Rolle bei der Reifung der Spirituose. Dass ein kleines Fass mehr Austausch der Spirituose mit dem Holz ermöglicht, scheint offensichtlich. Genauer betrachtet ist aber nicht die allgemeine Größe des Fasses entscheidend, sondern vielmehr das Verhältnis von Oberfläche zu Volumen. Bei zu viel Holzkontakt und einer zu langen Lagerzeit kann eine Spirituose allerdings auch „verholzen", das heißt, die Holzaromen überdecken den ursprünglichen Charakter des Destillats zu sehr.

Spirituosenübergreifende Bezeichnungen zur Fasslagerung

Die Fasslagerung hat so umfassenden Einfluss auf den Charakter einer Spirituose, dass er sich oft auch in der Kategorienbezeichnung niederschlägt, z. B. Cognac VSOP. Dabei sind einige Begriffe entstanden, die spirituosenübergreifend verwendet werden:

VS – very special: „sehr außergewöhnlich"
VO – very old: „sehr alt"
VSOP – very superior old pale: „sehr alt, hervorragend und edel"
VVSOP – very very superior old pale: „sehr, sehr alt, hervorragend und edel"
VVVSOP – Na gut, nur Spaß …
XO – extra old: „besonders alt"

Auch Bezeichnungen wie „***" oder „Reserve" finden sich spirituosenübergreifend.

Echte Auskunft über das Alter können obige Bezeichnungen aber erst in Verbindung mit der jeweiligen Spirituose und ihren Produktionsrichtlinien geben. So muss ein Cognac VSOP laut Gesetz z. B. mindestens vier Jahre im Fass verbracht haben. Bei einigen Spirituosen, wie etwa bei Rum, werden diese Begriffe allerdings oft unklar verwendet und können keine Auskunft über die tatsächliche Mindestlagerzeit geben.

Von Blends und Einzelfassabfüllungen
Es könnte alles so einfach sein: Man gibt sein Destillat in ein Fass, lässt es einige Jahre reifen und füllt es in eine Flasche. Doch meistens ist es leider etwas komplizierter. Denn nur die wenigsten Abfüllungen enthalten Destillate aus einem einzigen Fass. Um möglichst konstante Qualität liefern zu können, werden nämlich stets Destillate aus unterschiedlichen Fässern miteinander vermischt. Oft reift diese Mischung zur Harmonisierung dann wiederum etwas nach. Unterschieden werden muss dabei, ob nur Destillate aus einer einzigen Destillerie vermischt werden oder ob sogar Spirituosen aus mehreren Produktionsorten den Weg in ein und dieselbe Flasche finden (engl.: blending). Hier ist leider oft der Schritt von einer bloßen Qualitätssicherung zum belanglos schmeckenden Massenprodukt getan. Für fortgeschrittene Trinker bieten einige Produzenten daher mittlerweile Einzelfassabfüllungen an. Auf diese Weise erhält man die Möglichkeit, wirklich ungewöhnliche Entdeckungen zu machen, kann aber ebenso mal einen missglückten Tropfen erwischen.

Solera-Verfahren
Nicht zu verwechseln mit der nachträglichen Mischung verschiedener Destillate ist das Solera-Verfahren, einem Prozess, der ursprünglich aus der Sherry-Herstellung stammt. Hierzu stapelt man Fässer in Reihen mit unterschiedlich lange gereiften Destillaten übereinander, wobei die unterste Reihe das jeweils älteste Destillat enthält und die oberste das jüngste. Nun wird ein Teil des ältesten Destillats entnommen und mit Flüssigkeit aus der nächst jüngeren Fassreihe ersetzt. Mit dieser Fassreihe geschieht das Gleiche, und so wird jeweils das ältere Destillat jeder Reihe zu einem Teil durch ein jüngeres aufgefüllt, bis in der obersten und jüngsten Fassreihe frisches Destillat nachgefüllt werden kann. Die Fässer werden so niemals vollständig entleert, und in den Fässern findet periodisch ein Austausch von älteren durch jüngere Destillate statt. Auf diese Weise hat vor allem die spanische Brandy-Industrie ihren Weg gefunden, kontinuierliche Qualität zu gewährleisten. Durch die Bezeichnung der untersten Fassreihe als „solera" (span.: unten liegend) tauften die Spanier das Verfahren. Die darüber liegenden Fassreihen werden „criaderas" (span.: Zucht) genannt.

Fasslagerung ist teuer. Die Herstellung ist aufwendig und die Reifung zeitintensiv. Einigen Produzenten war das zu viel. Vor allem im untersten Preissegment der Weinherstellung wird daher teilweise dem Aroma auf die Sprünge geholfen, indem einfach **Holzspäne (Holzchips)** in die zu reifende Flüssigkeit gegeben werden, statt diese in ein Fass zu füllen. So soll der Kontakt mit dem Holzfass preisgünstig imitiert werden. Zwar kommen so tatsächlich Farbe und Aroma in die Flüssigkeit, doch die komplexe geschmackliche Entwicklung einer echten Fassreifung lässt sich so nicht ansatzweise erreichen. Eine andere Art, Destillate mit zusätzlichen Holzaromen zu bereichern, ist das Charcoal Mellowing (siehe Seite 221).

Diamantgefiltert – ach, klingt das nicht schön? Da kann doch nur ein ganz besonderes Getränk herauskommen! Festhalten lasst sich allerdings, dass das Besondere an diamantgefilterten Getränken einzig Marketing und Preis sind. Ein geschmacklicher Vorteil gegenüber anderen Filtrationsverfahren lässt sich dagegen bisher nicht nachweisen.

Über das Fass hinaus

Bei all der detaillierten Untersuchung des Fasses sollte nicht vergessen werden, dass sich zwar das Destillat im Fass, das Fass aber in einem Lagerraum befindet. Und dieser beeinflusst das Destillat ebenso wie das Fass. Damit finden auch Lagertemperatur, Luftfeuchtigkeit, Sonneneinstrahlung und geografisch-klimatische Besonderheiten ihre Rolle bei der Herstellung jedes fassgelagerten Meisterwerks.

FILTRATION

Ob vor oder nach der Reifung – ein weiterer Schritt Richtung Flasche sind die zahlreichen Filtrationsverfahren, die vor allem Trüb- und Feststoffe aus dem Destillat entfernen, aber auch der Säuberung der Flüssigkeit von Mikroorganismen dienen. Die verschiedenen Verfahren werden, je nach Spirituose und gewünschtem Ergebnis, einzeln oder kombiniert eingesetzt. Immer gilt es eine Balance zu finden, zwischen dem Herausfiltern unerwünschter Inhaltsstoffe bei gleichzeitigem Erhalt der Aromen.

Kältefiltration

Zur Kältefiltration wird das Destillat auf unter 4 °C heruntergekühlt, wodurch unerwünschte Fest- und Inhaltsstoffe verklumpen und beseitigt werden können. Zunutze macht man sich hier das unterschiedliche Temperaturverhalten von Alkohol und Wasser. Das Verfahren ist unkompliziert und kostengünstig, kann aber temperaturempfindliche Aromen durchaus beeinträchtigen. Außerdem können nicht gezielt alle fehlerhaften Inhaltsstoffe entfernt werden. Vor allem im höherklassigen Whisky-Bereich verweisen daher viele Etiketten mit der Angabe „non chill filtered" auf die Vermeidung dieser Methode.

Aktivkohlefiltration

Bei der Aktivkohlefiltration nutzt man die Adsorptionsfähigkeit von Aktivkohle aus. Darunter versteht man Kohlenstoff, dessen Struktur so porös ist, dass er eine innere Oberfläche von ca. 500 bis 1500 m^2 pro Gramm aufweist. Das Destillat wird durch die Kohle geleitet, und unerwünschte Inhaltsstoffe binden sich an diese, wobei Mineralien oder Salze in der Flüssigkeit erhalten bleiben.

Membranfiltration

Das Destillat wird durch feine Membranen gedrückt, die z. B. aus Zellulose bestehen. Dieses Verfahren lässt sich mit der Wirkung eines sehr feinen Kaffeefilters vergleichen. Vor allem Mikroorganismen werden so herausgefiltert.

Milcheiweißfiltration

Bei dieser Methode wird dem Destillat Milcheiweiß hinzugefügt, wodurch eine Klärung stattfindet. Unerwünschte Inhaltsstoffe binden sich an das Eiweiß, flocken aus und können so entfernt werden. Ein ähnlicher Effekt wird auch bei der Klärung von Suppe mit Eiweiß eingesetzt.

Quarzsandfiltration

Hier wird Flüssigkeit durch mehrere Schichten aus Sand, Mineralien und Filterwatte geleitet, um vor allem Trübstoffe und Fette herauszufiltern. Häufig setzt man dieses Verfahren zur Reinigung vor der Anwendung weiterer Filterprozesse ein.

WICHTIGE BASIS SPIRITUOSEN

WACHOLDER IN DER FLASCHE

GIN, GENEVER & VERWANDTES

Die unscheinbaren Beeren der Wacholdersträucher haben die klassische Barkultur geprägt, denn ohne Wacholder müssten wir auf mehr als nur den Martini verzichten. Aber fangen wir ganz vorne an.

Schon im Mittelalter erfreute sich Wacholder als Heilmittel größter Beliebtheit in Europa, und da Destillationskunst und Medizin immer eine innige Beziehung pflegten, landeten die Wacholderbeeren schließlich auch in einem Brand. Der deutsche Mediziner und Wissenschaftler Franz de le Boë war es, der in den Niederlanden unter dem wesentlich gelehrter klingenden Namen Franciscus Sylvius um 1550 erstmals aus Wacholder Genever hergestellt haben soll, um Nierenleiden zu bekämpfen. Das Wort Genever leitete sich dabei ab vom lateinischen Begriff für Wacholder, „juniperus".

Die Niederländer fanden Gefallen an der Spirituose – und das ziemlich schnell nicht nur aus medizinischen Gründen. So verbreiteten sich Brände mit Wacholder in Europa, und es entstanden zahlreiche regionale Varianten. Mittelpunkt der Geneverproduktion aber blieb bis zur sinkenden Nachfrage Ende des 19. Jahrhundert, das niederländische Schiedam, westlich von Rotterdam. Als die Niederländer Ende des 16. Jahrhunderts im Achtzigjährigen Krieg von den Engländern unterstützt wurden, wussten auch diese das neue Stärkungsmittel zu schätzen und brachten es mit in ihre Heimat. Die Destillationsmethoden und Geschmacksvorlieben änderten sich, und aus Genever wurde Gin.

Bis zum 19. Jahrhundert war vor allem **Old Tom Gin** beliebt. Diese Variante wurde gesüßt, um den Geschmack der schlechten Destillate zu überdecken. Als sich im Laufe des 19. Jahrhunderts die Destillationsmethoden verfeinerten, konnte auf den Zuckerzusatz getrost verzichtet werden, und wesentlich trockenere Drinks kamen in Mode. Unter dem Namen **London Dry Gin** entstand das, was wir bis heute als Gin kennen. In den USA wurde Gin erst in den 1920er-Jahren durch die Prohibition wirklich populär. Kein Wunder, denn

im Gegensatz zum allseits beliebten Whiskey, der jahrelang lagern muss, ließ sich Gin, zumindest in zweifelhafter Form, auch schnell und einfach zusammenrühren. Als man nach der Trockenperiode wieder die Wahl hatte, waren die Amerikaner auf den Geschmack gekommen, und so blieb Gin eine äußerst populäre Spirituose, bis er ab den 50er-Jahren vom Wodka verdrängt wurde. Mit der Markt-Einführung von Bombay Sapphire 1988 und der aufkommenden Cocktail-Renaissance in den 90ern, schaffte es Gin schließlich, erneut an Popularität zu gewinnen. Im Anschluss erhielt Gin zu Beginn des 21. Jahrhunderts durch die Verwendung außergewöhnlicher Aromen wie Gurke oder Safran unter dem Sammelbegriff **New Western Style** ganz neue Facetten. Gleichzeitig wurde aber auch die Tradition wiederbelebt, indem **Old Tom Gin** nach beinahe einem Jahrhundert erneut erhältlich ist. Angetrieben durch das neue Interesse an Gin, werden auch die unbekannteren und eher regional bis national verbreiteten **Wacholderspirituosen** Europas neu entdeckt, führen aber in der Bar immer noch ein Nischendasein.

Bis in die Gegenwart befinden sich die meisten Gin-Destillerien in England, doch auch auf dem europäi-

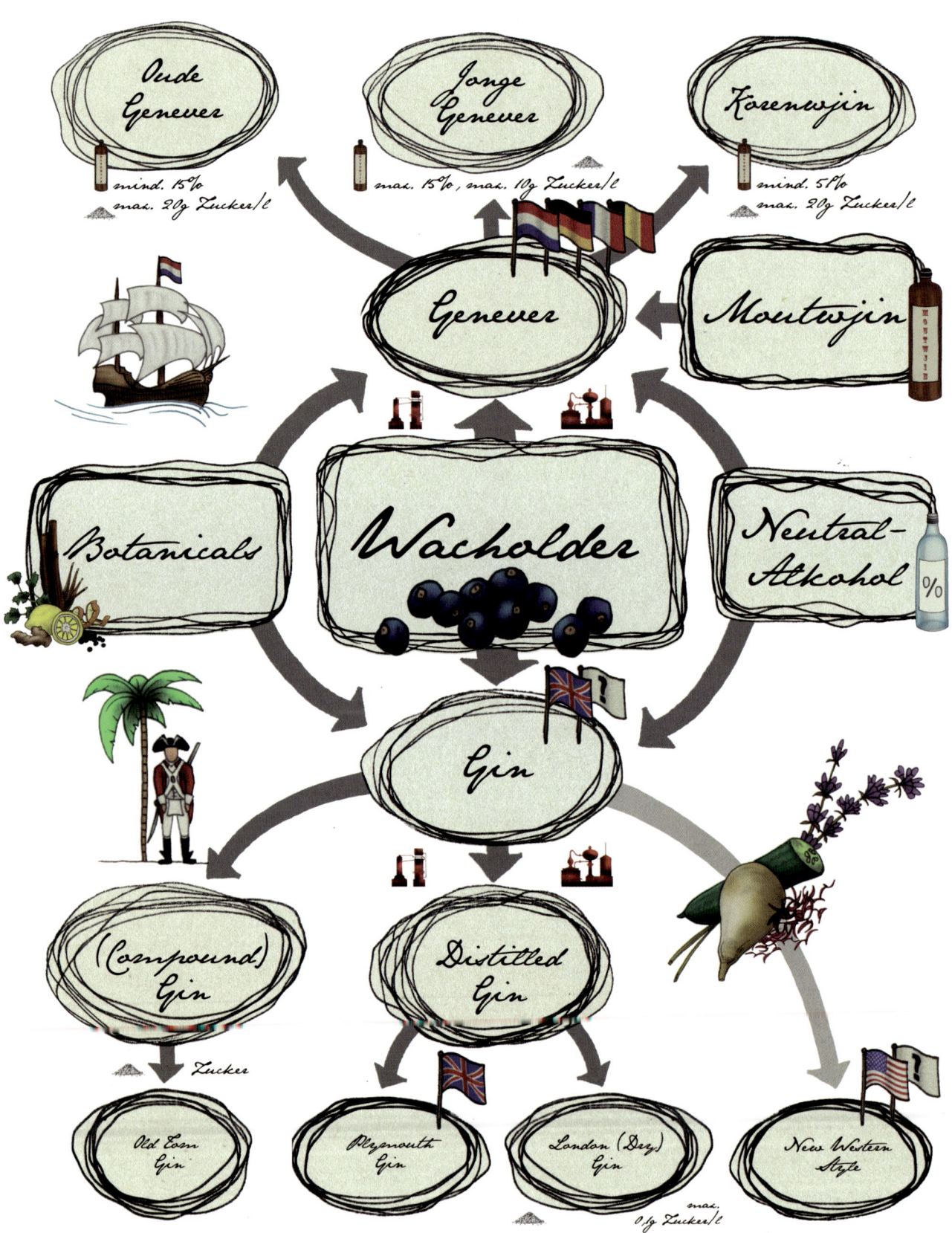

Oude Genever
mind. 15%
max. 20g Zucker/l

Jonge Genever
max. 15%, max. 10g Zucker/l

Korenwijn
mind. 51%
max. 20g Zucker/l

Genever

Moutwijn

Botanicals

Wacholder

Neutral-Alkohol

Gin

(Compound) Gin

Distilled Gin

Zucker

Old Tom Gin

Plymouth Gin

London (Dry) Gin

max. 0,1g Zucker/l

New Western Style

schen Festland sowie in den USA wendet man sich zunehmend der anspruchsvollen Herstellung dieser Spirituose zu.

GIN

HERKUNFT	England, Europa, USA
ROHSTOFFE	Wacholder, Engelwurz, Koriander, Zitrusfrüchte, Schwertlilie, Süßholz …
HERSTELLUNG	Aromatisierung von Neutraldestillat durch Mazeration oder Infusion, danach erneute Destillation
LAGERUNG	kurze Lagerung in neutralen Behältern zur Harmonisierung, sehr selten kurze Fasslagerung
ALKOHOLGEHALT	mind. 37,5 % Vol.

GIN

Heute ist Gin ein Destillat, das aus Neutralalkohol (meist auf Getreidebasis) besteht und mit sogenannten Botanicals aromatisiert wird. Dies geschieht häufig durch Mazeration, also dem Einlegen der Zutaten in Alkohol, die Botanicals können aber auch gleich mit dem Alkohol in die Brennblase gegeben werden. Andere Möglichkeiten zur Aromatisierung sind das einfache Hindurchleiten des Alkohols durch die Botanicals (Perkolation) zur Lösung der Aromen oder die Befestigung eines Korbes in der Brennblase (Dampfinfusion), durch den dann während der Destillation die alkoholischen Dämpfe hindurchsteigen und dabei sanft aromatisiert werden.

Die Art der Aromatisierung hängt von den verwendeten Botanicals ab. Einzig der Wacholder ist hierbei als Hauptaroma Pflicht. Außerdem verwendet man klassischerweise zum Beispiel Engelwurzel, Koriander, Zi-trone, Orange, Süßholz, Zimtrinde, Iriswurzel, Kubebenpfeffer oder Ingwer. Die Anzahl der kombinierten **Botanicals** kann dabei von einer Handvoll bis zu mehreren Dutzend reichen.

Neben der sorgfältigen Aromatisierung und Destillation spielt beim Gin auch der Alkoholgehalt eine entscheidende Rolle. So schmecken Gins mit erhöhtem Alkoholgehalt (ca. 45–60 %) häufig aromatischer als Abfüllungen, die lediglich die gesetzliche Mindestgrenze erreichen (37,5 %). Denn der Alkohol erfüllt bei einem guten Destillat vornehmlich die Aufgabe des Geschmacksträgers. Vorsicht ist hier geboten, da teilweise die gleichen Produkte in unterschiedlichen Stärken abgefüllt werden.

Man unterscheidet:

(Compound-)Gin

Wenn auf der Flasche nicht die Bezeichnung „Distilled" angegeben ist, empfiehlt es sich oft, ein anderes Produkt zu wählen. Denn beim Compounding-Verfahren ist es ausreichend, Neutralalkohol mit Aromaessenzen zu vermischen, ohne erneut zu destillieren. Gerade in vergangenen Jahrhunderten hatte das ein zweifelhaftes Geschmacksbild zur Folge. Mittlerweile ist es aber durchaus möglich, fragile Aromen als Essenz gezielt nach der Destillation der restlichen Botanicals zuzugeben, um ein balanciertes Geschmacksbild zu erzeugen. Ein klassische Variante der Compound Gins ist der …

→ Old Tom Gin

Dieser Gin ist der Großvater des heutigen Gins, ein gesüßter Gin, der früher auch kurzfristig gelagert werden konnte. Verwendung fand er vor allem im 19. Jahrhundert. Zur authentischen Herstellung klassischer Cocktails wird er heute wieder hergestellt.

z. B. Both's Old Tom Gin, Hayman's Old Tom Gin

Distilled Gin

Zu dieser Kategorie gehören die meisten heute erhältlichen Abfüllungen. Bei ihrer Herstellung wird das Neutraldestillat zusammen mit den Botanicals erneut gebrannt. Erst so vereinen sich die vielfältigen Aromen zu einem runden Geschmacksbild. Mit der Zeit haben sich unterschiedliche Stile dieser Kategorie etabliert:

→ Plymouth Gin

Dieser Gin darf nach geschützter Ursprungsbezeichnung nur in der engl. Stadt Plymouth hergestellt werden. Er ist äußerst weich und hat nur ein dezentes Wacholderaroma.

z. B. Plymouth Navy Strength

→ London (Dry) Gin

Dieser Gin muss nicht aus London kommen, die Bezeichnung ist vielmehr ein gesetzlich bestimmtes Qualitätsmerkmal. So enthält diese Unterkategorie nicht mehr als 5 g/hl Methanol im Neutralalkohol und höchstens 0,1 g/l Zucker im Fertigerzeugnis. Außerdem darf einem London (Dry) Gin nach der Destillation nichts mehr hinzugefügt werden, wie beispielsweise Farbstoffe. Zudem muss die Aromatisierung mit allen verwendeten Botanicals in einem Destillationsvorgang geschehen, anstatt verschiedene Destillate mit Botanicals im Nachhinein zu mischen. Dieser Gin ist als heutiger Prototyp seiner Gattung trocken und wacholderbetont und meist die erste Wahl, wenn in einem Rezept nach Gin verlangt wird.

z. B. Finsbury Platinum Gin, Gordon's Gin, Tanqueray Gin

New Western Style

New Western Gins sind weder gesetzlich noch anders klar definiert. Selbst die Himmelsrichtung im Namen führt in die Irre, denn Gins im New Western Style stammen zwar teilweise aus den USA und werden damit westlich von England hergestellt, könnten aber ebenso in jedem anderen Land produziert werden. Als Gemeinsamkeit der New Western Gins lässt sich einzig die Verwendung von Aromen festhalten, die in traditionelleren Abfüllungen nicht zu finden sind. Dazu zählen etwa Tee, Gurke, Rose, Safran, Affenbrotbaumfrüchte oder Lavendel.

z. B. G'Vine Nouaison, Geranium Gin, Hendrick's Gin

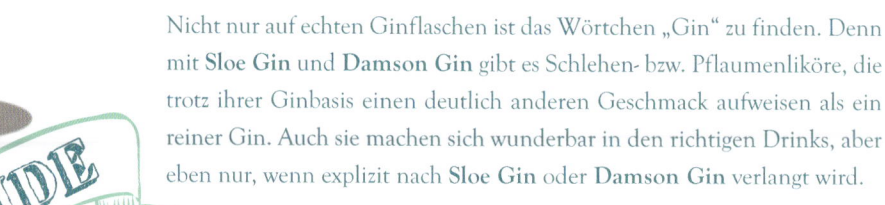

Nicht nur auf echten Ginflaschen ist das Wörtchen „Gin" zu finden. Denn mit **Sloe Gin** und **Damson Gin** gibt es Schlehen- bzw. Pflaumenliköre, die trotz ihrer Ginbasis einen deutlich anderen Geschmack aufweisen als ein reiner Gin. Auch sie machen sich wunderbar in den richtigen Drinks, aber eben nur, wenn explizit nach **Sloe Gin** oder **Damson Gin** verlangt wird.

FINSBURY GIN

1740 gründete Joseph Bishop in London die Finsbury Distillery Company und begann mit der Produktion von Gin. In Deutschland ist vor allem die niedrigprozentige Variante des Hauses populär, die in kupfernen Brennblasen destilliert wird. Kräftiger kommt der Finsbury Platinum daher, der die kupfernen Blasen gleich in sechsfacher Destillation durchläuft.

GORDON'S GIN

1769 eröffnete Alexander Gordon seine Destillerie in London und begann mit der Ginherstellung. Bis zum 20. Jahrhundert gewann dieser Gin so große Popularität, dass Gordon's Destillerien in den USA und sogar Südafrika eröffnen konnten. Heute liegt das Zentrum der Produktion in Schottland. Neben dem klassischen Gin in verschiedenen Stärken brachte Gordon's immer wieder verschiedene Produkte auf Ginbasis auf den Markt, darunter auch Sloe, Orange und Lemon Gin.

HENDRICK'S GIN

Hendrick's Gin beruft sich auf eine Tradition, die bis 1886 reicht, aber bietet dennoch einen modernen Gin, der mit ungewöhnlichen Botanicals aufwartet. Hergestellt in Schottland, wird er unter anderem mit Gurke und Rose aromatisiert. Destilliert wird in kleinen Brennblasen mit einem Fassungsvermögen von 450 l. Unter den modernen Ginmarken zählt Hendrick's zu den bekanntesten Vertretern. Hier hat sich Hendrick's nicht zuletzt durch sein originelles Marketing im viktorianischen Stil eine Sonderstellung verdient.

TANQUERAY GIN

Bereits im Jahr 1830 stellte Charles Tanqueray im District Bloomsbury in London Gin her. 1898 fusionierte Tanqueray mit Gordon & Co. und ließ auch dort produzieren. Nach dem Zweiten Weltkrieg wurde die Tanqueray Distillery in Schottland, Cameron Bridge neu aufgebaut und produziert dort bis heute. Neben dem klassischen London Dry hat vor allem der fruchtigere Tanqueray No. 10 viele Liebhaber gefunden. Im Hause Tanqueray gibt es aber nicht nur Gin, sondern auch den Tanqueray Sterling Vodka.

Bekannte Produkte: Tanqueray Gin, Tanqueray No. 10, Tanqueray Rangpur

GENEVER (AUCH JENEVER, GENIÈVRE)

HERKUNFT	Niederlande, Belgien, Teile von Deutschland und Frankreich
ROHSTOFFE	Wacholder, Kümmel, Koriander, Anis, Angelikawurz, Ingwer, Süßholz …
HERSTELLUNG	Aromatisierung von Moutwijn durch Mazeration, danach erneute Destillation
LAGERUNG	kurze Lagerung in neutralen Behältern zur Harmonisierung, teilweise Fasslagerung
ALKOHOLGEHALT	mind. 35 % Vol.

Ein wichtiges Zwischenprodukt bei der Herstellung einiger Wacholderspirituosen ist der sogenannte **Wacholderlutter**. Hierzu werden getrocknete Wacholderbeeren zerkleinert, gewässert und eingemaischt. Nach der Gärung wird die Maische destilliert. Der so entstandene Wacholderlutter hat einen Alkoholgehalt von max. 15 % Vol.

GENEVER

Im Gegensatz zu anderen Wacholderspirituosen muss bei Genever das Wacholderaroma nicht unbedingt wahrnehmbar sein. Außerdem darf er max. 5 g Methanol und 0,2 g Azetaldehyde pro Liter reinen Alkohols enthalten.

Zwischenprodukt für die Geneverherstellung ist der sogenannte Moutwijn (Malzwein). Für die Moutwijnproduktion werden Roggen, Mais, Weizen und/oder Gerste mit Wasser verrührt. Anschließend wird das Gemisch mit Hefe vergoren und destilliert. Häufig erfolgt dabei zunächst eine kontinuierliche Destillation, gefolgt von einer zwei- bis dreifachen Destillation in kupfernen Brennblasen. Das Endergebnis steigert sich von 12–15 % (ruwnat) über 24–25 % (enkelnat) zu schließlich 46–48 % (bestnat oder Moutwijn). Der Moutwijn schmeckt nun malzig-schwer und lässt auch den charakteristischen Fuselölanteil klar erkennen. Die genaue Weiterverarbeitung des Moutwijns variiert je nach Produkt und Hersteller. Ob der Moutwijn nun beispielsweise selbst durch Botanicals aromatisiert wird und anschließend mit

Neutralalkohol geblendet oder direkt mit aromatisiertem Neutralalkohol gemischt wird – die Methoden sind vielfältig. Am Ende haben im Genever jedenfalls immer Moutwijn, Neutralalkohol und Botanicals zueinandergefunden. Seltener wird Genever abschließend fassgelagert.

Man unterscheidet:

(Zeer) Oude Genever

Die Begriffe „oud" (= alt) und „jong" (= jung) beziehen sich beim Genever nicht auf Lagerzeiten, sondern eher auf die Gegenüberstellung von der „althergebrachten" und der „neuen" Herstellungsweise. Dementsprechend steht der Oude Genever für die malzig-schwere Variante der Spirituose mit deutlichem Moutwijn-Charakter. Er muss mind. 15 Prozent Malzwein enthalten und darf bis zu 20 g Zucker pro Liter enthalten. Die oft goldene Farbe deutet nicht unbedingt auf eine Fassreifung hin, sondern kann ebenso von Karamell stammen.

Jonge Genever

Besonders als während des Zweiten Weltkriegs die Getreidereserven für Brot statt Schnaps herhalten mussten, gelangte Genever mit geringem Malzweinanteil als Jonge Genever zu Popularität. Bis heute darf er nicht mehr als 15 Prozent Malzwein enthalten und steht für einen tendenziell trockeneren, leichteren Genever-Stil. Außerdem darf er max. 10 g Zucker pro Liter enthalten.

Korenwijn

Kornbrand mit mind. 51 Prozent Malzweinanteil darf sich Korenwijn nennen. Er weist außerdem mind. 38 % Vol. auf und wird mit bis zu 20 g/l Zucker angereichert.

Graanjenever (Grain Genever)

Diese zusätzliche Bezeichnung darf Genever tragen, dessen Neutralalkoholanteil ausschließlich auf Getreidebasis erzeugt wurde.

Fruchtgenever

Fruchtgenever sind eigentlich Liköre auf Geneverbasis. Durch ihren hohen Zuckeranteil und die Fruchtaromen haben sie aber mit eigentlichem „Genever" nicht viel zu tun.

WACHOLDER

Bei der Herstellung eines Wacholders wird Neutralalkohol oder Getreidedestillat durch die Zugabe von Wacholderdestillat oder Wacholderlutter aromatisiert. Auch die Verwendung anderer natürlicher und naturidentischer Aromen ist erlaubt. Der Wacholdergeschmack muss allerdings wahrnehmbar bleiben. Eine spezielle Variante des Wacholders ist der „Doppelwacholder", der mind. 38 % Vol. aufweisen muss.

STEINHÄGER

Steinhäger darf ausschließlich im nordrhein-westfälischen Steinhagen hergestellt werden. Ähnlich wie beim Wacholder wird Neutralalkohol oder Getreidedestillat durch Wacholderlutter aromatisiert. Außerdem dürfen Wacholderbeeren und Wasser verwendet werden. Weitere Zutaten darf Steinhäger nicht enthalten.

SONSTIGE

Neben den populären Wacholderspirituosen gibt es einige eher regional verbreitete Spezialitäten. Ähnlichkeiten zum deutschen Wacholder haben der slowakische Borovička (ca. 40–45 % Vol., ähnlich: Klekovatsch, Brinjevec)

sowie der österreichische Kranawitter (ca. 38–43 % Vol., ähnlich: Ginipero in Italien und Schweiz). Beide werden aus rektifiziertem Wacholderlutter hergestellt und mit Zucker harmonisiert. Aus dem ehemaligen Ostpreußen (heute Teil Polens) stammt der Machandel (ca. 38 % Vol.). Er wird aus Wacholderdestillat, teilweise unter Zusatz von Gewürzen wie Kümmel und Koriander, hergestellt.

WACHOLDER (AUCH GINEBRA, GENEBRA)

HERKUNFT	hauptsächlich Deutschland
ROHSTOFFE	Wacholder, Enzian, Kümmel …
HERSTELLUNG	Vermengen von Neutral- oder Getreidealkohol mit Wacholderlutter oder Wacholderdestillat sowie anderen Aromen
LAGERUNG	kurze Lagerung in neutralen Behältern zur Harmonisierung
ALKOHOLGEHALT	mind. 30 % Vol.

STEINHÄGER

HERKUNFT	Steinhagen, Deutschland
ROHSTOFFE	Wacholder
HERSTELLUNG	Vermengen von Neutral- oder Getreidealkohol mit Wacholderlutter
LAGERUNG	kurze Lagerung in neutralen Behältern zur Harmonisierung
ALKOHOLGEHALT	mind. 38 % Vol.

ZUCKERROHR ZUM TRINKEN

RUM, RHUM UND CACHAÇA

Als Christoph Kolumbus 1493 Zuckerrohr auf die Inseln vor der amerikanischen Küste brachte, sollte er den Weg zur Produktion einer ganz besonderen Spirituose ebnen, dem Rum. Wegen guter Bodenbeschaffenheit und ausgezeichneten Klimas wurden bald aufgrund des hohen Arbeitsaufwands Tausende afrikanischer Sklaven zur Zuckerproduktion eingesetzt. Zuckerrohr wurde zum wichtigen Handelsgut und gewann noch an zusätzlicher Popularität, als man im 16. Jahrhundert feststellte, dass man aus seinen Fasern eine Art Zuckerrohrwein gewinnen kann.

Bald destillierte man diesen Zuckerrohrwein und erhielt dadurch Rum. Dieser ist zunächst klar und frisch, kann aber durch Fasslagerung deutlich an Farbe und Aroma gewinnen. Der junge Rum wurde also in Fässer gefüllt und nach Europa verschifft, bei seiner Ankunft war er auf diese Weise mild und bekömmlich. Den englischen Marinesoldaten war es recht, und schon bald nutzten sie den Rum, um ihre Ration Zitronen- oder Limettensaft zur Skorbut-Vorbeugung etwas schmackhafter zu machen. Mal wieder ist also das englische Militär nicht unwesentlich an der weltweiten Verbreitung einer Spirituose beteiligt.

In Brasilien ergab sich eine ähnliche Entwicklung. Denn auch hier entstand im Laufe des 16. Jahrhunderts unter dem Einfluss der Kolonialherren sklavereigeprägter Zuckerrohranbau. Ein eigener Zuckerrohrbrand, der Cachaça, war da keine allzu erstaunliche Konsequenz. Machte der Cachaça zunächst vor allem den Sklaven die harte Arbeit etwas leichter, wurde er bald zu einer Art flüssiger Unabhängigkeitserklärung gegenüber dem kolonialen Mutterland Portugal. Bis heute gilt der Cachaça demzufolge als Nationalgetränk Brasiliens, übrigens dem weltweiten Marktführer im Zuckerrohranbau.

Rum wird heute vor allem in der Karibik und Mittel- wie Südamerika hergestellt. Aber auch in zahlreichen anderen Regionen mit entsprechenden klimatischen Bedingungen lassen sich vereinzelte Produktionsstätten finden.

Seinen Namen könnte der Rum dem englischen Wort „rumbullion" verdanken, das „großer Tumult" oder „Krawall" bedeutet. Etwas unspektakulärer könnte aber auch das Wort „saccharum", der Gattungsname des Zuckerrohrs, als Namenspate dienen.

RUM/RON

Das Wort „Rum" hat sich international durchgesetzt, doch auf Flaschen aus ehemaligen spanischen Kolonien findet sich nicht selten auch die spanische Bezeichnung „Ron". Ganz gleich, was

RUM/RON

HERKUNFT	vor allem Karibik, Mittel- und Südamerika
ROHSTOFFE	Zuckerrohr
HERSTELLUNG	Destillation vergorener Melasse
LAGERUNG	meist Eichenholzfässer, junge Sorten teilweise in Stahltanks
ALKOHOLGEHALT	mind. 37,5 % Vol.

auf der Flasche steht – beide stellt man aus Melasse her. **Melasse** ist eigentlich ein Nebenprodukt der Zuckerherstellung, das als dunkler Sirup zurückbleibt, wenn der Zuckerrohrsaft beim Einkochen kristallisiert ist. Mit Wasser und Hefe vermischt, beginnt die Melasse zu gären. Das vergorene Gemisch, die Maische, wird darauf destilliert. Diese Variante ist die weitaus populärste auf der Welt.

Spiced Rum

Gewürze

Rum / Ron

Früchte

Melasse

Zuckerrohr

Zuckerrohr-
saft

Cachaça

Rhum
(Agricole)

industrial

artesanal

RHUM (AGRICOLE)

HERKUNFT	vor allem ehemalige französische Karibikinseln
ROHSTOFFE	Zuckerrohr
HERSTELLUNG	Destillation von vergorenem Zuckerrohrsaft
LAGERUNG	meist Eichenholzfässer, junge Sorten teilweise in Stahltanks
ALKOHOLGEHALT	mind. 37,5 % Vol.

- **Blended Rum** - Mischung verschiedener Original-Rumsorten
- **Demerara Rum** – traditioneller Rum-Stil aus Guyana, benannt nach dem landestypischen Demerara-Zucker
- **Original Rum** – aus Melasse, mind. 37,5 % Vol.
- **Overproof Rum** – ab 57,15 % Vol.
- **Rum-Verschnitt** – enthält mind. 5 Prozent Original Rum

RHUM (AGRICOLE)

Durch Absatzprobleme der Zuckerindustrie begann man im 19. Jahrhundert nicht weiter nur das Nebenprodukt Melasse zu destillieren, sondern verwendete gleich den kostbaren Zuckerrohrsaft. Dieser wird zur Gärung mit Wasser und Hefe vermischt. Der entstandene Zuckerrohrwein wird nun destilliert.

Neben diesen grundsätzlichen Unterschieden in der Herstellung finden sich auf Etiketten vielfältige und irreführende Bezeichnungen. Daher hier unser kleines Rum-ABC:

Rumregionen

Der Charakter verschiedener Rums kann auch Rückschlüsse auf die jeweilige Herkunft zulassen. Dabei lässt sich natürlich nie kategorisch sagen, jede Abfüllung einer bestimmten Insel ordne sich genau definierten Geschmacks-

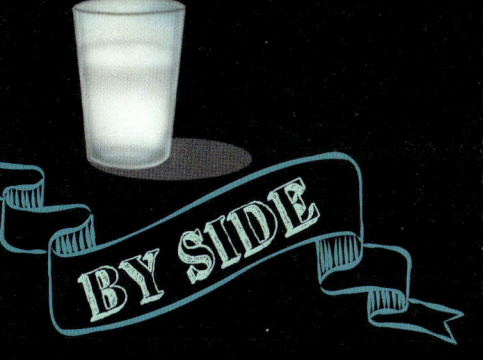

Unter **Spiced Rums** versteht man Getränke auf Rumbasis, die mit verschiedenen Gewürzen zusätzlich aromatisiert wurden. Auch wenn es durchaus schmackhafte Vertreter dieser Spezies auf dem Markt gibt – von einem echten Rum kann hier nicht mehr gesprochen werden. So müssen sich viele Produkte auch mit kleingedruckten Bezeichnungen wie „Spirituose auf Rumbasis" behelfen. *(z. B. Captain Morgan Spiced Gold)*

mustern unter, aber dennoch kann eine Orientierung an typischen Merkmalen helfen, sich im Gewirr der Zuckerrohrdestillate zurechtzufinden.

Kuba, Puerto Rico, Haiti und die Dominikanische Republik stehen mit ihren großen Herstellungstraditionen für mildere Rums, die mit dem Alkohol eher sparsam umgehen und häufig durch Weichheit und leichte Noten wie Vanille auffallen. Ein kleines Stück weiter südlich präsentiert sich Jamaika dagegen

mit kraftvoll-würzigen Rums und intensivem Charakter.

Auf den östlichen Antillen gibt es eher ein Durcheinander an Aromen und Herstellungsarten. Die ehemaligen französischen Inseln wie Martinique oder Guadeloupe stehen für Rhum Agricole mit den typischen Noten von frischem Zuckerrohr, wogegen andere Regionen wie die Virgin Islands mit den charakter- und volumenreichen Navy Rums aufwarten.

Ein Blick nach Süden Richtung Festland zeigt Guyana mit seinen vollen und kräftigen Demerara-Rums aus dem landestypischen Demerara-Zucker. Weiter an der Küste entlang in Richtung Westen zeigt sich eine Vielfalt von leichten bis schweren Rums sämtlicher Couleur, deren fröhliches Chaos durch die süßen, runden Destillate aus Guatemala ganz im Westen abgeschlossen wird.

201

KURZ VORGESTELLT: ## HAVANA CLUB RUM

1878 gründete der Baske José Arechabala in der kubanischen Stadt Cárdenas die Destillerie „La Vizcaya", und nach einem Zusammenschluss mit verschiedenen regionalen Destillerien wurde 1934 der dort hergestellte Rum zum ersten Mal unter dem Namen Havana Club verkauft. Die kleine Figur im oberen Bereich des Logos stellt übrigens La Giraldilla dar, eine Statue auf einem Glockenturm im Hafen Havannas. Sie gilt als Wahrzeichen der Stadt. Havana Club zählt heute zu den bekanntesten Rummarken der Welt.

Bekannte Produkte: Havana Club 3 Años, Havana Club 7 Años, Havana Club Maximo

KURZ VORGESTELLT: ## PAMPERO RUM

Nicht nur auf Inseln entsteht guter Rum – auch das südamerikanische Festland hat einiges zu bieten, so auch Venezuela. Hier werden in Caracas seit 1938 die Pampero-Rums hergestellt. Eine mindestens zweijährige Fasslagerung ist für Rum aus Venezuela übrigens vorgeschrieben – obwohl die meisten Rums von Pampero wesentlich älter sind. Pampero war der erste Rum in Venezuela, der den Zusatz „Añejo" tragen durfte.

Bekannte Produkte: Pampero Blanco, Pampero Especial, Pampero Aniversario

RON ABUELO RUM

1908 eröffnete der Spanier Don José Verela Blanco die erste Zuckerfabrik Panamas. Seine Söhne begannen dort 1936 schließlich mit der Destillation des Zuckerrohrs. 1976 errichtete man eine neue Destillerie, in der seitdem im kontinuierlichen Verfahren gebrannt wird. Man verwendet fast ausschließlich Zuckerrohr aus eigenem Anbau. Die bekannteste Marke des Hauses ist der Ron Abuelo.

Bekannte Produkte: Ron Abuelo Añejo, Ron Abuelo 7 Años, Ron Abuelo 12 Añejo

ZACAPA RUM

Seit 1976 wird Zacapa Rum in Venezuela hergestellt. Besonderen Einfluss auf den Rum hat die Lagerung auf ca. 2300 Meter Höhe, denn das kühle Bergklima sorgt für eine langsame Reifung. Deutlichen Einfluss auf die Produktionsweise hat außerdem die Sherryproduktion. So werden nicht nur teilweise ehemalige Sherryfässer zur Lagerung der Rums verwendet, sondern auch das typisch spanische Solera-Verfahren übernommen.

Bekannte Produkte: Ron Zacapa 23 Centenario, Ron Zacapa Etiqueta Negra 23, Ron Zacapa Solera Reserve 15

202

CACHAÇA

HERKUNFT	Brasilien
ROHSTOFFE	Zuckerrohr
HERSTELLUNG	Destillation von vergorenem Zuckerrohrsaft
LAGERUNG	verschiedene Holzfässer, junge Sorten teilweise in Stahltanks
ALKOHOLGEHALT	mind. 38–48 % Vol.

CACHAÇA

Ähnlich wie die Rhums aus den ehemaligen französischen Kolonien wird auch der Cachaça nicht aus Melasse, sondern aus vergorenem Zuckerrohrsaft hergestellt. Ein wichtiger Unterschied ist allerdings die verbreitete Verwendung von Maisstärke zur Fermentation. Außerdem dürfen dem fertigen Destillat pro Liter noch 6 Gramm weitere Inhaltsstoffe zugesetzt werden. Auch kurz gereifte (ab 1 Jahr) Cachaças sind erhältlich.

Tendenziell lassen sich zwei Kategorien des Cachaças unterscheiden. So tragen die Bezeichnung „Cachaça artesanal" normalerweise Abfüllungen, die in Traditionsbetrieben im diskontinuierlichen Verfahren gebrannt wurden. Dagegen wird der „Cachaça industrial" im großen Stil kontinuierlich destilliert.

MAGNIFICA CACHAÇA

Seit 1997 produziert João Luiz Coutinho de Faria seinen Magnifica Cachaça, hoch oben in den Bergen von Rio de Janeiro, zwischen Vassouras und Miguel Pereira. Dort liegt seine Farm namens Fazenda do Anil. Seine Cachaças werden in einer Kupfer-Brennblase destilliert und anschließend in landesüblichen Fässern gelagert, zum Beispiel in Fässern aus Ipê-Holz. Magnifica Cachaça ist ein Artesanal Cachaça.

Bekannte Produkte: Magnifica Tradicional, Magnifica Envelhecida, Magnifica Reserva Soleira

EDLES AUS DER AGAVE

HERKUNFT	Mexiko
ROHSTOFFE	Agaven (Tequila: nur blaue Agave)
HERSTELLUNG	Destillation vergorener Agaven
LAGERUNG	meist Eichenholzfässer, junge Sorten teilweise in Stahltanks
ALKOHOLGEHALT	mind. 35–55 % Vol.

Schon um 1000 v. Chr. tranken Menschen in Südamerika den Saft von Agaven. Dieser gärt leicht, und so nutzten spätestens die Azteken vor über 1000 Jahren den vergorenen Saft, Pulque genannt, als Rauschmittel. Mit der spanischen Eroberung Mexikos zu Beginn des 16. Jahrhunderts kam auch die Technik zur Destillation ins Land, und man begann aus Pulque den Mezcal, einen rauchigen Agavenbrand, herzustellen.

Zur traditionellen Mezcalproduktion hebt man zunächst Gruben aus, in denen Steine auf entzündetem Eichenholz erhitzt werden. Nach dem Erlöschen der Flammen werden die Agavenherzen auf den heißen Steinen gedämpft, um die Kohlenhydrate zu Einfachzucker umzuwandeln. Bedeckt mit Agavenfasern und Erde verbringen die Agaven drei bis fünf Tage in diesem Ofen. Durch Rauch, Holz und Erde erhalten sie die typischen Aromen des Mezcals. Daraufhin werden die Agaven zerkleinert und zu einem Brei zermahlen, den man einmaischt. Die üblicherweise zweifache Destillation dieses Gemischs unterscheidet sich innerhalb der verschiedenen Regionen Mexikos voneinander und führt durch die große Auswahl an Destillationsapparaturen und lokalen Gepflogenheiten zu abwechslungsreichen Ergebnissen. Noch eindrucksvoller wird die Vielfalt der Mezcals durch die Anzahl der Agavenarten, die teilweise noch wild wachsen. Zwar steht auch beim Mezcal mit der Agave Angustifolia (Espadin), die am häufigsten verwendet wird, eine Sorte klar im Fokus, doch die Anzahl ist gesetzlich nicht beschränkt. Gebrannt wird in der Praxis vermutlich mit mehreren Dutzend verschiedener Arten.

Dieser Vielfalt zum Trotz begannen Ende des 19. Jahrhunderts Brennereien um ein Städtchen namens Tequila im Gebiet Jalisco mit der ausschließlichen Verwendung der blauen Agave. Schon bald wurde das besondere Aroma dieses Destillats über die handelstüchtige Region hinaus bekannt als Tequila. Tequila war also ursprünglich eine spezielle Art des Mezcal, kann aber heute als eigenständige Spirituose betrachtet werden.

Zur Tequilaherstellung werden die blauen Agaven grob zerkleinert und in üblicherweise dampfbetriebenen Öfen langsam gegart und anschließend zermahlen. Durch Wasserzugabe erhält man das sogenannte Honigwasser (aguamiel), das daraufhin destilliert wird. Die ausgepressten Agavenfasern werden dagegen heute meist nicht mehr mitdestilliert. Heute darf Tequila

Agave

Mezcal

Tequila

100 %

mind. 80 %

100 %

mind. 51 %

Mezcal de Pechuga

Huhn, Früchte, Gewürze

Gold

Karamell

Blanco/Joven – max. 60 Tage
Reposado – 2 Monate bis 1 Jahr
Añejo – 1 bis 3 Jahre
Extra Añejo – über 3 Jahre

Selbst wer noch nie Mezcal getrunken hat, kennt meist den **berüchtigten** Wurm, der in einigen Mezcalflaschen zu finden ist. Was wie eine verschrobene mexikanische Tradition wirkt, lässt sich vermutlich auf eine Marketingidee aus den 1950ern zurückführen. Demnach schmeckt Mezcal anders, wenn die verarbeitete Agave von den Raupen des Dickkopffalters befallen wurde. Aus der Raupe machte man umgangssprachlich einen Wurm, und aufgrund eines gewissen Verkaufserfolgs findet sich dieser bis heute in einigen Abfüllungen. Auf ein hoch qualitatives Produkt lässt sich dabei aber in den seltensten Fällen schließen.

nur im Bundesstaat Jalisco sowie in Nayarit, Guanajuato, Michoacán und Tamaulipas hergestellt werden. Auch die ausschließliche Verwendung der blauen Agave ist gesetzlich festgelegt.

Ähnlich wie Rum sind Tequila und Mezcal nach der Destillation klar und fruchtig. Durch eine verhältnismäßig kurze Fasslagerung, vorgeschrieben ist Eiche, verändern aber auch Agavenbrände Farbe und Aroma. Bei zu lange fassgelagerten Agavenbränden aber wird die Fruchtigkeit der Agave regelmäßig durch die Holzaromen verdeckt. Leicht täuschend wirkt hier die goldene Farbe von Destillaten mit der Bezeichnung „Gold" oder „Oro", die nach Fasslagerung aussehen mag, aber ausschließlich durch den Zusatz von Karamell zustande kommt.

Volles Agavenaroma können außerdem nur Abfüllungen mit der Kennzeichnung „100 Prozent Agave" bieten. Diese Etikettierung gewährleistet, dass der Tequila keinen Fremdzucker anderer Rohstoffe enthält und in Mexiko abgefüllt wurde. Bei den sogenannten „Mixtos" ohne diese Angabe müssen nur

mindestens 51 Prozent des Zuckers aus dem Agavensaft stammen. Bei Mezcal-Mixtos sind es 80 Prozent.

Sowohl Tequila als auch Mezcal werden nach der jeweiligen Reifezeit benannt:
· Blanco (Silver, Platino)
  maximal 60 Tage gelagert
· Reposado (Aged)
  zwei Monate bis unter ein Jahr gelagert
· Añejo oder Añejado (Extra Aged)
  ein bis drei Jahre gelagert
· Extra Añejo (Ultra Aged)
  über drei Jahre gelagert

Zusätzlich existieren für den Mezcal noch folgende Bezeichnungen:
· Joven (gesetzlich = Blanco)
  farblos, ungelagert
· Mezcal de Pechuga
  destilliert mit Früchten und Gewürzen, wobei eine Hühnerbrust in der Brennblase aufgehängt wird, um die zusätzlichen Aromen zu harmonisieren
· Mezcal Abocado
  mit Zusätzen, dazu zählt auch der Mezcal de Gusano, der einen Wurm enthält

205

DON JULIO TEQUILA

Ab 1942 stellte Don Julio González seinen eigenen Tequila her. Zunächst nur im kleinen Rahmen abgefüllt, entwickelte sich aus der Privatabfüllung ein marktreifer Tequila. Die heutige Destillerie befindet sich in Atotonilco El Alto in Jalisco. Don Julio zählt mittlerweile zu den international bekannten Tequilas.

Bekannte Produkte: Don Julio Blanco, Don Julio Reposado, Don Julio Anejo

SIERRA TEQUILA

Die Tequilas von Sierra werden in Guadalajara, der Hauptstadt von Jalisco, produziert. Dort werden sie doppelt in Pot Stills destilliert. Sierra ist nicht nur in Deutschland mit Abstand Marktführer im Tequila-Segment, sondern in ganz Europa die meistverkaufte Tequilamarke. Neben den bekannten „Mixtos" sind auch verschiedene 100 Prozent Agave-Abfüllungen erhältlich.

Bekannte Produkte: Sierra Silver, Sierra Antiguo, Sierra Milenario Blanco

GEBRANNTE WEINE

VON ARMAGNAC BIS PISCO

Die Geschichte des Weinbrands ist wohl länger als die Geschichte jedes anderen Brands. Denn schon als man gegen Ende des ersten Jahrtausends n. Chr. in Arabien begann, Alkohol zu medizinischen Zwecken zu destillieren, nahm man vermutlich Wein als Basis – wohl einfach, da er reichlich vorhanden war. In den nächsten Jahrhunderten verbreitete sich die Destillationstechnik in Europa, und auch hier verwendete man Wein als Basis.

Als im 13. Jahrhunderts die handelstüchtigen Niederländer ihre Vorliebe für Wein entdeckten, war der nächste Schritt gemacht: Da die Weine den Seetransport von Frankreich oder Spanien aus geschmacklich nicht überstanden, wurden sie in den Niederlanden zu brandewijn destilliert. Anschließend mischte man sie wiederum mit Wasser oder Kräutern, um ein zumindest weinähnliches Getränk zu erhalten. Was lag da näher, als den Wein bereits vor dem Transport zu destillieren? Ab Mitte des 16. Jahrhunderts baute man also Brennereien in unmittelbarer Nähe der Weinberge und sparte so bei der Schiffsreise Lagerraum. Und haltbarer waren die hochprozentigen Brände obendrein.

Schnell wurden vor allem die Weinbrände aus der französischen Charente berühmt, produziert im Umland eines Ortes namens Cognac. Die säuerlichen Weine der Region sorgten für ansprechende Fruchtnoten im späteren Weinbrand und waren zudem einfach zu brennen. Bereits nach zweimaligem Destillieren erhielt man einwandfreie Brände. Auf diese Weise wurde der coniack brandy in kurzer Zeit äußerst beliebt, und vor allem die Engländer wussten ihn zu schätzen. Zumal man bald bemerkte, dass der raue, junge Weinbrand durch den Transport in Fässern weich und delikat wurde. Eifrig wurden in der Charente Vertriebsstrukturen aufgebaut, um der Nachfrage gerecht zu werden. Auch Armagnac und später Brandy de Jerez vollzogen daraufhin eine ähnliche Entwicklung.

Alte Weinbrände sind bis heute ein Getränk der Kenner und Genießer, und jede Region hat ihre speziellen Liebhaber gefunden. Aber wo liegen die Unterschiede?

ARMAGNAC

Armagnac wird häufig als der erfolglose kleine Bruder des Cognacs abgetan, doch damit wird man ihm kaum gerecht. Den ersten Unterschied macht die Region: Armagnac darf mit ge-

ARMAGNAC

HERKUNFT	Gasconge (Frankreich)
ROHSTOFFE	Trauben (meist Ugni Blanc, Folle Blanche, Colombar und Baco Blanc, witere Sorten zugelassen)
HERSTELLUNG	meist kontinuierliche Destillation im "allambic armagnacais"
LAGERUNG	in Eichenfässern
ALKOHOLGEHALT	mind. 40 % Vol.

Blanche d'Armagnac

Armagnac
VS – mind. 2 Jahre
VSOP – mind. 5 Jahre

Viel Armagnac
XO – mind. 6 Jahre
Hors d'Age – mind. 10 Jahre

Terroir
Bas-Armagnac,
Ténarèze,
Haut-Armagnac

Armagnac

Ugni Blanc, Folle Blanche,
Colombar und Baco Blanc

Trauben

Cognac

Ugni Blanc, Folle Blanche,
Colombar

Fine Champagne
100% aus Grande und
Petite Champagne

Terroir
Grande Champagne,
Petite Champagne,
Borderies,
Fins Bois,
Bons Bois,
Bois Ordinaires

VS – mind. 2 Jahre
VSOP – mind. 4 Jahre
XO – mind. 10 Jahre

schützter Herkunftsbezeichnung nur in der Gascogne, am südwestlichen Rand Frankreichs hergestellt werden. Das Anbaugebiet des Armagnac wird in drei Regionen unterteilt: **Bas-Armagnac**, **Ténarèze** und **Haut-Armagnac**.

Die säurebetonten Grundweine mit etwa 7–9 % Vol. werden mit einer ganz speziellen Destillationsapparatur, dem „alambic armagnacais" gebrannt. So entsteht in einem einzigen kontinuierlichen Brennvorgang ein recht raues Destillat mit etwa 52–60 % Vol. Diese wilde Flüssigkeit wird in Eichenfässer mit etwa 400–420 Litern Fassungsvermögen abgefüllt.

Vereinfacht wird unterschieden zwischen:

Blanche d'Armagnac – ohne Fassausbau
Armagnac – weniger als sechs Jahre Fasslagerung
Vieil Armagnac – mind. sechsjährige Fasslagerung

Etwas genauer gelten folgende Unterscheidungen nach Dauer der Fasslagerung, bezogen auf den jüngsten Armagnac der Assemblage:

drei Sterne oder VS – mind. zwei Jahre
VSOP – mind. fünf Jahre
XO – mind. sechs Jahre
Hors d'Age – mind. zehn Jahre

Es herrscht allerdings ein wenig Verwirrung bei der Etikettierung von Armagnac. So gibt es zahlreiche Bezeichnungen wie Réserve, VS, VO oder Napoléon, die je nach Hersteller unterschiedlich verwendet werden. Nur eine

Nachfrage beim Produzenten kann also helfen, wenn man wissen möchte, wie lange die Brände wirklich gelagert sind.

Unabhängig von diesen Bezeichnungen existieren aber auch Abfüllungen mit genauen Angaben (z. B. „21 Jahre") oder sogar Jahrgangsabfüllungen (**Millésimes**), bei denen neben dem Erntejahr zusätzlich das Abfülldatum angegeben wird.

HERKUNFT	Spanien, Griechenland, Italien, Portugal, Deutschland
ROHSTOFFE	Trauben; Brandy de Jerez – meist Airén, Palomino Portugiesischer Brandy – häufig Tália, Malvasia Rei, Cabinda
HERSTELLUNG	kontinuierliche und Pot-Still-Destillation
LAGERUNG	Reifung in Eichenholzfässern; Brandy de Jerez – Reifung in Sherryfässer aus amerikanischer Eiche im Solera-Verfahren Portugiesischer Brandy – Reifung in Portweinfässern
ALKOHOLGEHALT	mind. 36 % Vol.

Man unterscheidet:

Spanischer Brandy – Brandy de Jerez

Weltberühmt ist vor allem der spanische Brandy. Der weitaus größte Teil (ca. 90 Prozent) davon entfällt auf den Brandy de Jerez. Benannt ist er nach der Stadt Jerez de la Frontera im Süden Spaniens, die auch dem Sherry seinen Namen gab. Zusammen mit den Orten Puerto de Santa Maria und Sanlúcar de Barameda bildet sie das sogenannte Sherry-Dreieck. Als eingetragene Herkunftsbezeichnung darf Brandy de Jerez nur in diesem Gebiet ausgebaut werden – wohlgemerkt nur ausgebaut. Die

Fasslagerung ist demnach von größter Wichtigkeit für den speziellen Charakter des Brandys – wohingegen bei anderen Weinbränden ein besonderes Augenmerk auf das Anbaugebiet der Trauben gelegt wird.

Zunächst werden Grundweine mit etwa 10,5 bis 13 % Vol. destilliert. Beim so entstandenen Weingeist wird unterschieden zwischen den niedrigprozenti-geren, aromatischen holandas (ca. 60–70 % Vol.) und den hochprozentigeren und daher aromenärmeren destilados (ca. 70–94,8 % Vol.). Der Anteil hochprozentiger Destillate darf im Endprodukt nicht mehr als die Hälfte betragen, und in hochwertigen Brandys werden oftmals ausschließlich niedrigprozentige Destillate verwendet.

Nun aber zu den Fässern. Nachdem die Weindestillate in Tanks an ihren Lagerort geschafft wurden, füllt man sie in etwa 500–600 Liter fassende Fässer. Diese bestehen meist aus amerikanischem Eichenholz und müssen zuvor mindestens drei Jahre lang zur Sherry-

Es war einmal in Amerika ... da fing man damit an, jeden Fruchtlikör, der nicht „bei drei auf den Bäumen" war, „Brandy" zu nennen. Zugegeben – ganz so schlimm war es nicht. Doch Tatsache ist, dass im Englischen Liköre den Zusatz „Brandy" mit sich führen dürfen, obwohl sie weder Weinbrände sind noch überhaupt Weinbrand enthalten. Es empfiehlt sich also, genau hinzusehen beim Einkaufen. Denn mit hochwertigen **„Apricot Brandys"** oder **„Cherry Brandys"** kann man zwar fantastische Drinks kreieren, aber eben nur, wenn sie auch tatsächlich im Rezept verlangt werden. Findet sich dagegen die einfache Angabe „Brandy" im Rezept, empfiehlt sich meist ein Brandy de Jerez. Auch mit Cognac mag das ein oder andere dieser Rezepte funktionieren. Wird aber Cognac oder ein anderer spezieller Weinbrand für den Drink benötigt, so wird das in einem guten Rezept auch angegeben sein.

Lagerung gedient haben. Je nach Art dieses Sherrys schlägt sich sein Geschmack deutlich auf den Brandy nieder. Es folgt ein aufwendiger Ausbau im Solera-Verfahren. So entsteht ein Weinbrand mit teils eindeutigen Sherry-Noten und einer eigentümlichen Würzigkeit und Tiefe.

Entsprechend der Zeit des Ausbaus im Solera-Verfahren unterscheidet man:

Solera – mind. sechsmonatige Fasslagerung
Solera Reserva – mind. zwölfmonatige Fasslagerung
Solera Gran Reserva – mind. dreijährige Fasslagerung

KURZ VORGESTELLT: WILLIAMS & HUMBERT BRANDY

Die 1877 gegründete Bodega Williams & Humbert, die auch durch ihr umfangreiches Sherry-Sortiment bekannt ist, war maßgeblich an der Etablierung der Herkunftsbezeichnung „Jerez-Xérès-Brandy" beteiligt. Renommiert sind vor allem die Produkte unter dem Namen „Gran Duque de Alba".

Bekannte Produkte: Gran Duque de Alba" Gran Reserva, Gran Duque de Alba'Oro,

KURZ VORGESTELLT: LUSTAU BRANDY

Bereits 1896 begann Don José Ruiz-Berdejo nebenbei Weine zu lagern und an Exportfirmen zu verkaufen. 1940 verlegte sein Schwiegersohn Don Emilio Lustau Ortega den Betrieb in das Santiago-Viertel nach Jerez. Vor allem bekannt für seine Sherrys, bietet Lustau ebenso Brandy an.

Bekannte Produkte: Lustau Solera Reserva, Lustau Solera Gran Reserva, Lustau Solera Gran Reserva Finest Selection

Vorsicht, Verwechslungsgefahr! Die Brasilianer sprechen zwar auch portugiesisch, doch bei ihnen ist „Aguardente" nur eine andere Bezeichnung für den beliebten Zuckerrohrschnaps Cachaça.

Italienischer Brandy

Italienischer Brandy ist international relativ wenig verbreitet, obwohl durchaus hochwertige Abfüllungen zu finden sind. Typischerweise werden die Brandys aus einheimischen Weinen destilliert. Ihre Reifezeit lässt sich an der Bezeichnung „**X-anni**" ablesen, wobei „X" für die jeweilige Lagerungsdauer in Jahren steht. Zusätzlich existiert die Kategorie **„Brandy italiano"** für Destillate mit mind. 38 % Vol.

Portugiesischer Brandy

Ursprünglich eher zur Anreicherung des Portweins gedacht, stellt man mittlerweile auch in Portugal ausgezeichnete Brandys her. Zudem besitzen die Brände aus der Region Lourinha sogar eine geschützte Herkunftsbezeichnung. Der Alkoholgehalt der verwendeten Weine ist auf max. 10 % Vol. begrenzt. Beliebt sind vor allem die Weißweine Tália und Malvasia Rei sowie der rote Cabinda. Sie werden meist im kontinuierlichen Verfahren bis zu 78 % Vol. gebrannt und in Eichenholzfässer mit einem Fassungsvermögen von höchstens 800 Litern gefüllt.

Man unterscheidet:

Aguardente vínica – mind. sechsmonatige Fasslagerung
Aguardente (vínica) velha – mind. zwölfmonatige Fasslagerung

Deutscher Weinbrand

Deutscher Weinbrand hat einen schweren Stand. Das liegt zu einem nicht unwesentlichen Teil an den großzügigen gesetzlichen Regelungen. So muss der Brand selbst zwar in Deutschland gemischt, gelagert und abgefüllt werden, woher die Grundweine stammen, ist aber nicht genau geregelt. Und selbst die Destillation muss nicht in Deutschland stattfinden. Teils werden auch durch Weindestillat verstärkte Grundweine (sogenannter Brennwein) destilliert. Dementsprechend ist es schwierig, dem deutschen Weinbrand insgesamt einen speziellen Charakter zuzusprechen. Dennoch bleiben einige wenige Merkmale: Deutscher Weinbrand muss mindestens 38 % Vol. aufweisen. Außerdem muss er mindestens zwölf Monate in Eichenholzfässern mit einem Fassungsvermögen von weniger als 1000 Litern reifen.

Glücklicherweise stößt der aufmerksame Trinker aber doch auf einige Unternehmen, die mit ihren Abfüllungen die genannten Vorgaben wesentlich übertreffen. Insofern gibt es durchaus den einen oder anderen exzellenten deutschen Weinbrand – manchmal sogar aus deutschen Weinen.

Solera
mind. 6 Monate

Solera Reserva
mind. 12 Monate

Solera Gran Reserva
mind. 3 Jahre

Aguargente vinicia
mind. 6 Monate

Aguargente
(vinicia) velha
mind. 12 Monate

X-anni
z.B. 2-anni
für 2 Jahre

mind. 12
Monate

Brandy Italiano
mind. 38% Vol.

Brandy
de Jerez

Portugiesischer
Brandy

Italienischer
Brandy

Deutscher
Weinbrand

Airén,
Palomino

Italia,
Malvasia Rei, Cabinda

Italia, Moscatel, Torontel, Atbilla,
Quebranta, Uvina, Negra Criolla, Mollar

Peruanischer
Pisco

Trauben

Moscatel Rosada, Moscatel de
Alejandría, Pedro Jiménez,
Moscatel de Austria, Torontel

Chilenischer
Pisco

einzelne
Rebsorten

mehrere
Rebsorten

Pisco Transparente/ Pisco Blanco
max. 6 Monate

Pisco de Guarda
mind. 180 Tage

Pisco Envejecido
mind. 1 Jahr

Puro

Mosto
Verde

Acholado

Mosto Verde
Acholado

Pisco Corriente/ Pisco Traditional
30% Vol.
Pisco Especial
35% Vol.
Pisco Reservado
40% Vol.
Gran Pisco
43% Vol.

% Vol

Vorsicht! Die Etikettierung **Fine de Cognac** sagt weder etwas über die Herkunft noch über das Alter aus.

COGNAC

HERKUNFT	Cognac und Umland (Frankreich)
ROHSTOFFE	Trauben (Colombard, Folle Blanche, Jurançon Blanc, Meslier Saint-François, Montils, Sémillon, Ugni Blanc, Folignan (max. 10 Prozent) Select (max. 10 Prozent))
HERSTELLUNG	zweifache Pot-Still-Destillation im „alambic charentais"
LAGERUNG	Reifung in Eichenholzfässern
ALKOHOLGEHALT	mind. 40 % Vol.

Ob man ihn nun besonders mag oder etwas anderes bevorzugt: Kein Weinbrand genießt einen solchen Weltruf wie der aus dem Umland des kleinen Städtchens Cognac. Um einen so guten Ruf zu erhalten und auszubauen, gründete man das „Bureau National Interprofessionnel du Cognac" (BNIC), das seit 1946 die Weinbauer und Häuser der Region vertritt. Die Arbeit des BNIC ist einer der Gründe dafür, dass Cognac so genau reglementiert ist wie kaum eine andere Spirituose.

Für die Cognacherstellung eignen sich vor allem säurebetonte Weine, die dem gereiften Destillat später seine schmackhafte Fruchtnote verleihen. Diese Weine haben etwa 8-9 % Vol. Beim ersten Brennvorgang im „alambic charentais" entsteht ein Raubrand mit etwa 28–32 % Vol., der Brouillis genannt wird. Dieser wird nochmals destilliert und man erhält einen Feinbrand mit etwa 70–72 % Vol., die Bonne Chauffe. Daraufhin wird das Destillat in Fässer aus Trauben- oder Stieleiche (Limousin und Troncais) gefüllt, die etwa 270–450 Liter fassen. So entstehen nach Jahren der Reifung komplexe Abfüllungen, deren Geschmack von pfeffriger Fruchtigkeit bis zu Noten von Tabak und Vanille reichen kann.

Nach Beschlüssen aus den Jahren 1936 und 1938 darf Cognac nur in folgenden Terroirs hergestellt werden: Grande Champagne, Petite Champagne, Borderies, Fins Bois, Bons Bois, Bois Ordinaires (auch Bois à Terroir). Das größte Prestige genießen dabei sicher die Grande und die Petite Champagne, die mit ihren sehr kalk- und kreidehaltigen Böden den Geschmack der meisten hochwertigen Cognacs prägen. Doch auch die Borderies ist bei Kennern teilweise beliebt durch die speziellen blumigen Noten ihrer Abfüllungen. Die übrigen Terroirs sind auf den Etiketten hochwertiger Destillate seltener zu finden.

Auf der Flasche liefern folgende Bezeichnungen Angaben zur Herkunft:

Cognac Grande (Fine) Champagne, Cognac Petite (Fine) Champagne, Cognac (Fine) Borderies, Cognac (Fine) Fins Bois, Cognac

(Fine) Bons Bois – die Destillate stammen dabei zu 100 Prozent aus dem benannten Anbaugebiet. Verpflichtend ist die zusätzliche Angabe „AOC" oder „Appellation Contrôlée".

Fine Champagne – die Destillate stammen zu 100 Prozent aus der Grande und Petite Champagne, davon mindestens 50 Prozent aus der Grande Champagne. Doch neben den örtlichen Faktoren spielt wie bei jeder gelagerten Spirituose ebenso die Lagerzeit eine Rolle. Man unterscheidet:

VS, drei Sterne – mind. 2 Jahre
VSOP, VO, Réserve, Vieux – mind. 4 Jahre
XO, Vieille Réserve, Extra, Napoléon – mind. 10 Jahre
Die Jahreszahl bezieht sich dabei jeweils auf den jüngsten Cognac der Assemblage. Zudem existieren Jahrgangsabfüllungen (Millésimés).

RÉMY MARTIN COGNAC

1724 gründete der junge Winzer Rémy Martin sein eigenes Unternehmen, das schon bald als Hersteller hochwertigen Cognacs bekannt wird. Als Symbol für die Verbindung von Mensch und Natur ziert seit 1870 ein Zentaur mit einem Speer die Flaschen. Seit 1948 stellt Rémy Martin seine Cognacs ausschließlich aus Trauben der Petite und Grande Champagne her. Die Firma stellt mit dem Rémy Martin VSOP den meistverkauften Cognac der Welt her.

Bekannte Produkte: Rémy Martin VSOP Mature Cask Finish, Rémy Martin Cœur de Cognac, Rémy Martin Centaure de Diamant

PISCO

HERKUNFT	Peru, Chile
ROHSTOFFE	Trauben; Peru: Moscatel, Torontel, Albilla, Quebranta, Uvina, Negra Criolla, Mollar; Chile: Moscatel Rosada, Moscatel De Alejandría, Pedro Jiménez, Moscatel De Austria, Torontel
HERSTELLUNG	Alambique-, Pot-Still-Destillation
LAGERUNG	Peru – mind. dreimonatige Lagerung in Kunststoff- oder Stahlbehältern; Lagerung zur Farb- oder Geschmacksgebung ist verboten Chile – mind. sechzigtägige Lagerung in neutralen Behältern, danach teilweise Reifung in Eichenholzfässern
ALKOHOLGEHALT	Peru – 38–48 % Vol. / Chile – mind. 30 % Vol.

PISCO

Streng genommen ist Pisco kein Weinbrand, sondern fast eher ein Traubenbrand. Denn zu seiner Herstellung werden keine Weine destilliert, sondern der Traubenmost wird ausschließlich zur Pisco-Produktion vergoren. Unter Trauben Most versteht man den Saft, der nach dem Zerdrücken der Trauben herausgefiltert wird. Dieser Most wird vergoren und destilliert.

Peruanischer Pisco darf weder mehr als einmal destilliert, werden noch dürfen daraufhin Zusätze irgendeiner Art hinzugefügt werden, noch nicht einmal Wasser! Destilliert wird im Alambiques oder sogenannten Falcas. Hiernach lagert der Pisco mindestens drei Monate in geschmacksneutralen Behältern. So wird er also, frei von jeglicher Beeinflussung nach der Destillation, abgefüllt. Dadurch soll allein der Charakter der verwendeten Traubensorten zum Ausdruck kommen. Diese werden in aromatische und nicht-aromatische Sorten unterteilt:

Aromatisch: Italia, Moscatel, Torontel, Albilla

Nicht-aromatisch: Quebranta, Uvina, Negra Criolla, Mollar

Dementsprechend gliedern sich die Kategorien peruanischen Piscos nicht hinsichtlich der Lagerzeit, sondern nach der Wahl der Trauben:

Acholado – aus verschiedenen Traubensorten
Puro – aus einer einzigen Traubensorte, die auf dem Etikett vermerkt ist
Mosto Verde – aus einer einzigen Traubensorte, deren Most bereits unvollständig vergärt destilliert wird. Der verbliebene Restzucker macht das Destillat etwas süßer.
Mosto Verde Acholado – Mosto Verde aus verschiedenen Traubensorten

Auch bei chilenischem Pisco wird zwischen aromatischen und nicht-aromatischen Trauben unterschieden:

Aromatisch: Moscatel Rosada, Moscatel De Alejandría
Nicht-aromatisch: Pedro Jiménez, Moscatel De Austria, Torontel

Chilenischer Pisco wird ein- bis dreifach destilliert, kontinuierliche Destillation ist in Chile allerdings verboten. Durch Gesetze ist geregelt, dass die verwendeten Trauben jeweils aus einer einzigen Ernte stammen. Nach der Destillation ruht jeder chilenische Pisco mindestens 60 Tage in Stahltanks oder aromatisch möglichst neutralen Buchenholzfässern. Nach dieser Ruhezeit wird Pisco, je nach Kategorie, unterschiedlich verarbeitet:

Pisco Transparente /
Pisco Blanco – höchstens sechs Monate gelagert
Pisco de Guarda – mind. 180 Tage in Fässern aus amerikanischer oder französischer Eiche gelagert
Pisco Envejecido – mind. ein Jahr in Fässern aus amerikanischer oder französischer Eiche gelagert

Abgefüllt wird chilenischer Pisco stets in seiner Herkunftsregion. Des Weiteren wird er nach seinem Alkoholgehalt unterschieden:

Pisco Corriente /
Pisco Tradicional – 30 % Vol.
Pisco Especial – 35 % Vol.
Pisco Reservado – 40 % Vol.
Gran Pisco – 43 % Vol.

Neben diesen Bezeichnungen trägt Pisco, der traditionell in Handarbeit produziert und gelagert wurde, das Etikett Artesanal.

GETREIDIGE VIELFALT

WHISKY UND WHISKEY

Vermutlich brachten bereits im 5. bis 6. Jahrhundert christliche Mönche ihr Wissen um die Destillation, wohl aus arabischen Quellen stammend, nach Irland und Schottland. Tatsächlich nachgewiesen ist ein Malzbrand als Vorläufer des heutigen Whisk(e)ys aber erst um 1500. Ganze 400 Jahre sollte es darauf noch dauern, bis sich der heute essenzielle Produktionsschritt der Fasslagerung etablierte. Durch die Reifung im Fass wurde der Whisk(e)y sowohl weicher als auch komplexer. Zudem mischte man sehr ruppige Destillate mit weicheren Bränden und erhielt so, das Wissen eines erfahrenen Blenders (engl. to blend = mischen) vorausgesetzt, schnell große Mengen einer harmonischen Abfüllung.

Unzufrieden mit den Zuständen in ihrer Heimat, brachten Schotten und Iren Mitte des 18. Jahrhunderts das Wissen über die Whisk(e)yherstellung mit in die jungen USA. Den amerikanischen Sitten entsprechend, kommt man schnell auf die Idee, die starken Schnäpse mit Eis und Zucker trinkbarer zu machen. Und so wundert es nicht, dass gerade der raue Whisk(e)y in den frühen Cockailrezepten eine wichtige Rolle spielt.

Und obwohl sich der amerikanische Whiskey damit zum eigenen Kulturgut und Symbol des Pioniergeistes gemacht hatte, kamen nicht nur die Amerikaner nach den 1960er-Jahren vermehrt auf den Geschmack klarer Spirituosen. In Schottland wussten die Produzenten nicht mehr wohin mit ihren Malts und machten, was blieb ihnen auch übrig, aus der Not eine Tugend: Zunehmend schaffte man es, einem genussorientierten Publikum die unvermischten und komplexen Single Malts schmackhaft zu machen und verschaffte so dem schottischen Whisky ab den 80er-Jahren den Ruf eines weltmännischen Edelgetränks, dessen Renommee ansonsten wohl nur noch mit Cognac zu vergleichen ist. Auch die Hersteller außerhalb Schottlands erkannten die Zeichen der Zeit, und heute ist der Connaisseur geradezu verloren in der Vielzahl der hochwertigen Abfüllungen.

Doch wie sehr sich der Whisk(e)y damit in den letzten Jahrzehnten auch verändert haben mag, für die Herstellung aller Whisk(e)ys gilt: Man bringt Getreide mithilfe von Wasser und Hefe zum Gären, und es entsteht eine Art Bier mit einem Alkoholgehalt von etwa 3–9 % Vol., das schließlich destilliert wird. Daraufhin folgt in den allermeisten Fällen eine Fasslagerung.

In dieser Form verbreitete sich Whisk(e)y in zahlreichen Formen auf der ganzen Welt und unterscheidet sich je nach Bezeichnung durch Anbaugebiet, Getreideart, Wasser, Fass und Lagerzeit. So hat sich neben den „klassischen" Stilen aus Schottland, Irland und den USA in den letzten Jahren vor allem die japanische Whisky-Kultur stark entwickelt, und selbst in Deutschland oder der Schweiz finden sich mittlerweile einzelne Destillerien.

Das Wort „Whisky" leitet sich übrigens vom schottisch-gälischen „uisge beatha" ab, das in etwa „Lebenswasser" bedeutet. Grundsätzlich gilt zur Schreibweise: Die Destillate aus Schottland und Kanada schreiben sich „Whisky", dagegen die aus Irland und den USA „Whiskey". Wie immer bestätigen aber auch hier Ausnahmen die Regel.

SCOTCH WHISKY

HERKUNFT	Schottland
ROHSTOFFE	Single Malt/Blended Malt – gemälzte Gerste Single Grain – ungemälztes Getreide Blended Scotch – gemälzte Gerste und ungemälztes Getreide
HERSTELLUNG	Malt – (meist zweifache) Pot-Still-Destillation Grain – meist kontinuierliche Destillation
LAGERUNG	mind. dreijährige Lagerung in Eichenholzfässern
ALKOHOLGEHALT	mind. 40–65 % Vol.

Corn
mind. 80 %

Bourbon
mind. 51 %

Tennessee
mind. 51 %

Rye
mind. 51 %

Wheat
mind. 51 %

Canadian

Mais

Roggen

Weizen

Getreide

+ max. 9,09%
andere Rohstoffe

?

Gerste

Scotch & Irish

Grain

Blended

Malt

Single Grain

Blended Grain

Single Malt

Blended Malt

Man unterscheidet:

Single Malt Scotch Whisky
Diese Bezeichnung dürfen nur Whiskys tragen, die in einer einzigen Destillerie und ausschließlich auf der Basis von gemälzter Gerste hergestellt werden. Zur Mälzung der Gerste werden die Körner in Quellwasser eingeweicht und dadurch zum Keimen gebracht. Es bilden sich Enzyme, die Getreidestärke freisetzen und diese in Zucker umwandeln. Das Malz wird daraufhin sorgfältig getrocknet (gedarrt). Wird hierfür Torf verwendet, prägt dies den späteren Geschmack des Whiskys, je nach Menge, deutlich. Schließlich wird die gemälzte Gerste gemahlen, mit Wasser und Hefe zur Gärung gebracht und destilliert.

Dadurch dass Single Malts nicht mit Whiskys anderer Destillerien gemischt werden, unterliegt ihr Geschmack stärkeren Schwankungen, da sich Änderungen in Klima und Lagerung deutlicher im Geschmack erkennen lassen. Kenner schätzen aber gerade den daraus resultierenden Variantenreichtum. Besonders experimentierfreudig sind die Schotten diesbezüglich bei der Fässerauswahl.

Da Scotch im Gegensatz zu amerikanischen Whiskeys in gebrauchten Fässern gelagert werden darf, spielt man beispielsweise mit der Verwendung von Sherry-, Port-, Bourbon-, oder Rumfässern, die jeweils ihre ganz speziellen Noten im Destillat hinterlassen. Auch die Lage der Destillerie schlägt sich bei Single Malts wesentlich wahrnehmbarer auf das Destillat nieder. Es lohnt sich daher eine weitere Unterteilung in die einzelnen Regionen Schottlands, die – von Ausnahmen einmal abgesehen – jeweils eine gewisse Tendenz zu speziellen geschmacklichen Charakteristika aufweisen:

BY SIDE

Für die immer beliebter werdenden **japanischen Whiskys** gelten übrigens ähnliche Angaben – bis auf die Herkunft natürlich.

KURZ VORGESTELLT: **NIKKA WHISKY**
Die Nikka zählt zu den bekanntesten Whiskyherstellern Japans. Deutlich beeinflusst von der schottischen Produktion, gründete man im Jahr 1934 die erste Destillerie auf der nordjapanischen Insel Hokkaido. 1969 kam dann eine weitere Brennerei in der Region Miyagi dazu. Es werden diskontinuierliche und kontinuierliche Brennverfahren verwendet, um die Single Malts und Blended Whiskys des Hauses herzustellen.

Bekannte Produkte: Nikka Whisky from the Barrel, Nikka Whisky Single Malt „Yoichi" 15 Jahre, Nikka Whisky „Taketsuru" 21 Jahre

KURZ VORGESTELLT: **PENDERYN WHISKY**
Penderyn Whiskys stellen schon aufgrund ihrer Herkunft eine Rarität dar, sie kommen nämlich aus Wales. Seit 2004 stellt man im Süden des Landes, im gleichnamigen Dorf Penderyn Whisky her. Damit ist Penderyn die erste neue walisische Brennerei seit 100 Jahren. Außerdem stellt Penderyn den einzigen walisischen Single Malt her.

Bekannte Produkte: Penderyn Madeira „41", Penderyn Single Cask Whisky, Penderyn Peated Edition

→ Highlands

In dieser Region finden sich Whiskys, die häufig eher leicht und malzig-rund sind, manchmal mit leichten Rauch- und Torfnoten.

z. B. Clynelish, Royal Lochnagar

→ Speyside

Am Rande der Highlands gelegen, stellt diese Region etwas Besonderes dar, denn hier steht eine Destillerie so dicht neben der anderen wie sonst nirgend- wo in Schottland. Bekannt geworden ist die Region durch fruchtig-würzige Whiskys mit eher wenig Torfaroma.

z. B. Cragganmore, Glen Elgin, Knockando

→ Islay

Auf der Insel Islay hat sich der Hang zu ganz speziellen Aromen entwickelt. Hier mag man es kräftig, torfig und rauchig.

Torf entsteht in Mooren aus verrot- teten Pflanzenresten. Zusammenset- zung und Dichte unterscheiden sich je nach Region. Aufgrund der ein- fachen Verfügbarkeit wurde Torf in Schottland schon früh als Brenn- stoff genutzt und fand so auch sei- nen Weg in die Whiskyherstellung. Je nach Menge und Zusammensetzung des verwendeten Torfs hinterlässt der Rauch beim Trocknen der Gerste leichte bis markante Noten im Whisky.

→ Lowlands

Häufig leicht, mild und fruchtig, stehen die Lowlands für die weniger raue, aber nicht weniger schmackhafte Seite des schottischen Whiskys. *z. B. Springbank*

→ Inseln

Diese Region umfasst die Inseln und Inselgruppen Orkney, Skye, Mull, Jura, Arran und Lewis. Eine geschmackli- che Gemeinsamkeit bei dieser weiten Streuung ist wohl am ehesten noch die leichte Salzigkeit, die die Meerluft der schottischen Inseln schmeckbar macht.

→ Campbeltown

Diese kleine Region auf der Kintyre Halbinsel beherbergt mittlerweile nur noch wenige Destillerien. Die Whiskys überzeugen dennoch – mit minerali- schen Noten und fruchtiger Würzigkeit.

Blended Malt Scotch Whisky

Hier mischt man verschiedene Single Malts aus unterschiedlichen Destille- rien, um einen gleichbleibenden Ge- schmack zu gewährleisten.

Single Grain Scotch Whisky

Whiskys, die in einer einzigen Destillerie hergestellt wurden und nicht nur aus- schließlich gemälzte Gerste enthalten. Häufig enthalten sie stattdessen Weizen oder ungemälzte Gerste. Allerdings sind Single Grains selten zu finden, denn die weitaus meisten Grain Whiskys werden blended abgefüllt.

Blended Grain Scotch Whisky

Verschiedene Single Grains aus unter- schiedlichen Destillerien werden ver- mischt. Single Malts haben hier nichts zu suchen.

Blended Scotch Whisky

Für diese Kategorie werden ein oder mehrere Single Malts mit einem oder mehreren Single Grains vermischt.

CAOL ILA SCOTCH WHISKY

Der Caol Ila ist benannt nach der Meerenge zwischen Islay und Jura, an der die Destillerie 1846 auf Islay gegründet wurde. 1974 wurde die Anlage komplett modernisiert. Dennoch verwendet man bis heute das Wasser des nahgelegenen Loch Nam Ban zur Whiskyproduktion. Auch das Gerstenmalz stammt direkt von Port Ellen auf der gleichen Insel.

Bekannte Produkte: Caol Ila 12 Jahre, Caol Ila 18 Jahre, Caol Ila Distillers Edition 1998 Moscatel Finish

CARDHU SCOTCH WHISKY

Seit 1824 hat die Cardhu-Destillerie offiziell ihren Platz auf einem Hügel an der Nordseite des Spey-Tals. Die hier produzierten Whiskys wurden schließlich ein wichtiger Bestandteil für die Blends des in der Nähe ansässigen Unternehmens Johnnie Walker.

Bekannte Produkte: Cardhu 12 Jahre

CHIVAS REGAL SCOTCH

In den 1840er-Jahren beginnen die Lebensmittelhändler James und John Chivas ihre eigenen Whisky-Blends zu lagern. Der Aufstieg zum königlichen Hoflieferanten ließ nicht lange auf sich warten, und die Chivas-Blends erlangen internationale Popularität. Früh erkennt man das Potenzial des Whisky-Premium-Bereichs, wie der 25-jährige Chivas Regal beweist, der schon 1909 auf den Markt kommt. Heute ist Chivas Regal eine der bekanntesten Blended-Whisky-Marken der Welt.

Bekannte Produkte: Chivas Regal 12 Jahre, Chivas Regal 18 Gold Signature, Chivas Regal 21 Royal Salute

219

DALWHINNIE SCOTCH WHISKY

1897 wurde die Dalwhinnie-Destillerie errichtet. Sie liegt im gleichnamigen Ort Dalwhinnie, der als kältester bewohnter Ort Großbritanniens gilt. Etwa 35 Kilometer von der Speyside-Region entfernt und auf 327 Meer (ü. M.) gelegen, zählt sie zu den am höchsten gelegenen Brennereien Schottlands. Die Produktion der Whiskys verläuft äußerst traditionell, mit hölzernen Washbacks und kupfernen Brennblasen.

Bekannte Produkte: Dalwhinnie 15 Jahre

GLENKINCHIE SCOTCH WHISKY

Glenkinchie ist eine der wenigen Destillerien, die noch in den Lowlands zu finden sind. 1825 gegründet, wurde sie Ende des 19. Jahrhunderts zu dem viktorianischen Bau gewandelt, der bis heute erhalten ist. Einen leichten Geschmack sollen den Whiskys die alten Brennblasen verleihen, die zu den größten in Schottland zählen. Traditionell gibt man sich außerdem mit hölzernen Washbacks und Schneckenrohren.

Bekannte Produkte: Glenkinchie 12 Jahre

KURZ VORGESTELLT: JOHNNIE WALKER SCOTCH WHISKY

Ab 1825 verkauft der Geschäftsmann John Walker in der kleinen schottischen Stadt Kilmarnock neben zahlreichen anderen Produkten auch einen eigenen Whisky Blend. Transportgünstige viereckige Flaschen werden eingeführt, und ab 1860 verschiffen Walkers Nachfahren den Whisky bereits in alle Welt. Ursprünglich waren die verschiedenen Blends nach ihrem Alter benannt, wurden aber von den Kunden stets nach der Farbe ihrer Etiketten als „Rot" oder „Schwarz" bezeichnet. Diese Namen übernahm man schließlich offiziell, und bis heute tragen sämtliche Johnnie Walker Whiskys ihre Farbe als „Red Label", „Black Label" usw. im Namen.

Bekannte Produkte: Johnnie Walker Black Label, Johnnie Walker Gold Label Reserve, Johnnie Walker Blue Label

KURZ VORGESTELLT: LAGAVULIN SCOTCH WHISKY

Seit 1816 wird Lagavulin an der südöstlichen Küste Islays in der gleichen Anlage hergestellt. Dazu wird das torfige Wasser aus den nahegelegenen Solan Lochs verwendet. Die Gerste stammt vom nahegelegenen Port Ellen. Der Brennvorgang des Lagavulins stellt den langsamsten unter allen Islay Whiskys dar. Das soll ihm eine besondere Weichheit verleihen.

Bekannte Produkte: Lagavulin 16 Jahre, Lagavulin Distilers Edition

220

KURZ VORGESTELLT: OBAN SCOTCH WHISKY

Oban-Whisky wird seit 1794 hergestellt. Sie liegt zwischen den westlichen Highlands und den schottischen Inseln. 1894 – nach schon hundertjährigem Betrieb – ließ man die Destillerie Stück für Stück erneuern, wobei man sämtliche Details exakt rekonstruierte. Typisch sind die außergewöhnlich kleinen Kupferbrennblasen sowie die hölzernen Schneckenrohre zur Kondensation.

KURZ VORGESTELLT: SINGLETON OF DUFFTOWN SCOTCH WHISKY

Die Singleton-Whiskys werden seit 1896 in der Dufftown-Destillerie in der Speyside-Region hergestellt. Die Flasche ist inspiriert von einem traditionellen Flachmann. Um den Whiskys einen besonders weichen Charakter zu verleihen, setzt man auf eine vergleichsweise lange Gärung sowie eine zeitintensive Destillation.

Bekannte Produkte: The Singleton of Dufftown 12 Jahre, The Singleton of Dufftown 18 Jahre

KURZ VORGESTELLT: TALISKER SCOTCH WHISKY

Talisker ist die einzige Single-Malt-Destillerie auf der Insel Skye und wird seit 1830 hergestellt. Das Wasser zur Produktion stammt aus 21 verschiedenen Quellen, die dem nahegelegenen Berg Cnoc nan Speirag entspringen. Die Whiskys des Hauses werden doppelt destilliert.

Bekannte Produkte: Talisker 10 Jahre, Talisker 18 Jahre, Talisker Special Edition 25 Jahre

IRISH WHISKEY

HERKUNFT	Irland
ROHSTOFFE	(Single) Malt – gemälztes Getreide Pure Pot Still – gemälzte und ungemälzte Gerste (Single) Grain/Blended – Gerste, Hafer, Roggen, Weizen
HERSTELLUNG	Malt – meist dreifache Pot Still-Destillation Single Malt – zwei- bis dreifache Pot Still-Destillation und kontinuierliche Destillation Pure Pot Still – Pot Still-Destillation Grain – kontinuierliche Destillation Blended – zwei- bis dreifache Pot Still-Destillation und kontinuierliche Destillation
LAGERUNG	mind. dreijährige Lagerung in Eichenholzfässern
ALKOHOLGEHALT	mind. 40–60 % Vol.

Die Herstellung des irischen Whiskeys ähnelt bis zu einem gewissen Grad der schottischen Variante. So experimentieren auch die Iren mit gebrauchten Fässern, in denen vorher Bourbon, Sherry oder noch Exotischeres gelagert hat. Dennoch gelten irische Whiskeys tendenziell als milder und runder, was vielfach schon auf die Unterschiede in der Destillation zurückzuführen ist. Ganz gerecht wird man den Iren aber dann doch nicht, denn gerade die Peated-Varianten sind in ihrer Kräftigkeit durchaus dem einen oder anderen Scotch überlegen.

Man unterscheidet:

Malt Irish Whiskey

Diese weit verbreiteten Whiskeys werden fast ausschließlich im Pot Still-Verfahren destilliert. Sie werden aus gemälzter und ungemälzter Gerste gebrannt und erhalten dadurch ihren fruchtig-runden Geschmack.

Single Malt Irish Whiskey

Wie schottischer Single Malt muss dieser Whiskey aus einer einzigen Destillerie stammen. Allerdings darf er neben der überwiegend verwendeten, gemälzten Gerste auch anderes gemälztes Getreide enthalten. Hier sind sowohl Destillationen im kontinuierlichen sowie im Pot Still-Verfahren zu finden. Häufig ist irischer Single Malt sehr malzig und fruchtig.

Peated Single Malt Irish Whiskey

Peat bedeutet Torf. Dementsprechend stellt man diese spezielle Single Malt-Variante aus gemälztem Getreide her, das über Torffeuer getrocknet wird. Teils ist diese Prozedur an den charakteristischen Torfnoten geschmacklich deutlich wahrzunehmen. Übrigens können irische Whiskeys auch getorft sein, wenn sie die Bezeichnung „Peated" nicht tragen.

Pure Pot Still Irish Whiskey

Wie der lange Name schon sagt, dürfen diese Whiskeys ausschließlich in Pot Stills destilliert werden. Außerdem enthalten sie gemälzte und ungemälzte Gerste, ergänzt durch anderes Getreide. Ihrer Brennart entsprechend bieten die Pure Pot Still-Varianten häufig eine aromatisch-intensivere Spielart des irischen Whiskeys.

Grain Irish Whiskey

Hier darf alles rein, was in Irland erlaubt ist – Gerste, Weizen, Roggen und Hafer. Gebrannt wird im kontinuierlichen Verfahren. Meist entsteht so ein recht milder Whiskey.

Single Grain Irish Whiskey

Auch hier bedeutet das „Single" im Namen, dass der Whiskey nur aus einer einzigen Destillerie stammen darf – in diesem Falle als Grain Whiskey.

Blended Irish Whiskey

Hier werden Malt Irish Whiskeys und Irish Grain Whiskeys vermischt. Auf diese Weise garantiert man gleichbleibenden, runden Geschmack.

BUSHMILLS IRISH-WHISKEY

Seit 1784 brennt man in der Old Bushmills-Destillerie schon Whiskey. 1885 musste sie nach einem schweren Brand allerdings komplett erneuert werden. Auch ansonsten hat die Destillerie eine wechselvolle Geschichte hinter sich und wurde während des zweiten Weltkriegs unter anderem zur Unterbringung von Truppen genutzt. Nichtsdestotrotz ist Bushmills nicht nur einer der wenigen Irish Whiskeys, die überhaupt noch produziert werden, sondern auch einer der bekanntesten. Neben den bekannten Blends stellt man auch verschiedene Single Malts her.

Bekannte Produkte: Bushmills 10 Jahre, Bushmills Black Bush, Bushmills 16 Jahre

BOURBON & TENNESSEE WHISKEY

HERKUNFT	USA
ROHSTOFFE	mind. 51 Prozent Mais, der Rest besteht aus Gerste, Roggen, Weizen, Hafer oder Reis
HERSTELLUNG	Pot-Still-Destillation und kontinuierliche Destillation
LAGERUNG	mind. zweijährige Lagerung in ungebrauchten Eichenholzfässern; bei einer Lagerung unter vier Jahren muss die Reifedauer auf dem Etikett vermerkt werden
ALKOHOLGEHALT	40–63 % Vol.

222

Bourbon ist mit seiner tiefen Süße der populärste amerikanische Whiskey. Die Mehrzahl der Bourbon-Destillerien befindet sich in und um Kentucky, einerseits wohl aus Tradition, andererseits aufgrund der vortrefflichen klimatischen Bedingungen.

Auch recht populär ist der Tennessee Whiskey. Seinem Namen entsprechend darf er tatsächlich nur in Tennessee produziert werden. Einen weiteren und auch schmeckbaren Unterschied zum Bourbon stellt das sogenannte Charcoal Mellowing dar.

Bei diesem Verfahren wird der Whiskey vor der Fassreifung und der Flaschenabfüllung jeweils durch eine Ahornholzkohleschicht gefiltert. Dadurch bleiben Fettanteile und unerwünschte Aromen zurück, und der Whiskey nimmt andererseits aus der Holzkohle neue Aromen auf. Dadurch schmeckt er im Vergleich zu einigen Bourbons weicher und runder.

Auch wenn der **Tennessee Whiskey** nur in Tennessee hergestellt werden darf, getrunken werden darf er dort nicht. Denn aufgrund obskurer Gesetzesüberbleibsel gilt in Tennessee bis heute eine eingeschränkte Prohibition. So darf zwar seit den 1950er-Jahren wieder Alkohol produziert werden, doch der Konsum ist weiterhin verboten. Sollten Sie also mal eine Brennerei in Tennessee besichtigen, seien Sie nicht überrascht, dass man die Besucher zur Verkostung bis über die nächste Grenze bringt.

BLANTON'S BOURBON WHISKEY

Der Name Blanton's ist ein Tribut an Colonel Albert Bacon Blauton, der zu Beginn des 20. Jahrhunderts erfolgreich in der Bourbon-Industrie tätig war. Für den Privatgebrauch füllte Blanton aus ausgewählten Fässern einen Single Barrel Bourbon ab, den er an Freunde und Bekannte verteilte. Dieser Idee zu Ehren brachte die Marke Blanton's 1984 den ersten Single Barrel Bourbon der Welt offiziell in den Verkauf.

Bekannte Produkte: Blanton's Gold Edition, Blanton's Special Reserve, Blanton's Single Barrel Original

BULLEIT BOURBON & RYE WHISKEY

In den 1830er-Jahren begann der Gastronom Augustus Bulleit in Kentucky seinen eigenen Bourbon herzustellen. Wie es die Legende will, verschwand er aber bei einem Transport seines Bourbons nach New Orleans mitsamt des Whiskeys. Es dauerte bis 1987 damit Bulleits Nachfahre Tom Bulleit die Brennerei-Tradition des Hauses wiederbelebte. Neben dem Bourbon stellt man auch einen Rye her, der mit einem extrem hohen Roggenanteil von 95 Prozent daherkommt.

GEORGE DICKEL TENNESSEE WHISKY

1870 gründete der Geschäftsmann George Dickel aus Nashville seine Whiskey-Destillerie. Von seinem Whiskey sagte er, dieser könne sich mit jedem Scotch messen, daher verzichtete er auch auf das amerikanische „e" in Whiskey. Wie gut sein Whisky auch immer war – als die Prohibition kam, musste auch die Dickel-Destillerie schließen. Seit 1958 wird auf Grundlage des alten Rezeptes wieder produziert. Damit stellt George Dickel eine der wenigen Brennereien dar, die heute noch Tennessee Whiskey produzieren.

223

Bekannte Produkte: George Dickel Cascade Hollow, George Dickel No. 12

CORN WHISKEY

HERKUNFT	USA
ROHSTOFFE	mind. 80 Prozent Mais, der Rest besteht aus Gerste, Roggen, Weizen, Hafer oder Reis
HERSTELLUNG	Pot-Still-Destillation oder kontinuierliche Destillation
LAGERUNG	mind. zweijährige Lagerung in gebrauchten oder ungebrauchten Eichenholzfässern bei einer Lagerung unter vier Jahren muss die Reifedauer auf dem Etikett vermerkt werden
ALKOHOLGEHALT	40–63 % Vol.

Corn Whiskey stellt eher ein Kuriosum unter den Getreidebränden dar und ist nur selten erhältlich. Entsprechend seiner Zusammensetzung ist das süße Mais-Aroma äußerst dominant.

RYE & WHEAT WHISKEY

HERKUNFT	USA
ROHSTOFFE	Rye – mind. 51 Prozent Roggen, der Rest besteht aus Gerste, Mais, Weizen, Hafer oder Reis Wheat – mind. 51 Prozent Weizen, der Rest besteht aus Gerste, Mais, Roggen, Hafer oder Reis
HERSTELLUNG	Pot-Still-Destillation oder kontinuierliche Destillation
LAGERUNG	mind. zweijährige Lagerung in gebrauchten oder ungebrauchten Eichenholzfässern bei einer Lagerung unter vier Jahren muss die Reifedauer auf dem Etikett vermerkt werden
ALKOHOLGEHALT	40–63 % Vol.

Der kantig-würzige Rye Whiskey war vor allem vor der Prohibition äußerst beliebt. Mit dem zunehmenden Interesse an alten Cocktailrezepten ist in den letzten Jahren allerdings auch das Angebot an Rye Whiskeys wieder gewachsen. Im Vergleich zu Bourbon oder Tennessee Whiskeys stellen sie aber immer noch ein Nischenprodukt dar.

Noch seltener aber sind Wheat Whiskeys zu finden. Diese Exoten schmecken dank des hohen Weizenanteils leicht, rund und samtig.

CANADIAN WHISKEY

HERKUNFT	Kanada
ROHSTOFFE	Gerste, Mais, Roggen oder Weizen
HERSTELLUNG	Pot Still-Destillation oder kontinuierliche Destillation
LAGERUNG	mind. dreijährige Lagerung in Eichenholzfässern
ALKOHOLGEHALT	40–50 % Vol.

Kanadischer Whisky ist in seiner Herstellung gesetzlich wesentlich weniger reglementiert als andere Varianten. So können die Destillateure nicht nur aus einer großen Auswahl an Getreide wählen, sondern dürfen zur Aromatisierung sogar bis zu 9,09 Prozent anderer Spirituosen hinzufügen. Qualität und Aromatik schwanken dementsprechend stark. Eine einzige Destillerie in Kanada stellt sich derzeit diesem Durcheinander entgegen und produziert einen Canadian Single Malt, aus gemälzter Gerste und nicht blended.

Sour Mash bezeichnet für amerikanische Whiskeys ein Verfahren, bei dem der Maische zur besseren Fermentation ein Teil bereits fermentierter Maische zugesetzt wird. So verläuft der Fermentationsprozess kontrollierter, und man vermeidet Qualitätsschwankungen. Häufig ist diese Methode bei Bourbon und Tennessee Whisky zu finden. Sie muss allerdings weder auf dem Etikett vermerkt werden noch stellt sie ein besonderes Qualitätsmerkmal dar.

WEICH UND REIN:

WODKA

HERKUNFT	traditionell Russland und Polen, heute weltweit
ROHSTOFFE	beliebig
HERSTELLUNG	meist mehrfache kontinuierliche Destillation
ALKOHOLGEHALT	mind. 37,5 % Vol.

Bis heute streiten sich die Polen und die Russen um die Urheberschaft dieser Spirituose. Tatsache ist, dass schon 1405 in einer polnischen Urkunde ein Getreidebrand als „gorzalka", also als „Wässerchen", erwähnt wird. Zunächst scheint das hochprozentige Destillat eher als Heilmittel und zur Körperpflege verwendet worden zu sein, doch spätestens im 17. Jahrhundert, als sich die Destillationsmethoden immer weiter verfeinerten, wurde es zum unverzichtbaren Bestandteil der russischen Lebensart.

Derart im Osten verwurzelt, war der Weg des Wodkas bis in die Cocktailbars der USA auch etwas länger als der anderer Spirituosen. Erst in den 1960er-Jahren gewann er die Gaumen der Barbesucher für sich, doch dafür mit nachhaltigem Erfolg. So löste er nicht nur den Gin als beliebteste klare Spirituose ab, sondern ließ auch Whisk(e)y und Weinbrände alt aussehen. Angekurbelt durch geschickte Werbekampagnen schien die Leichtigkeit des Wodkas genau in den Zeitgeist der 1970er bis 90er zu passen – frisch, jung und geschmeidig. Angesichts des wiedererwachten Interesses an älteren und komplexen Cocktailrezepturen musste der Wodka in gehobenen Bars mittlerweile etwas an Popularität einbüßen. Denn in den Rezepten des 19. Jahrhunderts spielt er eine deutlich untergeordnete Rolle. Doch auf breiter Front bleibt er, weit über die Grenzen Osteuropas hinaus, in großen Teilen der Welt äußerst beliebt und erfolgreich.

Neben den immer noch zahlreichen Betrieben in Russland und Polen wird Wodka heute vor allem im Norden Europas hergestellt. Ebenso finden sich aber zum Beispiel Brennereien in Deutschland, Italien, Frankreich oder den USA. Hauptsächlich wird Wodka heute aus Getreide gebrannt. Doch genauso sind Kartoffeln oder gar Trauben oder Melasse als Rohstoffe zugelassen. Das hängt auch damit zusammen, dass in der Wodkaproduktion, anders als bei sonstigen Spirituosen, meist nicht versucht wird, den Charakter des Rohstoffes möglichst herauszuarbeiten, sondern vielmehr, ein möglichst mildes und neutrales Destillat zu erhalten.

Beim Purgenuss kann man dennoch gewisse Wodka-Stile identifizieren:
· Östlicher Stil: intensiv, kantig, schwer
z. B. Green Mark, Russian Standard

· Westlicher Stil: neutral, mild, samtig
z. B. Ciroc, Ketel One, Smirnoff

· Aromatisierte Wodkas: mittlerweile in sämtlichen Varianten erhältlich, zum Beispiel mit Zimt, Vanille, Zitrone, Orange, Büffelgras oder Pfeffer

225

KURZ VORGESTELLT: CÎROC WODKA

Cîroc stellt der östlichen Wodka-Tradition Neues entgegen: Das französische Destillat wird nämlich ausschließlich aus Mauzac-Blanc- und Ugni-Blanc-Trauben hergestellt. Er durchläuft eine fünffache Destillation. Der Name Cîroc birgt aber dennoch Bodenständigkeit. Er ist eine Verschmelzung von „cime" (Gipfel) und „roche" (Felsen) und soll die Verbindung des Wodkas zur Region Gaillac herstellen, die für ihren Weinbau bekannt ist. Neben der Hauptmarke „Snap Frost" sind auch aromatisierte Varianten erhältlich.

KURZ VORGESTELLT: GREEN MARK WODKA

Der Name Green Mark Wodka ist ein Tribut an das Green-Mark-Siegel, das in den 1920er bis 50er-Jahren russische Wodkas nach bestandener Qualitätskontrolle durch ein staatliches Gremium erhielten. Diese Qualitätsstandards will Green Mark Wodka seit 2001 wiederbeleben. Dazu verwendet man russischen Weizen und Wasser aus einer fast 300 Meter tiefen Quelle. Green Mark Wodka ist heute einer der meistverkauften Wodkas in Russland.

Bekannte Produkte: Green Mark Cedar Nut Vodka, Green Mark Rye Vodka, Green Mark Wheat Vodka

KURZ VORGESTELLT: KETEL ONE WODKA

Im Jahr 1691 eröffnete Johannes Nolet seine Destillerie in der holländischen Kleinstadt Schiedam, nicht weit weg von der Nordsee. Auf diese Tradition aufbauend, kreiierte sein Nachfahre Carolus Nolet Sr. 1983 den Ketel One Wodka. Als Rohstoff dient Weizen, der zunächst kontinuierlich gebrannt wird. Eine Besonderheit stellt die darauffolgende, erneute Destillation im Pot Still-Verfahren dar, darunter auch der „Ketel 1" (Kessel 1), nach dem der Wodka benannt ist. Auch aromatisierte Versionen mit Zitrone und Orange sind Teil des Angebots.

KURZ VORGESTELLT: RUSSIAN STANDARD WODKA

Das Ziel von Russian Standard ist es, den typischen russischen Wodka in die Welt zu tragen. Dazu produziert man in St. Petersburg nach den Richtlinien des russischen Chemikers Dimitri Medeleev. Dieser verlangte 1894, russischer Wodka müsse aus russischem Winterweizen und Gletscherwasser bestehen, vierfach destilliert und mehrfach filtriert werden und einen Alkoholgehalt von 40 % Vol. aufweisen.

Bekannte Produkte: Russian Standard Gold, Russian Standard Platinum, Russian Standard Imperia

KURZ VORGESTELLT: SMIRNOFF WODKA

Bereits im 19. Jahrhundert gab es in Russland einen Hersteller von Smirnoff Wodka, der es bis zum kaiserlichen Hoflieferanten brachte. An diese Tradition knüpft die Smirnoff-Produktion an, die 1934 in den USA begann. Der Smirnoff Blue Label wird dreifach destilliert und zehnfach durch Holzkohle gefiltert, der Black Label dagegen durchläuft eine Destillation in kupfernen Pot Stills. Auch zahlreiche aromatisierte Varianten sind erhältlich.

Bekannte Produkte: Smirnoff Red Label, Smirnoff Black, Smirnoff Penka

LIKÖR

Oft übersehen, bereichern Liköre die Bar seit ihren Anfängen mit süßer Vielfalt. Dabei reicht ihre Bandbreite vom grellbunten, alkoholhaltigen Zuckerersatz bis zum anspruchsvollen Naturprodukt, das in seiner aufwendigen Herstellung durchaus mit den klassischen Basis-Spirituosen konkurrieren kann.

Bei dieser Auswahl lässt sich nur recht oberflächlich etwas Allgemeines über Liköre ausdrücken. Grundsätzlich ist ein Likör eine Spirituose aus Alkohol, Süßungsmitteln, Aromen und Wasser, die normalerweise mind. 100 g/l Zucker und 15 % Vol. Alkohol aufweisen muss. Als weitere Zusätze sind unter anderem Milchprodukte, Früchte oder Wein zugelassen.

HERSTELLUNG
Vermischung

Die Herstellung von Likören ist so vielfältig wie ihre Inhaltsstoffe. Zur Vermischung der Grundstoffe wird üblicherweise ein Rührwerk eingesetzt, Aufwand und Verfahren sind im Detail von den Zutaten und deren Mischbarkeit abhängig. Bestimmte Zutaten (z. B. kristalliner Zucker) müssen vor dem Rühren gelöst werden, um eine gleichmäßige Vermischung zu garantieren. Andere Produkte können dagegen mit stets laufendem Rührwerk hergestellt werden.

Süßung

Die zugelassenen Süßungsmittel für Liköre sind zahlreich. Neben verschiedensten Zuckerarten können etwa auch Traubenmost, Honig oder Sirups eingesetzt werden. Alles was süßt ist mehr oder minder erlaubt, denn: Klar begrenzt ist die Liste nicht. Auch hier bestimmt der jeweilige Grundstoff die weitere Verarbeitung.

Alkohol- und Zuckergehalt

	ALKOHOLMINDESTGEHALT IN % VOL.	ZUCKERMINDESTGEHALT IN G/L
Likör (allgemein)	15	100
Eierlikör	14	150
Likör mit Eierzusatz	14	150
Crème de…	15	250
Crème de Cassis	15	400
Kirschlikör (bei ausschließlicher Verwendung von Kirschbrand als Alkohol)	15	70
Enzianlikör (bei ausschließlich natürlichen Aromen)	15	80

LIKÖR-GRUPPEN

EMULSIONSLIKÖR

Emulsionsliköre enthalten neben den üblichen Zutaten wie Alkohol, Süßungsmittel und Aromastoffen auch schwer lösliche Zutaten wie Eigelb, Eiweiß, Milch oder Sahne. Werden diese Zutaten in Wasser gelöst, liegen sie in winzigen Tröpfchen vor (Emulsion). Verbinden sich diese Tröpfchen untereinander, entsteht eine uneinheitliche Mischung. Daher werden hier Emulgatoren und Stabilisatoren hinzugefügt, die diese Phasenbildung verhindern. Eine andere Möglichkeit bietet die Vermischung unter Hochdruck.

Eierlikör (Advocaat/Advokat):

Likör aus Alkohol, Eigelb, Eiweiß und Zucker oder Honig. Mind. 140 g/l Eigelb, mind. 150 g/l Zucker oder Honig, mind. 14 % Alkohol (EU)

Deutscher Begriff: mind. 240 g/l Eigelb, mind. 20 % Alkohol

Likör mit Eierzusatz (z. B. Schokolade mit Ei):

EU: mind. 70 g/l Eigelb, mind. 150 g/l Zucker oder Honig, mind. 15 % Alkohol

Deutschland: 100 g/l Eigelb, mind. 20 % Alkohol

Durch das hohe Emulgiervermögen von Eigelb und Eiklar sind hier keine zusätzlichen Emulgatoren notwendig.

Sahnelikör:

Sahneliköre enthalten einen Mindestanteil von 15 Prozent Sahne mit einem Fettanteil von mind. 10 Prozent

Produktbeispiele Emulsionslikör:

· Amarula (17 %): Südafrikanischer Sahnelikör mit den Früchten des Marulabaumes

· Kahlúa (20 %): Mexikanischer Kaffeelikör mit Kaffee, Zuckerrohr und Vanille

· Mozart Black Chocolate (17 %): Schokoladenlikör aus Österreich, hergestellt aus Kakaomazerat, Vanillemazerat, Zucker, Karamell und Zuckerrohrbrand

· Sheridan's Coffee Layered Liqueur (15,55 %): Irischer Kaffee-Schokoladen-Likör und Vanille-Sahne-Likör, die in einer zweiteiligen Flasche verkauft werden

228

Bailey's Original Irish Cream Likör wird seit 1974 hergestellt. Als Grundlage dienen Irish Whiskeys von Bushmills. Diese werden unter anderem mit irischer Sahne, Kakao und Vanille kombiniert. Bailey's wird bis heute in Irland hergestellt und in über 160 Ländern vertrieben. Damit gilt er als der beliebteste Cream Likör der Welt.

FRUCHTLIKÖR

So vielfältig wie die Früchte, aus denen sie bestehen, sind auch die Fruchtliköre. Die Verarbeitung der verschiedenen Früchte unterscheidet sich, auch gesetzlich bestimmt, deutlich voneinander:

Fruchtsaftlikör

In Fruchtsaftlikören müssen mind. 20 Prozent Fruchtsaft der namensgebenden Frucht enthalten sein. Dieser Anteil muss dabei einen deutlichen geschmacksbestimmenden Einfluss haben. Weitere Fruchtsäfte und natürliche Aromen sind erlaubt, Farbstoff dagegen nicht.

Liköre folgender Früchte müssen als Fruchtsaftlikör hergestellt werden:

· Brombeere (häufig mit Himbeere, Johannisbeere oder Kirsche kombiniert)
· Erdbeere (oft mit Kirschsaft gefärbt)
· Heidelbeere
· Himbeere (häufig mit zusätzlichem Himbeergeist)
· Johannisbeere (z. B. Crème de Cassis)
· Kirsche

Produktbeispiele:

· Heering Cherry Liqueur (24 %): Dänischer Kirschlikör, hergestellt aus Kirschen, Gewürzen, Alkohol und Zucker (häufig als Cherry Brandy verwendet)

· Giffard Abricot du Roussillon (25 %): Französischer Fruchtlikör auf Basis der Aprikosensorte Roussillon, der mindestens 25 Prozent Saft enthält

Fruchtbrandy

Fruchtbrandys sind Fruchtliköre, bei denen in 100 l Endprodukt mindestens 5 l Obstbrand (mit mind. 40 % Vol. Alkohol) der namensgebenden Frucht enthalten ist. Dieser muss außerdem geschmacksbestimmend sein. Zwar deutet der Begriff „Brandy" eigentlich auf einen Weinbrand hin, für die Produkte Cherry Brandy (Kirsche), Orange Brandy, Apricot Brandy (Aprikose) sowie Prune Brandy (Pflaume) gibt es aber eine Ausnahmeregelung. Auf Alkohol, der nicht aus der jeweiligen Frucht stammt, muss auf dem Etikett hingewiesen werden.

Produktbeispiele:
· Giffard Poire Williams (25 %): Französischer Birnenlikör, hergestellt aus mindestens 20 % Williamsbrand

Fruchtaromalikör

Entscheidend für den Geschmack von Fruchtaromalikören ist nicht der Saft, sondern vor allem andere Fruchtteile (z.B. Schale) der namensgebenden Frucht. Diese Kategorie findet sich daher besonders bei saftarmen Früchten. Die Aromen dieser Früchte werden üblicherweise durch Mazeration, Perkolation oder Destillation gewonnen. Ab 20 Prozent Fruchtsaftanteil dürfen sich Fruchtaromaliköre auch Fruchtsaftliköre nennen.

Typische Früchte sind:
· Aprikosen (teilweise mit Aprikosenkerndestillat)
· Banane
· Melone (Honig- oder Wassermelonen)
· Orange (z.B. Curaçao, Triple Sec)

· Pfirsich
· Zitrone (z.B Limoncello)
Produktbeispiele:
· Cointreau (40 %): Orangenlikör aus Frankreich, hergestellt aus Orangenschalendestillat, Zucker und Alkohol
· Giffard Limon Giallo (25 %): Französischer Zitronenlikör, der sein Aroma durch die Mazeration von Zitronenschalen erhält
· Grand Marnier Cordon Rouge (40 %): Orangenlikör aus Frankreich, hergestellt aus Orangenschalendestillat, Cognac, Alkohol und Zucker

BITTERLIKÖRE/HALBBITTER

Gesetzlich gesehen ist ein Bitter eine Spirituose mit einem deutlich bitteren Geschmack, der durch die Aromatisierung mit natürlichen oder naturidentischen Geschmacksstoffen erreicht wird. Zudem muss ein Bitter mind. 15 % Vol. Alkohol aufweisen. Aufgrund ihres Zuckergehalts von über 100 g/l zählen aber viele Bitter zu den Likören und werden daher als Bitterlikör oder Halbbitter bezeichnet. Die Varianten sind vielfältig und können neben Pflanzenauszügen auch aus Fruchtsaft hergestellt werden.

Produktbeispiele:
· Amer Picon (18 %): Französischer Likör mit leichter Bitterkeit, der unter anderem Orange, Chinarinde und Enzian enthält.
· Aperol (15 %): Leicht bitterer Likör aus Italien, hergestellt aus Rhabarber, Chinarinde, Enzian, Bitterorange, Kräutern, Alkohol und Zucker
· Averna (29 %): Süßlicher Bitterlikör aus Sizilien, hergestellt aus Kräuterauszügen, Alkohol und Zucker
· Campari (25 %): Bitterlikör aus Italien, hergestellt aus Alkohol, Zucker, Kaskarillabaumrinde, Orangenschalen, Chinin, Rhabarber, Granatapfel und Kräutern
· Cynar (16,5 %): Italienischer Bitterlikör, hergestellt aus Artischocken- und Pflanzenextrakten, Alkohol und Zucker
· Fernet-Branca (30 %): Herber Bitterlikör aus Italien, hergestellt aus Kräuterauszügen, Alkohol und Zucker
· Ramazotti (30 %): Süßer Bitterlikör aus Italien, hergestellt aus Kräuter- und Pflanzenauszügen, Alkohol und Zucker

KURZ VORGESTELLT: **JÄGERMEISTER**

Seit 1935 auf dem Markt, wird Jägermeister im niedersächsischen Wolfenbüttel hergestellt. Er gilt als erfolgreichster Likör der Welt. Trotz der ungeheuren Produktionsmenge verzichtet man bis heute auf Kräutermischungen oder Ähnliches und lässt den Likör fast 400 Qualitätskontrollen durchlaufen. Jägermeister enthält 56 Botanicals, darunter Ingwer, Kardamom, Zimt, Sternanis und Orangenschale. Die meisten Bestandteile werden allerdings geheim gehalten. Das Logo mit Hirsch und Kreuz bezieht sich übrigens auf die mittelalterliche Hubertus-Sage, nach der der heilige Hubertus angeblich von einem Hirsch mit einem Kreuz zwischen dem Geweih zum Glauben geführt wurde.

KRÄUTER- UND GEWÜRZLIKÖRE

Kräuter- und Gewürzliköre erhalten ihre Hauptaromen von, wer hätte es gedacht, Kräutern und Gewürzen. Zur Weiterverarbeitung dieser Grundstoffe müssen häufig vergleichsweise aufwendige Verfahren eingesetzt werden. Dazu zählen Mazeration, Perkolation oder vorherige Destillation. Aus den gewonnenen Extrakten wird schließlich mit Alkohol, Süßungsmittel und Wasser ein Likör hergestellt.

Produktbeispiele:

· Becherovka (38 %): Tschechischer Kräuterlikör
· Bénédictine DOM (40 %): Kräuterlikör aus Frankreich, hergestellt aus Kräuter- und Gewürzauszügen, Alkohol, Honig und Zucker
· Chartreuse Jaune (40 %) und Verte (55 %): Kräuterlikör aus Frankreich, hergestellt aus den Auszügen von 130 Pflanzen und Gewürzen, Weinalkohol, Honig und Zucker
· Galliano Vanilla (30 %): Italienischer Vanillelikör, hergestellt aus Vanille, Kräuterauszügen, Alkohol und Zucker
· Sambuca (40 %): Italienischer Anislikör, hergestellt aus Anissamen, Gewürzen, Alkohol und Zucker
· Strega (40 %): Italienischer Kräuterlikör, der unter anderem Safran, Minze und Fenchel enthält

WEITERE LIKÖRE

· Drambuie (40 %): Likör aus Malt- und Grainwhiskys, Heidehonig und Kräuterauszügen
· Giffard Vanille de Madagascar (20 %): Französischer Likör auf Basis der Madagaskar-Vanille
· Kwai Feh (20 %): Niederländischer Lychee-Likör aus Fruchtextrakten, Alkohol und Zucker
· Licor 43, auch Cuarenta Y Tres (31 %): Spanischer Likör, der zahlreiche Gewürze enthält
· Luxardo Maraschino (32 %): Italienischer Kirschlikör aus der Maraska-Kirsche, hergestellt aus Maraskakirschendestillat, Zucker und Gewürzen
· Passoã (17 %): In Spanien und Frankreich hergestellt aus Passionsfruchtsaft, Frucht- und Kräuterextrakten, Alkohol und Zucker
· Pimm`s No 1 (25 %): Englischer Likör aus Gin, Kräuter- und Zitrusauszügen und Zucker
· St. Germain (20 %): Französischer Likör aus mazerierten Holunderblüten, Alkohol und Zucker
· Southern Comfort (35 %): Likör aus den USA, hergestellt aus Frucht- und Gewürzextrakten, Alkohol und Zucker

TYPISCHE LIKÖRE DER KLASSISCHEN BAR

Unabhängig von den großen gesetzlichen Kategorien gibt es einige Likörvarianten, die in den Drinks des 19. und frühen 20. Jahrhunderts eine besondere Stellung eingenommen haben. Einige sind bis heute in jeder Bar zu finden, andere dagegen sind kaum noch erhältlich und größtenteils vergessen. Wer eine Vorliebe für klassische Rezepte hat, sollte aber auch hier mal einen Schluck riskieren.

Cointreau, Curaçao und Triple Sec

Gerade in der Vielfalt der Orangenliköre greifen viele Bartender gerne mal zum falschen Produkt. Dabei ist die Unterscheidung zwischen Cointreau, Curaçao und Triple Sec vor allem historisch zu erklären. So war Curaçao ursprünglich ein spezieller Likör von der Insel Curaçao, der neben Orangen auch Gewürze enthielt. Die zahllosen gefärbten Varianten (z. B. Blue Curaçao) haben mit diesem Produkt wenig gemein. Einzelne Produkte ähneln aber dennoch dem klassischen Geschmacksprofil. Cointreau dagegen ist ein französischer Likör, der Süß- und Bitterorangen enthält und ursprünglich zur Kategorie der „Triple Secs", also der trockenen Orangenliköre, gehörte. Um die Alleinstellungsmerkmale des Produkts hervorzuheben, strich Cointreau aber bald die Bezeichnung „Triple Sec" vom Etikett.

KURZ VORGESTELLT: COINTREAU

1875 übernahm Edouard Cointreau die Schnapsbrennerei seines Vaters und erfand einen neuen Likör auf Basis von süßen und bitteren Orangenschalen. Er benannte ihn nach dem Familiennamen und erhielt für seine Kreation bei der Pariser Weltausstellung 1878 schließlich den ersten Preis. Bis heute ein Charakteristikum des Produkts ist der vergleichsweise niedrige Zuckerzusatz. Die Süße stammt stattdessen direkt aus der Frucht.

Crème de Violette, Crème d'Yvette und Parfait Amour

Unter Crème de Violette versteht man einen Veilchenlikör mit floralen Aromen, der wie alle „Crème de …"-Liköre einen hohen Zuckergehalt hat. Er war besonders Ende des 19. Jahrhunderts beliebt und ist auch heute wieder in verschiedenen Abfüllungen erhältlich. Als Erben der Crème de Violette können Crème d'Yvette und Parfait Amour gelten. Das Veilchenaroma tritt bei diesen allerdings etwas zurück und weicht stattdessen Zutaten wie Zitusfrüchten und verschiedenen Gewürzen. Besonders Crème d'Yvette ist heute nur selten erhältlich. Die genaue Zusammensetzung der drei Liköre ist nicht festgelegt.

Falernum

Falernum ist ein Likör auf Rum-Basis, der typischerweise mit Limette, Gewürznelken und anderen Gewürzen aromatisiert wird. Es gibt auch sirupartige Falernums, die dem Geschmacksbild des aromatischen Likörs im Drink aber nicht genügen.

Maraschino, Marasquin

Eine besondere Rolle in der klassischen Bar spielt der Maraschino, ein Likör, der ohne Kirschsaft aus dem Destillat der Maraska-Kirsche hergestellt wird und durch die Mitverarbeitung der Kerne eine bittermandlige Note erhält. Maraschino muss einen Mindestalkoholgehalt von 24 % haben und mind. 250 g/l Zucker enthalten. Die Balance klassischer Drinks erfordert hierbei ein hochwertiges Pro-

dukt, das durch herbe, leicht kräuterige Noten auffällt. Dieses Geschmacksprofil können leider die wenigsten erhältlichen Maraschinoliköre noch erfüllen. Eine Ausnahme stellt hier aber beispielsweise der Maraschino von Luxardo dar.

Pimento Liqueur, Pimento Dram

Der Pimento Liqueur ist ein Likör auf Rum-Basis, der seine Würzigkeit meist durch die Früchte des Pimentbaums erhält.

Swedish Punch

Swedish Punch ist ein Likör auf der Basis von Batavia Arak, einer ursprünglich in Indonesien hergestellten Spirituose aus Zuckerrohr und Reis. Sein Geschmack weist rumähnliche Noten auf. Nur schwer erhältlich.

WEIN IN DER BAR

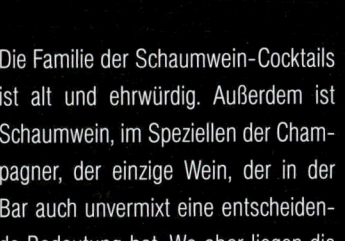

SCHAUMWEIN

An dieser Stelle möchten wir uns nicht mit der kleinen bis nicht so kleinen Weinauswahl beschäftigen, die in vielen Bars üblicherweise das Sortiment der Mischgetränke und Spirituosen ergänzt, sondern jene Weine und verstärkten Weine vorstellen, die auch im Cocktail eine wichtige Rolle spielen.

Die Familie der Schaumwein-Cocktails ist alt und ehrwürdig. Außerdem ist Schaumwein, im Speziellen der Champagner, der einzige Wein, der in der Bar auch unvermixt eine entscheidende Bedeutung hat. Wo aber liegen die Unterschiede?

Grundsätzlich ist Schaumwein ein weinhaltiges Getränk, das durch seinen Kohlendioxidgehalt bei 20 °C einen Überdruck von mindestens 3 bar auf-

weist und einen Mindestalkoholgehalt von 9,5 % Vol. hat (Cuvée: mind. 8,5 % Vol.). In Abgrenzung dazu findet sich bei sogenanntem Perlwein ein Mindestalkoholgehalt von 8,5 % Vol. und ein Überdruck von lediglich etwa 1–2,5 bar. Weiterhin abzugrenzen von Schaumwein sind sogenannte Obstschaumweine, also schaumweinähnliche Getränke, die nicht auf Basis von Weinen, sondern auf Basis weinähnlicher Getränke (wie Apfelwein oder Beerenwein) hergestellt werden. Sie müssen nicht die Auflagen von Schaumwein erfüllen.

Zusätzlich existiert die Bezeichnung „Qualitätsschaumwein", die noch etwas strenger reglementiert ist als der Schaumwein. Er muss mind. 10 % Vol. Alkohol und (bei Flaschen ab 250 ml) mind. 3,5 bar Überdruck aufweisen. Zudem muss die Cuvée, aus der er hergestellt wird, mind. 9 % Vol. Alkohol haben, und weiter darf er ausschließlich aus Qualitätsweinen erzeugt werden. Unter Qualitätswein wiederum versteht man in Deutschland Wein, der verschiedene amtliche Prüfungen durchläuft, darunter Kontrollen zu Anbaugebiet, Rebsorte, Mindestmostgewicht und Zuckergehalt.

Herstellung

Schaumweine können auf ganz verschiedene Weise hergestellt werden. Welche Verfahren für welchen Wein erlaubt sind, ist dabei in jeder Kategorie einzeln festgelegt.

Einfache Gärung (Méthode Rurale)

Diese Methode ist wohl die älteste Art, Schaumwein herzustellen. Durch Kälteeinfluss wird die Gärung unterbrochen und der leicht gegorene Most daraufhin in Flaschen abgefüllt. Bei steigenden Temperaturen (z. B. durch den Frühlingsbeginn) setzt die Gärung wieder ein. Das dabei entstehende Kohlendioxid sammelt sich in der Flasche. Findet diese Methode in Tanks statt in Flaschen Anwendung, muss der Wein unter Druck in Flaschen abgefüllt werden, um ein Schwinden der Kohlensäure zu verhindern.

Zweifache Gärung

Bei zahlreichen Arten der Schaumweinherstellung wird mit bereits vergorenen Weinen gearbeitet. Diesen wird zur Einleitung einer zweiten Gärung eine Fülldosage aus Zucker und Hefe hinzugefügt. Die zweite Gärung findet in abgeschlossenen Behältern statt, sodass das entstehende Kohlendioxid im Wein verbleibt.

Dieses grundsätzliche Prinzip lässt sich in folgenden Methoden finden:

Traditionelle Flaschengärung (Méthode Traditionelle)

Die frühere Bezeichnung dieser Methode war Méthode Champenoise. Mittlerweile ist diese Bezeichnung allerdings außerhalb der Champagne verboten. Da die Lagerzeiten und spezifischen Details je nach Produkt variieren, wird diese Methode konkret als Méthode Champenoise erläutert (siehe Champagner).

Transvasierverfahren

Diese Methode folgt der traditionellen Flaschengärung, verzichtet aber auf das aufwendige Degorgement. Zwar findet die zweite Gärung in der Flasche statt, der Inhalt wird aber daraufhin (zum Erhalt der Kohlensäure) in einen Gegendruckbehälter gegeben und gefiltert. Schließlich wird der Wein durch eine Versanddosage (z. B. aus Süßweinen) ergänzt und unter Gegendruck in Flaschen gefüllt. Im Gegensatz zum traditionellen Verfahren sollen so Qualitätsschwankungen zwischen den Flaschen verhindert werden.

Ab einer Herstellungsdauer von neun Monaten und mindestens 90 Tagen auf der Hefe darf Sekt, der im Transvasierverfahren hergestellt wird, die Bezeichnung „Flaschengärung" tragen.

Tankgärung (Méthode Charmat)

Ein großer Teil des erhältlichen Sekts wird nach dieser Methode hergestellt. Dabei findet die zweite Gärung in großen Drucktanks bei kontrollierter Süße statt. Daraufhin findet eine Filtration, gefolgt von der Flaschenabfüllung unter Gegendruck mit Kohlendioxid, statt.

Problematisch an dieser Herstellungsart ist die Tatsache, dass übermäßig viel Kohlendioxid in den Wein gelangen kann. Bei strenger Kontrolle müssten zahlreiche Weine daher den Hinweis „Mit zugesetzter Kohlensäure" aufweisen.

(DEUTSCHER) SEKT

Sekt muss die Merkmale eines Qualitätsschaumweines aufweisen und, seiner Bezeichnung entsprechend, aus Deutschland kommen. Außerdem müssen Grundwein und Dosage aus dem gleichen Anbaugebiet stammen. Das Kohlendioxid muss aus der alkoholischen Gärung stammen. Ausländischer Sekt entspricht normalerweise den Merkmalen von Qualitätsschaumwein.

Abhängig vom Zuckergehalt pro Liter sind folgende Bezeichnungen festgelegt:

Brut nature, naturherb	unter 3 g/l
Extra Brut	0–6 g/l
Brut	unter 12 g/l
Extra Trocken	12–17 g/l
Trocken	17–32 g/l
Halbtrocken	32–50 g/l
Mild	über 50 g/l

WINZERSEKT

Zusätzlich zu den Anforderungen, die an jeden Sekt gestellt werden, müssen die Trauben eines Winzersekts vollständig aus dem Betrieb des einzelnen Winzers stammen. Außerdem sind auf dem Etikett Angaben zum Weinbaubetrieb, den Rebsorten sowie dem Jahrgang Pflicht.

PROSECCO

Ursprünglich nach einer weißen Rebsorte benannt, wird Prosecco mittlerweile nach geschützter Herkunftsbezeichnung in den Regionen Friuli-Venezia Giulia sowie Veneto im Nordosten Italiens hergestellt. Prosecco muss dabei kein Schaumwein sein, sondern bezeichnet ebenso Perl- oder Stillweine der Regionen.

Unterschieden wird nach der Strenge der Reglementierungen in:

Prosecco mit dem Siegel DOC (Denominazione di origine controllata)

Zulässige Rebsorten:
Min. 85 Prozent Glera
Max. 15 Prozent Verdisio, Chardonnay, Perera, Blanchetta Trevigiana, Glera lunga, Pinot Bianco, Pinot Grigio, Pinot Nero
Höchstertrag:
Max. 18 t Trauben/ha
Mindestalkoholgehalt:
10,5 % für Still- und Perlwein
11 % für Schaumwein
Gebiete:
Region Friuli-Venezia Giulia mit den vier Provinzen Pordenone, Udine, Gorizia und Trieste; Region Veneto mit den fünf Provinzen Vicenza, Padova, Belluno, Treviso und Venezia

DOCG (Denominazione di origine controllata e garantita)

Zulässige Rebsorten:
Glera, Verdisio, Chardonnay, Pinot Bianco, Pinot Grigio
Höchstertrag:
Max. 13,5 t Trauben/ha
Mindestalkoholgehalt:
10,5 % für Still- und Perlwein
11 % für Schaumwein

Gebiete:
Provinz Treviso (in der Region Veneto)

Superiore di Cartizze spezieller DOCG-Prosecco aus dem Ort Cartizze

Mindestalkoholgehalt:
11,5 % für Still- und Perlwein
11,5 % für Schaumwein

Zusätzlich unterscheidet man nach Herstellungsart zwischen:

Prosecco Spumante

Er wird hauptsächlich im Tankgärungsverfahren hergestellt. Da in Italien die Bezeichnungen Schaumwein und Qualitätsschaumwein aber zusammenfallen, sind aber ebenso andere Methoden der Schaumweingärung möglich.

Prosecco Frizzante

Unter Prosecco Frizzante versteht man einen Perlwein mit geringem Kohlensäuregehalt. Erlaubt sind sämtliche Arten der Herstellung, überwiegend wird aber das Imprägnierverfahren verwendet.

CAVA

Ende des 19. Jahrhunderts entstand in Spanien der Qualitätsschaumwein Cava. Zunächst unter dem Namen Champana vermarktet, wurde der Name, aufgrund der Ähnlichkeit zum Champagner, 1986 zu Cava geändert. Abgeleitet ist dieser vom spanischen Wort für eine unterirdische Kellerei. Der größte Teil der Cava-Produktion findet in der Region Penedes, westlich von Barcelona, statt. Mit spezieller Genehmigung darf Cava allerdings auch in anderen Regionen hergestellt werden.
Die Herstellung folgt der Méthode Tra-

ditionelle. Dabei bleibt der Wein mindestens neun Monate auf der Hefe, bei Weinen mit Jahresangabe aber mindestens zwei Jahre. Reservas lagern mindestens 15 Monate, Gran Reservas mindestens 30 Monate.

Die so entstandenen Weine müssen einen Alkoholgehalt von 10,8–12,8 % Vol. und einen Überdruck von mindestens 3,5 bar aufweisen.

Rebsorten
weiße Cavas: Parellada, Subirat, Xarello, Macabeo, Chardonnay, Pinot Noir
Cava Rosé: Monastrell, Garnacha Tinta
Der Höchstertrag liegt für weiße Trauben bei 12 000 kg/ha, für rote Trauben bei 8000 kg/ha.

CRÉMANT

Crémants sind französische Qualitätsschaumweine, die nicht aus der Champagne stammen. Die genaue Herstellung unterscheidet sich bis zu Details wie der üblichen Dosagemenge von Gebiet zu Gebiet.

Unter anderem vorgeschrieben sind maximal 150 mg/l Schwefeldioxid sowie eine Mindestlagerzeit von zwölf Monaten, davon mindestens neun Monate auf der Hefe.

Bekannte Crémant-Stile
(mit Herkunftsregion):

· Crémant d'Alsace (Elsass)
· Crémant de Bordeaux (Bordeaux)
· Crémant de Bourgogne (Burgund)
· Crémant de Die (Rhône)
· Crémant du Jura (Jura)
· Crémant de Limoux (Languedoc)
· Crémant de Loire (Loire)

Außerhalb Frankreichs dürfen sich mittlerweile auch spezielle Weine aus Luxemburg (Crémant de Luxembourg) und Belgien (Crémant de Wallonie) als Crémants bezeichnen.

CHAMPAGNER

In der Champagne, im Nordosten Frankreichs, ist die Schaumweinherstellung seit den 1660er-Jahren dokumentiert, und mittlerweile darf sich nach geschützter Herkunftsbezeichnung ausschließlich ein hier produzierter Schaumwein „Champagner" nennen. Für den speziellen Geschmack der Region sind dabei vor allem das konstante und kühle Klima sowie die kalksteinhaltigen Böden verantwortlich.

Unter den Schaumweinen genießt der Champagner nach wie vor höchstes Ansehen. Das liegt, neben geschicktem Marketing, auch an den strengen Regeln, nach denen er produziert wird. So sind unter anderem der Abstand zwischen den Rebstockreihen, die Art des Rebschnitts sowie zahlreiche Qualitätskontrollen detailliert vorgeschrieben. Der erlaubte Maximalertrag der Trauben wird dabei jedes Jahr neu festgelegt.

Rebsorten
- Pinot Noir (ca. 38 Prozent der Anbaufläche): Diese Rebsorte sorgt für kraftvolle, körperreiche Weine, die dem Champagner Tiefe und Charakter verleihen.
- Pinot Meunier (ca. 33 Prozent der Anbaufläche): Die Trauben der Pinot-Meunier-Reben machen den Champagner rund und fruchtig. Sie können auch unter schwierigen Bedingungen gute Weine erzeugen.
- Chardonnay (ca. 29 Prozent der An

bauflache): Durch seine gute Lagerfähigkeit unterstützt Chardonnay gerade den Charakter älterer Champagner gut. Zudem verleiht er Frische und floral-mineralische Aromen.

Zusätzlich sind auch noch die kaum noch verwendeten, alten Rebsorten Petit Meslier, Pinot Gris, Pinot Blanc und Arbanne (zusammen ca. 0,27 Prozent der Anbaufläche) zugelassen.

Herstellung
Zur Pressung ist ausschließlich die schonende Ganztrauben-Pressung erlaubt. Nach der ersten Gärung folgt bei vielen Weinen die malolaktische Fermentation. Dabei wandeln Bakterien die herbe Apfelsäure in die weichere Milchsäure um und harmonisieren ihn. Nach einer Klärung der Weine folgt die Assemblage, also die Zusammenstellung der verschiedenen Weine für eine spätere Abfüllung. Anschließend werden die Weine noch einmal geklärt.

Flaschengärung
Méthode Champenoise: Nach der ersten Gärung werden die Weine in Flaschen abgefüllt und, je nach Restzucker, durch eine Füll-Dosage erneut zur Gärung gebracht, die hauptsächlich aus in Wein gelöstem Rüben- oder Rohrzucker und Hefekulturen besteht. Die Flaschen werden (meist mit Kronkorken) verschlossen und für sechs bis acht Wochen der Gärung überlassen. So baut sich ein Druck von 3,5–6 bar auf, und auch der Alkoholgehalt steigt um etwa 1,2 % Vol.

Hefesatz
Champagner muss mindestens 15 Monate auf der Hefe liegen, mit Jahrgangsangabe mindestens drei Jahre.

Durch die Heferückstände erhält der Wein dabei unter anderem seinen charakteristischen Geschmack. Der Hefesatz muss allerdings äußerst behutsam entfernt werden, um den Wein nicht zu schädigen. Das passiert im sogenannten Rütteln, bei dem die Flaschen in einem Zeitraum von mindestens sechs Wochen (maschinell: ca. 14 Tage) langsam bewegt werden, bis sich die Hefe am Flaschenhals abgesetzt hat und entfernt werden kann (sog. Degorgement).

Dosage
Durch die Entfernung der Hefe entsteht in der Flasche eine Fehlmenge. Diese wird meist durch das Hinzufügen von Wein und Zucker ausgeglichen (sog. Dosage). Man unterscheidet folgende Süßegrade (nach Restzucker g/l):

Doux	mehr als 50 g
Demi-Sec	32–50 g
Sec	17–32 g
Extra Dry	12–17 g
Brut	unter 12 g
Extra Brut	0–6 g
Brut Nature (auch „Non Dosé" oder „Dosage Zéro" genannt)	unter 3 g

Bezeichnungen
Je nach Art der Assemblage sind auf Champagnerflaschen folgende Bezeichnungen zu finden:

- *Blanc de Blanc*: ausschließlich aus weißen Trauben hergestellt (Chardonnay)
- *Blanc de Noir*: ausschließlich aus roten Trauben hergestellt (Pinot Noir, Pinot Meunier)
- *Rosé*: rötlich schimmernder Wein, farblich geprägt durch ein leichtes

Andrücken roter Trauben bis zur gewünschten Färbung oder die Zugabe von Rotwein

Zudem finden sich auf den Etiketten teilweise folgende Angaben:

· *Coopérative de Manipulation (C.M.):* Winzergenossenschaft, die in eigenen Anlagen die Trauben der Mitglieder verarbeitet und die so erzeugten Weine unter dem Namen der Genossenschaft vertreibt

· *Négociant-Manipulant (N.M.):* Person oder Firma, die zur Ergänzung der eigenen Ernte aufgekaufte Trauben, Most oder Stillweine anderer Betriebe in eigenen Anlagen verarbeitet

· *Récoltant-Coopérateur (R.C.):* Weinbauer oder Winzer, dessen Ernte teilweise bis ganz von seiner Genossenschaft verarbeitet, aber unter seinem eigenen Namen vertrieben wird

· *Récoltant-Manipulant (R.M.):* Weinbauer oder Winzer, dessen Ernte in eigenen Anlagen verarbeitet wird

KURZ VORGESTELLT: LOUIS ROEDERER CHAMPAGNER

1834 übernahm Louis Roederer den Weinhandel seines Onkels und baute den Handel mit Weinen aus der Champagne erfolgreich aus. Auf dieser Grundlage wurde 1876 die Marke Roederer Cristal eingeführt, benannt nach der edlen Kristallflasche, in der er abgefüllt wurde. Heute verfügt Roederer über etwa 214 Hektar eigener Weinbaufläche zur Produktion seines Champagners.

Bekannte Produkte: Roederer Premier Brut, Roederer Vintage Brut, Roederer Cristal Brut

KURZ VORGESTELLT: PERRIER-JOUËT CHAMPAGNER

Das Champagner-Haus Perrier-Jouët wurde 1811 von Pierre-Nicolas Perrier und Rose Adélaide Jouët gegründet. Dem Unternehmen gehören mehr als 100 Hektar Weinbaugebiet in der Champagne. Bekannt sind außerdem die hochpreisigeren Belle Epoque-Abfüllungen der Marke.

Bekannte Produkte: Perrier Jouët Grand Brut, Perrier Jouët Blason Rose, Perrier Jouët Belle-Époque Blanc de Blancs

VERSTÄRKTE WEINE

SHERRY

Sherry ist ein besonders ausgebauter und verstärkter Wein aus Spanien, der nach geschützter Herkunftsbezeichnung im sogenannten Sherry-Dreieck zwischen den Städten Sanlúcar de Barrameda, Puerto de Santa Maria und Jerez de la Frontera hergestellt wird. Letztere gab ihm auch seinen Namen.

Weltweite Verbreitung findet der Sherry bereits seit dem 18. Jahrhundert.

Grundlage zur Sherryproduktion sind Weine aus den Rebsorten Palomino Fino (ca. 95 Prozent des Anbaugebietes) sowie den süßeren Pedro Ximénez und Moscatel. Diese Weine werden mit Weindestillat aufgespritet und anschließend im Solera-Verfahren in nicht vollständig gefüllten Fässern gelagert. Die verschiedenen Sherry-Arten unterscheiden sich vor allem durch die Auswahl der Grundweine, die Art des Ausbaus, das regionale Klima und den Einfluss der Luft auf die Weine.

Fino

Zur Herstellung von Fino-Sherrys werden besonders feine, filigrane Weine ausgewählt. Begünstigt durch die Aufspritung auf lediglich ca. 15 % Vol. entsteht auf dem Wein eine Florhefeschicht, die ihn vor Sauerstoffeinfluss schützt und gleichzeitig mit dem Wein reagiert. Es entsteht ein trockener, leicht pikanter Sherry.

Manzanilla

Der Manzanilla ist ein spezieller Fino, der aus der Hafenstadt Sanlúcar de Barrameda stammt und dort durch klimatische Faktoren unter einer besonders stabilen Florschicht heranreift. So entsteht ein sehr leichter, trockener Sherry, der zusätzlich durch Faktoren wie Meeresnähe und den Atlantikwind seine typische Salznote erhält.

Amontillado

Amontillado-Sherry hat sich aus Fino-Grundweinen entwickelt, die zunächst unter Flor, dann aber oxidativ ausgebaut werden. Das Absterben des Flors wird teilweise durch Aufsprittung künstlich hervorgerufen, vollzieht sich bei einem „echten" Amontillado aber nach 10-15 Jahren natürlich. Er ist kraftvoll, oft mit einer trockenen Fruchtigkeit und Nuss-aromen.

Oloroso

Zu Oloroso-Sherrys verarbeitet man schwerere Weine, bei denen durch eine hochprozentige Aufsprittung die Bildung eines Flors verhindert wird. Der Wein oxidiert also im Ausbau deutlich und entwickelt sich so zu einem Sherry voll süßer Fruchtigkeit und Noten von Nüssen.

Pedro Ximenez

Pedro Ximénez (kurz PX) bezeichnet sortenreine Sherrys aus der gleichnamigen Rebsorte. Die Trauben werden getrocknet, wodurch sich der Zuckergehalt erhöht und eine vollständige Vergärung verhindert wird. Er wird oxidativ ausgebaut. PX-Sherrys sind dementsprechend süß und schwer, mit Noten von Rosine, Kakao und Kaffee.

Palo-Cortado

Palo Cortado-Sherrys entstehen aus Grundweinen, die wegen ihres Charakters eigentlich zur Fino-Produktion vorgesehen waren. Weisen diese Weine nur einen unregelmäßigen Flor auf oder stirbt dieser frühzeitig ab, entwickeln sich durch die Oxidation Aromen, die eher Oloroso-Charakter haben. So entstehen Sherrys, die geschmacklich zwischen Amontillados und Olorosos ihren ganz eigenen Weg finden, aber aufgrund der schwer kontrollierbaren Entstehung relativ selten sind.

Sonstige Bezeichnungen:

Neben den traditionellen Sorten haben sich für den Massenmarkt auch neue Namen entwickelt, die dem Käufer die Wahl vereinfachen sollen. Darunter finden sich die Bezeichnungen „Dry" (Fino), Medium (Oloroso mit wenig PX) und Cream (Oloroso mit mehr PX oder Traubenmost).

Für sehr alte Sherrys der Luxusklasse existieren zudem die Bezeichnungen VOS (Very Old Sherry), bei mindestens 20 Jahren, und VORS (Very Old Rare Sherry), bei mindestens 30 Jahren Reifezeit.

KURZ VORGESTELLT: **LUSTAU SHERRY**

Bereits 1896 begann Don José Ruiz-Berdejo nebenbei Weine zu lagern und an Exportfirmen zu verkaufen. 1940 verlegte sein Schwiegersohn Don Emilio Lustau Ortega den Betrieb in das Santiago-Viertel nach Jerez. Seit den 1980er-Jahren erweiterte Lustau dort das Angebot kontinuierlich und gehört mittlerweile zu den bekanntesten Sherryherstellern. Neben Sherry produziert Lustau aber auch Brandy und hochwertigen Sherryessig.

Bekannte Produkte: Lustau East India, Lustau Amontillado, Lustau Pedro Ximenez Murillo

KURZ VORGESTELLT: **WILLIAMS & HUMBERT SHERRY**

1877 gründeten Alexander Williams und Arthur Humbert die Bodega Williams & Humbert. Sie ist heute mit ca. 180 000 m² die größte Bodega Europas. Hergestellt wird ein großes Sortiment von Sherrys, von den einfacheren Don-Zoilo-Produkten bis zu komplexen, jahrzehntelang gereiften Weinen. Außerdem produzieren Williams & Humbert Brandy de Jerez.

Bekannte Produkte: W&H Pedro Ximénez, W&H Oloroso, W&H Fino Sherry

PORT

Neben dem spanischen Sherry verfügt auch Portugal über einen verstärkten Wein mit weltweitem Renommee, den Portwein. Mit geschützter Herkunftsbezeichnung wird er seit dem 18. Jahrhundert im Douro-Tal in Nordportugal produziert. Übliche Rebsorten für rote Portweine sind Tinta Barroca, Tinta Roriz, Tinta Amarela, Touriga Nacional, Touriga Franca und Tinto Cao. Für weiße Ports werden vor allem Rabigato, Siria und Malvasia Fina verwendet. Auch weitere Sorten sind zugelassen.

Den Traubenmost vermengt man mit Weindestillat, wodurch ein Alkoholgehalt von 19-22 % erreicht wird. Nach der üblicherweise mindestens zweijährigen Fasslagerung landet diese Mischung, je nach Eignung, entweder zur weiteren Reifung in der Flasche oder findet sich erneut im Fass wieder. Daher lässt sich Portwein, trotz einiger Mischformen, ganz grob in flaschengereifte und fassgereifte Weine unterscheiden.

Fassgereifter Port:
White Port

Weißer Port wird, man vermutet es bereits, aus weißen Trauben hergestellt. Preisgünstige Varianten müssen bei der Lagerung mit Edelstahltanks vorliebnehmen und sind dementsprechend zurückhaltend im Geschmack. Trockene Varianten (Dry, Extra Dry) eignen sich gekühlt vor allem als Aperitif und weisen bei höheren Qualitäten häufig süße Zitrusnoten und leichte Nusstöne auf. Auch sehr süße Abfüllungen (Lágrima) sind zu finden.

Ruby

Die tiefrote Farbe verleiht dem Ruby seinen Namen. So beeindruckend die Optik aber sein mag, die Qualität lässt häufig zu wünschen übrig. Denn viele Produzenten verarbeiten ihre einfachsten Weine als Ruby und bauen ihn zwei bis drei Jahre im Tank aus. Allerdings gibt es auch hochwertige und fassgelagerte Abfüllungen zu entdecken, die mit tiefer Frucht und beeriger Süße aufwarten.

Tawny

Auch der Tawny, übersetzt „gelbbraun" oder etwas poetischer „bernsteinfarben", verdankt den Namen seiner Farbe. Denn während der Lagerung in Holzfässern mit erhöhtem Luftkontakt verliert der Tawny über die Jahre seine rote Farbe und zeigt sich eher in Braun- und, bei sehr alten Ports, in Olivtönen. Die Reifung kann von wenigen Jahren bis zu mehreren Jahrzehnten reichen, wobei ältere Tawnys ihre Reifezeit, oft mit dem Zusatz „Reserve", stolz auf dem Etikett präsentieren und komplexe Geschmacksbilder erzielen.

Colheita

Ähnlich wie der Tawny reift der Colheita (portugiesisch für „Ernte") mit einigem Luftkontakt im Fass. Allerdings ist er ein Jahrgangswein, dessen Ernte- und Abfülljahr auf dem Etikett vermerkt sein müssen. Außerdem darf er erst nach sieben Jahren Reifung abgefüllt werden. Oftmals reift er allerdings wesentlich länger und entwickelt dementsprechend vielschichtige Aromen von getrockneten Früchten, Gewürzen und Nüssen.

Flaschengereifter Port:

Die Bezeichnung „flaschengereift" ist etwas irreführend, denn natürlich reifen auch diese Ports zunächst mindestens zwei Jahre im Fass. Daraufhin aber reifen sie eben in der Flasche weiter.

Dort können sie über die Jahre und Jahrzehnte zu erstaunlicher Aromenvielfalt und Komplexität gelangen. In der Flasche reagieren dabei unter anderem Tannine und Pigment möglichst unbeeinflusst von Außeneinwirkungen miteinander und bilden die typische Kruste an der Flaschenwand. Auch wegen des oft reichlichen Depots, das sich bei der langen Lagerung am Flaschenboden absetzt, sollten sämtliche flaschengereifte Ports vor dem Trinken dekantiert werden. Manche Abfüllungen werden allerdings auch gefiltert angeboten – ein Blick auf das Etikett gibt Aufschluss.

Tendenziell sind flaschengereifte Portweine aufgrund ihrer Herstellung teurer und anspruchsvoller als ihre ausschließlich fassgereiften Verwandten. Zum Mixen ist man dementsprechend mit einem soliden fassgereiften Port häufig besser bedient. Die feinen Nuancen eines Vintages würden in den meisten Drinks nicht ausreichend zur Geltung kommen.

Neben diesen Allgemeinheiten unterteilt man flaschengereifte Ports folgendermaßen:

Vintage

Vintage Ports werden nur aus herausragenden Jahrgängen hergestellt. Nach einer Fasslagerung von zwei bis drei Jahren werden sie in Flaschen abgefüllt, wo sie über die Jahre eine ganz besondere Würze entwickeln, ohne ihre Fruchtigkeit zu verlieren.

Late Bottled Vintage (LBV)

Einen LBV könnte man eigentlich fast als fassgereiften Port durchgehen lassen, denn immerhin verbringt er ganze vier bis sechs Jahre im Fass. Er hat normalerweise nicht die volle Würze eines Vintage Ports, aber reizt durch seine runde Frucht.

Crusted

Benannt sind die Crusted Ports nach der Kruste im Inneren der Flasche. Weine aus verschiedenen Jahrgängen, die nicht unbedingt Vintage-Qualität haben, werden gemischt und vier bis sechs

Jahre im Fass gelagert. So entstehen oft volle, schwer-fruchtige Portweine.

Garrafeira

Eine Rarität unter den Portweinen stellt der Garrafeira dar. Nach einer Fasslagerung von drei bis sieben Jahren wird der Wein in Glasbehälter gefüllt. In diesen Behältern reift der Wein ähnlich wie in einer großvolumigen Flasche. Das Depot setzt sich dort ab, und so hat der Garrafeira nach der Flaschenabfüllung kaum noch Depot. Sein Geschmack ist schwer einzugrenzen, birgt aber durch die Herstellung Potenzial, die Noten von

Vintage Ports mit den frischen Aromen oxidativ ausgebauter Weine zu vereinen.

Single Quinta

Übersetzt heißt Single Quinta etwa „einzelnes Weingut". Ein Single Quinta ist damit keine eigene Kategorie unter den Portweinen, der Namenszusatz zeigt aber, dass die Trauben dieses Portweins von einem einzigen Weingut stammen statt mit anderen vermischt zu werden. Häufiger zu finden ist diese Bezeichnung bei Colheitas, Vintages und Late Bottled Vintages.

KURZ VORGESTELLT: **RAMOS PINTO PORT**

Ramos Pinto wurde 1880 von dem jungen Künstler Adriano Ramos Pinto gegründet. Seitdem beschäftigt sich das Haus mit der Herstellung hochwertiger Portweine. So lässt man bis heute ausschließlich Trauben eigener Weingüter zur Weiterverarbeitung zu. Dementsprechend verkauft Ramos Pinto auch unverstärkte Weine. Ramos Pinto zählt heute zu den bekanntesten Portweinherstellern.

Bekannte Produkte: Ramos Pinto Tawny Port, Ramos Pinto Late Bottled Vintage, Ramos Pinto Ruby Port

MADEIRA

Als man im 15. Jahrhundert die Atlantikinsel Madeira besiedelte, brannte man zum Zuckeranbau sämtliche Wälder ab. Die so entstandene Ascheschicht erhöht die Fruchtbarkeit des Bodens auf dieser mittlerweile portugiesischen Insel bis heute. Seit Mitte des 17. Jahrhunderts finden Weine aus Madeira auch internationale Verbreitung. Zur Erhöhung der Haltbarkeit verstärkte man die Weine mit Alkohol auf etwa 17–22 % Vol., was gemeinsam mit der aromatischen Veränderung während der langen Seereisen (hohe Temperaturen, Oxidation) bald zum Markenzeichen der Madeira-Weine wurde. So begannen

die Produzenten bei steigender Nachfrage, die Bedingungen einer Seereise zu simulieren, indem sie ihre Weine unter hohen Temperaturen lagerten und absichtlich oxidieren ließen. Bis heute entsteht so der Madeira. Durch die Verbreitung minderwertiger Produkte musste der Wein zwar einiges an Renommee einbüßen, die Zahl sorgfältig produzierter Madeiras nimmt aber wieder zu.

Rebsorten

Die wandelbare Sorte Tinta Negra hat lange Zeit die spezifischen Madeira-Stile aus anderen Rebsorten verdrängt. Um ihrer massenhaften Verbreitung

entgegenzuwirken, dürfen Madeiras bei der Nennung einer anderslautenden Rebsorte auf dem Etikett nur noch max. 15 Prozent Tinta Negra enthalten.

Empfohlene

Boal, Bastardo, Folgasão, Malvasia (Malvasia-Cândida, Malvasia-Cândida, Malvasia-Fina), Roxa, Sercial, Tinta, Tinta Negra, Verdelho, Verdelho Tinto

Sonstige zugelassene (weniger verbreitet)

Caracol, Carão-de-Moça, Complexa, Deliciosa, Listrão, Malvasia Branca de S. Jorge, Moscatel Graúdo, Rio Grande, Triunfo, Valveirinho.

Zumindest heute enthält der **Rainwater-Madeira** kein Regenwasser mehr, wenn man mal von den umgewandelten Tropfen absieht, die die Reben der Grundweine genährt haben. Der Legende nach soll aber in das erste Fass dieses Stils tatsächlich beim Transport Regenwasser eingedrungen sein. Dem Empfänger schmeckte diese leichte Mischung anscheinend so gut, dass eine eigene Madeira-Kategorie entstand, die zwar kein Regenwasser enthalten muss, aber doch einen höheren Wasseranteil hat als ihre schweren Verwandten.

Grundtypen

Je nach gewünschter Süße unterbricht man die Gärung der Maische durch hochprozentiges Weindestillat (96 % Vol.). So ergeben sich vier Madeira-Grundtypen, für die sich bestimmte Reben als besonders geeignet herausgestellt haben. Man bezeichnet diese auch als „edel".

trocken
Edelrebe: Sercial
Zuckergehalt: 49,1–64,8 g/l
Typisches Aroma: benötigt lange Reifezeiten, um die Säure des jungen Weins zu harmonisieren; dann häufig Zitrusnoten und leichte Nussigkeit

halbtrocken
Edelrebe: Verdelho
Zuckergehalt: 64,8–80,4 g/l
Typisches Aroma: Röstnoten, Trockenfrüchte, evtl. Schokolade

halbsüß
Edelrebe: Boal
Zuckergehalt: 80,4–96,1 g/l
Typisches Aroma: Zitrusfrüchte, Trockenfrüchte, Nuss, Nougat

süß
Edelrebe: Malvasia
Zuckergehalt: über 96,1 g/l
Typisches Aroma: voll, Vanille, Toffee, marmeladige Frucht

Herstellung

Zur Erzeugung des charakteristischen Madeira-Geschmacks werden die Weine vor der weiteren Reifung wärmebehandelt. Hierbei wird die Reifung beschleunigt, und der enthaltene Zucker karamellisiert teilweise. Die Weine erhalten dadurch Farbe und Harmonie. Man unterscheidet zwei Methoden:

Estufagem
Die Weine lagern für mind. drei Monate bei 45–50 °C in Edelstahltanks. Nach einer Ruhezeit von mind. 90 Tagen beginnt die weitere Reifung in Holzfässern. Auf diese Weise hergestellte Weine dienen oft nur als Verschnittware.

Canteiro
Die aufwendigere und hochwertigere Methode lässt die Weine in Holzfässern mind. zwei Jahre in dachbodenartigen Lagerräumen reifen. Die Verdunstungsmenge des Weins liegt dabei ungefähr bei 3 Prozent jährlich. Daher werden sehr lange reifende Weine nach wenigen Jahren in etwas kühlere Räume verlegt. Eine Herstellungsdauer von mind. drei Jahren ist aber Vorschrift.

Bezeichnungen

Eine wichtige Angabe zur Beurteilung eines Madeiras ist sein Alter. Zusätzlich zur bloßen Jahreszahl wird bei Madera allerdings ein „alterstypischer" Geschmack verlangt. Orientieren kann man sich an folgenden Bezeichnungen:

Seleccionado
drei bis fünf Jahre alt

Rainwater
max. fünf Jahre alt, weitere Vorgaben: (halb-)goldene Farbe, Volumenmasse von höchstens 1,0150 g/ml

5 Years/Reserve
fünf bis zehn Jahre alt, weitere Vorgaben: Angabe der Rebsorte

10 Years/Special Reserve/Old Reserve
zehn bis 15 Jahre alt, weitere Vorgaben: Angabe der Rebsorte

15 Years/Extra Reserve
15 bis 20 Jahre alt, weitere Vorgaben: Angabe der Rebsorte

Zusätzliche Bezeichnungen sind:

Solera
mind. fünf Jahre alt, weitere Vorgaben: im Solera-Verfahren gereift

Colheita
mind. fünf Jahre alt, weitere Vorgaben: mind. 85 Prozent der Trauben aus derselben Weinlese

Vintage/Frasqueira
mind. 20 Jahre alt, weitere Vorgaben: mind. 85 Prozent der Trauben aus derselben Weinlese

Bereits seit dem 15. Jahrhundert ist die Famlie Henriques im Weinbau um Estreito de Câmara do Lobos aktiv. 1850 entstand aus diesen Unternehmungen die Marke Henriques & Henriques. Mit zehn Hektar Anbaufläche besitzt die Marke das größte Weinbaugebiet für Madeira und ist außerdem der einzige Madeirahersteller, der seine eigenen Weine anbaut.

Bekannte Produkte: H&H 10 Jahre Old Malmsey, H&H Rainwater Medium Dry, H&H 10 Jahre Malvasia Finest Full Rich

WERMUT

Wermut (engl. Vermouth) ist ein herber Aperitifwein, der zu mindestens 75 Prozent aus Wein besteht. Grundlage sind heute fast ausschließlich Weißweine, die rötliche Farbe vieler Wermuts stammt neben der Lagerung dagegen vor allem von der Färbung durch Karamell. Vorgeschrieben zur Aromatisierung dieser Weine ist einzig die Artemisia, eine Pflanzengattung, zu der auch das namensgebende Wermutkraut gehört. Übliche weitere Zusätze sind Zimt, Nelken, Sternanis, Vanille, Muskat, Zitrusschalen, Engelwurz und viele andere. Die genaue Art der Aromatisierung ist dem einzelnen Produzenten vorbehalten. Außer Wein, Karamell und den pflanzlichen Aromen darf Wermut Zucker, Traubenmost und zusätzlichen Alkohol enthalten.

Obwohl die Unterscheidung nicht immer eindeutig ist, haben sich verschiedene Wermutbezeichnungen entwickelt, die eine ungefähre Einschätzung des Geschmacksbilds erlauben.

Dry

Als „Dry" wird der typische, trockene Wermut bezeichnet. Er ist weniger süß als die anderen Vertreter und hat üblicherweise eine blass- bis goldgelbe Farbe.

Rosso/Rouge

Diese Kategorie umfasst süße Wermuts mit rötlicher Farbgebung. Im Vergleich zu den Biancos und Blancs fallen die roten Wermuts häufig etwas körperreicher und herber aus.

Bianco/Blanc

Dieser namentlich weiße, im Glas teilweise auch leicht gelbliche Wein weist tendenziell ein etwas leichteres und floraleres Aroma auf als seine roten Verwandten. Süß ist er dennoch.

Ambre

Eine unbekannte und auch nur unklar zu definierende Wermutvariante stellt der Ambre dar. Er lässt sich geschmacklich zu den eher süßen Wermuts zählen, und zumindest sein Name, übersetzt „bernsteinfarben", deutet auf eine bräunlich leuchtende Farbe hin.

BY SIDE

In älteren Rezepten (oder auch in schlampigen neuen Rezepten) ist gerne die Rede von **„italienischem"** oder **„französischem" Wermut**. Diese Bezeichnungen waren vor allem im 19. Jahrhundert gebräuchlich, als sich in beiden Ländern charakteristische Wermut-Stile einen Ruf gemacht hatten. Italien war vor allem berühmt für seine schwersüßen Wermuts, wogegen Frankreich für einen leichteren, trockenen Stil stand. Diese Kategorisierung stellt aber eine deutliche Vereinfachung dar, denn jede Art von Wermut darf schließlich überall produziert werden. Sollten Sie nun allerdings mal wieder grübelnd über einem Rezept aus dem 19. Jahrhundert sitzen, wissen Sie Bescheid! Die Bezeichnungen „roter" und „weißer" Wermut sind übrigens genauso irreführend beziehungsweise sagen tatsächlich nur etwas über die Farbe, nicht aber über den Geschmack aus.

SONSTIGE WEINAPERITIFS

Unabhängig von den sonstigen Kategorien haben sich einzelne Produkte einen eigenen Platz in der Cocktailhistorie erspielt. Dabei kommen nicht immer echte Weine, sondern auch Mistelles zum Einsatz. Diese entstehen, indem man Traubenmost mit Alkohol mischt. Die Herbe, die Wermut vor allem durch das Wermutkraut erhält, wird hier häufig durch Chinin erreicht. So entstehen die sogenannten Quinquinas.

Die folgenden Weinaperitifs sind nicht ohne weiteres durch andere Produkte (wie z. B. Wermut) zu ersetzen, sondern prägen mit ihrem spezifischen Geschmack den typischen Charakter bestimmter Drinks. Dazu zählen:

Barolo Chinato – Italien

Barolo-Weine werden mit Chinarinde und verschiedenen Kräutern aromatisiert, z. B. mit Zimt, Koriander oder Vanille.

Byrrh – Frankreich

Gereifte Mistelles werden unter anderem mit Chinarinde, Orangenschalen, Colombo-Wurzel, Zimt und Kaffeebohnen aromatisiert.

Dubonnet (Rouge) – Frankreich

Weiß- und Rotweine werden geblendet, mit Mistelle gesüßt und mit Chinarinde, Zimt, Bitterorange, grünen Kaffeebohnen und Kamille aromatisiert. Dubonnet hat einen herb-süßen Geschmack beerigen mit Noten. Wird im Rezept nach Dubonnet verlangt, ist die traditionelle rote Abfüllung gemeint. Seltener ist aber auch ein der helle Dubonnet Blanc erhältlich.

Lillet (Blanc) – Frankreich

Lillet Blanc wird zu 85 Prozent aus Weißweinen der Reben Sémillon und Sauvignon Blanc hergestellt, die man mit einem Fruchtlikör blendet. Dieser enthält unter anderem Chinarinde und Bitterorangenschalen. Die Mischung reift vier bis sechs Monate in Eichenfässern. Neben dem Blanc werden auch ein Rouge und ein Rosé angeboten. Wird in Rezepten nach Lillet verlangt, verwendet man üblicherweise Lillet Blanc. Nach einer Änderung der Rezeptur in den 1980er-Jahren hat dieser aber nicht mehr die Bitterkeit des Vorgängerproduktes (Kina Lillet). Ältere Cocktailrezepte sollten daher bei der Zubereitung entsprechend angepasst werden.

St. Raphael (Rouge) – Frankreich

Rote und weiße Mistelles werden unter anderem mit Bitterorangenschalen und Chinarinde aromatisiert. Beim St. Raphael Ambre prägen zudem Vanille und Kakao den Geschmack.

GEBRANNTES OBST

VON WASSER, GEIST UND BRAND

Brände aus Obst finden sich in verschiedenen Ländern Europas bereits mindestens seit dem 12. Jahrhundert. Gerade dort, wo der Weinbau es schwer hatte, aber dafür Obstbäume gediehen, fand man in Hochprozentigem aus Obst eine alkoholische Alternative. Zunächst vor allem als Heilmittel verwendet, wurden die Herstellung und der Verkauf von Obstschnäpsen ab dem 16. Jahrhundert zu einem lukrativen Nebenerwerb vieler Bauern. Zeitweise als billige Massenware verschrien, pflegen seit den 1980er-Jahren immer mehr Hersteller die Kultur hochwertiger Obst-Spirituosen und schaffen echte Luxusbrände.

DEFINITION

Die große Vielzahl der Herstellungsorte und Rohstoffe hat auch eine Fülle von Namen und Bezeichnungen herbeigeführt. Um zwischen Obstbrand, Obstwasser und Obstgeist doch noch zur richtigen Flasche zu greifen, sind die wichtigsten Bezeichnungen gesetzlich definiert. So umfasst der Begriff Obstbrand sowohl Obstwasser als auch Obstgeist, die jeweils ihr eigenes Herstellungsverfahren aufweisen. Kein Obstbrand darf aromatisiert werden. Brände aus Trauben- oder sonstigem Obsttrester sind getrennt geregelt. Alle folgenden Kategorien müssen mind. 37,5 % Vol. aufweisen.

Obstwasser (auch: Obstbrand)

Unter Obstwasser versteht man einen Obstbrand, der ausschließlich durch Fermentation und Destillation von Früchten oder frischem Most gewonnen wird. Dabei darf nur bis max. 86 % Vol. destilliert werden, um das Aroma der Frucht zu erhalten. Weiter darf Obstwasser max. 1000 g Methanol und bei Steinobstbrand maximale 10 g Blausäure pro hl reinen Alkohols aufweisen. Außerdem muss Obstwasser mind. 200 g flüchtige Bestandteile pro hl reinen Alkohols enthalten. Hierdurch soll eine ausreichende Menge von Aromastoffen erhalten bleiben. Normalerweise trägt Obstwasser die verwendete Frucht im Namen (z. B. Apfelbrand, Kirschwasser). Wird es aus verschiedenen Früchten hergestellt, trägt es die allgemeine Bezeichnung Obstbrand und kann ergänzend eine Auflistung der verwendeten Früchte in Reihenfolge der Menge tragen (z. B. Obstbrand aus Birnen und Äpfeln).

Gängige Sorten sind beispielsweise Kirschbrand (auch Kirsch), Himbeerbrand, Pflaumenbrand (auch Slibowitz), Mirabellenbrand, Pfirsichbrand, Aprikosenbrand, Apfelbrand, Birnenbrand oder Williams (Birnenbrand aus Williamsbirnen).

Obstgeist (auch: Obstbrand)

Obstgeist bezeichnet einen Obstbrand, der gewonnen wird, indem eingemaischte Früchte mit teilweise oder nicht vergorenen Früchten und Neutralalkohol oder Obstbrand destilliert werden. Hierbei müssen auf 20 l reinen Alkohols mind. 100 kg Früchte verwendet werden. Trägt ein Obstgeist auf dem Etikett nur die Bezeichnung Obstbrand,

Unter den vielen Bezeichnungen mutet der Begriff **„Edelbrand"** gleich wie die Königsklasse des gebrannten Obstes an. Allerdings ist er in Deutschland nicht einmal einheitlich definiert und dient eher als Marketing-Vokabel. In Österreich dagegen versteht man unter einem Edelbrand eine Spirituose, die aus vergorenen Flüssigkeiten oder vergorenen Maischen zucker- oder stärkehaltiger Rohstoffe produziert wird, wobei das Aroma der Rohstoffe im Endprodukt erhalten bleiben muss. Vom reinen Obstbrand ist aber auch diese Definition ein gutes Stück entfernt.

muss er außerdem einen Zusatz auf die Herstellungsmethode aufweisen („Durch Mazeration und Destillation gewonnen").

Auf diese Weise dürfen ausschließlich folgende Pflanzen verarbeitet werden: Bananen, Brombeeren, Eberesche, Elsbeeren, Erdbeeren, Hagebutten, Heidelbeeren, Himbeeren, Holunder, Rote Johannisbeeren, Schwarze Johannisbeeren, Passionsfrüchte, Cythera-Pflaumen, Mombinpflaumen, Schlehen, Stechpalme, Vogelbeeren

Obstbrandwein
Der Begriff Obstbrandwein ist wegen der angeblichen Verwechslungsgefahr mit Branntwein nicht mehr gebräuchlich, aber im Prinzip mit der Bedeutung von Obstbrand identisch.

Pálinka
Die Bezeichnung Pálinka ist nur für Obstbrände aus Ungarn sowie für Marillen/Aprikosenbrände aus den österreichischen Bundesländern Niederösterreich, Burgenland, Steiermark und Wien zulässig.

Brand aus Apfel- und Birnenwein
Diese Brände machen zwar den Umweg von der Frucht über den Wein, bevor sie destilliert werden, folgen aber ansonsten den Vorgaben zu Obstbrand. Allerdings dürfen sie im Gegensatz zu anderen Obstbränden Zuckercouleur enthalten. Der bekannteste Brand dieser Kategorie ist der ...

Calvados
Benannt nach dem gleichnamigen Département, wird Calvados aus Apfel- und Birnenweinen gebrannt und darf nach geschützter Herkunftsbezeichnung nur in drei ausgewählten Gebieten der Normandie im Norden Frankreichs hergestellt werden. Um die Kennzeichnung der jeweiligen Region zu tragen, muss die Herstellung vom Ernten der Früchte über die Weinproduktion bis zur Destillation komplett dort verlaufen.

AOC Calvados Pays d'Auge
Die Böden dieser renommierten Region sind ton- und kalkhaltig, und die Apfelbäume gedeihen häufig, auf Hängen. Brände aus den Pays d'Auge müssen mindestens 70 Prozent bittere oder süß-bittere und mindestens 10 Prozent säuerliche Apfelsorten enthalten. Die Weine werden zweifach gebrannt und reifen anschließend mind. zwei Jahre in Eichenholzfässern.

AOC Calvados
Aus dieser größten Appellation stammen mehr als zwei Drittel der Calvadosproduktion. Überwiegend von Lehmböden, seltener von Schiefer geprägt, entsprechen die Vorschriften zu den verwendeten Apfelsorten sowie der Fassreifung den Pays d'Auge. Die Destillationsart ist hier nicht näher bestimmt.

AOC Calvados Domfrontais
Feuchte Böden mit hohem Granitanteil beeinflussen hier den Anbau. Traditionell für ihre Birnen bekannt, müssen in der Appellation auf den Anbauflächen mittlerweile per Gesetz mind. 15 Prozent Birnbäume stehen (ab dem 16. Jahr mindestens 25 Prozent). Auch der Calvados muss mind. 30 Prozent Birnenweinanteil aufweisen. Destilliert wird kontinuierlich, gefolgt von einer mindestens dreijährigen Lagerung in Eichenholzfässern.

Gängige Bezeichnungen

Die Altersangaben richten sich nach dem jüngsten Calvados der Assemblage.

Trois étoiles/Trois pommes: mind. zweijährige Fasslagerung
Vieux/Réserve: mind. dreijährige Fasslagerung
VO/Vielle réserve: mind. vierjährige Fasslagerung
VSOP: mind. fünfjährige Fasslagerung
Extra/XO/Napoléon/Hors d'âge/ Age inconnu: mind. sechsjährige Fasslagerung

Calvados fermier: vom Fruchtanbau bis zur Abfüllung von einem Erzeuger stammend

Applejack

Der Applejack ist vermutlich die erste Spirituose, die die europäischen Einwanderer in den jungen USA herstellten, denn Äpfel fand man hier in Massen. Abgeleitet ist der Name Applejack von dem Wort jacking, das eine bestimmte Methode zur Erhöhung des Alkoholgehalts durch Ausfrieren bezeichnet. Da Alkohol einen niedrigeren Gefrierpunkt hat als Wasser, lässt sich bei Herabsetzung der Temperatur das Wasser als Eis entfernen, wodurch der Alkoholgehalt praktisch steigt. Genau auf diese Weise wurde in den USA aus fermentierten Äpfeln Hochprozentiges gewonnen.

Da sich bei dieser Methode Fuselöle und andere unerwünschte Inhaltsstoffe kaum beseitigen lassen, wurde Applejack aber, spätestens 1698 durch den Schotten William Laird, wie andere Spirituosen destilliert. Mit Verbreitung von Destillationstechniken und fortschreitendem Getreideanbau ging man schließlich dazu über, dem Applejack einen Teil Getreidedestillat unterzumischen. Bis heute enthält Applejack üblicherweise nur zu einem Teil tatsächliches Apfeldestillat. Daneben werden aber unter der Bezeichnung Apple Brandy auch echte Apfelbrände verkauft.

GEBRANNTES AUS TRESTER

Das Wort Trester sorgt für gewisse Verwirrung, denn es bezeichnet nicht nur die hauptsächlich festen Rückstände, die beim Pressen von Früchten zurückbleiben, sondern ebenso die daraus hergestellte Spirituose. Vor allem die Winzer merkten schnell, dass sich aus den Traubenresten, die nach dem Keltern der Trauben übrig blieben, schmackhafte Brände herstellen lassen. So fanden Destillate aus Trester insbesondere als preisgünstige Alternative zu Obstbränden bei den ärmeren Bevölkerungsteilen jahrhundertelang Verbreitung. Angeführt vom wachsenden Prestige des Grappas seit den 1970er-Jahren wird aber auch bei Tresterbränden mittlerweile Wert auf sorgfältige Herstellung und feine Aromen gelegt.

Obsttresterbrand

Eine eigene Kategorie bilden die Brände aus Obsttrester. Sie werden ausschließlich durch Fermentation und Destillation von Obsttrester (außer Traubentrester) gewonnen. Wie Obstbrände dürfen sie nicht zu mehr als 86 % Vol. destilliert werden und müssen mind. 200 g flüchtige Bestandteile pro hl reinen Alkohols aufweisen. Die übrigen Gesetzeswerte unterscheiden sich vom Obstbrand: max. 1500 g Methanol sowie 7 g Blausäuregehalt pro hl reinen Alkohols.

Zudem dürfen Obsttresterbrände zum gleichen Alkoholgehalt erneut destilliert werden. Auch Obsttresterbrand darf nicht aromatisiert werden, kann allerdings Zuckercouleur enthalten. Zur Nennung der Früchte im Namen gelten die Regelungen von Obstbrand.

Tresterbrand (auch: Trester)

Wie so oft genießen die Trauben auch beim Brand eine Sonderrolle. So gilt als Tresterbrand eine Spirituose, die ausschließlich aus fermentiertem und destilliertem Traubentrester hergestellt wird. Wie Obstbrand darf er zu max. 86 % Vol. destilliert werden. Außerdem gelten folgende Werte: max. 25 kg Trub pro 100 kg Trester, der vom Trub gewonnene Alkohol darf max. 35 Prozent des Endprodukts ausmachen, max. 140 g flüchtige Bestandteile sowie 1000 g Methanol pro hl reinen Alkohols. enthalten Tresterbrand darf nicht aromatisiert werden, aber Zuckercouleur enthalten. Eine besondere Berühmtheit unter den Tresterbränden ist der ...

Grappa

Der Name Grappa stammt vom italienischen Wort für Traube (grappolo). Dennoch wird dieser italienische Brand nicht direkt aus Weintrauben, sondern aus Traubentrester hergestellt. Grappa wird ausschließlich aus Trester der ersten Pressung hergestellt. Die Verwendung von Pressrückständen ist nicht gestattet. Gebrannt wird üblicherweise in Kupferbrennblasen. Der Brennvorgang findet bei einigen Produkten einfach, bei anderen auch mehrfach statt. Im Gegensatz zu anderen Tresterbränden darf Grappa pro Liter Alkohol bis zu 20 g Zucker enthalten. Unter qualitätsbewussten Produzenten ist diese

BY SIDE

Im Gegensatz zu Grappa wird bei **Uva** und **Uve** das Destillat nicht aus Traubentrester, sondern aus ganzen Trauben gewonnen. Dementsprechend dürfen sie sich nicht Grappa nennen.

Praxis wegen der geschmacklichen Verfälschung umstritten.

Folgende Herstellungsregionen für Grappa tragen mittlerweile geschützte Herkunftsbezeichnungen:

Lombardei (Grappa lombarda), Piemont (Grappa di Barolo, Grappa piemontese), Südtirol (Südtiroler Grappa), Trentino (Grappa trentina), Friaul-Julisch Venetien (Grappa friulana), Veneto (Grappa veneta), Sardinien (Grappa sarda), Sizilien (Grappa Siciliana, Grappa di Marsala)

Unterscheidung:

· Grappa Bianca: Lagerung in Stahl- oder Glasbehältern, keine Fassreifung
· Grappa Invecchiata: mind. zwölf Monate gelagert, davon mind. sechs Monate im Fass
· Grappa Riserva oder Stravecchia: mind. 18 Monate gelagert
· Grappa Aromatizzata: mit Kräutern aromatisiert

KURZ VORGESTELLT: NONINO GRAPPA

Seit 1897 stellt die Familie Nonino Grappa her. Besonders bekannt geworden ist Nonino seitdem durch den Einsatz und Erhalt traditioneller Rebsorten und Herstellungsverfahren. So füllte Nonino auch als erster Hersteller Grappa aus Einzellagen und unverschnittenen Rebsorten ab. Die edelsten Destillate werden darüber hinaus in mundgeblasenen Flaschen verkauft.

Bekannte Produkte: Nonino Grappa il Merlot „Monovitigno", Nonino Grappa di Picolit „Monovitigno", Nonino Grappa Anticacuvee Riserva

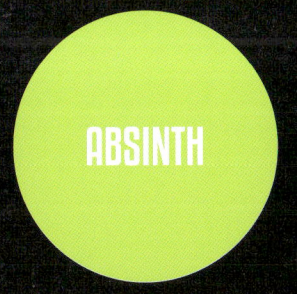

ABSINTH

Das Wort Absinth leitet sich vom botanischen Namen des Wermutkrauts ab, Artemisia Absinthium. Bis heute sorgt das Wermutkraut für die typische Herbe des Absinths. Daneben kann er verschiedene Kräuter, Wurzeln, Früchte, Rinden und Blüten enthalten. Entstan-

den ist er vermutlich im 18. Jahrhundert als medizinisches Elixier im Schweizer Tal Val-de-Travers. Vor allem in Frankreich wurde er im 19. Jahrhundert in großen Mengen produziert, bis er nach 1905 in den USA und meisten Ländern Europas nach und nach verboten wurde.

Vermeintlicher Grund für das Absinth-Verbot war der Mord des Schweizers Jean Lanfray an seiner Frau und seinen Kindern. Neben zahlreichen anderen Spirituosen hatte Lanfray vor der Tat unter anderem auch Absinth getrunken.

Mit großem Medieninteresse wurde dieser Fall als „Absinth-Mord" in Szene gesetzt und diente letztlich zum Anlass für das Verbot der beliebten Spirituose. Vor allem der Weinindustrie kann man aber zum Anstoß dieses Verbots wirtschaftliche Interessen unterstellen, denn der populäre Absinth war, nach der Reblauskrise im 19. Jahrhundert sowie weiteren schlechten Ernten, zur massiven Konkurrenz geworden.

Dem Absinth wurde unterstellt, in seiner Rauschwirkung weit über andere Spirituosen hinauszugehen und sogar halluzinogene Effekte hervorzurufen. Verantwortlich hierfür machte man Thujone, die unter anderem in den ätherischen Ölen des Wermutkrauts enthalten sind. Zwar haben diese tatsächlich eine sehr schwach halluzinogene Wirkung, würde man aber versuchen, einen Thujon-Rausch durch Absinthkonsum zu erreichen, wäre so viel Absinth nötig, dass vorher wohl mehrere Alkoholvergiftungen überstanden werden müssten. Zu allem Überfluss blockiert übermäßiger Alkoholkonsum die Thujon-Aufnahme sogar.

Trotz der fragwürdigen Argumente hielt sich die Absinth-Prohibition bis zur Jahrtausendwende, in Deutschland bis 1998. Mittlerweile ist Absinth in den meisten Ländern wieder vollkommen legal, nur der Thujongehalt ist weiterhin genau festgelegt. Dabei sind es häufig, die schlechteren Absinthe, die mit einem hohen Thujongehalt werben, statt ein hochwertig erzeugtes Produkt anzubieten, das auf das Image vom illegalen Rauschmittel verzichtet.

Herstellung

Zur Produktion von Absinth wird hochprozentiger Alkohol mit Wermut und anderen Kräutern aromatisiert, darunter z. B. Anis, Ysop, Fenchel, Koriander oder Zitronenmelisse. Das Endprodukt ist dabei nicht nur stark von der Qualität und Mischung der Kräuter abhängig, sondern von der Art des Alkohols (etwa Getreide- oder Weinalkohol) sowie der Art der Aromatisierung (häufig Mazeration). Hochwertige Absinthe werden nach der Aromatisierung erneut destilliert, auch Bitterstoffe werden so abgetrennt.

Gesetzliche Höchstwerte für Thujon

Der Höchstgehalt von Thujon (alpha- und beta-) richtet sich nach der jeweiligen Produktgruppe:

Alkohol. Getränke, mit Ausnahme der aus Artemisia-Arten hergestellten	10 mg/l
Alkohol. Getränke, aus Artemisia-Arten hergestellt	35 mg/l
Nicht-alkohol. Getränke, aus Artemisia-Arten hergestellt	0,5 mg/l

Absinth im Glas

Die Trinkrituale zum Absinth sind vielfältig. Welches Sie bevorzugen, bleibt Ihre Entscheidung. Vom Anzünden des Absinths sei aber abgeraten, da mit dem Alkohol auch ein entscheidender Geschmacksträger des Absinths verbrennt. Viele Absinthe sollten aufgrund ihres hohen Alkoholgehalts (häufig über 60 % Vol.) leicht verdünnt getrunken werden. Bei hochwertigeren Absinthen lässt sich dabei außerdem eine milchige Trübung der Spirituose beobachten. Dieser sogenannte Louche-Effekt entsteht, da die enthaltenen ätherischen Öle zwar in Alkohol löslich sind, nicht aber in Wasser.

Absinth im Cocktail

Wegen seiner markanten Aromatik wird Absinth in Cocktails meist nur sehr sparsam eingesetzt. Schon das leichte Parfümieren mit einigen Tropfen Absinth ist deutlich zu schmecken. Gerade wegen des geringen Verbrauchs lohnt es sich hier, in ein hochwertiges Produkt zu investieren. Zwar liegen gute Absinthe häufig weit über dem Literpreis anderer Spirituosen, sind dafür aber oft auch in kleineren Füllmengen zu erhalten.

BY SIDE

Rote, gelbe, grüne, blaue ... **Absinth** ist mittlerweile in **sämtlichen Farben** erhältlich, obwohl er bei traditioneller Herstellung, je nach Zusammensetzung, einen klaren bis grün-gelblichen Farbton aufweist. Die grellen Farben, die einem teilweise aus den Supermarktregalen entgegenleuchten, haben auch weniger eine geschmackliche Funktion, sondern lassen die Rolle von Absinth als psychedelischem Elixier in Partykeller und Großraumdisco neu aufleben.

SHŌCHŪ

Die Herkunft von Shōchū lässt sich heute nicht mehr eindeutig klären. Spuren sind sowohl in Korea und China als auch in Japan zu finden. Die koreanische Spirituose heißt heute Soju und wird unter anderem auf Basis von Reis, Weizen, Gerste oder Süßkartoffeln her-gestellt. Der japanische Shōchū dagegen wird vor allem aus Reis oder Gerste gebrannt und lässt sich bis ins 16. Jahrhundert zurückverfolgen.

Der gewählte Rohstoff wird mithilfe des Schimmelpilzes Koji vergoren. Das Aroma des Endprodukts ist dabei deutlich vom Grundstoff abhängig. So sorgen etwa Süßkartoffeln für erdige Brände, wogegen Shōchū aus Gerste eher trocken sind und auch im Fass gelagert werden können. Andere Rohstoffe sind z. B. Sesam, Möhren oder Kastanien.

Die verschiedenen Kategorien richten sich nach der Brennmethode:

Korui Shōchū: kontinuierlich gebrannt; leichter, fast neutraler Brand

Otsurui Shōchū: im Pot-Still-Verfahren gebrannt; aromatischerer, würzigerer Brand

Der Alkoholgehalt liegt üblicherweise bei 25–40 % Vol.

SAKE

Unter Sake versteht man eine Art Reiswein aus Japan, die vermutlich bereits etwa seit dem 3. Jh. v. Chr. hergestellt wird. Aus etwa 60 Sorten speziellen Sake-Reises wählen die Brennereien den passenden Grundstoff, anschließend wird der Reis poliert. Dabei entfernt man Mineralstoffe, Proteine und Fette der äußeren Reisschicht, die den Gärprozess und das Aroma negativ beeinflussen könnten. Zur Vorbereitung der Gärung wird der Reis außerdem gewaschen, eingeweicht, gedämpft und wieder abgekühlt.

Schließlich bestäubt man den Reis mit Sporen des Koji-Schimmelpilzes und lagert ihn warm und feucht, um die Gärung anzuregen. Je nach Herstel-lungsart wird außerdem aus Koji-Reis, Wasser, Milchsäure, Hefe und frisch gedämpftem Reis eine Starter-Maische angesetzt. In der Hauptmaische findet daraufhin eine multiple parallele Fermentation statt, das heißt, während der Koji-Pilz die Reisstärke in Zucker umwandelt, wandelt die Hefe den Zucker in Alkohol um. Anschließend wird der Sake gefiltert und pasteurisiert.

Die Reifung dauert meist sechs bis zwölf Monate, wobei der Sake sich harmonisiert und stabilisiert. Teilweise finden Zederholzfässer (Taruzake) Verwendung. Der Sake hat nun einen Alkoholgehalt von ca. 20 % Vol., wird meist aber auf etwa 15–17 % Vol. verdünnt. Die Standardflaschen in Japan fassen 300, 720 bzw. 1800 ml.

Kategorien
Dem größten Teil der Sakeproduktion wird gegen Ende der Gärung noch Alkohol zugegeben, um auf einfachem Weg den Alkoholgehalt zu steigern (Sake Futsushu). Hochwertigen Sakes wird teilweise lediglich zur Abrundung eine kleine Menge zusätzlicher Alkohol hinzugefügt. In beiden Fällen handelt es sich um Braualkohol, der meist aus Melasse, aber z. B. auch aus Zuckerrüben oder Süßkartoffeln besteht. Ein weiteres Unterscheidungsmerkmal ist die Polierrate des verwendeten Reises und das daraus resultierende Aroma. So bedeutet eine Polierrate von 70 Prozent z. B., dass 30 Prozent des Reiskorns abgemahlen werden.

Sakes ohne zusätzliche Alkoholzugabe direkt vor der Abfüllung sind:

Junmai: Polierrate von mind. 70 Prozent

Junmai Ginjo: Polierrate von mind. 60 Prozent

Junmai Daiginjo: Polierrate von mind. 50 Prozent

Honjozo: Polierrate mind. 70 Prozent Zugabe von Alkohol zur Harmonisierung

Ginjo: Polierrate von mind. 60 %, Zugabe von Alkohol zur Harmonisierung

Daiginjo: Polierrate von mind. 50 %, Zugabe von Alkohol zur Harmonisierung

Zusätzlich existieren folgende Angaben:

Namazake: unpasteurisiert

Nigorizake: ungefilterter Sake mit Trübung durch Reste von Reis und Koji

Genshu: unverdünnt

Koshu: mind. drei Jahre gereift, länger gereifte Abfüllungen (ab fünf Jahre) tragen den Titel Hizoshu

Sake trinken

Im Gegensatz zu anderen alkoholischen Getränken wird Sake häufig warm serviert. Dabei ist es aber keinesfalls so, dass man Sake nur warm genießen könnte. Ganz im Gegenteil schadet vielen hochwertigen Sakes die Erwärmung eher. Wenn überhaupt, sollte Sake daher sehr sparsam erwärmt werden, wirklich heiß sollte er nie sein.

Man unterscheidet folgende Temperaturstufen:

Nurukan (lauwarm): Zimmertemperatur bis 40 °C
Kan (warm): 40–55 °C
(Atsukan (heiß): mehr als 55 °C)

Warmer Sake wird aus Keramikbechern getrunken, für kühleren Sake eignen sich Weißwein- oder Sherrygläser. Auch die viereckigen Zedernholzbecher bieten ein interessantes Trinkerlebnis.

Durch das Holzaroma wird der Sake aber nicht nur bereichert, sondern auch verfälscht. Für eine echte Verkostung eignen sie sich daher nicht.

BITTERS

Meist nur tropfenweise zugesetzt, machen Bitters aus einem einfachen Drink häufig erst ein Erlebnis. Sie sind die Gewürze des Cocktails und spielen gerade bei minimalistischeren Drinks eine entscheidende Rolle. Aber ihre Bedeutung reicht noch weiter, denn schließlich waren es die Bitters, die aus dem Sling einen Cocktail werden ließen (siehe Seite 67). Nicht zu verwechseln sind Cocktail Bitters dabei nicht mit Bitterlikören. Zwar lässt sich mit dem Spritzer eines sehr bittereren Likörs ein Drink ähnlich abrunden, aber normalerweise weisen Cocktail Bitters eine Aromatik auf, die in ihrer Konzentration den Purgenuss schwierig macht und einzig zur Verwendung in Dashes taugt. Auch während der Prohibition waren die hochprozentigen Bitters daher nicht verboten.

Genau definiert sind Bitters im Übrigen nicht. Sie finden ihren Ursprung in medizinischen Konzentraten vergangener Jahrhunderte. Meist enthalten sie eine Vielzahl verschiedener Kräuter, Gewürze, Früchte und anderer Aromen, die gemeinsam mit Alkohol stabilisiert und konserviert werden. Nur die verhaltene bis durchdringende Bitterkeit bleibt als Gemeinsamkeit. Während es bis zum

Beginn des 20. Jahrhunderts vermutlich Hunderte verschiedener Bitters gab, verschwand der größte Teil dieser Auswahl gemeinsam mit der klassischen Barkultur nahezu vollständig. Seit dem neuen Interesse an alten Rezepten hat sich auch das Angebot der Bitters wieder vergrößert, und mittlerweile sind auch ausgefallene Varianten wie Sellerie- oder Schokoladen-Bitters erhältlich. Gerade diese Vielfalt lädt zum Experimentieren ein, durch ungewöhnliche Bitters erhalten viele Cocktails interessante Neuerungen. Einige klassische Bitters sind aber bis heute nicht erhältlich. Neben diesen Exoten lassen sich die meisten klassischen Rezepte mit einer Handvoll typischer Bitters bewältigen:

Angostura Bitters

Die heute wichtigsten Bitters sind wohl die Angostura Bitters. Das Original enthält unter anderem Enzian, Kardamom, Gewürznelken, Chinarinde, Zimt und Bitterorangen. Trotz seines Namens beinhaltet es, im Gegensatz zu anderen gleichnamigen Produkten, keine Rinde des Angosturabaumes. Benannt sind die Bitters stattdessen nach der ehemals venezolanischen Stadt Angostura, in der der deutsche Arzt Johann Gottlieb Benjamin Siegert das Rezept in den 1820er-Jahren entwickelte.

Peychau's Bitters

Eine ähnliche Geschichte haben die Pechaud's Bitters, die in den 1830er-Jahren vom französischen Apotheker Antoine Amédée Peychaud entwickelt wurden. Merklich schmeckbar ist der Enzian, die übrigen Aromen sind nicht eindeutig bekannt. Vor allem für die reichhaltige Trinkkultur in und um Pey-

BY SIDE

Teilweise taucht in Rezepten der Begriff „**Aromatic Bitters**" auf. Dieser meint weniger ein bestimmtes Produkt, sondern fasst die Bitters wie Angostura oder Peychaud's zusammen, die durch aromatische Würze bestechen, aber sich nicht wie z. B. Orange Bitters einem erkennbar vorherrschenden Einzelaroma unterordnen.

chauds Wahlheimat New Orleans sind diese Bitters bedeutsam.

Abbott's Aromatic Bitters

Von 1872 bis in die 1950er-Jahre war dieser Aromatic Bitter äußerst populär und fand rege Verwendung vor allem im Manhattan Cocktail. Ein jähes Ende setzte den Bitters 1954 das Verbot Tonkabohne als Zutat, aufgrund des Cumaringehalts. Daneben enthielt die würzige Mischung wohl unter anderem Gewürznelken, Piment, Kardamom, Zimt, Lavendel und Ingwer. Heute sind sie in Neuauflage vereinzelt wieder erhältlich – ohne Tonkabohnen versteht sich.

Boker's Bitters

Selbst als Reproduktion heute nicht weit verbreitet, erfreuten sich Boker's Bitters vor allem im 19. Jahrhundert großer Beliebtheit. Kreiert wurden sie Ende der 1820er-Jahre vom deutschen Diplomaten John Boker (ursprünglich Johann Böker) in New York. Rezepte dieser Zeit gehen unter anderem von Quassie, Catechu, Kalmus, Kardamom und Orange als Zutaten aus.

Orange Bitters

Orange Bitters werden in einer Vielzahl verschiedener Ausgaben angeboten. Gemeinsam haben sie alle die mehr oder weniger herbe Fruchtigkeit der Orangenschale. Oft vergessen, finden sie ihre trinkhistorisch wichtigste Verwendung im Martini Cocktail.

249

SÜSSUNGS MITTEL

Jetzt wird's süß! Aber nicht nur zuckersüß, sondern auch honigsüß, agavensüß, steviasüß ... Selbst der trockenste Cocktail lebt noch von einer passenden Süßequelle. Das kann zwar auch ein Wermut oder ein Likör sein, doch gerade wenn eine etwas konzentriertere Süße benötigt wird, kommt man nicht um die folgenden Mittelchen herum. Die Wahl des richtigen Süßungsmittels hängt dabei natürlich vom Geschmack der restlichen Zutaten ab.

Zucker

Zucker gehören zu den Kohlenhydraten. Sie werden nach ihrer Zusammensetzung aus Einzelbausteinen unterteilt:

Einfachzucker (Monosaccharide)
· Traubenzucker (Glukose)
· Fruchtzucker (Fruktose)

Zweifachzucker (Disaccharide)
· Haushaltszucker oder Kristallzucker (Saccharose)
· Milchzucker (Laktose)
· Malzzucker (Maltose)

Mehrfachzucker (Oligo- und Polysaccharide)
· Stärke

Spricht man allgemein von „Zucker", ist der Zweifachzucker Saccharose gemeint.

Bei der **Raffination** wird der Zucker gereinigt, um einen möglichst hohen Saccharosegehalt zu erlangen. Dabei kommen Verfahren wie Zentrifugation, Aktivkohlefiltration und Auskristallisation zum Einsatz. Zwar werden so der Süßegrad und die „Reinheit" erhöht, der Zucker verliert aber auch viele Aromen, die ein weniger raffinierter Zucker noch enthält.

Wichtige Zuckerprodukte sind:

Rübenzucker

Rübenzucker wird industriell aus Zuckerrüben hergestellt. Die Rüben werden hierzu zerkleinert und eingeweicht, woraufhin unter Zugabe von Kalk, Kohlendioxid und anderen Zusatzstoffen die restlichen Bestandteile vom Zucker getrennt werden können.

Rohrzucker

Was man allgemein als „Zucker" kennt, stammt aus dem schilfähnlichen Zuckerrohr, dessen Stängel bis zu 20 Prozent Zucker enthalten. Das Zuckerrohr wird gepresst, und der Zucker wird unter Zusatz von Kalk und Kohlendioxid von den anderen Bestandteilen getrennt. Durch Zuckersirup wird der geläuterte Saft eingedickt und kristallisiert aus. So weit, so allgemein. Neben diesem grundsätzlichen Verfahren unterscheiden sich die verschiedenen Zucker nach ihrer speziellen Darreichungsform.

· Weißzucker: der übliche Haushaltszucker, bei hohem Reinheitsgrad, auch Zuckerraffinade genannt
· Puderzucker: Fein gemahlene Zuckerraffinade
· Kandis: langsam auskristallisiert, damit sich große krümelige Kristalle bilden; brauner Kandis wird aus karamellisiertem Zucker hergestellt; gelber Kandis wird mit Zuckercouleur gefärbt
· Vollrohrzucker: unraffinierter Zucker, der Mineralien, Vitamine und Spurenelemente enthält
· Demerara-Zucker: spezieller Rohrzucker mit ca. 2–3 Prozent Melasse, daneben Mineralstoffe, Vitamine und Spurenelemente

Honig

Honig wird von Bienen aus Nektar und anderen Säften lebender Pflanzen erzeugt. Er enthält bis zu 80 % Zucker, dazu Wasser und in geringen Mengen Mineralstoffe, Vitamine und Eiweiß. Honig lässt sich an der Bar teilweise nur schwer kalt verarbeiten. Statt deshalb aber auf einfach portionierbare Massenprodukte zu setzen, empfiehlt es sich hier eher, einen aromatischen und hochwertigen Honig im Vorhinein zu gleichen Teilen mit Wasser zu verdünnen. Dieser Honigsirup ist gekühlt und verschlossen gelagert einige Zeit haltbar und kann im Drink noch je nach Einsatzgebiet mit Zucker abgeschmeckt werden.

Laut Gesetz unterteilt man Honig je nach Gewinnung, Form, Zweck oder Herkunft in:

1. Blütenhonig oder Nektarhonig: vollständig oder überwiegend aus dem Nektar von Pflanzen stammender Honig

2. Honigtauhonig: Honig, der vollständig oder überwiegend aus auf lebenden Pflanzenteilen befindlichen Exkreten von an Pflanzen saugenden Insekten (Hemiptera) oder aus Sekreten lebender Pflanzenteile stammt
3. Wabenhonig oder Scheibenhonig von Bienen in den gedeckelten, brutfreien Zellen der von ihnen frisch gebauten Honigwaben oder in Honigwaben aus feinen, ausschließlich aus Bienenwachs hergestellten gewaffelten Wachsblättern gespeicherter Honig, der in ganzen oder geteilten Waben gehandelt wird
4. Honig mit Wabenteilen oder Wabenstücke in Honig: Honig, der ein oder mehrere Stücke Wabenhonig enthält
5. Tropfhonig: durch Austropfen der entdeckelten, brutfreien Waben gewonnener Honig
6. Schleuderhonig: durch Schleudern der entdeckelten, brutfreien Waben gewonnener Honig
7. Presshonig: durch Pressen der brutfreien Waben ohne oder mit Erwärmung auf höchstens 45 °C gewonnener Honig
8. gefilterter Honig: Honig, der gewonnen wird, indem anorganische oder organische Fremdstoffe so entzogen werden, dass Pollen in erheblichem Maße entfernt werden
9. Backhonig: Honig, der für industrielle Zwecke oder als Zutat für Lebensmittel, die anschließend verarbeitet werden, geeignet ist

(nach Honig V, 16. 1. 2004, geändert 8.8.2007, Anlage 1 Abschnitt II)

Ahornsirup

Ahornsirup wird aus dem Saft des nordamerikanischen Zuckerahornbaums im Nordosten Amerikas gewonnen. Im Frühjahr bohrt man mindestens vierzig Jahre alte Ahornbäume an, um den klaren, süßen Saft (Maple Sap) zu gewinnen. Je länger das Bohrloch bei der Saftgewinnung schon geöffnet ist, desto niedriger ist die Qualität des Endprodukts. Dieser Saft wird schließlich zu Ahornsirup eingekocht.

Geschmacks- und Farbtypen
Ahornsirup gibt es in zahlreichen Farbtönen, die tendenzielle Rückschlüsse auf den Geschmack zulassen. Allgemein lässt sich sagen, dass der Farbverlauf von hell (light amber) über mittel (medium amber) zu dunkel (dark amber) einer Geschmackspalette von mild zu intensiv entspricht.

Qualitätsstufen
Wie bereits beschrieben, schwankt die Qualität des Maple Sap je nach Gewinnung, was sich auch auf die Qualität des Ahornsirups auswirkt. In den USA gibt es daher Qualitätsgrade von A bis C, wobei nur Grad A mit dem Zusatz „100 % Pure U.S." für höchste Qualität bürgt. Ahornsirup in Grad C darf aufgrund seiner Unreinheiten nicht einmal für den Direktverbrauch verkauft werden, sondern wird zum Beispiel als Färbemittel eingesetzt. In Europa gibt es leider kein ähnliches System.

Agavendicksaft
Zur Gewinnung von Agavendicksaft (teilw. Agavensirup) wird das Agavenherz zu Mus zerkleinert und gepresst. Den Saft filtert man und dickt ihn ein. Agavendicksaft ähnelt geschmacklich einem milden Honig, dunklere Agavendicksafte sind etwas kräftiger und

karamellartig. Er ist kalt und warm gut löslich und neigt nur wenig zur Kristallisation. Aufgrund dieser Eigenschaften findet er seit einigen Jahren auch in der Bar vermehrt Verwendung. Besonders gut lässt er sich hier natürlich mit Agavendestillaten wie Tequila und Mezcal einsetzen, ist aber auch darüber hinaus vielfältig verwendbar.

Stevia
Stevia ist bis zu 30-mal (bei Extrakten bis zu 300-mal) süßer als Zucker und wird aus den Blättern der Stevia Rebaudiana gewonnen. Stevia ist in der EU erst seit 2011 offizell zugelassen. Wie viele andere Süßungsmittel wird Stevia nicht vom Stoffwechsel aufgenommen und ist kalorienfrei. In Südamerika existieren über 230 verschiedene Steviaarten, die von den Ureinwohnern teilweise schon vor Jahrhunderten verwendet wurden.

Süßstoffe
Unter Süßstoffen versteht man synthetisch hergestellte organische Verbindungen, die ohne Nährwert süßen. Laut Gesetz muss auf den Zusatz von Süßstoffen hingewiesen werden – durch Formulierungen wie „mit Süßungsmittel" bzw. bei zusätzlicher Verwendung von Zucker „mit einer Zuckerart und Süßungsmittel".

Zu den üblichen Süßstoffen zählen:

· Acesulfam: kalorienfrei und etwa 200-mal süßer als Zucker, gut lagerbar und hitzebeständig, wird nicht vom Stoffwechsel aufgenommen
· Aspartam: enthält ca. vier Kalorien pro kg und ist etwa 200-mal süßer als Zucker

· Cyclamat: nur etwa 35-mal süßer als Zucker, wird dennoch wegen seines ansprechenden Geschmacks verwendet (vor allem in Kombination mit Saccharin)
· Saccharin: etwa 550-mal süßer als Zucker, wird nicht vom Stoffwechsel aufgenommen
· Sucralose: kalorienfrei und etwa 600-mal süßer als Zucker, wird nicht vom Stoffwechsel aufgenommen

Sirup
Neben Likören sind Sirups wohl das wichtigste Süßungsmittel in der Bar. Die Auswahl reicht hier von einfachem Zuckersirup bis zu extrem speziellen Varianten wie Gurkensirup oder Apfelkuchensirup. Dabei benötigt man in der klassischen Bar nur wenige Sirups und sollte sich eine größere Auswahl höchstens nach persönlichem Geschmack gezielt für bestimmte Rezepte anschaffen.

Herstellung
Grundsätzlich ist Sirup ein konzentriertes und aromatisiertes Produkt, das durch die Auflösung kohlenhydratischer Süßstoffe in Wasser gewonnen wird. Die Qualität des Sirups hängt somit von der Wahl des Süßungsmittels, der Qualität der Aromastoffe und des Wassers sowie deren Verhältnis ab. Preisgünstige Produkte ersetzen natürliche Aromen dabei gerne durch synthetische Ersatzstoffe. Außerdem dürfen sämtlichen Sirups Farbstoffe zugesetzt werden.

Traditionell stammen Grundaromen für Sirups vor allem aus Früchten, da sich aus Fruchtsaft, konzentrierten Aromastoffen, Zucker und Wasser relativ einfach ein Sirup mischen lässt. Etwas aufwendiger ist die Mazeration, bei der beispielsweise Früchte bis zu mehrere Monate eingelegt werden. Die entstandene Infusion dient dann als Grundlage des Sirups.

Spezielle Sirups in der klassischen Bar

Zuckersirup, Simple Syrup, Läuterzucker
Zuckersirup ist die einfachste Form des Sirups, da er außer Wasser und Zucker keine weiteren Aromen enthält. Damit ist er das häufigste Süßungsmittel in der Bar. Neben Varianten aus Zuckerrohrsaft oder Melasse, kann Zuckersirup als Simple Syrup oder Läuterzucker einfach selbst hergestellt werden. Dazu wird eine Lösung aus Zucker und Wasser kurz aufgekocht, wobei das Verhältnis von Zucker zu Wasser üblicherweise zwischen 1:1 und 2:1 liegt.

Gommesirup (z. B. Giffard Gomme)
Gommesirup ist eine spezielle Form des Zuckersirups, die Gummi Arabicum enthält. Das Gummi Arabicum ermöglicht eine Mischung mit sehr hohem Zuckeranteil, indem es verhindert, dass der Zucker auskristallisiert. Auch die zusätzliche Verwendung von Orangenblüten als Rohstoff ist üblich.

Grenadine, Granatapfelsirup
Grenadine ist ein Sirup, der ursprünglich aus Granatapfelsaft, Zucker und Wasser hergestellt wurde. Damit brach-
te er neben Süße auch eine fruchtigsäuerliche Note in den Drink. Die meisten Produkte, die heute als Grenadine erhältlich sind, haben mit diesem Geschmacksprofil aber nur noch wenig gemein, sondern sind extrem süße Mischungen mit Noten aus Johannisbeeren oder anderen Früchten. Einige Hersteller bieten aber daneben Granatapfelsirups (auch: Pomegranate Syrup) an, die eher dem ursprünglichen Aroma entsprechen sollen. Bei der Produktauswahl ist daher auf die Balance des Rezepts zu achten.

Lime Juice (Cordial, Mixer)
Lime Juice bezeichnet einen Sirup, der neben Zucker, Wasser und Zusatzstoffen vor allem Limettensaft (ca. 30–50 Prozent) enthält, wodurch er eine stärkere Säurekomponente in den Drink bringt als viele andere Sirups. Ursprünglich entstand Lime Juice wohl, um Zitrussaft länger haltbar als viele andere Sirups zu machen. Er ist nicht zu verwechseln mit frischem Limettensaft (engl. lime juice) und kann diesen keinesfalls ersetzen. In englisch- wie in deutschsprachigen Rezepten findet sich zur Unterscheidung häufig die Bezeichnung Lime Juice Mixer bzw. Lime Juice Cordial, wobei der Name Cordial (engl. Stärkungsmittel) an die ursprüngliche Funktion des Konzentrats als Vitaminspender erinnert.

Orgeat (z. B. Giffard Orgeat)
Orgeat ist ein Sirup, der vor allem durch seinen Mandelgeschmack besticht. Daneben kann er zur Abrundung auch andere Zutaten wie Blütenwasser enthalten (Orange, Rose). Ursprünglich wurde er auf Getreidebasis hergestellt. Orgeat kann notfalls durch einen guten Mandelsirup ersetzt werden. Ein genauer Produktvergleich schadet hier aber nicht.

Siruparten

Die Unterscheidung verschiedener Sirups ist in den deutschen Gesetzen nicht detailliert geregelt, in Frankreich dagegen schon. Da einige der wichtigsten Siruphersteller aber ihren Sitz in Frankreich haben, listen wir im Folgenden die Richtlinien nach französischem Gesetz auf:

· Sirup: konzentriertes, aromatisches Produkt, das durch Auflösung kohlenhydratischer Süßstoffe in Wasser gewonnen wird
· Obstsirup und Fruchtsaftsirup: mind. 10 Prozent Fruchtsaftanteil, bei Zitrusfrüchten mind. 7 Prozent
· … sirup und Sirup mit … saft: Angabe der hauptsächlich aromagebenden Frucht im Namen, dazu mind. 10 Prozent Fruchtsaftanteil dieser Frucht bzw. 7 Prozent bei Zitrusfrüchten

KURZ VORGESTELLT: GIFFARD

1885 kreierte der Apotheker Emile Giffard einen Minzlikör mit dem Namen Menthe-Pastille. Der Likör fand so großen Anklang, dass er seine Apotheke durch eine Brennerei ersetzte und den Likör in großem Stil fertigte. Seine Familie erweiterte das Angebot über mehrere Generationen um weitere Liköre, Obstbrände, aber auch Sirups. Gerade als Sirupproduzent zählt Giffard heute zu den bekanntesten Herstellern Europas und verfügt über ein äußerst vielseitiges Sortiment.

FLÜSSIGE ZUTATEN

ABER NICHT ALKOHOLISCHE

WASSER

Wasser darf in der Bar nicht nur als Schmelzwasser einen Platz beanspruchen, sondern ist ein treuer Begleiter des geübten Trinkers. Es beugt dem Kater vor, (siehe Seite 179) neutralisiert den Geschmack während eines Tastings und tut zwischen zwei Cocktails manchmal einfach gut. Außerdem sollten Cocktails nicht als Durstlöscher getrunken werden. Sie werden feststellen, dass Sie anders schmecken und schlucken, wenn Sie vor dem Genuss eines Cocktails ihren Durst bereits mit Wasser bekämpft haben.

Leitungswasser

Es ist überall zu haben und auch noch preisgünstig. Aber ist es ein Trinkgenuss? Deutschlandweit wird Trinkwasser zu zwei Dritteln aus Grund- und zu einem Drittel aus Oberflächenwasser, wie Seen oder Talsperren, gewonnen. Das Wasser wird nicht nur laufend kontrolliert, sondern gegebenenfalls auch mithilfe von Zusatzstoffen und Aufbereitungsverfahren gefiltert.

Da Leitungswasser allerdings durch lange Rohrleitungen zum Zielort transportiert wird, und dort noch einige Zeit in oft veralteten Leitungen steht, kann das Wasser partiell mit gesundheitsschädigenden Keimen durchsetzt sein. Deshalb empfiehlt es sich, Wasser, das mehrere Stunden in Leitungen stand, einige Zeit laufen zu lassen und nicht direkt zu trinken. Zusätzlich beeinflusst die Beschaffenheit der Rohre auch die Geschmacksqualität des Wassers. Alte Rohre verändern den Geschmack des Wassers so weit, dass man das, was mancherorts aus dem Wasserhahn kommt, nur mehrfach nachgefiltert trinken kann.

Wenn Sie von der guten Trinkwasserqualität der Region überzeugt sind, greifen Sie also zu, wenn Ihnen in der Bar ein kostenloses „Tap Water" by side gereicht wird. Bei unbedenklichem, aber z. B. sehr kalkhaltigem Wasser empfiehlt sich dennoch ein Filter.

Tafelwasser

Tafelwasser ist eine Mischung verschiedenster Wassersorten (Trinkwasser, Mineralwasser, Natursole und Meerwasser) und anderen Zutaten wie Kohlenstoffdioxid, Speisesalz und Mineralsalz. Die Demineralisierung, also die Entziehung aller Inhaltsstoffe des „Wassergemischs", gewährleistet eine homogene Qualität auch bei unterschiedlichen Wasserarten. Damit dem Tafelwasser dennoch ein bisschen Geschmack und Mineralien bleiben, werden dem Wasser genau definierte Mengen an Mineralstoffen anschließend wiederzugeführt.

Quellwasser

In unterirdischen und schadstoffgeschützten Wasserreservaten gefördert,

253

wird Quellwasser direkt am Quellort abgefüllt. In allen weiteren Anforderungen muss Quellwasser der Trinkwasserverordnung entsprechen. Das heißt, es muss sowohl geschmacksneutral als auch nicht gesundheitsschädigend sein und eine bestimmte Konzentration von Mineralstoffen aufweisen. Da Quellwasser natürlich „rein" sein muss, darf es nicht mithilfe von Chemikalien oder Filtertechnik aufbereitet werden. Im Gegensatz zu natürlichem Mineralwasser ist eine amtliche Anerkennung allerdings nicht notwendig.

Heilwasser

Wie Quellwasser wird Heilwasser aus unterirdischen Quellen gewonnen und unterscheidet sich von anderen Wasserarten besonders durch die hohe Konzentration lebenswichtiger Inhaltsstoffe wie Kalzium, Magnesium, Fluorid, Hydrogencarbonat, Sulfat und Kohlensäure. Aufgrund der hohen Dosierung an Mineralstoffen und Spurenelementen besitzt Heilwasser eine lindernde und vorbeugende Wirkung, die durch wissenschaftliche Untersuchungen belegt sein muss. Um die Qualität des Heilwassers zu wahren und vor Verwechslungen zu schützen, weist das Flaschenetikett neben dem Namen des Heilwassers und der Anschrift des Heilbrunnenbetriebs eine amtliche Zulassungsnummer, Anwendungsgebiete und einen Analyseauszug mit wirksamen Bestandteilen auf.

Natürliches Mineralwasser

Zunächst wird Mineralwasser aus unterirdischen, schadstoffgeschützten Quellen gewonnen und direkt am Quellort abgefüllt. Auch darf das so gewonnene Wasser nicht durch künstliche

Verfahren wie das der Entmineralisierung behandelt werden. Ausschließlich natürliche Behandlungsverfahren, so zum Beispiel die Veränderung des Kohlensäuregehalts oder der Entzug von Eisen und Schwefel, dürfen als „Geschmacksveredelungsmethode" Anwendung finden. Um die Prädikate „natürlich" oder „amtlich anerkannt" zu erhalten, durchläuft das Mineralwasser ein amtliches Anerkennungsverfahren, das zahlreiche geologische, chemische und mikrobiologische Untersuchungen fordert.

Doch selbst nachdem eine Quelle für gut befunden und das Wasser getestet wurde, legt die Mineral- und Tafelwasser-Verordnung genau fest, wie die Flasche etikettiert und verpackt werden muss. Das Etikett hat neben dem Namen der Quelle und deren Verwendung das Mindesthaltbarkeitsdatum, die Inhaltsstoffe und die Verkehrsbezeichnung „natürliches Mineralwasser" aufzuweisen.

Soda

Trotz der wässrigen Vielfalt stellt Soda als einzige Wasserart eine entscheidende Zutat für Mischgetränke dar. Denn obwohl sich beispielsweise einzelne Mineralwässer im Purvergleich deutlich voneinander unterscheiden können, würden diese Nuancen in Kombination mit kräftigen Basis-Spirituosen doch untergehen. Soda sorgt dagegen weniger für den Geschmack, sondern eher für die Textur des Drinks, denn unter Soda versteht man Tafelwasser, das neben Kohlendioxid mind. 570 mg/l Natriumhydrogencarbonat enthält. So macht Soda schon in kleinen Mengen den Drink sprudelig und anregend. Not-

falls kann Soda in dieser Funktion auch durch ein möglichst geschmacksneutrales Mineralwasser mit viel Kohlensäure ersetzt werden.

SAFT, NEKTAR UND SAFT-GETRÄNKE

Fruchtsaft, Direktsaft, Nektar – bei einer Lektüre von Saftverpackungsaufdrucken schwankt manch einer zwischen Verwirrung und Propagandaverdacht. Denn klingt „Nektar" nicht gleich viel erlesener als „Saft"? Wo sind die Unterschiede, und was ist Saft eigentlich?

Fangen wir doch ganz einfach an: Unter Saft versteht man normalerweise eine Flüssigkeit, die sich in organischen Körpern befindet oder aus diesen stammt. Das schließt auch Gemüse- oder Bratensaft ein, doch an dieser Stelle soll uns natürlich vor allem der Bar-relevante Fruchtsaft interessieren. Gesetzlich wird unterschieden zwischen Direktsaft, Fruchtsaft aus Konzentrat und Fruchtnektar. Gemeinsam haben all diese Varianten, dass ihnen Zitronen- oder Limettensaft (maximal 3 g/l) hinzugefügt werden darf, um den Geschmack in die gewünschte Richtung zu führen.

Direktsaft

Am ehesten mit frisch gepresstem Saft konkurrieren kann noch der Direktsaft. Hierunter versteht man einen Fruchtsaft, der nicht aus Konzentrat hergestellt wird. Dennoch wird er nach der Pressung oder Kelterung erwärmt, um

Bakterien und andere Mikroorganismen zu beseitigen (Pasteurisierung) und das Produkt zu stabilisieren. Außerdem darf Direktsaft gefiltert werden. Gründe für geschmackliche Unterschiede zu frisch gepresstem Saft können damit durchaus schon in der Herstellung zu finden sein.

Fruchtsaft aus Konzentrat

Wie der Name bereits vermuten lässt, wird dieser Saft aus Fruchtkonzentrat hergestellt. Dazu werden dem pasteurisierten Saft neben Wasser auch Aromen entzogen. Dem Konzentrat werden in einem späteren Schritt wiederum so viel Trinkwasser und Aromen hinzugefügt, dass der Saft etwa die gleichen geschmacklichen Eigenschaften und die relative Dichte eines entsprechenden direkt abgefüllten Saftes hat. Anschließend wird der Saft erneut pasteurisiert. Und wozu das alles? Nun, Konzentrat lässt sich nicht nur besser lagern als Saft, sondern senkt aufgrund des geringeren Volumens ebenso die Transportkosten. Allerdings können Säfte aus Konzentrat bei sorgfältiger Herstellung durchaus an die Qualität von Direktsäften heranreichen.

Fruchtnektar

Beim Fruchtnektar schließlich bieten sich einige Möglichkeiten: Fruchtsaft, Fruchtkonzentrat und/oder Fruchtmark werden mit Wasser und Zucker oder Honig vermischt. Damit bei dieser Auswahl nicht allzu munter drauflos gepanscht wird, gibt es aber dennoch einige Regeln. Zucker oder Honig dürfen nicht mehr als 20 Prozent des gesamten Produktgewichtes ausmachen. Außerdem muss der Fruchtanteil, je nach Frucht, mindestens 25–50 Prozent betragen. Diese Herstellungsart kann verschiedene Gründe haben. Es kann schlichtweg darum gehen, ein süßeres Produkt zu verkaufen (z. B. Orangennektar), wogegen andere Früchte als Fruchtsaft untrinkbar intensiv (z. B. Granatapfel) oder zu sauer (z. B. Quitte) wären und daher verdünnt verkauft werden. Andere Früchte (z. B. Banane) scheitern eher an ihrer Konsistenz – aus ihnen ließe sich unverdünnt nur ein dickflüssiges Püree herstellen.

Fruchtsaftgetränk

Noch etwas weiter vom vollwertigen Fruchtsaft sind die sogenannten Fruchtsaftgetränke entfernt. Sie bestehen aus Wasser (Trink-, Mineral-, Quell- und/oder Tafelwasser) und einem Fruchtanteil aus Saft, Konzentrat und/oder Mark. Der Mindestfruchtanteil beträgt bei Kernobst und Trauben 30 %, bei Zitrusfrüchten gerade einmal 6 % und bei anderen Früchten 10 %. Außerdem dürfen Kohlensäure, Zucker, Aromaextrakte und natürliche Aromen zugesetzt werden.

Der richtige Saft für die Bar

Ob die Auswahl des richtigen Saftes nach diesem juristischen Labyrinth aus Untergliederungen und Ausnahmen leichter fällt? Bei den wichtigsten Zitrusfrüchten gilt weiterhin ohne Frage: frisch pressen! Bei schwer zu verarbeitenden Früchten empfiehlt sich dagegen die Verwendung von Direktsäften oder hochwertigen Säften aus Konzentrat, um möglichst viel Frucht ins Glas zu bekommen. Zum richtigen Einsatz anderer Produkte sollte die Funktion der einzelnen Zutat im Drink verstanden werden. Ein Barlöffel Cranberrysaft mit 100 Prozent Fruchtanteil mag beispielsweise eine Eigenkreation geschmackvoll abrunden – als Filler in den üblichen Rezepten eignet sich dann schon eher der gut verfügbare Cranberrynektar.

KURZ VORGESTELLT: ## VAN NAHMEN SÄFTE

1917 wurde Van Nahmen zunächst als Rheinische Apfelkrautfabrik gegründet und begann 1934 mit der Herstellung von Obstsäften. Bis heute werden alle heimischen Früchte von Van Nahmen selbst gekeltert. Das Sortiment ist umfangreich und weist auch zahlreiche sortenreine Säfte auf. Abgerundet wird das Angebot durch die hauseigenen Apfelcidres.

Bekannte Produkte: Cox Orange, Kaiser Wilhelm, Jonagold

SOFTDRINKS &

ERFRISCHUNGS-GETRÄNKE

Unter dem schwammigen Oberbegriff „Softdrinks" tummeln sich im Highball-Glas die unterschiedlichsten Getränke. In der Bar werden sie vor allem als Filler eingesetzt, die die Basis süßen und sprudelnd-anregend ergänzen. Eine genaue Begriffsbestimmung ist aber schwierig, denn unter Softdrinks versteht man umgangssprachlich teilweise einfach ein alkoholfreies Getränk. Übersetzt kommt die Bezeichnung „Erfrischungsgetränk" der Bar-kompatiblen Definition noch am nächsten.

Als Richtlinien für Erfrischungsgetränke lässt sich Folgendes festhalten: Ein Erfrischungsgetränk besteht aus Trinkwasser, Mineralwasser, Quellwasser und/oder Tafelwasser sowie geschmacksgebenden Zutaten. So weit, so allgemein. Neben anderen Zutaten darf ein Erfrischungsgetränk außerdem Zucker, Süßstoffe, Aromen, Fruchtkonzentrat, Vitamine, Kohlensäure und Mineralstoffe enthalten.

Trägt ein Erfrischungsgetränk die Bezeichnung „koffeinhaltig" enthält es üblicherweise 65-250 mg/l Koffein. Ausgenommen davon sind Getränke, die Kaffee oder Tee enthalten oder als „Energy Drinks" bezeichnet werden.

Damit fallen unter den Begriff Erfrischungsgetränke folgende Getränkegruppen:

FRUCHTSAFTGETRÄNKE

(siehe Seite 254)

FRUCHTSCHORLEN

Wenn man zu Hause oder hinter dem Tresen Fruchtsaft und Wasser mit Kohlensäure zusammenschüttet, erhält man eine Fruchtschorle. Nun gut. Ein fertiges Getränk, das unter dem Namen „Fruchtschorle" verkauft wird, darf aber noch mehr enthalten. So kann sich der fruchtige Anteil zusammensetzen aus Fruchtsaft, Fruchtsaftkonzentrat und/oder Fruchtmarkkonzentrat. Die Verdünnung findet durch Trinkwasser, natürliches Mineralwasser, Quellwasser und/oder Tafelwasser statt. Zudem muss eine Fruchtschorle Kohlensäure enthalten. Der Fruchtgehalt beträgt, wie beim Fruchtnektar, 20–50 %, je nach Frucht. Zusätzlich dürfen Fruchtschorlen natürliche Aromen enthalten, Schorlen aus sauren Früchten dürfen gesüßt werden.

BRAUSEN

Brausen sind kohlensäurehaltige Erfrischungsgetränke, die sämtliche naturidentische oder künstliche Aromastoffe sowie Farbstoffe enthalten können. Damit sind sie etwas weniger reglementiert als Limonaden.

LIMONADEN

Die wichtigste Kategorie der Erfrischungsgetränke sind in der Bar die Limonaden. Im Wesentlichen bestehen sie aus Wasser mit Fruchtauszügen, Süßungsmitteln und Kohlensäure. Ihr Mindestzuckergehalt liegt bei 7 Prozent wird aber bei vielen Varianten durch Süßstoffe ersetzt. Teilweise ist die Zugabe der Farbstoffe Beta-Carotin, Riboflavin sowie Zuckercouleur erlaubt.

Chinin wird aus der Rinde des Chinarindenbaums gewonnen. Es ist ein Alkaloid, das vor der Weiterverarbeitung als weißes Pulver vorliegt. Medizinische Bedeutung erlangte es vor allem zur Malaria-Vorbeugung, wurde aber weitgehend von modernen Medikamenten verdrängt. Darüber hinaus kann es schmerzstillend, betäubend und fiebersenkend wirken. Neben seinem Einsatz als Bitterstoff in Limonaden findet Chinin in der Bar besonders als Bestandteil von Weinaperitifs Verwendung.

Cola

Unter Cola versteht man eine meist koffeinhaltige Limonade mit süßem bis süß-herbem Geschmack. Neben Wasser und Zucker gilt als typische Zutat die Kolanuss, die teils auch als Koffeinlieferant dient. Weitere Aromen sind z. B. Vanille, Zitrone, Koriander oder Zimt.

Bitter Lemon

Ursprünglich waren für das Aroma von Bitter Lemon vor allem Zitronensaft und das bittere Chinin verantwortlich. In den meisten Produkten befinden sich heute aber nur noch geringe Mengen beider Aromen. Stattdessen wird häufig auf Ersatzstoffe zurückgegriffen.

Ginger Ale

Ginger Ale ist eine Limonade, die üblicherweise aus Wasser, Zucker, Kohlensäure, natürlichen Aromen und Ingwer hergestellt wird. Seine leicht bräunliche Farbe erhält es vor allem durch Zuckercouleur. Ginger Ale kann als ein junger Verwandter des Ginger Beers angesehen werden.

Ginger Beer

Im 18. Jahrhundert war Ginger Beer, wie der Name es vermuten lässt, tatsächlich ein Bier, das mit Ingwer aromatisiert wurde. Mittlerweile gibt es allerdings kaum noch Varianten, die in nennenswerten Mengen Alkohol enthalten. Wird in Rezepten nach Ginger Beer verlangt, ist normalerweise die alkoholfreie Limonade gemeint. Tendenziell ist Ginger Beer würziger und weniger süß als Ginger Ale. Produkte aus Deutschland dürfen die Bezeichnung Ginger Beer jedoch wegen des Reinheitsgebots nicht verwenden.

Tonic Water

Tonic Water ist eine bitter-süße Limonade, die vor allem aus Wasser, Chinin, Zucker und Kohlensäure besteht. Auch der Zusatz von Zitrusaromen und Kräuterauszügen ist üblich.

MILCH

Die Milchbars der 50er-Jahre haben nicht viel mit der klassischen Bar gemein und boten wohl eher Abstinenzlern ein Zuhause. Dennoch ist Milch durch den Fettanteil und die eigene Textur eine interessante, wenn auch seltene Zutat für die moderne Bar. Um der Relevanz für die Bar Genüge zu tun, werden im Folgenden ausschließlich Produkte aus Kuhmilch behandelt.

Für die Verwendung in der Bar sollte ein Produkt mit ausreichender Haltbarkeit bei gleichzeitig größtmöglicher Aromatik gewählt werden, womit sich vor allem kurzzeiterhitzte Vollmilch eignet. Angebrochene Milch sollte vor ihrer Verwendung dabei stets einem Geruchs- und Geschmackstest unterzogen werden.

MILCHARTEN

Rohmilch

Direkt vom Landwirt gekühlt und verkauft, ist diese Milch die wohl frischeste, die man bekommen kann. Sie muss allerdings vor dem Verzehr abgekocht werden.

Vorzugsmilch

Auch in einzelnen Supermärkten zu finden, muss Vorzugsmilch auf einem einzelnen Betrieb abgefüllt und innerhalb von 24 Stunden verkauft werden.

Kurzzeiterhitzte Milch (Frischmilch)

Zugunsten einer längeren Haltbarkeit bei gleichzeitigem Erhalt möglichst vieler Aromen wird diese Milch bei 72–75 °C für 15–30 Sekunden indirekt wärmebehandelt und daraufhin abgekühlt. Sie trägt ein Mindesthaltbarkeitsdatum (MHD) von maximal zehn Tagen und muss im Kühlschrank gelagert werden.

ESL-Milch (Extended Shelf Life)

Durch schonende direkte oder indirekte Wärmebehandlung (z. B. 127 °C für eine bis drei Sekunden) entsteht eine Milch mit besonders langer Haltbarkeit. Im Kühlschrank gelagert, beträgt diese ca. drei Wochen.

H-Milch

Die Milch wird zur Erhöhung der Haltbarkeit bei 135-150 °C für eine bis drei Sekunden wärmebehandelt und abgekühlt. Sie trägt ein MHD von maximal drei Monaten und kann ungeöffnet bei Zimmertemperatur gelagert werden.

FETTGEHALT

Zusätzlich zur Herstellungsart lässt sich Milch nach dem jeweiligen Fettgehalt unterscheiden:

Vollmilch

mind. 3,5 Prozent Fett (entspricht teilweise dem naturbelassenen Fettanteil mit etwa 3,5–4,2 Prozent)

Teilentrahmte (fettarme) Milch

1,5–1,8 Prozent Fett

Entrahmte Milch (Magermilch)

max. 0,5 Prozent Fett

Milch mit ... Prozent Fett

enthält exakt den angegebenen Fettgehalt

SAHNE

Sahne ist durch ihre vielfältige Textur eine interessante Zutat für die Bar und findet sowohl in klassischen wie in neueren Rezepten ihren Platz. Aufgrund ihres Fettanteils sollte sie aber sparsam und vor allem gezielt eingesetzt werden und die übrigen Zutaten bereichern, statt sie mit ihrer cremigen Schwere zu überdecken. Um die Bar als Rahmen nicht aus den Augen zu verlieren, beschäftigen wir uns im Folgenden ausschließlich mit Produkten aus Kuhmilch.

Grundsätzlich versteht man unter Sahne, oder auch Rahm, den fetthaltigsten Teil der Milch. Bei traditioneller Herstellung setzt sich dieser Teil oben auf der Milch ab. Zur industriellen Sahnegewinnung wird der Rahm dagegen in Zentrifugen von der Milch getrennt. Durch die Mischung mit Magermilch wird der Rahm auf den gewünschten Fettgehalt gebracht. Dabei muss jede Sahne mindestens 10 Prozent Fett enthalten, jede schlagfähige Sahne sogar mindestens 30 Prozent.

In Sahne darf aber nicht nur Sahne drin sein: Bei gesäuerten Produkten darf Stärke zugesetzt werden, um Klümpchenbildung zu verhindern, außerdem enthalten diese Erzeugnisse häufig Saccharose (max. 15 Prozent) zur Milderung der Säure. Außerdem dürfen jedem Sahneprodukt Milcheiweiß und Milchtrockenmasse zugesetzt werden.

SAHNEARTEN

Kaffeesahne
mind. 10 % Fett (üblicherweise bis ca. 15 %)

Schlagsahne
mind. 30 Prozent Fett, die Volumenzunahme beim Schlagen muss mind. 80 Prozent betragen
sterilisiert und gezuckert auch als „Sprühsahne" erhältlich

Crème Double, Double Cream
in Deutschland nicht klar definiert, üblicher Fettgehalt ca. 40-66 Prozent

Kondenssahne
10-15 Prozent Fett, beim Kondensieren wird der Sahne (oft mit Zugabe von Zucker) Wasser entzogen, um sie zu konzentrieren

Saure Sahne
10-19 Prozent Fett, mit Milchsäurebakterien versetzt

Schmand
20-29 Prozent Fett, mit Milchsäurebakterien versetzt

Crème fraÎche
30-40 Prozent Fett, mit Milchsäurebakterien versetzt

Half And Half (Half-Cream)
in Deutschland nicht klar definiert, in den USA je zur Hälfte aus Sahne und Milch bestehend

SAHNE SCHLAGEN
Schlagsahne wird beim Schlagen steif. Aber warum eigentlich? Beim Aufschäumen umhüllen die Eiweißmoleküle die Fetttröpfchen, wodurch sich das Fett im Wasser verteilt (Öl-Wasser-Emulsion). Außerdem gelangen kleine Luftbläschen in die Flüssigkeit, die an den Eiweißmolekülen haften bleiben. Es bildet sich eine Struktur, in der die Luft eingeschlossen bleibt, jedes Luftbläschen wird von einer Fetthülle umgeben und sorgt so für eine festere Konsistenz der Flüssigkeit.

In der Bar muss Sahne dabei nicht immer kuchenreif fest geschlagen werden. Oft reicht ein leichtes Anschlagen aus, um dem Drink die passende Textur zu geben. Grundsätzlich gilt: Je weniger sich die Sahne im Drink mit den anderen Zutaten verbinden soll, desto fester sollte sie geschlagen werden. Floatet man beispielsweise Sahne auf den Drink, zerläuft zu flüssige Sahne einfach, statt eine schöne Krone zu erzeugen.

Die Bezeichnungen **sauer und süß** werden auf Sahne zwar angewendet, sind aber eher verwirrend. Zwar wird „saure" Sahne tatsächlich mit Milchsäurebakterien versetzt, die neben einer festeren Konsistenz auch eine leicht säuerlich Note erzeugen, die angeblich „süße" Sahne ist aber eben nicht süß. Die Begriffe dienen also eher zu Abgrenzungszwecken. Sauerrahmprodukte eignen sich übrigens durch ihre Konsistenz gut für Saucen, können allerdings im Vergleich zu bestimmten Süßrahmprodukten nicht aufgeschlagen werden.

OBST UND GEMÜSE IN DER BAR

Unterscheidung

Aus botanischer Sicht lassen sich Obst und Gemüse nicht klar voneinander trennen. Als grobe Regel gilt: Obst entsteht aus einer befruchteten Blüte, wohingegen Gemüse ein Teil der Pflanze selbst ist. Allerdings wären nach dieser Regel zum Beispiel auch Tomaten und Kürbisse als Obst anzusehen, was der Unterscheidung im Alltag widerspricht.

Damit Sie finden, was Sie suchen, halten wir uns im Folgenden eher an die laienhafte Unterscheidung, denn die wenigsten Bartender sind studierte Botaniker. Ein Obst und Gemüselexikon wollen wir dabei nicht ersetzen, sondern einen kleinen Überblick über die Sorten bieten, die in der Bar ihren festen Platz gefunden haben. Darüber hinaus gilt: Experimentieren Sie und lassen Sie auch ungewöhnliche Zutaten den Weg ins Cocktailglas finden!

Man klassifiziert Fruchttypen grundsätzlich nach vier Kategorien:

1. Kernobst
2. Steinobst
3. Beerenobst
4. Schalenobst
5. Südfrüchte

Apfel (Malus domestica)
Kernobst, Familie der Rosengewächse
Die ursprüngliche Heimat des Apfels liegt in den Bergregionen Südwest-Chinas, mittlerweile hat er sich aber über die ganze Welt verbreitet. Über 1600 verschiedene Sorten finden sich allein in Europa. Achten Sie für die Verwendung als Garnitur auf Äpfel, die nicht zu schnell braun werden, z. B. die Sorten Granny Smith oder Golden Delicious.

Ananas (Ananas comosus respektive Ananas sativus)
Südfrucht, Familie der Bromeliengewächse
Ursprünglich in Amerika beheimatet, gedeiht die Ananas heute in sämtlichen Gebieten mit warm-tropischem Klima. Schälen Sie Ananas möglichst sparsam rundum und entfernen Sie die verbliebenen „Augen" danach.

Aprikose (Prunus armeniaca)
Steinobst, Familie der Rosengewächse

Ihren Ursprung findet die Aprikose in Zentralasien. Sie benötigt sommertrockene Gebiete und wird in Europa besonders im Mittelmeerraum angebaut.

Banane (Musa)
Südfrucht, Familie der Bananengewächse
Ehemals nur in Südostasien zu finden, gedeiht die Banane heute besonders im sogenannten „Bananengürtel", der beidseitig des Äquators bis zum 30. Breitengrad reicht. Neben den Obstbananen existieren auch Gemüsebananen, die in der afrikanischen und karibischen Küche häufige Verwendung finden und sich schon äußerlich mit ihrer grün bis gräulichen Schale sowie ihrer eckigen Form von den Obstbananen abheben.

Birne (Pyrus)
Kernobst, Familie der Rosengewächse
Birnen finden sich nicht nur in Europa (außer Nordeuropa), sondern auch in Nordafrika und Wesl- wie Ostasien. Allein in China existieren acht verschiedene Arten.

Brombeere (Rubus eubatus)
Beerenobst, Familie der Rosengewächse
Die Brombeere findet besonders in Eurasien und Amerika Verbreitung und ist eng mit der Himbeere verwandt. Die Beeren sollten nur kurz mit Wasser abgespült werden, da sonst die wasserlöslichen Nährstoffe am Äußeren der Frucht verloren gehen.

Cranberry (Großfrüchtige Moosbeere) (Vaccinium macrocarpon)
Beerenobst, Familie der Erikagewächse
Die Cranberry stammt aus Nordamerika und hat bei Verwendung und Inhaltsstoffen große Ähnlichkeit mit der Preiselbeere.

Erdbeere (Fragaria)
Beerenobst, Familie der Rosengewächse
Die etwa zwanzig Arten der Erdbeere gedeihen vor allem im gemäßigten Klima der Nordhalbkugel. Beim Säubern der Früchte sollte kein zu starker Wasserstrahl gewählt werden, um das anfällige Fruchtfleisch zu schonen.

Granatapfel (Punica granatum)
Südfrucht, Familie der Granatapfelbaumgewächse
Ursprünglich in West- und Mittelasien beheimatet, werden Granatäpfel heute in zahlreichen tropischen und subtropischen Regionen kultiviert. Granatäpfel lassen sich vorsichtig mit einer Zitruspresse entsaften, wobei man die Umgebung vor den farbintensiven Flecken schützen sollte.

Grapefruit (Citrus × paradisi)
Südfrucht, Familie der Rautengewächse
Die Grapefruit ist aus einer Kreuzung von Orange und Pampelmuse entstanden. Ihr Ursprung liegt vermutlich in Asien; in Europa und den USA war sie bis in die 1950er-Jahre unbekannt. Sie wird heute in fast allen subtropischen Ländern der Welt angebaut. Hauptproduzenten für Europa sind Israel, Zypern und Spanien, wichtigster Produzent sind aber die USA. (Siehe auch Seite 54).

Heidelbeere (Vaccinium myrtillus)
Beerenobst, Familie der Erikagewächse
Wild wächst die Heidelbeere vor allem in Eurasien und Nordamerika, besonders in Regionen mit gemäßigtem und nordischem Klima.

Himbeere (Rubus idaeus)
Steinfrucht, Familie der Rosengewächse
Das natürliche Verbreitungsgebiet der Himbeere ist riesig. Sie wächst wild im mittleren und nördlichen Europa, in Asien und im nordöstlichen Nordamerika. Fast überall, wo sie verbreitet ist, wird sie auch erwerbsmäßig angebaut.

Johannisbeere (Ribes)
Beerenobst, Familie der Stachelbeergewächse
Die Johannisbeere wird seit dem Mittelalter in Europa kultiviert. Rote und Schwarze Johannisbeere stellen jeweils eine eigene Art dar, weniger bekannt ist die Weiße Johannisbeere. Heute wird die Johannisbeere in sämtlichen Gebieten mit gemäßigtem bis kaltem Klima angebaut.

Kirsche (Süßkirsche = Prunus avium / Sauerkirsche = Prunus cerasus)
Steinobst, Familie der Rosengewächse
Die Heimat der Kirschen liegt wahrscheinlich in Westasien. Schon in der Antike wurden sie aber auch in Europa kultiviert. Unterscheiden lassen sie sich grob nach dem Fruchtsäureanteil in Süß- und Sauerkirsche. Es existieren aber auch zahlreiche Kreuzungen.

Kiwi (Actinidia deliciosa)
Südfrucht, Familie der Strahlengriffelgewächse
Kiwis sind vor allem in China und Neuseeland beheimatet. Neben den bekannten grünfleischigen Kiwis existieren als eigene Art auch gelbfleischige Früchte. Der Name „Kiwi" ist in Neuseeland vermutlich vom gleichnamigen Vogel abgeleitet worden.

Kumquat (Fortunella japonica)
Südfrucht, Familie der Rautengewächse
Ursprünglich stammt die Kumquat aus Asien, wird mittlerweile aber auch in Amerika, Südeuropa und Afrika kultiviert. Sie ist nicht zu verwechseln mit der Limequat, einer Kreuzung aus Kumquat und Limette.

Limette (Citrus latifolia/aurantiifolia)
Südfrucht, Familie der Rautengewächse
Die Limette ist vor allem in Regionen mit tropischem Klima zu finden. (Siehe auch Seite 54).

Mango (Mangifera indica)
Südfrucht, Familie der Nierenbaumgewächse
Mangos werden in sämtlichen Gebieten mit tropischem und subtropischem Klima kultiviert.

Maracuja (Passiflora edulis)
Südfrucht, Familie der Passionsblumengewächse
Die Maracuja gedeiht besonders in tropischen Höhenlagen (Südafrika, Kenia, Australien). Ein anderer Name für die Maracuja ist „Passionsfrucht".

Orange (Citrus sinsensis)
Südfrucht. Familie der Rautengewächse
Orangen werden vor allem in Südamerika angebaut, daneben in Nord- und Mittelamerika und Asien, seltener auch in Südeuropa. Ein anderer Name für die Orange ist Apfelsine. (Siehe auch Seite 54).

Traube (Vitis vinifera)
Beerenobst, Familie der Weinrebengewächse
Ursprünglich in Transkaukasien und Mittelasien angebaut, finden sich Trauben heute fast weltweit. Grundsätzlich

unterschieden wird zwischen Tafeltrauben, die für den Verzehr bestimmt sind und Weintrauben, die ausschließlich zur Weinherstellung genutzt werden. Vor allem durch ihre Verwendung als Rohstoff des Weins ergab sich eine ungeheure Menge an Arten und Kreuzungen. Für die Bar sind kernlose Züchtungen zu bevorzugen, da die Kerne Bitterstoffe in den Drink bringen und aufwändig herausgefiltert werden müssen.

Zitrone (Citrus limon)
Südfrucht, Familie der Rautengewächse
Vermutlich stammt die Zitrone aus einem Gebiet zwischen dem Himalaya und Südchina, doch bereits im 12. Jahrhundert fand sie ihren Weg in den Mittelmeerraum und wird seitdem in zahlreichen Regionen mit ausreichend warmem Klima kultiviert. (Siehe auch Seite 54).

GEMÜSE

Avocado (Persea americana)
Fruchtgemüse, Familie der Lorbeergewächse
Die Avocado stammt ursprünglich aus den tropischen und subtropischen Teilen Mittelamerikas, wird heute aber auch in Brasilien, Südafrika und Asien angebaut. Botanisch zählt die Avocado zu den Früchten.

Fenchel (Foeniculum vulgare)
Sonstiges, Familie der Doldenblütler
Fenchel findet sich wild im Mittelmeerraum und Vorderasien. Der sogenannte Echte Fenchel lässt sich in Gemüse-, Gewürz- und Wilden Fenchel einteilen. In Küche und Bar finden vor allem die

Knollen sowie die anisartigen Samen Verwendung.

Gurke (Cucumis sativus)
Fruchtgemüse, Familie der Kürbisgewächse
Unter den verschiedenen Gurkenarten ist für die Bar aufgrund ihrer guten Verfügbarkeit vor allem die sogenannte Salat- oder Schlangengurke von Bedeutung. Ursprünglich stammt die Salatgurke aus Nordindien, die größte Artenvielfalt findet sich in Afrika. Heute werden Gurken weltweit kultiviert. Obwohl Salatgurken nicht besonders geschmacksintensiv erscheinen, reichen schon wenige Scheiben, um ein Getränk zu aromatisieren.

Ingwer (Zingiber officinale)
Sonstiges, Familie der Ingwergewächse
Die ursprüngliche Heimat des Ingwers liegt in Westindien, heute wird er aber in sämtlichen Regionen mit tropischem Klima angebaut, darunter Brasilien, Kenia, Malaysia und China. Verwendet wird das Rhizom der Pflanze, also ein Teil des Sprossenachsensystems. Am effizientesten lässt sich Ingwer übrigens mit einem Löffel schälen.

Meerrettich (Armoracia rusticana)
Knollengemüse, Familie der Kreuzblütengewächse
Die Heimat des Meerrettichs liegt in Ost- und Südeuropa. Die Wurzel der Meerrettichpflanze findet sowohl als Gemüse wie auch als Gewürz Verwendung. Zu guter Dosierung und für volles Aroma sollte Meerrettich mit einer kleinen Reibe verarbeitet werden.

Melone
Fruchtgemüse, Familie der Kürbisgewächse
Melonen lassen sich in Zuckermelonen (Cucumis melo), Nara-Melonen (Acanthosicyos horridus) und Wassermelonen (Citrullus lanatus) unterteilen, wobei allein die Wassermelone über 150 verschiedene Sorten aufweist. Im Unterschied zu anderen Melonen sind ihre Kerne nicht in der Mitte zentriert, sondern weiter im Fruchtfleisch verteilt. Praktisch für die Arbeit in der Bar sind die kernlosen Züchtungen, obwohl die dunklen Kerne im roten Fruchtfleisch zur Dekoration durchaus einen optischen Reiz haben. Unter den Zuckermelonen sind vor allem die Honig- und die Galiamelone populär. Melonen wachsen vor allem in subtropischen und tropischen Gebieten und sind als Kürbisgewächse eigentlich dem Gemüse zuzuordnen.

Möhre (Daucus carota subsp. sativus)
Nicht in der Liste, Familie der Doldenblütler
Möhren werden weltweit angebaut. Gute Qualität lässt sich am Verhältnis zwischen saftigem Fruchtfleisch und mattem Holzkörper erkennen.

Rucola (Rauke)
(Eruca vesicaria ssp. sativa)
Blattgemüse, Familie der Kreuzblütengewächse
Unter dem Namen Rucola versteht man verschiedene Arten der Kreuzblütengewächse. Er wird besonders in Mitteleuropa und dem Mittelmeerraum kultiviert. Im Drink entfaltet Rucola sein Aroma am besten, wenn er zunächst mit dem Stößel angedrückt und dann mitgeschüttelt wird. Fine-Strain nicht vergessen!

Sellerie (Apium graveolens)
Wurzelgemüse, Familie der Doldenblütler
Bereits in der Antike als Heilpflanze bekannt, stammt Sellerie vor allem aus dem Mittelmeerraum. Beim sogenannten Echten Sellerie lassen sich Knollen-, Stauden- und Schnittsellerie unterscheiden. Geschälter Sellerie gibt einen feineren Biss, was sich besonders als Getränkegarnitur bemerkbar macht.

Tomate (Lycopersicon esculentum)
Fruchtgemüse, Familie der Nachtschattengewächse
Die Tomate wird heute weltweit angebaut. Bis zum 19. Jahrhundert war sie unter dem Namen „Liebesapfel" bekannt.

SAISON KALENDER

Legend: L = Inland (hellgrün), I = Import (dunkelgrün)

	JAN	FEB	MRZ	APR	MAI	JUN	JUL	AUG	SEP	OKT	NOV	DEZ
ANANAS	I	I	I	I	I	I	I	I	I	I	I	I
ÄPFEL	L	I	L	I	L			I	I	I	I	I
APRIKOSEN	I	I			I	L	L	I	I	I	I	I
BANANEN	I	I	I	I	I	I	I	I	I	I	I	I
BIRNEN	L	I	I		I	I	I	L	L	L	L	L
BLAUBEEREN	I	I		I	I	L	L	L	L	I	I	I
BROMBEEREN	I				L	L	L	L	I	I	I	I
ERDBEEREN	I	I	I	L	L	L	L	L	I	I	I	I
FEIGEN	I	I	I	I	I	I	I	I	I	I	I	I
GRANATÄPFEL	I							I	I	I	I	I
GRAPEFRUITS	I	I	I	I	I	I	I	I	I	I	I	I
HASELNÜSSE	I	I	I	I	I	I	I	I	I	L	I	I
HIMBEEREN	L	L	L	L	L	I	I	I	I	L	L	L
HONIGMELONEN	I	I	I	I	I	I	I	I	I	I	I	I
JOHANNISBEEREN	I	I	I	I	I	I	L	I	I	I	I	I
KIWIS	I	I	I	I	I	I	I	I	I	I	I	I
KUMQUATS	I	I	I					I	I	I	I	I
LIMETTEN	I	I	I	I	I	I	I	I	I	I	I	I
LITCHIS	I	I	I	I	I	I	I	I	I	I	I	I
MANDARINEN	I	I	I	I	I	I	I	I	I	I	I	I
MANGOS	I	I	I	I	I	I	I	I	I	I	I	I
MIRABELLEN				I	I	I	L	I	I			
ORANGEN	I	I	I	I	I	I	I	I	I	I	I	I
PAPAYA	I	I	I	I	I	I	I	I	I	I	I	I
PFIRSICH	I	I					L	L	I	I	I	I
PFLAUMEN		I	I	I	I	I	L	L	L	L	L	I
PREISELBEEREN	I	I	I				L	L	L	I	I	I
QUITTEN	I	I	I	I						L	I	I
RHABARBER	I	I		L	L	L	L					
SAUERKIRSCHEN	I	I			L	L	I	I				
STACHELBEEREN					I	L	I					
SÜSSKIRSCHEN	I				L	L	L	L	I	I	I	
WASSERMELONEN	I	I	I	I	I	I	I	I	I	I	I	I
WEINTRAUBEN	I	I	I	I	I	I	L	L	L	I	I	I
ZITRONEN	I	I	I	I	I	I	I	I	I	I	I	I

● INLAND
● IMPORT

GEWÜRZE & KRÄUTER

Unter Gewürzen versteht das Gesetz Blüten, Früchte, Knospen, Samen, Rinde, Wurzeln, Wurzelstöcke, Zwiebeln oder Teile davon, meist getrocknet. Kräuter dagegen sind frische oder getrocknete Blätter, Blüten, Sprossen oder Teile von diesen.

Wie auch immer, sowohl Gewürze als auch Kräuter werden in der Bar eingesetzt, um Drinks durch aromatische Noten zu bereichern, die in anderen Zutaten auf diese Weise nicht zu finden sind. Dabei haben einige Gewürze und Kräuter bereits eine lange Tradition in Mischgetränken (z.B. Minze), wogegen andere erst in den letzten Jahren ihren Weg von der Küche in die Bar gefunden haben (z.B. Rosmarin). Lassen Sie sich von unserer Liste nicht abschrecken, auch darüber hinaus mit ungewöhnlichen Zutaten zu experimentieren. Im Folgenden finden Sie eine Auswahl der würzig-kräuterigen Aromen, die sich spätestens seit ein paar Jahren an dem einen oder anderen Tresen erblicken lassen.

Zwar wird im Einzelnen auf Besonderheiten der Kräuter und Gewürze hingewiesen, doch unabhängig davon sollten Menge und Verarbeitungsart dem eigenen Geschmacksempfinden nach auf das jeweilige Rezept angepasst werden. Eine schwache Form der Aromatisierung kann ein Gewürz z.B. als bloße Garnitur darstellen, während ein Andrücken mit dem Stößel oder das Mitschütteln der Gewürze intensivere Aromen hervorrufen.

Anis (Pimpinella anisum)
Familie der Doldenblütler
Vermutlich stammt die Anispflanze aus dem Orient und wird bereits seit der Antike im Mittelmeerraum angebaut. Sie benötigt viel Sonne und ist daher vor allem in Südeuropa, Mittel- und Südamerika sowie Indien zu finden. Zum Würzen werden die Samen der Pflanze ganz oder gemahlen genutzt.

Basilikum (Ocimum basilicum)
Familie der Lippenblütler
Seinen Ursprung hat Basilikum in Indien, wurde aber bereits in der Antike in Italien kultiviert. Heute wird die Pflanze sowohl in tropischen wie in gemäßigteren Regionen angebaut, wobei viel Sonne tendenziell ein intensiveres Aroma ermöglicht. Verwendet werden die Blätter der Pflanze frisch oder getrocknet. Für die Bar sind auch außergewöhnliche Sorten wie das rote Bordeaux-Basilikum oder das intensive Thai-Basilikum interessant.

Chili (Capiscum)
Familie der Nacht-schattengewächse
Die zahlreichen Chiliarten stammen alle von einer Ursprungsart ab, den sogenannten Tepin-Chilis. Ursprünglich in Mittel- und Südamerika beheimatet, werden Chilis heute fast weltweit kultiviert. Verwendung findet die Frucht der Pflanze frisch, getrocknet, zerstoßen oder gemahlen. Die verschiedenen Chiliarten schwanken stark in ihrer Aromatik und Schärfe. Zur Verarbeitung im Drink sollte daher zunächst unbedingt vorsichtig dosiert werden. Allein das Mitschütteln einer Spitze der Chili Piri Piri kann dem Drink beispielsweise ausreichende Schärfe verleihen.

Koriander
(Coriandrum sativum)
Familie der Doldenblütler
Ursprünglich in Südeuropa und Vorderasien angebaut, wird Koriander mittlerweile weltweit kultiviert. Verwendung finden die getrockneten Samen ganz oder gemahlen sowie die frischen Blätter oder auch Wurzeln. Vorsicht, zu viel Koriander kann ein metallisches Aroma erzeugen!

Gewürznelke
(Syzygium aromaticum)
Familie der Myrten-gewächse
Von Indonesien aus findet die Gewürznelke mittlerweile auch in Sri Lanka, Malaysia, Madagaskar und Tansania Verbreitung. Verwendet werden die Blütenknospen ganz oder gemahlen.

Kaffirlimette (Citrus hysterix)
Familie der Rautengewächse
Der Baum der Kaffirlimette ist beheimatet in Südostasien, vor allem in Thailand und Indonesien. Verwendung finden die Blätter normalerweise tiefgefroren oder getrocknet, denn frische Blätter entwickeln schnell ein muffiges Aroma. Auch die Schale der Früchte kann eingesetzt werden. Gepresst werden die vergleichsweise saftarmen Früchte nur selten.

Kardamom (Elettaria cardamomum)
Familie der Ingwergewächse

Seine Heimat hat Kardamom in Sri Lanka, Malaysia und Indien, wird aber neben Indien mittlerweile vor allem in Guatemala kultiviert. Verwendung finden die getrockneten Samen ganz oder gemahlen. Drinks lassen sich bereits durch das Mitschütteln weniger Samen dezent aromatisieren. Intensiviert werden die Noten durch das Andrücken der Samen. Farbe, Größe und Aromatik zwischen den verschiedenen Sorten variieren deutlich und sollten bei der Dosierung entsprechend beachtet werden.

Majoran (Origanum majorana)
Familie der Lippenblütler

Ehemals im Mittelmeerraum beheimatet, baut man Majoran heute besonders in Deutschland, Frankreich und Spanien an. Viel Sonne sorgt für tendenziell intensivere Aromen. Die Blätter werden frisch oder getrocknet verwendet.

Muskat (Myristica fragrans)
Familie der Muskatnussgewächse

Der Muskatnussbaum hat seinen Ursprung auf den Molukken und Neuguinea, wird heute aber in großen Teilen Indonesiens, Westindien, auf Madagaskar, sowie auf Mauritius und in Brasilien kultiviert. In größeren Mengen (ab ca. 5 g) wirkt Muskatnuss giftig und kann in extremen Fällen sogar tödlich sein. Verwendet werden die getrockneten Samen bzw. der Samenmantel ganz oder gemahlen. Für ein möglichst frisches Aroma mit guter Dosierbarkeit empfiehlt sich das Mahlen der Nuss auf einer kleinen Reibe. Ganz eigene Aromen bringt die Blüte des Muskatnussbaums (Macis) mit, die die Muskatnussnoten durch einen feinen Abgang bereichert.

Pfeffer (Piper nigrum)
Familie der Pfeffergewächse

Ursprünglich in Indien zu finden, wird Pfeffer heute außerdem in Indonesien und Brasilien angebaut. Die Früchte der verschiedenen Arten variieren deutlich in Farbe, Größe und Aroma und werden eingelegt, getrocknet, ganz oder gemahlen verwendet.

Piment (Pimenta dioica)
Familie der Myrtengewächse

Bis heute wird Piment vor allem in seiner Heimat auf den Westindischen Inseln und Mittelamerika kultiviert. Verwendung finden die getrockneten Samen ganz oder gemahlen.

Rosmarin (Rosmarinus officinalis)
Familie der Lippenblütler

Wild zu finden ist Rosmarin bis heute im Mittelmeerraum und wird besonders in Frankreich, Spanien, Nordafrika, aber auch in Amerika kultiviert. Auch hier sorgt viel Sonne für tendenziell intensivere Aromen. Die Blätter finden frisch oder getrocknet Verwendung. Die Stängel des Rosmarins dagegen können im Drink schnell das frische Aroma der Blätter beeinträchtigen.

Safran (Crocus sativus)
Familie der Liliengewächse

Beheimatet in Vorderasien, wird Safran heute vor allem in China, Indien, Irak, Iran sowie der Mittelmeerregion angebaut. Verwendet werden die getrockneten Blütennarben ganz oder gemahlen. Wegen seiner aufwendigen Gewinnung gilt Safran bis heute als das teuerste Gewürz der Welt. In preisgünstigen Pulvermischungen sind daher häufig Ersatzstoffe zu finden. Allerdings reichen schon wenige Milligramm, um Farbe und Geschmack eines Drinks zu beeinflussen.

Salbei (Salvia officinalis)
Familie der Lippenblütler

Aus dem Mittelmeerraum verbreitete sich Salbei über ganz Mitteleuropa und Kleinasien. Verwendung finden die Blätter frisch oder getrocknet. Auch hier sollte vorsichtig dosiert werden. Zu viel Salbei prägt die Aromen eines Drinks unschön konzentriert.

Salz (Natriumchlorid)
Familie der Chloride (mit Botanik kommt man hier nicht weit)

Schon als andere Gewürze noch der Oberschicht vorbehalten blieben, wurde Salz auf der ganzen Welt verwendet. Weitverbreitet und variantenreich, scheint es naturbelassen grau bis bräunlich. Erst chemisch gesäubert bekommt es seine weiße Farbe. Das weitverbreitete Jodsalz enthält max. 25 mg Jod pro Kilo Salz und soll dem Jodmangel vorbeugen.

Senf (Sinapis alba)
Familie der Kreuzblütler
Aus dem Mittelmeerraum stammend, wird Senf heute in ganz Europa, Nordamerika und Asien kultiviert. Die Samen werden frisch, getrocknet und zerstoßen oder zermahlen genutzt.

Sternanis
(Ilium verum)
Familie der Magnoliengewächse
Sternanis hat seine Heimat im nördlichen Vietnam und im südlichen China. Heute wird er außerdem auf den Philippinen, in Japan und Kambodscha angebaut. Die sternförmigen Früchte sind nicht mit Anis verwandt, sie verdanken ihren Namen vielmehr einer geschmacklichen Nähe zum Anis. Die Früchte finden ganz oder gemahlen Verwendung, sollten aber an der Bar nicht ins Gästeglas gelangen, sondern vor dem Servieren entfernt werden.

Thymian (Thymus vulgaris)
Familie der Lippenblütler
Ursprung und hauptsächliches Anbaugebiet des Thymians liegen im Mittelmeerraum. Viel Sonne begünstigt intensive Aromen. Verwendung finden die Blätter frisch oder getrocknet. Eine interessante Bereicherung für die Bar stellt der Zitronenthymian mit seinen namensgebenden Zitrusnoten dar.

Vanille
(Vanilla planifolia)
Familie der Orchideengewächse
Die Vanilleschoten stammen von der kletternden Orchidee, die ihre Heimat in Mexiko und Mittelamerika hat. Darüber hinaus wird sie heute auf den Komoren, Réunion und Madagaskar kultiviert. Verwendet werden die Samen bzw. Fruchtkapseln und das enthaltene Vanillemark. Zur Aromatisierung von bspw. Wodka kann, durch die hohe Sättigung, eine Schote mehrfach genutzt werden.

Wacholder (Juniperus communis)
Familie der Zypressengewächse
Verbreitung findet der Wacholderstrauch in ganz Europa und den gemäßigten Regionen Asiens. Seine Beeren werden frisch oder getrocknet, ganz oder gemahlen verwendet. Auch Wacholder sollte vorsichtig dosiert werden.

Zimt (Cinnamomum verum)
Familie der Lorbeergewächse
Seine Heimat hat Zimt in Sri Lanka, wird mittlerweile aber auch in Indonesien, auf Madagaskar und den Kleinen Antillen sowie in Mittelamerika kultiviert. Die Innenrinde wird getrocknet, zerkleinert und evtl. gemahlen. Zimt ist ein intensives Gewürz, das behutsam eingesetzt werden sollte.

Zitronengras
(Cymbopogon citratus)
Familie der Süßgrasgewächse
Ursprünglich in Südostasien beheimatet, wird Zitronengras heute auch in Indien, Australien, Afrika und Amerika angebaut. Die Halme finden frisch oder getrocknet, zerkleinert oder gemahlen Verwendung. Zur Verwendung im Drink sollte das Zitronengras vorher stark angedrückt werden, um ausreichend Aroma zu entfalten.

REZEPTE

REZEPTE

Da sind wir also endlich: Rezepte, Rezepte, Rezepte. Ich hoffe, Sie haben bis hierhin ein wenig von der Philosophie des Buches mitgenommen, denn der Rezeptteil ist absichtlich nicht selbsterklärend. Die Rezepte sind übersichtlich, und die Zubereitung ist auf den Punkt formuliert. Ich gebe weder ausdrückliche Originalrezepte an noch zahllose Varianten des gleichen Drinks, denn ich glaube, im Laufe des Buches sollte klar geworden sein, dass nicht nur in der Küche, sondern auch an der Bar jedes Rezept nur eine Grundlage, eine Basis zu Improvisation und spontaner Variation darstellt und kein starres Regelwerk.

Das soll Sie nicht davon abhalten, in alten Barbüchern nach vergessenen Rezepten zu stöbern. Aber hier sind wir an der Praxis interessiert. Auch die Kommentare zu einzelnen Drinks sind eher darauf bedacht, zur Variation anzuleiten sowie übliche Fehler zu vermeiden, und finden sich dementsprechend nicht unbedingt bei jedem

historisch bedeutsamen Rezept, sondern eher bei den Drinks, die heute oft schlecht zubereitet werden oder in den richtigen Zusammenhang gerückt werden müssen.

Was bei jedem Rezept hilft, ist, sich Zeit zu nehmen, dem eigenen Geschmack zu folgen und viel zu üben. Servieren Sie Ihren Gästen keinen Drink, den Sie nicht schon einige Male für sich selbst einwandfrei zubereitet haben. Denn wenn Sie Gäste haben, sollten es die Gäste sein, um die Sie sich kümmern und nicht um die Zubereitung des Drinks.

Nach einem Mal lesen, kann man natürlich trotzdem nicht alles behalten haben. Daher hier noch mal die wichtigsten Kapitel zum Nachschlagen:

24H DAIQUIRI

Glas: Coupette
Garnitur: Pfeffer, frisch gemahlen

*50 ml Rum (z. B. Havana Blanco),
25 ml Limettensaft, 15 ml Zuckersirup, 4 Cherry-Tomaten, 5 Blätter
Koriander, 1 Dash Chili-Sesamöl*

Tomaten und Koriander kräftig
andrücken, schütteln, doppelt
abseihen

3G'S

Glas: Highball
Garnitur: Minzspitze, Ingwer-
scheibe

*45 ml Rum (leicht), 20 ml Ingwer-
sirup, 20 ml Orangensaft, 15 ml Zitronensaft, Ginger Beer zum Auffüllen,
4 Scheiben Ingwer*

ohne Ginger Beer schütteln, auf
Eiswürfel abseihen, mit Ginger
Beer auffüllen und umrühren

A LOVE SUPREME

Glas: Cocktailspitz
Garnitur: Orangenzeste

*50 ml Rum (kräftig), 25 ml Punt e
Mes, 15 ml Cherry Brandy, 10 ml
Crème de Figue, 2 Dashes Angostura
Bitters*

rühren, abseihen

AIRMAIL

Glas: Champagner
Garnitur: Limettenspalte

*30 ml Rum, 15 ml Limettensaft,
15 ml Honigsirup, Champagner zum
Auffüllen*

ohne Champagner schütteln, doppelt abseihen, mit Champagner
auffüllen und umrühren

ALBERT MATHIEU

Glas: Coupette
Garnitur: Orangenzeste

*40 ml Gin, 20 ml Lillet Blanc, 20 ml
Chartreuse Verte, 5 ml Holunderblütenlikör, 1 Dash Orange Bitters*

rühren, abseihen

ALEXANDER

Glas: Cocktailspitz
Garnitur: Muskatnuss, gerieben

*60 ml Gin, 30 ml Crème de Cacao
(weiss), 30 ml Sahne*

rühren, abseihen

ALGONQUIN

Glas: Cocktailspitz

*45 ml Rye Whiskey, 25 ml trockener
Wermut, 15 ml Ananassaft*

rühren, doppelt abseihen

AMERICANO

Glas: Rialto
Garnitur: Zitronenspalte

*40 ml süßer Wermut, 40 ml Campari,
Soda zum Auffüllen*

bauen

ANEJO HIGHBALL

Glas : Highball
Garnitur : Limettenspalte

*60 ml Rum, 25 ml Curaçao, 25 ml
Limettensaft, 1 Dash Angostura
Bitters, Ginger Beer zum Auffüllen*

ohne Ginger Beer schütteln, auf
Eiswürfel abseihen, mit Ginger
Beer auffüllen und umrühren

APPLE TAI

Glas : DOF

*60 ml Calvados, 15 ml Grand
Marnier, 30 ml Limettensaft, 20 ml
Birnenpüree, 15 ml Orgeat, 10 ml
Zuckersirup*

schütteln, doppelt auf Crushed
Ice abseihen

APEROL SPRITZ

GLAS // WEINGLAS
GARNITUR // ORANGENSPALTE

30 ml Aperol, 30 ml Weißwein, 30 ml Soda

bauen

BY SIDE

Der Modedrink **Aperol Spritz** ist von der Grundidee eigentlich nichts Neues. Schon lange kennt man im Süden Deutschlands, in Österreich und in Nordtalien einen „**Gespritzten**", „G'Spritzten' oder „Spritzer". Dort spritzt man sich in den warmen Sommern vor allem Weißwein mit kohlensäurehaltigem Wasser oder Li-

monade auf und erhält so ein leichtes, anregendes Getränk, das man (mit Wasser) auch banal eine **Weinschorle** nennen könnte. In der italienischen Aperitifkultur dagegen kennt man, aufgrund der landestypischen Produktvielfalt, auch aufgespritzte Liköre, wie den Klassiker **Campari Soda**. Kein Wunder also, dass irgendwann eine Mischung aus Likör, Wein und Soda zusammen den Weg ins Glas fand. Auch hier war aber die Mischung mit Campari schon weit vor Aperol populär.

Andernorts sparte man sich die Mühe, Soda und Wein zu mischen und griff gleich zu Sekt oder Prosecco. Ein anderes Getränk, das es vom Trend bis in die Provinz geschafft hat, baut übrigens auch auf dem Grundmodell des Spritz auf, der **Hugo**. Wer den Trends lieber die klassische Barkultur entgegensetzt, aber sich trotzdem erfrischen möchte, greift dagegen zu einem **Americano**. Auch dieser besteht aus einem Bitterlikör, einem Wein(aperitif) und Soda, sozusagen der Großvater des Aperol Spritz.

APPLEJACK RABBIT

Glas: DOF
Garnitur: Zimtstange

60 ml Applejack, 20 ml Zitronensaft,
40 ml Orangensaft, 15 ml Ahornsirup

schütteln, auf Eiswürfel abseihen

ARAWAK

Glas: Cocktailspitz
Garnitur: Ananaskeil

60 ml Bourbon Whiskey, 15 ml
trockener Wermut, 10 ml Ananassaft,
1 Dash Tamarindensaft, 2 Dashes
Angostura Bitters

rühren, doppelt abseihen

ARCHANGEL

Glas: Coupette
Garnitur: Limettenzeste

60 ml Gin, 20 ml Aperol, 2 Scheiben
Gurke

Gurke kräftig andrücken, schütteln, doppelt abseihen

ARTIST'S SPECIAL

Glas: Coupette

30 ml Bourbon Whiskey, 30 ml
Amontillado Sherry, 2 Barlöffel Zitronensaft, 2 Barlöffel Granatapfelsirup

rühren, abseihen

ASYLUM COCKTAIL

Glas: SOF
Garnitur: Zitronenzeste

45 ml Gin, 45 ml Pernod, 7,5 ml
Granatapfelsirup

rühren, auf Eiswürfel abseihen

ATOM LIMO

Glas: DOF
Garnitur: Minzspitze, Apfelspalte

35 ml Bourbon Whiskey, 35 ml PX
Sherry, 40 ml Apfelsaft, 15 ml Zitronensaft, 1 Stück Ingwer, Ginger Ale
zum Auffüllen

Ingwer andrücken, ohne Ginger
Ale schütteln, doppelt auf Eiswürfel abseihen, mit Ginger Ale
auffüllen und umrühren

AVENUE

Glas: Coupette
Garnitur: Orangenzeste

30 ml Bourbon Whiskey, 30 ml
Calvados, 1 Dash Granatapfelsirup,
30 ml Maracujasaft, 1 Dash Orange
Flower Water

schütteln, doppelt abseihen

AZTEC'S MARK

Glas: Cocktailspitz
Garnitur: Orangenzeste

40 ml Bourbon Whiskey, 5 ml
Bénédictine, 15 ml Crème de Cacao
(braun), 2 Dashes Tabasco

rühren, abseihen

B & B

Glas: SOF
Garnitur: Zitronenzeste

50 ml Cognac, 30 ml Bénédictine

bauen

BACA DACA

Glas: SOF
Garnitur: Muskatnuss, gerieben

40 ml Rum (kräftig), 25 ml PX
Sherry, 5 ml Pimento Dram, 25 ml
Limettensaft, 15 ml Orgeat, Ginger
Beer

mit Crushed Ice blenden

BAHAMA MAMA

Glas: DOF
Garnitur: Ananaskeil

45 ml Rum (kräftig), 30 ml Kokosli-
kör, 50 ml Orangensaft, 70 ml Ananassaft, 3 Dashes Angostura Bitters

schütteln, auf Eiswürfel abseihen

AVIATION

GLAS // COCKTAILSPITZ
GARNITUR // ZITRONENZESTE

55 ml Gin (z.B. Tanqueray Gin),
20 ml Zitronensaft, 10 ml Crème de
Violette, 10 ml Maraschino

rühren, doppelt abseihen

BY SIDE

Eng verwandt ist der **Aviation** mit dem **Blue Moon**. Größer wird der Unterschied zwischen den beiden, wenn man eines der zahlreichen Aviation-Rezepte ohne Crème de Violette heranzieht.

BAHIA

Glas: DOF
Garnitur: Minzspitze, Früchte

*30 ml Rum (leicht), 30 ml Rum
(kräftig), 90 ml Ananassaft, 30 ml
Cream of Coconut*

mit Crushed Ice blenden

BARNUM (WAS RIGHT)

Glas: Cocktailspitz
Garnitur: Zitronenzeste

*60 ml Gin, 30 ml Apricot Brandy,
15 ml Zitronensaft, 2 Dashes Angostura Bitters*

schütteln, doppelt abseihen

BEDFORD

Glas: Cocktailspitz
Garnitur: Orangenzeste

*60 ml Rye Whiskey, 30 ml Dubonnet,
5 ml Cointreau, 2 Dashes Orange
Bitters*

rühren, abseihen

BALTIMORE EGG NOG

Glas: Rotweinglas
Garnitur: Muskatnuss, gerieben

*30 ml Cognac, 30 ml Rum, 15 ml
Madeira, 15 ml Zuckersirup, 20 ml
Sahne, Eiweiß*

schütteln, abseihen

BANANA COW

Glas: Highball

*30 ml Rum (leicht), 120 ml Milch,
1 Dash Zuckersirup, 1 Dash Angostura Bitters, 1/2 Banane, 1 Dash
Vanillesirup*

mit Crushed Ice blenden

BARBARA WEST
COCKTAIL

Glas: Cocktailspitz
Garnitur: Zitronenzeste

60 ml Gin, 30 ml Sherry, 15 ml Zitronensaft, 1 Dash Angostura Bitters

schütteln, doppelt abseihen

BEACHBUM

Glas: Tiki Mug
Garnitur: Orangenspalte, Kirsche

*30 ml Rum (kräftig), 30 ml Rum
(leicht), 30 ml Ananassaft, 15 ml
Apricot Brandy, 25 ml Limettensaft,
15 ml Mandelsirup*

schütteln, auf Crushed Ice abseihen

BEAT ME

Glas: Coupette

*50 ml Cachaça (z. B. Magnifica
Tradicional), 25 ml Limettensaft,
10 ml Vanille-Läuterzucker, 1 großes
Stück Rote Bete*

Rote Bete kräftig andrücken,
schütteln, doppelt abseihen

BEBBO

Glas: Cocktailspitz
Garnitur: Kirsche

*45 ml Gin, 25 ml Zitronensaft,
15 ml Honig, 10 ml Orangensaft*

schütteln, doppelt abseihen

BELLINI

Glas: Champagner

*50 ml Pfirsichpüree, Champagner zum
Auffüllen*

bauen

BÉNÉDICTINE RICKEY

Glas: Highball

*60 ml Bénédictine, 3/4 Limette,
wenig Soda zum Auffüllen*

Limettenviertel im Gästeglas auspressen, auf Crushed Ice bauen

BENSONHURST

Glas: Cocktailspitz
Garnitur: Zitronenzeste

*60 ml Rye Whiskey, 30 ml trockener
Wermut, 5 ml Maraschino,
5 ml Cynar*

rühren, abseihen

BERLIONI

Glas: SOF
Garnitur: Orangenzeste

40 ml Gin, 20 ml Cynar, 15 ml
trockener Wermut

bauen

BETSY ROSS

Glas: Cocktailspitz

45 ml Brandy, 45 ml Port (Ruby),
15 ml Curaçao, 2 Dashes Angostura
Bitters

rühren, abseihen

BETWEEN THE SHEETS

Glas: Cocktailspitz

30 ml Brandy, 30 ml Rum (kräftig),
30 ml Cointreau, 1 Dash Zitronensaft

schütteln, doppelt abseihen

BIJOU

Glas: Cocktailspitz
Garnitur: Zitronenzeste

45 ml Gin, 20 ml Chartreuse Jaune,
20 ml süßer Wermut, 2 Dashes
Orange Bitters

rühren, abseihen

BLACK RUSSIAN

Glas: SOF
Garnitur: Zitronenspalte

50 ml Wodka (z. B. Ketel One),
30 ml Kaffeelikör

bauen

BLACKTHORN

Glas: Cocktailspitz
Garnitur: Zitronenzeste

60 ml Irish Whiskey, 30 ml süßer
Wermut, 2 Dashes Absinth, 2 Dashes
Angostura Bitters

rühren, abseihen

BLINKER

Glas: Cocktailspitz
Garnitur: Zitronenzeste

60 ml Rye Whiskey, 30 ml Grapefruit-
saft, 7,5 ml Himbeersirup, 1 Dash
Zuckersirup

schütteln, doppelt abseihen

BLOOD AND SAND

Glas: Cocktailspitz
Garnitur: Kirsche

30 ml Scotch Whisky (z. B. Talisker
10 Jahre), 20 ml Cherry Brandy,
20 ml süßer Wermut, 30 ml Oran-
gensaft

schütteln, doppelt abseihen

BLOODHOUND

Glas: Cocktailspitz
Garnitur: Himbeeren

40 ml Gin, 20 ml trockener Wermut,
20 ml süßer Wermut, 5 ml Maraschi-
no, 6 Himbeeren

Himbeeren kräftig andrücken,
schütteln und doppelt auf Eiswürfel abseihen

BLOODY KNOCKLE

Glas: Coupette
Garnitur: Orangenzeste

60 ml Rye Whiskey, 15 ml Aperol,
15 ml Sloe Gin, 2 Barlöffel Orange
Bitters

rühren, abseihen

BLUE HAWAIIAN

Glas: Highball
Garnitur: Ananaskeil

60 ml Rum (leicht), 30 ml Curaçao,
40 ml Cream of Coconut, 90 ml
Ananassaft, 10 ml Zitronensaft

mit Crushed Ice blenden

BLUE LAGOON

Glas: Highball
Garnitur: Orangenspalte

30 ml Gin, 30 ml Wodka, 20 ml
Curaçao, 30 ml Limettensaft,
20 ml Zuckersirup

mit Crushed Ice blenden

BLUE MOON

Glas: Cocktailspitz
Garnitur: Zitronenzeste

60 ml Gin, 15 ml Crème Yvette,
15 ml Zitronensaft

schütteln, doppelt abseihen

BOBBY BURNS

Glas: Cocktailspitz
Garnitur: Zitronenzeste

60 ml Scotch Whisky (z. B. Johnnie
Walker Gold), 30 ml süßer Wermut,
2 Dashes Bénédictine

rühren, abseihen

BOULEVARDIER

Glas: SOF
Garnitur: Orangenzeste

40 ml Bourbon Whiskey, 30 ml süßer
Wermut, 30 ml Campari

bauen

BRAIN WASH

Glas: Coupette
Garnitur: Zitronenzeste

45 ml Williamsbrand, 20 ml Zitronensaft, 15 ml Zuckersirup, 1 Barlöffel
Sahnemeerrettich

schütteln, doppelt abseihen

BRANDY ALEXANDER

Glas: Coupette
Garnitur: Muskatnuss, gerieben

60 ml Cognac, 15 ml Crème de Cacao (braun), 15 ml Crème de Cacao
(weiß), 30 ml Sahne

schütteln, abseihen

BRANDY FIX

Glas: SOF
Garnitur: Zitronenzeste

60 ml Brandy, 5 ml Chartreuse Jaune,
15 ml Ananassaft, 15 ml Zitronensaft, 10 ml Zuckersirup

schütteln, doppelt auf Eiswürfel
abseihen

BRANDY FLIP

Glas: Cocktailspitz
Garnitur: Muskatnuss, gerieben

50 ml Brandy, 10 ml Zuckersirup,
Eiweiß

schütteln, abseihen

BREAKFAST MARTINI

Glas: Cocktailspitz
Garnitur: Orangenzeste, flambiert

60 ml Gin, 15 ml Cointreau, 15 ml
Zitronensaft, 1 Barlöffel Orangenmar-
malade

schütteln, doppelt abseihen

BROKEN SPUR

Glas: Champagner
Garnitur: Muskatnuss, gerieben

20 ml Gin, 45 ml Port (White),
20 ml süßer Wermut, 2 Barlöffel
Anisette, Eigelb

schütteln, abseihen

BROWN BOMBER

Glas: Coupette
Garnitur: Zitronenzeste

60 ml Bourbon Whiskey, 25 ml Lillet
Blanc, 15 ml Suze

rühren, abseihen

BROWN DERBY

Glas: Coupette
Garnitur: Orangenspalte

60 ml Bourbon Whiskey, 30 ml
Grapefruitsaft, 20 ml Honigsirup

schütteln, doppelt abseihen

BLOODY MARY

GLAS // HIGHBALL
GARNITUR // SELLERIESTANGE

---

50 ml Wodka (z. B. Ketel One), 120 ml
Tomatensaft, 10 ml Zitronensaft, Pfeffer,
Selleriesalz, Worcestershire-Sauce, Tabasco

---

rollen, auf Eiswürfel abseihen,
mit Gewürzen abschmecken

BY SIDE

Die **Bloody Mary** ist wohl der bekannteste Pick-Me-Up-Drink, die würzige Mischung soll helfen, den Kater zu bekämpfen. Meine Meinung dazu: Der Wodka mag zwar kurz helfen, die Kopfschmerzen zu betäuben, aber danach dürfen Sie sich auf das doppelte Schmerzprogramm freuen. Greifen Sie stattdessen zu einer **Virgin Mary**, indem Sie den Wodka-Anteil einfach weglassen. Denn Salz und Flüssigkeit sind durchaus das, was der Körper nach einer durchzechten Nacht braucht.

Benannt ist die Bloody Mary vermutlich nach der englischen Königin Mary I., die eine gewisse Vorliebe für das Hinrichten von Protestanten hegte und so ihren blutigen Beinamen erhielt. Es gibt allerdings auch Aussagen, nach denen sich der Name auf eine Kellnerin namens Mary aus dem Bucket of Blood Club in Chicago bezieht, so auch die Variante von Fernand Petoit. Dieser Bartender soll Anfang der 1920er-Jahre die Urversion aus Wodka und Tomatensaft in Harry's New York Bar, Paris, kreiert haben. Als Petoit in den 1930ern mitsamt seinem Rezept, mittlerweile verfeinert durch Gewürze, nach New York übersiedelte, fand Petoits neuer Arbeitgeber, die King Cole Bar, keinen besonderen Gefallen am blutrünstigen Namen des Getränks. Der Versuch, den Drink in „**Red Snapper**" umzutaufen, misslang dennoch. Allerdings hat sich unter diesem Namen bis heute eine Bloody Mary-Variante mit Gin statt Wodka gehalten. Und vermutlich dürften auch die ersten Bloody-Marys in den USA eher den Wacholderbrand enthalten haben, anstelle des damals noch seltener erhältlichen Wodkas.

Neben der Basis-Spirituose lässt sich bei der Bloody Mary auch mit den anderen Bestandteilen nach Lust und Kühlschrankinhalt spielen. Meerrettich, Fenchel, Thymian – nur zu!

BLUE BLAZER

GLAS // SCHWENKER
GARNITUR // ORANGENSPALTE,
ZITRONENSPALTE, GEWÜRZNELKE

---

60 ml Scotch Whisky, 15 ml Läuterzucker,
30 ml Wasser, 3 Dashes Angostura Bitters

---

bauen

BY SIDE

Das historische Rezept des **Blue Blazer** ist eher unspektakulär: Whisky, Wasser, Zucker. Legendär ist der Drink allerdings wegen seiner Zubereitung geworden, mit der sein Erfinder, Jerry Thomas, im 19. Jahrhundert seine Gäste beeindruckte. Das Spiel mit dem Feuer erfordert aber einige Übung. Die Herstellung sollte daher zunächst unbedingt nur mit Wasser geübt werden. Bei der Präsentation mit entzündeter Flüssigkeit sollte außerdem auf einen Sicherheitsabstand zu Gästen und weiteren leicht entzündlichen Materialien geachtet werden – der Raum, der hinter einem üblichen Tresen zur Verfügung steht, ist dazu oft nicht ausreichend.

Da aber auch die richtige Zubereitung nur bis zu einem gewissen Grad über die schlichte Rezeptur hinwegtrösten kann, empfehlen wir die verfeinerte Variante mit Früchten, Nelken und Bitters. Neben Scotch eignen sich vor allem Bourbon oder Cognac als Basis.

BOMBAY CRUSHED

GLAS // HIGHBALL
GARNITUR // KUMQUAT

---

50 ml Gin,
20 ml Zitronensaft, 15 ml Zuckersirup,
5 Kumquats, Soda zum Auffüllen

Kumquats kräftig andrücken,
mit Crushed Ice bauen

BRAMBLE

GLAS // SOF
GARNITUR // ZITRONENSPALTE,
BROMBEERE

---

40 ml Gin (z.B. Tanqueray Gin),
20 ml Crème de Mure,
20 ml Zitronensaft, 15 ml Zuckersirup

---

ohne Crème de Mure schütteln, auf Crushed Ice
abseihen, mit Crème de Mure floaten

BRANDY CRUSTA

GLAS // COUPETTE
GARNITUR // ZUCKERRAND, EXTRA
GROSSE ZITRONENZESTE

---

50 ml Brandy, 7,5 ml Cointreau,
7,5 ml Maraschino, 7,5 ml Zitronensaft

Glas mit Zuckerrand auf Zitronensaftbasis verzieren,
schütteln, doppelt abseihen

BRONX

GLAS // COCKTAILSPITZ
GARNITUR // ZITRONENZESTE

---

50 ml Gin, 25 ml süßer Wermut, 25 ml trockener
Wermut, 25 ml Orangensaft

---

schütteln, doppelt abseihen

BY SIDE

Wie sehr ein paar Tropfen eines Bitters einen Cocktail verändern können, lässt sich am **Bronx** hervorragend beobachten. Denn mit zwei zusätzlichen Spritzern Angostura Bitters verwandelt sich der Bronx in einen **Income Tax** – eine äußerst lohnenswerte Variante.

BUBBALOO

Glas: Coupette

60 ml Pisco, 15 ml süßer Wermut,
15 ml Apricot Brandy, 3 Dashes
Amargo Bitters

rühren, abseihen

BUCK'S FIZZ

Glas: Champagner
Garnitur: Orangenspalte

20 ml Gin, 1 Dash Cherry Brandy,
60 ml Orangensaft, Champagner zum
Auffüllen

bauen

CABARET

Glas: Cocktailspitz
Garnitur: Kirsche

40 ml Gin, 30 ml trockener Wermut,
10 ml Bénédictine, 2 Dashes Angostura Bitters

rühren, abseihen

CALVADOS COCKTAIL

Glas: Cocktailspitz
Garnitur: Orangenspalte

30 ml Calvados, 20 ml Cointreau,
30 ml Orangensaft, 20 ml Orange
Bitters

schütteln, doppelt abseihen

CANCHANCHARA

Glas: DOF
Garnitur: Zitronenspalte

60 ml Rum (leicht), 25 ml Zitronensaft, 20 ml Honig

schütteln, doppelt auf Eiswürfel
abseihen

CAPRICE

Glas: Coupette
Garnitur: Orangenzeste

45 ml Gin, 45 ml trockener Wermut,
15 ml Bénédictine, 1 Dash Orange Bitters

rühren, abseihen

CASINO

Glas: Cocktailspitz
Garnitur: Orangenzeste

60 ml Old Tom Gin, 7,5 ml Maraschino, 7,5 ml Zitronensaft, 2 Dashes
Orange Bitters

schütteln, doppelt abseihen

CAVALIER

Glas: Coupette
Garnitur: Zitronenzeste

60 ml Cognac, 20 ml Zitronensaft,
10 ml Cointreau, 10 ml Mandelsirup,
1 Barlöffel Aprikosenmarmelade,
1 Dash Orange Bitters

schütteln, doppelt abseihen

CEO

Glas: Cocktailspitz
Garnitur: Zitronenspalte

60 ml Brandy, 30 ml Lillet Blanc, 15 ml
Chambord, 2 Dashes Orange Bitters

schütteln, doppelt abseihen

CHAMPS-ÉLYSÉES

Glas: Cocktailspitz
Garnitur: Zitronenzeste

30 ml Brandy, 10 ml Chartreuse
Verte, 25 ml Zitronensaft, 2 Dashes
Angostura Bitters

schütteln, doppelt abseihen

CHATHAM HOTEL SPECIAL

Glas: Cocktailspitz

45 ml Brandy, 15 ml Port (Ruby),
15 ml Sahne, 1 Dash Crème de
Cacao (braun)

schütteln, doppelt abseihen

CHIVAS COOLER

Glas: Highball
Garnitur: Limettenspalte

50 ml Chivas Regal 12 Jahre, Ginger
Ale zum Auffüllen

bauen

BROOKLYN

GLAS // COCKTAILSPITZ
GARNITUR // ZITRONENZESTE

---

60 ml Rye Whiskey, 25 ml süßer Wermut,
10 ml Maraschino, 5 ml Amer Picon

---

rühren, abseihen

BY SIDE

Vom **Brooklyn** haben sich, wie beim **Manhattan**, im Laufe der Jahre verschiedene Varianten entwickelt, die sich insbesondere in der Wahl von Whisk(e)y und Wermut voneinander unterscheiden. Wenn der verwendete Wermut nicht zu kräftig ist, eignet sich für die Basis auch ein Bourbon Whiskey. Beim Wermut wird häufig ein trockener Vertreter gewählt oder eine Mischung aus trockenem und süßem Wermut.

CHRYSANTHEMUM

Glas: Coupette
Garnitur: Orangenzeste

60 ml trockener Wermut, 20 ml
Bénédictine, 7,5 ml Absinth, 1 Dash
Orange Bitters

rühren, abseihen

CIRO'S SPECIAL

Glas: Cocktailspitz

50 ml Rum (kräftig), 10 ml Grand
Marnier, 20 ml Crème de Cassis,
30 ml Limettensaft

schütteln, doppelt abseihen

CLARIDGE

Glas: Cocktailspitz
Garnitur: Zitronenzeste

40 ml Gin, 40 ml trockener Wermut,
10 ml Cointreau, 10 ml Apricot
Brandy

rühren, abseihen

CLOISTER

Glas: Cocktailspitz
Garnitur: Grapefruitzeste

45 ml Gin, 15 ml Chartreuse Jaune,
15 ml Grapefruitsaft, 5 ml Zuckersirup, 10 ml Zitronensaft

schütteln, doppelt abseihen

CLOVER CLUB

Glas: Cocktailspitz

60 ml Gin, 30 ml Zitronensaft,
15 ml Himbeersirup, Eiweiß

schütteln, doppelt abseihen

CLUBLAND COCKTAIL

Glas: Cocktailspitz
Garnitur: Orangenzeste

40 ml Wodka, 40 ml Port (White),
1 Dash Angostura Bitters

rühren, abseihen

COCKTAIL À LA
LOUISIANE

Glas: Cocktailspitz
Garnitur: Kirsche,Zitronenzeste

45 ml Rye Whiskey, 25 ml süßer
Wermut, 20 ml Bénédictine, 2 Dashes
Absinth, 3 Dashes Peychaud's Bitters

rühren, abseihen

COFFEE COCKTAIL

Glas: SOF
Garnitur: Muskatnuss, gerieben

30 ml Cognac (z. B. Rémy Martin
VSOP), 60 ml Port (Ruby), 1 Ei,
1 Barlöffel Zucker

schütteln, doppelt abseihen

COINTREAU FIZZ

Glas: Highball
Garnitur: Limettenspalte

50 ml Cointreau, 15 ml Limettensaft,
Soda zum Auffüllen

bauen

COLLEEN BAWL

Glas: Cocktailspitz
Garnitur: Zimt und Muskatnuss,
gerieben

25 ml Rye Whiskey, 20 ml Chartreuse
Jaune, 20 ml Bénédictine, 1 Barlöffel
Zucker, Eiweiß

schütteln, doppelt abseihen

CORN ‚N' OIL

Glas: SOF
Garnitur: Zitronenzeste

45 ml Rum (kräftig), 30 ml Falernum,
1 Dash Angostura Bitters, 1 Dash
Limettensaft

rühren, abseihen

CORPSE REVIVER 1

Glas: Cocktailspitz
Garnitur: Orangenzeste

45 ml Cognac, 25 ml Calvados,
25 ml süßer Wermut

rühren, abseihen

287

CAIPIRINHA

GLAS// DOF

---

50 ml Cachaça (z. B. Magnifica Tradicional),
1 Limette, 3 Barlöffel weißer Rohrzucker

Limette in Sechstel schneiden und kräftig andrücken,
schütteln, auf Eiswürfel abseihen

Neben der richtigen Behandlung der Früchte (siehe Seite 54) ist die Verwendung von weißem Rohrzucker ein entscheidender Schlüssel zum Erfolg. Denn mit seinem feinen Aroma ergänzt er die Noten der anderen Zutaten harmonisch und löst sich auch noch einfacher auf als die braunen Varianten. Auch Crushed Ice braucht die Caipirinha nicht. Ordentlich geschüttelt, erhält sie genügend Schmelzwasser und muss nicht weiter verdünnt werden.

Diese Empfehlungen stellen übrigens keine Neuerungen dar, sondern gehen zu den Ursprüngen zurück. Denn auch in ihrer brasilianischen Heimat wird die Caipirinha mit weißem Zucker und auf Eiswürfeln serviert.

Auch bei Cachaça gilt übrigens: Gutes hat seinen Preis. Doch neben der Zuckerschnaps-Variante haben sich mit der Omnipräsenz des Drinks auch Varianten mit anderen Spirituosen entwickelt, darunter Wodka (**Caipirovka**, **Caipiroska**), Rum (**Caipirissima**) oder Sake (**Caipisake**). Außerdem werden zusätzlich oder als Ersatz auch andere Früchte als Limetten verwendet, z.B. Mango, Ananas oder Erdbeeren. Hier wird auch deutlich, dass es sich bei der Caipirinha eigentlich um eine spezielle **Batida**-Variante (batida de limão) handelt.

BY SIDE

Die **Caipirinha** – für einige eine willkommene Erfrischung, für andere eher ein traumatisches Erlebnis in Form schlechten Cachaças, notdürftig überdeckt von Limettensirup, klebrigen Brocken braunen Rohrzuckers und wässrigen Eisresten. Unser Rezept zeigt, dass das auch anders geht.

CHAMPAGNER
Cocktail

GLAS // CHAMPAGNER
GARNITUR // ZITRONENZESTE

*Champagner zum Auffüllen (z. B. Roederer Champagner),
1 Zuckerwürfel, 2 Dashes Angostura Bitters*

Zucker mit Angostura tränken, mit
Champagnerauffüllen und umrühren

BY SIDE

Im Prinzip entspricht der **Champagner** Cocktail der Definition eines **Old Fashioneds** – Basis, Wasser, Zucker, Bitters. Nur dass man bei der Leichtigkeit des Champagners auf die Zugabe von Wasser verzichten kann. Dabei sprechen frühe Rezepte des Champagner Cocktails zusätzlich von Cognac als Basis. Ich bevorzuge die minimale Variante und empfehle als Rezept mit Cognac und Champagner lieber gleich einen **Prince of Wales**. Wenn es mal schnell gehen soll, lässt sich die Prozedur mit dem Zuckerwürfel auch durch ein wenig Läuterzucker ersetzen, aber wer Champagner trinkt, der sollte keinen Grund zur Eile haben. Dass der Champagner bei einem Drink ohne Eis äußerst gut gekühlt sein muss, versteht sich hoffentlich von selbst.

CORPSE REVIVER 2

Glas: Cocktailspitz

30 ml Gin (z. B. Havana Club 3 Años),
30 ml Cointreau, 30 ml Lillet Blanc,
30 ml Zitronensaft, 1 Dash Absinth

schütteln, doppelt abseihen

COSMOPOLITAN (MODERN)

Glas: Coupette
Garnitur: Orangenzeste, flambiert

40 ml Zitronenwodka (z. B.Ciroc),
15 ml Cointreau, 20 ml Cranberrynektar, 10 m Limettensaft

schütteln, doppelt abseihen

CREOLE COCKTAIL

Glas: Cocktailspitz
Garnitur: Zitronenzeste

50 ml Rye Whiskey, 50 ml süßer Wermut, 2 Dashes Bénédictine, 2 Dashes
Amer Picon

rühren, abseihen

CREOLE GIMLET

Glas: Cocktailspitz
Garnitur: Limettenzeste

60 ml Gin, 10 ml Falernum, 7,5 ml
Lime Juice Cordial, 1 Dash Peychaud's Bitters

rühren, abseihen

CRUX

Glas: Cocktailspitz

25 ml Brandy, 25 ml Dubonnet,
25 ml Cointreau, 25 ml Zitronensaft

schütteln, doppelt abseihen

CURATOR

Glas: Cocktailspitz
Garnitur: Kirsche

60 ml Rye Whiskey, 20 ml Port
(Ruby), 20 ml Punt e Mes, 2 Dashes
Grapefruit Bitters

rühren, abseihen

CUZCO

Glas: Highball
Garnitur: Grapefruitzeste

60 ml Pisco, 20 ml Aperol, 15 ml
Grapefruitsaft, 15 ml Zitronensaft,
20 ml Zuckersirup, Kirschwasser zum
Parfümieren

Glas mit Kirschwasser parfümieren, schütteln, doppelt abseihen

DAIQUIRI EL FLORIDITA

Glas: Cocktailspitz
Garnitur: Limettenzeste

60 ml Rum (leicht, z.B. Havana Club
3 Años), 5 ml Maraschino, 15 ml
Limettensaft, 10 ml Grapefruitsaft,
10 ml Zuckersirup

mit Crushed Ice blenden

DAIQUIRI SANTA MARTA

Glas: Cocktailspitz

60 ml Rum (leicht, z.B. Havana Club
3 Años), 20 ml Limettensaft, 10 ml
Zuckersirup, 1 Barlöffel Kirschwasser

ohne Kirschwasser schütteln,
doppelt abseihen, mit Kirschwasser floaten

DAM

Glas: Coupette
Garnitur: Zitronenzeste

40 ml Dubonnet, 15 ml Limoncello,
10 ml Scotch Whisky (torfig)

rühren, abseihen

DANDY

Glas: Cocktailspitz
Garnitur: Zitronen- und Orangenzeste

50 ml Rye Whiskey, 30 ml Dubonnet,
1 Barlöffel Cointreau, 1 Dash Angostura Bitters

rühren, abseihen

DARK & STORMY

Glas: Highball
Garnitur: Limettenspalte

50 ml Rum (z. B. Gosling's Black
Seal), Ginger Beer zum Auffüllen,
10 ml Limettensaft

bauen

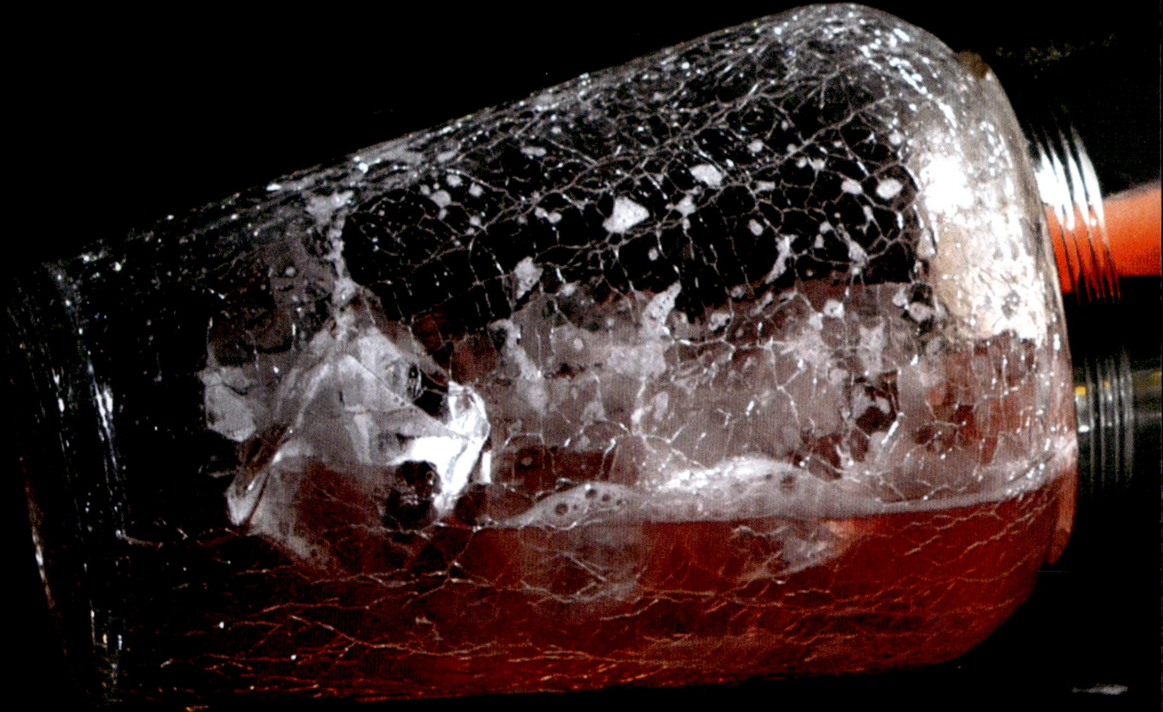

BY SIDE

Dem Cosmopolitan erging es ähnlich wie dem **Gimlet** oder dem **Martini** – aus einem klassischen Gin-Drink wurde ein Wodka-Drink. Beim Cosmopolitan blieb das aber nicht die einzige Änderung. Die früheste schriftliche Version stammt von ca. 1934 und ähnelt noch deutlich einem **Sidecar**. Im Laufe der Zeit wanderte das Zitronenaroma vom Saft in den Wodka und wurde durch Limette ergänzt. Der Himbeersirup dagegen wurde durch den in den USA gut erhältlichen Cranberrynektar ersetzt, sodass der arme Cointreau tatsächlich als einzige Gemeinsamkeit der beiden Drinks auszumachen ist. Auch die moderne Version kann bei richtiger Zubereitung schmackhaft sein, hat mit der herben Frucht des früheren Rezeptes aber wenig zu tun.

CUBA LIBRE

GLAS // HIGHBALL
GARNITUR // LIMETTENSPALTE

50 ml Rum (leicht, z. B. Havana Club 3 Años),
Cola zum Auffüllen, 1 Dash Limettensaft

bauen

DEATH BED

Glas: Highball
Garnitur: Limettenspalte

30 ml Rum (kräftig), 20 ml Rhum Agricole, 20 ml Cherry Brandy, 20 ml Limettensaft, 15 ml Ananassaft

swizzlen

DELMONICO

Glas:Cocktailspitz
Garnitur: Zitronenzeste

30 ml Gin, 15 ml Brandy, 15 ml süßer Wermut, 15 ml trockener Wermut, 1 Dash Orange Bitters

rühren, abseihen

DESHLER

Glas: Cocktailspitz
Garnitur: Orangenzeste

45 ml Rye Whiskey, 30 ml Dubonnet, 5 ml Cointreau, 1 Dash Peychaud's Bitters, 1 Dash Angostura Bitters

rühren, abseihen

DEAUVILLE

Glas: Coupette
Garnitur: Zitronenzeste

30 ml Cognac, 30 ml Calvados, 30 ml Cointreau, 30 ml Zitronensaft, 10 ml Zuckersirup

schütteln, doppelt abseihen

DERBY COCKTAIL

Glas: Cocktailspitz

30 ml Bourbon Whiskey, 15 ml süßer Wermut, 15 ml Curaçao, 20 ml Zitronensaft, 1 Blatt Minze

Minze leicht andrücken, schütteln, doppelt abseihen

DEWEY D.

Glas: Coupette
Garnitur: Orangenzeste

60 ml Rye Whiskey, 20 ml Sherry Amontillado, 15 ml Aperol, 2 Dashes Angostura Bitters

rühren, abseihen

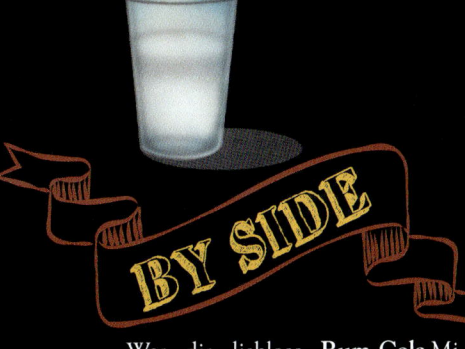

BY SIDE

Was die lieblose **Rum-Cola**-Mischung vom **Cuba Libre** unterscheidet, ist der Spritzer Limettensaft. Erst mit der frischen Limettensäure wird die Süße der Cola ausbalanciert und aus einer Süßigkeit eine Erfrischung. Wie bei sämtlichen Drinks, die direkt im Gästeglas zubereitet werden, gilt auch beim Cuba Libre: so kalt wie möglich! Vorgekühlte Gläser und viele große

Eiswürfel. Denn gerade bei einem Drink mit großem Limonadenanteil ist schnell nichts mehr von der feinen Spirituose zu schmecken, und das Schmelzwasser kämpft gegen die Kohlensäure an und lässt den Drink schnell abgestanden schmecken.

Um diese Feinheiten dürfte man sich aber bei der Entstehung des Cuba Libre wenig Gedanken gemacht haben. Denn angeblich entstand der Drink aus einer Trinklaune heraus, als die US-amerikanischen Soldaten die spanische Herrschaft auf Kuba beendeten. Man vereinte also kubanischen Rum mit

amerikanischer Cola, pflückte sich noch ein paar Limetten von den umstehenden Bäumen und stieß an auf das freie Kuba, das cuba libre. Bis heute verwendet man für den Cuba Libre daher vor allem kubanischen Rum.

Etwas weniger erfrischend, aber umso aromatischer wird es, wenn man statt der üblichen jungen und leichten Rums einen länger gereiften Vertreter verwendet. So erhält man einen Cubata. Vorsicht bei der Bestellung, denn unter diesem Namen wird ebenfalls häufig eine Cuba Libre-Variante mit Gin statt Rum serviert.

Schon vor Jahrhunderten mischte man wohl in der Karibik Rum, Zitrussaft und Zucker. Angesichts der dortigen Temperaturen bedarf die fruchtige Mischung gegenüber dem Purgenuss auch keiner großen Überzeugungsarbeit. Eigentlich ist der Daiquiri also nur eine spezielle Variante des **Rum Sour**. Als grobe Abgrenzung kann gelten, dass der Daiquiri mit leichten, jungen Rums zubereitet wird und so typischerweise durch seine Leichtigkeit besticht. Populär wurde diese Mischung jedenfalls, als während der Prohibition in den 1920er-Jahren ein reger Trink-Tourismus von den USA nach Kuba entstand. Der Name

‚Daiquiri' ist vermutlich abgeleitet von einem Strand oder einer Mine in der Nähe von Santiago de Cuba. Mit der Zeit entwickelten sich einige Varianten des Daiquiri. Berühmt ist der **Daiquiri Floridita**, der den Süßeanteil des Drinks durch Maraschinolikör ergänzt. Auch der **Hemingway Daiquiri** oder **Papa Doble**, benannt nach seinem Liebhaber Ernest Hemingway, enthält Maraschino, wird aber zusätzlich mit Grapefruitsaft zubereitet. Wir bieten diesen nach Tradition der berühmten kubanischen El Floridita-Bar in der geblendeten Variante an. Noch weiter weg vom Grundrezept bewegen sich diverse Daiquiri-Varianten mit Früchten, wie z.B. der **Banana Daiquiri,**

Blackberry Daiquiri oder der **Strawberry Daiquiri**. Hier wird die Kombination aus Rum, Limette und Zucker ergänzt durch die jeweils namensgebende Frucht. Um die Früchte zu zerkleinern, wird gerne ein Blender eingesetzt, und was läge da näher, als gleich etwas Crushed Ice hinzuzugeben? Schon haben wir einen **Frozen Daiquiri**. Auch von diesem gibt es zahlreiche Varianten, die sich vor allem durch die verwendeten Früchte unterscheiden. Zum Leidwesen jedes Genießers gibt es diese gefrosteten Verwandten mittlerweile sogar als fertige Pampe. Von der eleganten Frische eines einfachen Daiquiris ist hier allerdings nichts mehr zu finden.

296

DIABLO

• Glas: Cocktailspitz
Garnitur: Zitronenzeste

30 ml Brandy, 30 ml trockener Wermut, 15 ml Curaçao, 2 Dashes Angostura Bitters

rühren, abseihen

DIAMONDBACK

Glas: Coupette
Garnitur: Zitronenzeste

60 ml Rye Whiskey, 15 ml Apple Brandy, 15 ml Chartreuse Jaune

rühren, abseihen

DOCTOR FUNK'S SON

Glas: DOF
Garnitur: Minzspitze, Früchte

60 ml Rum (kräftig), 15 ml Overproof Rum, 15 ml Zitronensaft, 5 ml Granatapfelsirup, 5 ml Zuckersirup, Soda

ohne Soda schütteln, auf Crushed Ice abseihen, mit Soda auffüllen und umrühren

DAIQUIRI

GLAS // COUPETTE
GARNITUR // LIMETTENSPALTE

60 ml Rum (leicht, z. B. Havana Club 3 Años),
25 ml Limettensaft, 15 ml Zuckersirup

schütteln, doppelt abseihen

DON LOOKWOOD

Glas: SOF
Garnitur: Zitronenzeste

30 ml Bourbon Whiskey, 30 ml
Scotch Whisky (rauchig), 2 Barlöffel
Ahornsirup, 2 Dashes Schokoladen-
bitters, 1 Dash Angostura Bitters

rühren, auf Eiswürfel abseihen

DR. FUNK OF TAHITI

Glas: Highball
Garnitur: Minzspitze

60 ml Rum (kräftig), 1 Dash Pernod,
15 ml Limettensaft, 30 ml Zitronensaft, 1 Dash Granatapfelsirup,
1 Dash Zuckersirup

ohne Pernod schütteln, auf Eiswürfel abseihen, mit Dash Pernod
garnieren

DRY COUNTY COCKTAIL

Glas: Coupette
Garnitur: Zitronenzeste

60 ml Bourbon Whiskey, 30 ml
trockener Wermut, 15 ml Ingwerlikör,
2 Dashes Lemon Bitters

rühren, abseihen

DUBONNET COCKTAIL

Glas: Cocktailspitz
Garnitur: Zitronenzeste

40 ml Gin, 40 ml Dubonnet, 5 ml
Zitronensaft

schütteln, abseihen

EAST INDIA COCKTAIL

Glas: Cocktailspitz

70 ml Brandy, 5 ml Grand Marnier,
5 ml Maraschino, 7,5 ml Granatapfelsirup, 1 Dash Angostura Bitters

rühren, abseihen

EAST VILLAGE ATHLETIC
CLUB COCKTAIL

Glas: Coupette

45 ml Tequila Blanco, 15 ml Grand
Marnier, 15 ml Chartreuse Jaune,
20 ml Zitronensaft

schütteln, doppelt abseihen

ECLIPSE COCKTAIL

Glas: Coupette
Garnitur: Zitronenzeste

60 ml Tequila Anejo (z. B. Don Julio)
20 ml Aperol, 20 ml Cherry Brandy,
20 ml Zitronensaft, Mezcal zum
Parfümieren

Glas mit Mezcal parfümieren,
schütteln, doppelt abseihen

EDGEWOOD

Glas: Coupette
Garnitur: Prise Salz, frisch gemahlen

45 ml Gin, 30 ml Grapefruitsaft,
15 ml Punt e Mes, 15 ml Lillet Blanc

schütteln, doppelt abseihen

EGGNOG

Glas: SOF
Garnitur: Muskatnuss, gerieben

60 ml Brandy, 15 ml Zuckersirup,
15 ml Sahne, 50 ml Milch, Eigelb

schütteln, auf Eiswürfel abseihen

EL DIABLO

Glas: Highball
Garnitur: Limettenspalte

45 ml Tequila, 25 ml Crème de
Cassis, 15 ml Limettensaft, Ginger
Ale zum Auffüllen

bauen

EL PRESIDENTE NO.2

Glas: Cocktailspitz
Garnitur: Limettenzeste

50 ml Rum (leicht, z.B. Havana Club
3 Años), 25 ml trockener Wermut,
1 Dash Angostura Bitters

rühren, abseihen

EL PRESIDENTE NO.1

GLAS // COUPETTE
GARNITUR // LIMETTENZESTE

60 ml Rum (leicht, z. B. Havana Club 3 Años)
20 ml Ananassaft, 15 ml Limettensaft,
10 ml Granatapfelsirup

schütteln, doppelt abseihen

BY SIDE

Der selbsternannte Präsident unter den Cocktails, der **El Presidente**, glänzt, wie so mancher Politiker, durch eine gewisse Unbestimmbarkeit. Ich stelle Ihnen hier zwar zwei Varianten des Drinks vor, die bis auf den Rum keine einzige Zutat gemeinsam haben, doch die Rezeptvielfalt in den Bars dieser Welt ist noch weitaus größer. Während der El Presidente No. 1 noch als entfernte **Daiquiri**-Variante gesehen werden kann, ist unser El Presidente No. 2 schon eher ein Rum-**Martini**. Viele Bars bieten Versionen an, die irgendwo zwischen diesen beiden Extremen liegen, und kombinieren z. B. das Rum-Wermut-Gerüst mit etwas Granatapfelsirup. Viel Spaß bei Ihrer eigenen Variante!

ENGLISH ROSE

Glas: Cocktailspitz
Garnitur: Zuckerrand

45 ml Gin, 20 ml trockener Wermut,
20 ml Apricot Brandy, 10 ml Zitronensaft, 2 Dashes Granatapfelsirup

schütteln, doppelt abseihen

ESPADIN KICK

Glas: Coupette

60 ml Mezcal (z. B. Alipús San Juan),
4–5 Kapseln Kardamom, 30 ml
Limettensaft, 20 ml Agavendicksaft,
Absinth zum Parfümieren

Glas mit Absinth parfümieren,
Kardamom andrücken, schütteln,
doppelt abseihen

ESQUIVEL

Glas: Cocktailspitz
Garnitur: Orangenzeste, Zimt

60 ml Rum (leicht), 15 ml Kaffeelikör,
30 ml Ananassaft, 2 Dashes Angostura Bitters, 2 Dashes Orange Bitters,
Champagner zum Auffüllen

ohne Champagner schütteln, doppelt abseihen, mit Champagner
auffüllen und umrühren

FALLING LEAVES

Glas: Coupette
Garnitur: Sternanisschote

60 ml Weißwein (trockener Riesling),
30 ml Birnenbrand, 15 ml Curaçao, 7,5 ml Honigsirup, 3 Dashes
Peychaud's Bitters

rühren, abseihen

FINAL WARD

Glas: Coupette

25 ml Rye Whiskey, 25 ml Maraschino, 25 ml Chartreuse Verte, 25 ml
Zitronensaft

schütteln, doppelt abseihen

FISH HOUSE

Glas: Coupette

45 ml Rum (kräftig), 15 ml Brandy,
25 ml Pfirsichlikör, 10 ml Zitronensaft, 10 ml Limettensaft, 10 ml
Zuckersirup

schütteln, doppelt abseihen

FOG CUTTER

Glas: Highball

60 ml Rum (leicht), 30 ml Brandy,
15 ml Gin, 30 ml Zitronensaft,
30 ml Orangensaft, 15 ml Orgeat,
15 ml Sherry PX

ohne Sherry schütteln, doppelt auf
Crushed Ice abseihen, mit Sherry
floaten

FRATELLI

Glas: Cocktailspitz
Garnitur: Orangenzeste

60 ml Rye Whiskey, 15 ml Carpano Antica, 15 ml Chartreuse yellow,
5 ml Fernet Branca

rühren, abseihen

FRED COLLINS FIZZ

Glas: Highball

60 ml Bourbon Whiskey, 5 ml
Curaçao, 25 ml Zitronensaft, 15 ml
Zuckersirup, Zitronenlimonade zum
Auffüllen

ohne Limonade schütteln, auf
Eiswürfel abseihen, mit Limonade
auffüllen und umrühren

FRENCH 75

Glas: Champagner
Garnitur: Kirsche, Zitronenzeste

45 ml Gin, 30 ml Zitronensaft, 10 ml
Zuckersirup Champagner (z. B. Roederer Champagner) zum Auffüllen

ohne Champagner schütteln,
abseihen, mit Champagner auffüllen, umrühren

FUEGO MANZANA

Glas: Coupette
Garnitur: Chili

60 ml Tequila Reposado, 15 ml Apfelbrand, 5 ml Zuckersirup, 30 ml
Apfelsaft, 15 ml Limettensaft, 1 Spitze Chili (z. B. Piri Piri)

Chilispitze leicht andrücken,
schütteln, doppelt abseihen

GANSEVOORT FIZZ

Glas: Highball

60 ml Rum, 30 ml Drambuie, 30 ml
Zitronensaft, 2 Dashes Peychaud's
Bitters, Soda zum Auffüllen

ohne Soda schütteln, auf Eiswürfel
abseihen, mit Soda auffüllen und
umrühren

GARIBALDI

Glas: Highball
Garnitur: Orangenspalte

40 ml Campari, Orangensaft zum
Auffüllen

bauen

GIBSON

Glas: Cocktailspitz
Garnitur: 2 Cocktailzwiebeln

50 ml Gin, 20 ml trockener Wermut

rühren, abseihen

GIN & JUICE

Glas: Highball
Garnitur: Orangenspalte

60 ml Gin, 80 ml Orangensaft,
40 ml Grapefruitsaft

schütteln, abseihen

GIN & SIN

Glas: Coupette
Garnitur: Orangenzeste

60 ml Gin, 30 ml Orangensaft,
15 ml Zitronensaft, 7,5 ml Granatapfelsirup

schütteln, abseihen

GIN GIN MULE

Glas: Highball
Garnitur: Minzspitze

50 ml Gin, 30 ml Limettensaft,
20 ml Zuckersirup, 6 Blätter Minze,
Ingwer, Ginger Beer zum Auffüllen

Minze und Ingwer leicht andrücken, schütteln, auf Eiswürfel
doppelt abseihen

GIORGIA MINT JULEP

Glas: Silberbecher
Garnitur: Minzspitze

60 ml Cognac (z. B. Rémy Martin
VSOP), 20 ml Pfirsichlikör, 5 ml
Zuckersirup, 12 Blätter Minze

Minze leicht andrücken, auf Crushed Ice bauen, vor dem Servieren
noch einmal mit möglichst viel
Crushed Ice auffüllen

301

GIMLET

GLAS// COUPETTE
GARNITUR // LIMETTENZESTE

60 ml Gin (z. B. Tanqueray No. 10),
20 ml Lime Juice Cordial, 1 Dash Limettensaft

rühren, doppelt abseihen

BY SIDE

Wie bei den meisten Klassikern gibt es auch beim **Gimlet** eine endlose Reihe der Diskussionen über die richtige Zubereitung: im Single Old Fashioned oder in der Coupette, mit Limettensaft oder ohne, geschüttelt oder gerührt? Letztendlich ist die Wahl Geschmackssache. Gerührt und in der Coupette gemahnt der Gimlet an die Eleganz des **Martinis**, geschüttelt und auf Eis serviert, gleicht er eher einem trockenen **Sour**. Sparsam sein sollte man in jedem Fall mit dem Lime Juice Cordial. Denn dieses Produkt ist eben eher ein Premix, ein Fertigprodukt, das eher durch seine Süße als durch frische Fruchtnoten auffällt, dem Gimlet aber dennoch seinen speziellen Geschmack verleiht. Ganz zu ersetzen ist Lime Juice Cordial daher im Gimlet nicht. Und

wer Gimlets aus Gin, Limettensaft und Zucker zubereitet, serviert vielleicht einen Gin Sour, aber eben keinen Gimlet. Die konzentrierte Süße des Lime Juice Cordial mit etwas frischem Limettensaft abzurunden, ist dagegen eine willkommene Harmonisierung.

Wie beim Martini sollte ein Gimlet übrigens ohne weitere Nachfrage mit Gin, nicht mit Wodka zubereitet werden. Wodka-Martinis und **Wodka-Gimlets** kamen später auf und sind zwar populär, aber doch nur Varianten.

All diesen Varianten zum Trotz scheint der Ursprung des Gimlet halbwegs geklärt. So mischten die Offiziere der Royal Navy den englischen Gin zur Skorbut-Vorsorge

auf der Seefahrt mit Lime Juice Cordial. Der Name „Gimlet" könnte sich in diesem Zusammenhang vom Offizier Thomas Gimlette ableiten, der den Drink eingeführt haben soll. Eine weniger schmeichelhafte Variante leitet den Namen vom Wort „gimlet", einem kleinen Bohrer, ab, der von seiner Wirkung auf den Trinker mit der des Drinks vergleichbar sein soll. Zusätzliche Popularität gewann der Gimlet außerdem durch den fiktiven Ermittler Philip Marlowe, dem der Schriftsteller Raymond Chandler eine Vorliebe für den Drink erschrieb. Allerdings genoss Marlowe seinen Gimlet in der Mischung 1 Teil Gin auf 1 Teil Lime Juice. Weltliteratur hin oder her – das ist dann vielleicht doch etwas süß.

GODFATHER

Glas: SOF
Garnitur: Zitronenzeste

60 ml Scotch Whisky, 30 ml Amaretto

bauen

GOLDEN CADILLAC

Glas: Coupette
Garnitur: Schokolade, geraspelt

60 ml Crème de Cacao (weiß),
20 ml Galliano L'Autentico,
30 ml Sahne

schütteln, abseihen

GOLDEN DAWN

Glas: Coupette
Garnitur: Kirsche

20 ml Gin, 20 ml Calvados, 20 ml
Cointreau, 20 ml Apricot Brandy,
20 ml Orangensaft

schütteln, doppelt abseihen

GRAPE FASHIONED

Glas: SOF
Garnitur: Zitronenzeste

50 ml Cognac, 15 ml Weißwein,
5 ml PX Sherry, 2 Dashes Schoko-
ladenbitters

rühren, auf Eiswürfel abseihen

GRASSHOPPER

Glas: Cocktailspitz

45 ml Crème de Menthe (grün),
15 ml Crème de Cacao (weiß),
30 ml Sahne

schütteln, abseihen

BY SIDE

Es kann so einfach sein: **Gin, Tonic Water**, fertig. Aber so eine geniale Kombination ruft auch immer zahllose Varianten auf den Plan, die durchaus ihre Berechtigung haben. Schon das Verhältnis der beiden Grundzutaten lädt zum Ausprobieren ein, von leichten Mischungen mit 4 cl Gin und Filler bis zu trockenen Drinks im Verhältnis 1:1. Welcher Gin in welchem Verhältnis zu welchem Tonic passt, bleibt dabei Ihrem Geschmack überlassen. Bei süßeren Tonics empfiehlt sich häufig ein Schuss Limetten- oder Zitronensaft zur besseren Balance.

Eine schöne Bereicherung sind auch verschiedene Zesten oder Kräuter wie Rosmarin und Thymian, um dem Drink neue Nuancen zu verleihen. Die Gin-Tonic-begeisterten Spanier servieren ihre Varianten übrigens häufig in bauchigen Stielgläsern. Das kann bei der richtigen Komposition ein interessantes Geschmackserlebnis sein, bringt aber in jedem Fall den Nachteil mit sich, dass die Kohlensäure des Tonic Waters durch die Glasform schneller verloren geht als im schlanken Highball-Glas.

Entstanden ist der Gin Tonic, wie so einige Drinks, übrigens unter Einfluss der englischen Soldaten. Als diese im Zuge der Kolonialisierung Indien durchforsteten und zur Malaria-Vorsorge Extrakte der Chinarinde zu sich nehmen mussten, kombinierten sie diese Medizin mit dem heimatlichen Gin. Und das Chinin aus der Chinarinde ist es, was dem Tonic Water seinen herben Geschmack verleiht.

GIN TONIC

GLAS // HIGHBALL
GARNITUR // ZITRONENZESTE

*50 ml Gin (z. B. Tanqueray),
Tonic Water zum Auffüllen*

bauen

RADIO

FM MW SW LW

GIN DAISY

GLAS // HIGHBALL
GARNITUR // ZITRONENSPALTE

60 ml Gin, 30 ml Zitronensaft, 1 Barlöffel Zuckersirup,
1 BL Granatapfelsirup, Soda zum Auffüllen

bauen

BY SIDE

Wie bei anderen **Sour**-Varianten (**Whiskey Sour**) lässt sich mit der **Daisy** nach Belieben experimentieren. Zur Orientierung lässt sich das Verhältnis 60 ml Spirituose, 30 ml Säure, 2 Barlöffel Süße plus Filler verwenden. Ein wenig Inspiration gefällig? Probieren Sie doch mal eine Daisy mit Tequila Blanco, Zitrone, Cointreau, Zucker und Ginger Beer aus oder greifen Sie zu einer Variante mit Genever, Limette, Holunderblütenlikör, Zucker und Soda.

GLAS // HIGHBALL
GARNITUR // ZITRONENZESTE

60 ml Gin (z. B. Tanqueray), 30 ml Zitronensaft
15 ml Zuckersirup, Soda zum Auffüllen

ohne Soda schütteln, auf Eiswürfel abseihen,
mit Soda auffüllen und umrühren

BY SIDE

Etwas weniger verdünnt als der **Tom Collins**, serviere ich den Fizz als leicht aufgefizzten **Sour**. Wie bei anderen Sour-Varianten **(Whiskey Sour)** lassen sich die Spirituose oder andere Zutaten beliebig austauschen **(Himbeer-Ingwer-Fizz)**. Gin genießt im Fizz allerdings eine besondere Popularität, weil sich die trockene Spirituose hervorragend mit der spritzigen Frucht des Drinks ergänzt. Besonders gut macht sich der Gin Fizz mit Eiweiß als **Silver Fizz**. Den Namen **Golden Fizz** trägt dagegen ein Fizz mit Eigelb oder ganzem Ei. Teilweise wird diese Version aber auch als **Royal Fizz** bezeichnet, was zu einer gewissen Verwirrung führt, weil Varianten ganz ohne Ei, aber mit Champagner statt Soda ebenso genannt werden. Mit der Zeit haben sich hoch spezialisierte Fizz-Varianten wie der **Ramos Gin Fizz** entwickelt.

GREEN GLACIER

Glas: Cocktailspitz
Garnitur: Limettenzeste

60 ml Cognac, 25 ml Chartreuse
Verte, 15 ml Crème de Cacao (weiß),
2 Dashes Angostura Bitters

rühren, abseihen

GREEN HARVEST

Glas: Highball
Garnitur: Trauben

45 ml Tequila, 60 ml Hibiskustee,
kalt, 15 ml Chartreuse Verte,
4 Trauben

Trauben leicht andrücken, auf
Crushed Ice bauen

GREEN POINT

Glas: Cocktailspitz
Garnitur: Zitronenzeste

60 ml Rye Whiskey, 15 ml Punte
Mes, 15 ml Chartreuse Jaune, 1 Dash
Angostura Bitters, 1 Dash Orange
Bitters

rühren, abseihen

GREYHOUND

Glas: Highball
Garnitur: Grapefruitzeste

60 ml Wodka, Grapefruitsaft zum
Auffüllen

bauen

GUN CLUB PUNCH

Glas: Tiki Mug
Garnitur: Minzspitze, Früchte

30 ml Rum (leicht), 30 ml Rum
(kräftig), 1 Dash Curaçao, 45 ml
Ananassaft, 30 ml Zitronensaft, 1/2
Scheibe Ananas

mit Crushed Ice blenden

HANKY PANKY

Glas: Cocktailspitz
Garnitur: Orangenzeste

50 ml Gin, 50 ml süßer Wermut,
2 Dashes Fernet Branca

rühren, abseihen

HARRY'S COCKTAIL

Glas: Cocktailspitz
Garnitur: Zitronenzeste

60 ml Gin, 30 ml süßer Wermut,
1 Dash Absinth, 2 Zweige Minze

Minze leicht andrücken, schütteln,
doppelt abseihen

HARVEY WALLBANGER

Glas: Highball
Garnitur: Orangenspalte

60 ml Wodka, 15 ml Galliano
L'Autentico, Orangensaft zum
Auffüllen

bauen

HAWAIIAN ROOM

Glas: Cocktailspitz

30 ml Rum (leicht), 15 ml Cointreau,
15 ml Appeljack, 15 ml Ananassaft,
15 ml Zitronensaft

schütteln, doppelt abseihen

HEADHUNTER

Glas: DOF

20 ml Rum, 30 ml Demerara Overproof Rum, 45 ml Demerara Rum,
1 Dash Angostura Bitters, 30 ml
Honigsirup, 15 ml Pfirsichnektar,
40 ml Papayanektar, 40 ml Limettensaft

mit Crushed Ice blenden

Ersetzt man den Wodka im Har-
vey Wallbanger durch Tequila, erhält man einen Fred Fudpucker.

BY SIDE

HIMBEER-INGWER-FIZZ

GLAS // HIGHBALL
GARNITUR // HIMBEEREN

---

50 ml Gin, 25 ml Waldhimbeersirup, 30 ml Zitronensaft,
1 Stück Ingwer, Ginger Beer zum Auffüllen

Ingwer andrücken, ohne Ginger Beer schütteln,
doppelt auf Eiswürfel abseihen, mit Ginger Beer
auffüllen und umrühren

HOCH 5

Glas: SOF
Garnitur: Minzspitze

50 ml Bourbon Whiskey, 20 ml Zitronensaft, 20 ml Birnenpüree, 15 ml
Zuckersirup, 8 Minzblätter

Minze leicht andrücken, schütteln,
doppelt auf Eiswürfel abseihen

HOLLAND HOUSE

Glas: Cocktailspitz
Garnitur: Zitronenzeste

60 ml Genever, 30 ml trockener
Wermut, 5 ml Maraschino, 15 ml
Zitronensaft, 1 Scheibe Ananas

Ananas leicht andrücken,
schütteln, doppelt abseihen

HOLUNDER-
GURKEN-FIZZ

Glas: Highball

50 ml Gin, 25 ml Holunderblütensirup, 30 ml Zitronensaft, Soda zum
Auffüllen, 4 Scheiben Gurke

ohne Soda schütteln, doppelt
auf Eiswürfel abseihen, mit Soda
auffüllen und umrühren

HONEYMOON COCKTAIL

Glas: Coupette

60 ml Apple Brandy, 15 ml Curaçao,
15 ml Bénédictine, 15 ml Zitronensaft

schütteln, doppelt abseihen

HONI HONI

Glas: Tiki Mug
Garnitur: Minzspitze

60 ml Bourbon Whiskey, 15 ml Grand
Marnier, 30 ml Zitronensaft, 15 ml
Orgeat, 2 Dashes Angostura Bitters

schütteln, auf Crushed Ice abseihen

HOP TOAD

Glas: Coupette
Garnitur: Limettenzeste

35 ml Rum (leicht), 35 ml Apricot
Brandy, 35 ml Limettensaft

schütteln, doppelt abseihen

HOSKINS

Glas: Cocktailspitz
Garnitur: Orangenzeste

60 ml Gin, 25 ml Amer Picon,
15 ml Maraschino, 10 ml Cointreau,
1 Dash Orange Bitters

rühren, abseihen

HOT TODDY

Glas: Highball
Garnitur: Zitronenspalte, Zimtstange

60 ml Cognac, 15 ml Zitronensaft,
10 ml Zuckersirup, heißes Wasser zum
Auffüllen

bauen

IMPROVED WHISKEY
COCKTAIL

Glas: SOF
Garnitur: Zitronenzeste

60 ml Rye Whiskey, 7,5 ml Maras-
chino, 7,5 ml Zuckersirup, 2 Dashes
Angostura Bitters, Absinth zum
Parfümieren

Glas mit Absinth parfümieren,
rühren, auf Eiswürfel abseihen

INCA COCKTAIL

Glas: Cocktailspitz

25 ml Gin, 25 ml süßer Wermut,
25 ml trockener Wermut, 25 ml
Sherry, 1 Dash Mandelsirup, 1 Dash
Orange Bitters

schütteln, doppelt abseihen

311

HORSE'S NECK

GLAS // HIGHBALL
GARNITUR // ZITRONENSPIRALE

---

60 ml Cognac (z. B. Rémy Martin VSOP), 2 Dashes
Angostura Bitters, Ginger Ale zum Auffüllen

---

bauen mit Ginger Beer auffüllen und umrühren

BY SIDE

Auch wenn der Name es vermuten lässt – der **Horse's Neck** enthält keinerlei tierische Produkte. Entwarnung für alle Veganer also. Seinen Namen verdankt der Drink vielmehr seiner klassischen Garnitur, einer Zitronenspirale, die mit ihrem Ende so auf dem Glasrand liegt, dass ihre Form entfernt an einen Pferdekopf erinnert.

Neben der Version mit Cognac oder Brandy ist auch die Variante mit Bourbon populär. Würziger wird es, wenn man Ginger Ale durch Ginger Beer ersetzt. Bitters verleihen dem Drink mehr Tiefe, etwas Zitronensaft rückt ihn in die Nähe der **Bucks**. Ähnlich aufgebaut ist der **Rye & Ginger** (Rye Whiskey mit Ginger Ale).

IRISH COFFEE

Glas: Kaffeeglas
Garnitur: Schokolade, geraspelt

40 ml Irish Whiskey, 100 ml Kaffee,
1 Barlöffel brauner Zucker, Sahne,
geschlagen als Krone

bauen, geschlagene Sahne schichten

ITALIAN PIRATE

Glas: Cocktailspitz
Garnitur: Limettenzeste

60 ml Rum (kräftig), 30 ml Campari,
15 ml Falernum

rühren, abseihen

JACK ROSE

Glas: Cocktailspitz
Garnitur: Limettenzeste

60 ml Applejack, 20 ml Zitronensaft,
10 ml Granatapfelsirup

schütteln, doppelt abseihen

JAGUAR

Glas: Cocktailspitz
Garnitur: Orangenzeste

45 ml Tequila Blanco, 25 ml Chartreuse Verte, 25 ml Amer Picon,
3 Dashes Orange Bitters

rühren, abseihen

JAMAICAN FLOAT

Glas: Coupette
Garnitur: Minzspitze, Früchte

60 ml Soda, 1 Dash Zitronensaft,
1 Dash Zuckersirup, 10 ml Rum
(kräftig)

ohne Rum rühren, abseihen, Rum
floaten

JAPANESE COCKTAIL

Glas: Coupette
Garnitur: Zitronenzeste

60 ml Cognac, 15 ml Mandelsirup, ,
2 Dashes Bitters Angostura Bitters

rühren, abseihen

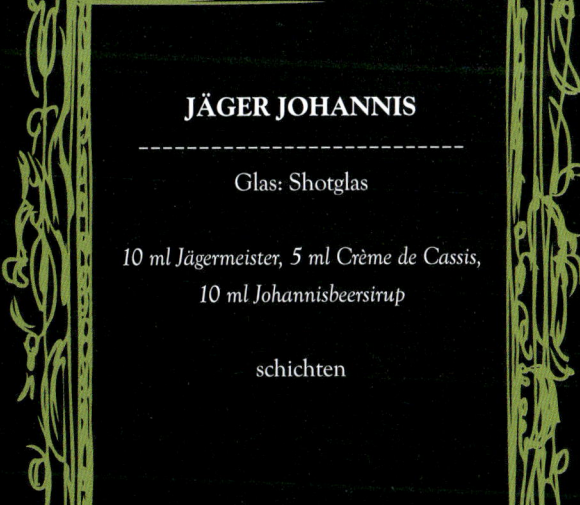

JÄGER HAT MUMM

Glas: Shotglas

40 ml Jägermeister, 30 ml hopfiges Bier
(z. B. Braunschweiger Mumme),
Bierschaum

einmal sehr vorsichtig schütteln (Kohlensäure!) und in vier mit Bierschaum
gefüllte Shotgläser abseihen

JÄGER JOHANNIS

Glas: Shotglas

10 ml Jägermeister, 5 ml Crème de Cassis,
10 ml Johannisbeersirup

schichten

BY SIDE

Der **Hot Buttered Rum** bietet die Möglichkeit, der eigenen Vorliebe für Gewürze freien Lauf zu lassen. Einfach ein Stück Butter im Topf leicht erwärmen, Gewürze nach Geschmack dazugeben (ich nehme Zimt, Nelken, Piment, Zitronenzesten, Orangenzesten und Vanil-le) und etwa 10–15 Minuten unter Rühren einwirken lassen. Dann abseihen und die Butter erkalten lassen – fertig ist Ihre Gewürzbutter. Für die Experimentierfreudigen lässt sich die Butter übrigens auch im Sous-Vide-Verfahren herstellen.

HOT BUTTERED RUM

GLAS // KAFFEEGLAS
GARNITUR // ZIMTSTANGE

---

50 ml Rum (kräftig),
100 ml Apfelsaft, 2 Barlöffel Honig,
1 Barlöffel Gewürzbutter

Apfelsaft, Honig und Butter leicht erhitzen,
vom Herd nehmen, Rum dazugeben, doppelt
in ein vorgewärmtes Glas abseihen

315

HUGO

GLAS // WEINGLAS

15 ml Holunderblütensirup,
3 Zweige Minze, 2 Spalten Zitrone,
Soda zum Auffüllen, Weißwein zum Auffüllen

bauen

JASMINE

Glas: Cocktailspitz
Garnitur: Zitronenzeste

*45 ml Gin, 10 ml Campari, 10 ml
Cointreau, 20 ml Zitronensaft*

schütteln, doppelt abseihen

JAZZ NEGRONI

Glas: SOF
Garnitur: Orangenspalte

*30 ml Gin, 30 ml Dubonnet, 30 ml
Jägermeister, 2 Dashes Orange Bitters*

bauen

JEWEL COCKTAIL

Glas: Cocktailspitz
Garnitur: Kirsche, Zitronenzeste

*45 ml Gin, 45 ml süßer Wermut,
45 ml Chartreuse Verte, 1 Dash
Orange Bitters*

rühren, abseihen

JOURNALIST COCKTAIL

Glas: Cocktailspitz
Garnitur: n/a

*60 ml Gin, 15 ml süßer Wermut,
15 ml trockener Wermut, 2 Dashes
Curaçao, 2 Dashes Zitronensaft,
1 Dash Angostura Bitters*

schütteln, doppelt abseihen

JUNIOR

Glas: Coupette

*60 ml Rye Whiskey, 15 ml Bénédic-
tine, 20 ml Limettensaft, 2 Dashes
Angostura Bitters*

schütteln, doppelt abseihen

JUNIPER CLUB

Glas: Cocktailspitz
Garnitur: Limettenspalte

*60 ml Gin, 15 ml Cointreau, 25 ml
Limettensaft, 5 ml Zuckersirup,
1 Barlöffel Peychaud's Bitters*

schütteln, doppelt abseihen

JUPITER

Glas: Cocktailspitz

*60 ml Gin, 30 ml trockener Wermut,
1 Barlöffel Parfait Amour, 1 Barlöffel
Orangensaft*

schütteln, doppelt abseihen

BY SIDE

Der **Hugo** ähnelt im Grundkon-
zept dem nicht weniger erfolgrei-
chen **Aperol Spritz** – süße Basis,
Wein, Kohlensäure. Ein Sommerdrink, auch durch die zusätzliche
Minze. Während der Hugo überwiegend mit Holunderblütensirup
zubereitet wird, erhält man ihn
etwas seltener auch mit Zitronenmelissesirup. Die Idee, Schaumwein mit Holunder zu mischen,
ist dabei schon lange bekannt.
Ob deutscher Sekt, Prosecco
oder aber Weißwein und Soda ist
Geschmackssache. Wer es etwas
edler mag, versucht es mit Holunderblütenlikör und Champagner.
Vielleicht kein Hugo, aber ein sehr
feiner Drink.

HURRICANE

GLAS // DOF
GARNITUR // LIMETTENSPALTE

60 ml Rum (kräftig), 20 ml Passionsfruchtsirup,
20 ml Limettensaft, 60 ml Ananassaft

schütteln, auf Crushed Ice oder Eiswürfel abseihen

BY SIDE

Der **Hurricane** ist vermutlich nur aus einer Not heraus entstanden: Als es in den 1940er-Jahren zu einer Überproduktion an Rum und kriegsbedingt zu einem Mangel an Spirituosen aus dem Grundnahrungsmittel Getreide gab, war es schwierig für die Bartender, überhaupt an Whiskey oder Gin zu gelangen. Wer eine Flasche Whiskey erwerben wollte, wurde von den Händlern dazu genötigt, zusätzlich einige Flaschen Rum zu kaufen. Der Bartender Pat O'Brien aus New Orleans erfand also einen Drink, in dem sich problemlos riesige Mengen des unpopulären Rums auf angenehme Weise konsumieren ließen – den Hurricane. Als eine Art **Sour** konzipiert, mischte man dabei Rum, Limettensaft und Maracujasirup. Hieraus entwickelten sich zahlreiche Varianten, die aber häufig den Rumgeschmack unter Saft und Sirup etwas verlorengehen lassen. Wir wählen den Mittelweg und fügen nur ein wenig Ananassaft hinzu. Wer es ursprünglicher mag, darf mal die Mischung aus 12 cl Rum, 6 cl Limettensaft und 6 cl Maracujasirup auf Crushed Ice ausprobieren.

KAMAAINA

Glas: Highball
Garnitur: Minzspitze, Früchte

45 ml Gin, 15 ml Cointreau, 20 ml
Cream of Coconut, 15 ml Zitronensaft, Zitronenlimonade zum Auffüllen

ohne Limonade kurz mit Crushed
Ice blenden, mit Limonade auffüllen und umrühren

KAMIKAZE

Glas: Coupette

45 ml Wodka, 30 ml Triple Sec,
15 ml Limettensaft

schütteln, doppelt abseihen

KILL ME SWIZZLE

Glas: Highball
Garnitur: Minzzweig, Limettenspalte

40 ml Rum (kräftig), 15 ml Rum
Overproof, 10 ml Falernum, 5 ml
Pimento Dram, 20 ml Limettensaft,
4 Dashes Angostura Bitters

swizzlen, Angostura floaten

KIR ROYAL

Glas: Champagner
Garnitur: Zitronenzeste

10 ml Crème de Cassis, Champagner
zum Auffüllen (z. B. Perrier-Jouët
Champagner)

bauen

KNACK

Glas: Cocktailspitz

50 ml Cognac, 15 ml Bénédictine,
10 ml Mandarine Napoléon, 10 ml
Zitronensaft, 1 Dash Orange Bitters

schütteln, doppelt abseihen

KONA SWIZZLE

Glas: Highball
Garnitur: Minzspitze

15 ml Rum (kräftig), 45 ml Barbados Rum, 10 ml Limttensaft, 15 ml
Zitronensaft, 15 ml Orgeat

swizzlen

KRUA AFFAIR

Glas: Coupette

45 ml Rhum Agricole (50 %), 15 ml
Mangosirup, 40 ml Kokosmilch,
20 ml Limettensaft, 1 Stück Ingwer,
2 Stück Kaffir-Blätter, 50 ml Ananassaft, 1 Stück Ananas

Ananas und Ingwer kräftig andrücken, schütteln, doppelt abseihen

LA COLA NOSTRA

Glas: Highball

45 ml Rum (kräftig), 30 ml Averna,
5 ml Pimento Dram, 15 ml Zuckersirup, 20 ml Limettensaft, Champagner zum Auffüllen

ohne Champagner schütteln, auf
Eiswürfel abseihen, mit Champagner auffüllen und umrühren

LA FLORIDA COCKTAIL

Glas: Coupette
Garnitur: Limettenspalte

60 ml Rum (leicht, z. B. Havana Club
3 Años), 7,5 ml süßer Wermut, 15 ml
Crème de Cacao (weiß), 25 ml Limettensaft, 5 ml Granatapfelsirup

schütteln, doppelt abseihen

LA PERLA

Glas: Cocktailspitz
Garnitur: Zitronenzeste

45 ml Tequila Reposado, 35 ml Manzanilla Sherry, 30 ml Birnenlikör

rühren, abseihen

LAST WORD

Glas: Cocktailspitz

25 ml Gin, 25 ml Chartreuse Verte,
25 ml Maraschino, 25 ml Limettensaft

schütteln, doppelt abseihen

KNICKERBOCKER
à la Monsieur

GLAS // DOF
GARNITUR // ORANGENACHTEL, ANANASKEIL

---

60 ml Rum (leicht), 15 ml Curaçao, 15 ml Himbeersirup,
30 ml Zitronensaft, 1 Scheibe Ananas, 1 Scheibe Orange

Früchte leicht andrücken, swizzlen,
schütteln, auf Crushed Ice abseihen

BY SIDE

Benannt wurde der **Knicker-bocker** vermutlich nach dem gleichnamigen New Yorker Hotel. Im 19. Jahrhundert entstanden – nach bestem geschlechtsspezifischen Klischee – zwei Versionen des Drinks: „**Knickerbocker à la Monsieur**" und „**Knickerbocker à la Madame**". Während die Herren der Schöpfung mit einer angenehm fruchtigen Rummischung bedacht wurden, kam den Damen nur eine Kombination aus verstärktem Wein, Zitronensorbet und Mineralwasser zu. Da empfehle ich doch lieber einen **Sherry Cobbler**.

Beide Drinks hatten jedenfalls eigentlich nichts gemeinsam. Lohnenswert ist dagegen ein Knickerbocker Royal, der zusätzlich mit Champagner aufgefüllt wird. Vorsicht vor Verwechslung gilt bei einem anderen Rezept namens Knickerbocker, das zwar angeblich im Knickerbocker Hotel kreiert wurde, aber in der Zubereitung nichts mit den obigen Drinks zu tun hat. Stattdessen entspricht es erstaunlicherweise exakt einem **Martini** Perfect.

LIBERAL

Glas: Cocktailspitz
Garnitur: Orangenzeste

45 ml Rye Whiskey, 15 ml süßer
Wermut, 10 ml Amer Picon, 1 Dash
Orange Bitters

rühren, abseihen

LION CUB

Glas: Cocktailspitz
Garnitur: Zitronenzeste

50 ml Gin, 20 ml trockener Wermut,
5 ml Crème de Cacao (weiß), 5 ml
Apricot Brandy, 3 Dashes Peychaud's
Bitters

rühren, abseihen

LION'S TAIL

Glas: Cocktailspitz

60 ml Bourbon Whiskey, 7,5 ml
Pimento Dram, 15 ml Limettensaft,
5 ml Zuckersirup, 1 Dash Angostura
Bitters

schütteln, doppelt abseihen

LUCIEN GAUDIN

Glas: Cocktailspitz
Garnitur: Zitronenzeste

30 ml Gin, 15 ml Cointreau, 15 ml
Campari, 15 ml trockener Wermut

rühren, abseihen

MANGO BATIDA

Glas: SOF

50 ml Cachaça, 25 ml Mangopüree,
20 ml Limettensaft, 15 ml Zuckersirup, 30 ml Milch

schütteln, auf Eiswürfel abseihen

MARTINEZ

Glas: Cocktailspitz
Garnitur: Zitronenzeste

30 ml Old Tom Gin, 60 ml süßer
Wermut, 5 ml Maraschino, 1 Dash
Boker's Bitters

rühren, abseihen

MARQUEE

Glas: Coupette
Garnitur: Himbeeren

45 ml Bourbon Whiskey, 15 ml
Chambord, 10 ml Zuckersirup, 45 ml
Cranberrynektar, 15 ml Zitronensaft

schütteln, doppelt abseihen

MARTINIQUE SWIZZLE

Glas: Highball

60 ml Rhum Agricole (kräftig), 15 ml
Zitronensaft, 1 Barlöffel Zuckersirup,
2 Dashes Angostura Bitters, 1 Dash
Pernod zum Floaten

swizzlen, Pernod floaten

MARY PICKFORD

Glas: Cocktailspitz

60 ml Rum (leicht, z. B. Havana Club
3 Años), 30 ml Ananassaft, 5 ml
Maraschino, 1 Dash Granatapfelsirup

schütteln, doppelt abseihen

MAYFAIR COCKTAIL

Glas: Coupette
Garnitur: Orangenzeste

60 ml Gin, 30 ml Apricot Brandy,
30 ml Orangensaft, 2 Stück Gewürznelken

Gewürznelken kräftig andrücken,
schütteln und doppelt abseihen

MELON STAND

Glas: Highball
Garnitur: Wassermelonenspalte

60 ml Gin, 30 ml Wassermelonensaft,
20 ml Zitronensaft, 15 ml Aperol,
15 ml Zuckersirup

schütteln, doppelt auf Eiswürfel
abseihen

MERRY WIDOW

Glas: Cocktailspitz
Garnitur: Zitronenzeste

50 ml Gin, 50 ml trockener Wermut,
5 ml Bénédictine, 1 Dash Absinth,
2 Dashes Angostura Bitters

rühren, abseihen

LONDON BUCK

50 ml Gin, 15 ml Zitronensaft,
Ginger Beer zum Auffüllen,
2 Dashes Angostura Bitters

bauen

BY SIDE

Der **London Buck** repräsentiert hier eine ganze Kategorie vergessener **Highballs**, den **Buck**. Man könnte ihn auch als **Gin Buck** bezeichnen. Die Kombination aus Spirituose, Ingwerlimonade und Säure findet sich aber auch bei Drinks wie dem **Dark & Stormy** oder dem **Moscow Mule**, die dementsprechend eigentlich ein **Rum Buck** bzw. **Wodka Buck** wären. Ebenso könnte man z. B. einen **Tequila Buck** oder einen **Cognac Buck** zubereiten. Gerade die Popularität des Moscow Mule hat aber dazu geführt, dass Drinks mit Ingwerlimonade durchweg als **Mule-Varianten** bezeichnet werden, wie man etwa am **Gin Gin Mule** sieht, obwohl sie doch eigentlich nichts weiter sind als eine Art Buck.

LONG ISLAND
Iced Tea

GLAS // HIGHBALL
GARNITUR // LIMETTENSPALTE

---

20 ml Wodka, 20 ml Gin, 20 ml Rum (leicht),
20 ml Tequila Blanco, 20 ml Cointreau,
20 ml Zitronensaft, Cola zum Auffüllen

---

ohne Cola schütteln, auf Eiswürfel abseihen,
mit Cola auffüllen und umrühren

324

BY SIDE

Also mal ehrlich: Der **Long Island Iced Tea** ist zwar seit Jahrzehnten ein äußerst populärer Drink, aber eigentlich sollte er in diesem Buch nicht zu finden sein. Fünf Spirituosen und Cola? Klingt das für Sie nach Genuss? Ganz egal, welches der unzähligen Rezepte Sie ausprobieren, die Grundidee des Long Island Iced Tea bleibt folgende: möglichst schnell möglichst betrunken werden. Gegen das Betrunkenwerden ist ja nichts einzuwenden, aber doch bitte mit etwas mehr Stil und der nötigen Zeit. Sehen Sie das Rezept hier also bitte nur als abschreckendes Beispiel. Und falls Sie doch mal in einer Situation landen, in der sich das „möglichst schnell möglichst betrunken werden" nicht vermeiden lässt, wie wäre es mit einem charakterstarken **Zombie**? So haben Ihre Geschmacksnerven auch was davon.

MILK PUNCH

Glas: Highball
Garnitur: Muskatnuss, gerieben

60 ml Bourbon Whiskey, 1 Barlöffel
Rum (kräftig), 10 ml Zuckersirup,
60 ml Milch

schütteln, auf Eiswürfel abseihen

MILLIONAIRE COCKTAIL

Glas: Cocktailspitz
Garnitur: Limettenspalte

45 ml Rum (kräftig), 20 ml Sloe Gin,
20 ml Apricot Brandy, 30 ml Limettensaft

schütteln, doppelt abseihen

MINT JULEP

Glas: Silberbecher
Garnitur: Minzspitze

75 ml Cognac (z. B. Rémy Martin
VSOP) oder Bourbon Whiskey, 15 ml
Zuckersirup, 8 Blätter Minze

Minze leicht andrücken, auf Crushed Ice bauen, vor dem Servieren
noch einmal mit möglichst viel
Crushed Ice auffüllen

MODERNISTA

Glas: Cocktailspitz
Garnitur: Zitronenzeste

60 ml Scotch Whisky (z. B. Chivas
Regal 18), 15 ml Gin, 7,5 ml Rum,
30 ml Pernod, 7,5 ml Swedish Punch,
1 Dash Zitronensaft

schütteln, doppelt abseihen

MONKEY GLAND

Glas: Cocktailspitz

45 ml Gin, 45 ml Orangensaft,
1 Dash Absinth, 1 Dash Granatapfelsirup

schütteln, doppelt abseihen

MONKEY LOVER

Glas: Cocktailspitz
Garnitur: Orangenzeste

50 ml Scotch Whisky (z. B. Johnnie
Walker Gold Label), 25 ml Punt e
Mes, 10 ml Maraschino, 10 ml
Mozart (black)

rühren, abseihen

MOSCOW MULE

Glas: Kupferbecher
Garnitur: Limettenspalte, Gurken-
schale

60 ml Wodka (z. B. Smirnoff Black), 10 ml
Limettensaft, Ginger Beer zum Auffüllen

bauen

MOTHER-IN-LAW

Glas: Cocktailspitz
Garnitur: Zitronenzeste

70 ml Bourbon Whiskey, 10 ml Curaçao, 10 ml Maraschino, 5 ml Zuckersirup, 5 ml Amer Picon, 2 Dashes Angostura Bitters, 2 Dashes Peychaud's
Bitters

rühren, abseihen

MYRTLE BANK PUNCH

Glas: Highball

45 ml Demerara Overproof Rum,
20 ml Limettensaft, 10 ml Granatapfelsirup, 1 Barlöffel Zuckersirup,
Maraschino zum Floaten

ohne Maraschino schütteln, auf
Crushed Ice abseihen, mit Maraschino floaten

NAVY GROG

Glas: DOF

60 ml Rum (kräftig), 30 ml Rum,
20 ml Limettensaft, 20 ml Grapefruitsaft, 15 ml Honigsirup

swizzlen

325

BY SIDE

Wie andere Rum-Klassiker, man denke an **Planter's Punch** oder **Zombie**, kennt man den Mai Tai heute meist als undefinierbare Saft-Sirup-Mischung, in der irgendwo höchstens eine Spur Rum zu erahnen ist. Das war mal anders. Ein guter Mai Tai ist eine Komposition, bei der es auf jede Zutat ankommt und die nach einem ausdrucksstarken Rum verlangt. Das Originalrezept von Victor Bergeron aus dem Jahr 1944 verwendete mit dem Wray & Nephew 17 Jahre einen Rum, der heute nicht mehr erhältlich ist. Um dem Originalgeschmack näher zu kommen, findet man als Rum-Basis im Mai Tai auch häufig eine Mischung aus Melasse-Rum und Rhum Agricole.

MAI TAI

GLAS // DOF
GARNITUR // MINZSPITZE

45 ml Rum (kräftig), 15 ml Rum Overproof,
15 ml Curaçao, 15 ml Limettensaft,
15 ml Orgeat (z. B. Giffard Orgeat)

schütteln, auf Eiswürfel abseihen

MANHATTAN

GLAS // COCKTAILSPITZ
GARNITUR // ZITRONENZESTE

60 ml Rye Whiskey, 30 ml süßer Wermut,
1 Dash Angostura Bitters, 1 Dash Orange Bitters

rühren, abseihen

NEW YORK FLIP

Glas: Coupette
Garnitur: Muskatnuss, gerieben

40 ml Bourbon Whiskey, 15 ml Sahne, 10 ml Zuckersirup, 1 Ei, Eigelb, 30 ml Port (Ruby)

ohne Port schütteln, doppelt abseihen, mit Port floaten

NEWARK

Glas: Coupette

50 ml Apple Brandy, 25 ml süßer Wermut, 5 ml Fernet Branca, 5 ml Maraschino

rühren, abseihen

NUCLEAR DAIQUIRI

Glas: Coupette

25 ml Overproof Rum, 25 ml Chartreuse Verte, 15 ml Falernum, 5 ml Zuckersirup, 25 ml Limettensaft

schütteln, doppelt abseihen

OLD CUBAN

Glas: Coupette

30 ml Rum (kräftig, z. B. Havana Club 7 Años), 15 ml Limettensaft, 10 ml Zuckersirup, 6 Blätter Minze, Champagner (z. B. Perrier-Jouët Belle Epoque) zum Auffüllen

Minze leicht andrücken, ohne Champagner schütteln, doppelt abseihen, mit Champagner auffüllen und umrühren

OLD PAL

Glas: Cocktailspitz

60 ml Rye Whiskey, 25 ml trockener Wermut, 25 ml Campari

rühren, abseihen

OPERA

Glas: Cocktailspitz
Garnitur: Zitronenzeste

50 ml Gin, 15 ml Dubonnet, 10 ml Maraschino, 1 Dash Orange Bitters

rühren, abseihen

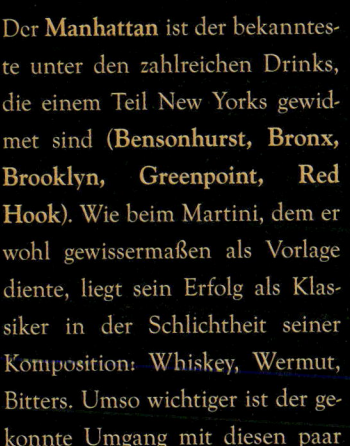

BY SIDE

Der **Manhattan** ist der bekannteste unter den zahlreichen Drinks, die einem Teil New Yorks gewidmet sind (**Bensonhurst, Bronx, Brooklyn, Greenpoint, Red Hook**). Wie beim Martini, dem er wohl gewissermaßen als Vorlage diente, liegt sein Erfolg als Klassiker in der Schlichtheit seiner Komposition: Whiskey, Wermut, Bitters. Umso wichtiger ist der gekonnte Umgang mit diesen paar Zutaten. Von dem immer noch gern servierten Manhattan mit Canadian Whisky ist beispielsweise fast immer abzuraten, weil die sanften kanadischen Whiskys sich hier normalerweise nicht behaupten können. Die Verwendung von Canadian Whisky stellt eher eine Verlegenheit aus Prohibitionszeiten dar, als keine amerikanischen Whiskeys zu bekommen waren. Ein trockener Rye Whiskey oder ein kräftiger Bourbon sind hier genau richtig. Wer seinen Manhattan gerne mit Scotch trinkt, sollte sich mal den **Rob Roy** ansehen.

Auf der Grundlage von Spirituose, verstärktem Wein und Bitters lässt sich übrigens mal wieder dankbar experimentieren, wie der **Dandy** oder der **Vieux Carré** beweisen. **Rum Manhattan**? **Mezcal Manhattan**? Genever Manhattan? Probieren Sie es aus! Auch die Auswahl an mittlerweile erhältlichen Bitters lässt hier kaum Wünsche offen.

MARGARITA

GLAS // COUPETTE
GARNITUR // LIMETTENSPALTE

---

50 ml Tequila Blanco (z. B. Don Julio Blanco),
25 ml Cointreau, 20 ml Limettensaft

---

schütteln, doppelt abseihen

BY SIDE

Der **Margarita** erging es ganz ähnlich wie dem **Daiquiri**. Aus einer einfachen, erfrischenden Sour-Idee wurde im Zuge der Popularisierung eine Verwertungsform für Früchte jeglicher Art. Ob **Strawberry Margarita, Melon Margarita oder Raspberry Margarita** – man nehme die Grundzutaten und variiere mit den Früchten seiner Wahl. Ebenso sind zahlreiche Formen der **Frozen Margarita** entstanden – so geblendet mit Crushed Ice lassen sich gerade fruchtige Varianten auf zahlreichen Barkarten wiederfinden.

Ein weiteres Typikum ist der häufig zu findende Salzrand. Dieser ist geschmacklich aber nicht bei jedem Tequila eine harmonische Bereicherung. Der Glasrand lässt sich daher natürlich auch nur an einer Seite mit Salz verzieren. So bleibt jedem die Möglichkeit, der persönlich bevorzugten Trinkform nachzugehen. Eine moderne Variante ist die **Tommy's Margarita**.

OTHER FASHION

Glas: SOF
Garnitur: Zironenzeste

45 ml Scotch Whisky (z. B. Chivas
Regal 18), 15 ml Honig-Ingwer-Sirup,
40 ml Apfelsaft, 5 ml Zitronensaft,
1 Dash Absinth

schütteln, doppelt auf Eiswürfel
abseihen

PAINKILLER

Glas: Tiki Mug
Garnitur: Muskatnuss, gerieben

60 ml Rum (z. B. Pusser's), 120 ml
Ananassaft, 30 ml Cream of Coconut,
30 ml Orangensaft, 4 Dashes Angostura Bitters

schütteln, auf Eiswürfel abseihen

PALOMA

Glas: Highball
Garnitur: Salzrand

50 ml Tequila Blanco (z. B. Sierra
Antiguo Plata), Grapefruitlimonade
(z. B. Paloma Lemonade) zum Auffüllen, 15 ml Limettensaft

Glas mit Salzrand auf Limetten-
saftbasis verzieren, bauen

PARK AVENUE

Glas: Cocktailspitz

60 ml Gin, 10 ml süßer Wermut,
10 ml Curaçao, 20 ml Ananassaft

schütteln, doppelt abseihen

PEGU CLUB

Glas: Cocktailspitz

60 ml Gin, 30 ml Curaçao, 1 Barlöffel Limettensaft, 1 Dash Angostura
Bitters, 1 Dash Orange Bitters

rühren, doppelt abseihen

PENDENNIS

Glas: Cocktailspitz

60 ml Gin, 30 ml Apricot Brandy,
20 ml Limettensaft, 3 Dashes
Peychaud's Bitters

schütteln, doppelt abseihen

PENICILLIN

Glas: SOF
Garnitur: Zitronenzeste

30 ml Scotch Whisky (z. B. Johnnie
Walker Gold), 30 ml Scotch Whisky
(rauchig, z. B. Coal Ila 12), 10 ml
Ingwerlikör, 20 ml Zitronensaft,
15 ml Honig

schütteln, doppelt auf Eiswürfel
abseihen

PERFECT LADY

Glas: Coupette
Garnitur: Zitronenzeste

60 ml Gin, 25 ml Crème de Pêche,
25 ml Zitronensaft, Eiweiß, 5 ml
Zucker

schütteln, abseihen

PINEAPPLE BATIDA

Glas: DOF Ananaskeil

50 ml Cachaça (z. B. Magnifica Tradicional), 15 ml Zuckersirup, 1 Scheibe
Ananas, 1 Scheibe Orange

Früchte kräftig andrücken,
schütteln, doppelt auf Crushed Ice
abseihen

PINK GIN

Glas: Cocktailspitz

70 ml Gin, 6 Dashes Angostura
Bitters

rühren, abseihen

PINK LADY

Glas: Coupette

50 ml Gin, 20 ml Zitronensaft,
15 ml Applejack, 15 ml Zuckersirup,
15 ml Granatapfelsirup, Eiweiß

schütteln, doppelt abseihen

MARTINI

GLAS // COCKTAILSPITZ
GARNITUR // LIMETTENSPALTE

50 ml Gin (z. B. Tanqueray No. 10), 20 ml trockener
Wermut, 1 Dash Orange Bitters

rühren, abseihen

332

Häufig wird der **Martinez** als Vorläufer des **Martinis** gehandelt. Die Verbindung liegt nahe: ein ähnlich klingender Name und die Hauptzutaten Gin und Wermut. Trotzdem liegen geschmacklich Welten zwischen den beiden Drinks. Bei ein wenig Recherche stößt man auf das fehlende Glied. Denn der Martini lässt sich Ende des 19. Jahrhunderts eigentlich als **Manhattan**-Variante nachweisen, die

eben mit Gin statt Whiskey zubereitet wird. Seinen Namen könnte der Martini aber dennoch durch eine veränderte Aussprache vom Martinez erhalten haben.

Sowohl für den Manhattan wie für den Martini richteten sich die Namen nach der Art des verwendeten Wermuts, nicht unbedingt nach dem Verhältnis der Zutaten. So wurde auch der „trockene" Martini **Dry** oftmals im Verhältnis 1:1 (Gin zu Wermut) serviert, aber eben mit trockenem Wermut. Ein Martini oder Manhattan **Sweet** enthielt dementsprechend süßen Wermut und ein Martini oder Manhattan **Perfect** eine Mischung aus süßem und trockenem Wermut. Erst mit der Verbesserung der

Destillationsmethoden und einer langsamen Wandlung der allgemeinen Vorlieben fanden die Gäste Lust an Mischungen mit einem erhöhten Spirituosenanteil, was beim trockenen Martini im Laufe des 20. Jahrhunderts zu so absurden Mischungen wie 15:1 führte, bei denen das Glas im Prinzip nur noch mit Wermut parfümiert wird. Wie in einem guten Manhattan sollte aber auch in einem Martini ein ausgewogenes Verhältnis zwischen Spirituose und Wermut herrschen. Nicht zu vergessen die Bitters, die vielen Martinis leider abhandengekommen sind.

Übrigens: Einen Martini schüttelt man nicht. Das sorgt nur für unnötige Sauerstoffbläschen und zu viel Schmelzwasser im Drink und nimmt ihm seine Eleganz. Ein **Wodka-Martini** stellt, wie der **Wodka-Gimlet**, eine verbreitete Variante dar, aber ein Martini ohne Namenszusatz bleibt ein Gin-Martini, nichts anderes. Eine klassische Mischung der beiden Spirituosen gelingt im **Vesper**. Wäre noch die Frage zur Garnitur offen. Eine Zitronenzeste legt frische Töne über den Drink, während Oliven häufig zu Fehlnoten führen und nur gezielt eingesetzt werden sollten.

MOJITO

GLAS // HIGHBALL
GARNITUR // MINZSPITZE

50 ml Rum (leicht, z. B. Havana Club 3 Años),
20 ml Limettensaft, 2 Barlöffel weißer Rohrzucker,
wenig Soda zum Auffüllen, 10–15 Minzblätter

Minze leicht andrücken,
auf Eiswürfeln bauen

BY SIDE

Schon auf dem Schiff des Freibeuters Francis Drake soll im 16. Jahrhundert ein Getränk mit Zuckerrohrbrand, Limetten und Minze serviert worden sein – der Vorläufer des **Mojito**. In seiner heutigen Form gewann der Mojito aber erst ab dem frühen 20. Jahrhundert auf Kuba an Bedeutung. Von seiner Grundidee ist er eigentlich eine Art **Swizzle**. Wie bei der **Caipirinha** empfiehlt sich Zucker, der sich einfach auflöst (weißer Rohrzucker oder Läuterzucker), und nicht, wie brauner Rohrzucker, verklumpt. Ausreichend Wasser erhält der Mojito durch etwas Soda, Crushed Ice ist daher nicht erforderlich.

NEGRONI

GLAS // SOF
GARNITUR // ORANGENZESTE

---

30 ml Gin (z. B. Tanqueray No. 10),
30 ml süßer Wermut, 30 ml Campari

---

bauen

NEW YORK SOUR

GLAS // SOF

---

60 ml Rye Whiskey, 30 ml Zitronensaft,
20 ml Zuckersirup, 20 ml Rotwein (Malbec)

---

ohne Rotwein schütteln, doppelt auf Eiswürfel
abseihen und mit Rotwein floaten

PINO FRIO RUM

Glas: Highball

30 ml Rum (leicht, z. B. Havana
Club 3 Años), 60 ml Ananassaft,
15 ml Zitronensaft, 10 ml Zuckersirup, 2 Dashes Angostura Bitters,
1/2 Scheibe Ananas

mit Crushed Ice blenden

PISCO PUNCH

Glas: DOF
Garnitur: Ananaskeil

50 ml Pisco (Peruanisch), 25 ml
Zitronensaft, Zuckersirup, Gommesirup (z. B. Giffard Gomme), 50 ml
frisch gepresster Ananassaft, 1 Dash
Angostura Bitters

ohne Angostura schütteln, auf
Eiswürfel abseihen, mit Dash
Angostura garnieren ·

PISCO SOUR

Glas: Coupette

60 ml Pisco, 25 ml Limettensaft,
20 ml Zuckersirup, Eiweiß, 4 Dashes
Amargo Chuncho Bitters (ersatzweise:
Angostura Bitters)

ohne Bitters schütteln, abseihen,
Bitters auf die Schaumkrone
geben

POGO STICK

Glas: Highball
Garnitur: Minzspitze

60 ml Gin, 20 ml Ananassaft,
20 ml Grapefruitsaft, 10 ml Zitronensaft, 1 Dash Zuckersirup

mit Crushed Ice blenden

PORT FLIP

Glas: Coupette
Garnitur: Muskatnuss, gerieben

20 ml Cognac, 60 ml Port (Tawny),
5 ml Zuckersirup, 1 Ei

schütteln, doppelt abseihen

POTTED PARROT

Glas: Highball
Garnitur: Minzspitze

60 ml Rum (leicht), 15 ml Curaçao,
60 ml Orangensaft, 30 ml Zitronensaft, 15 ml Orgeat, 10 ml Zuckersirup

mit Crushed Ice schütteln, auf
Crushed Ice abseihen

337

Im Laufe der Zeit kam mehr als
nur ein Bartender auf die Idee, seinen **Whiskey Sour** mit Wein zu
verfeinern. So gibt es neben dem
New York Sour etwa den **Con-
tinental Sour**, der Rye Whiskey,
Zitrone und Zucker durch Eiweiß
und Clairet ergänzt, oder den **Paris Sour** mit Bourbon Whiskey, Zi-

trone, Zucker, Eiweiß und Dubonnet. Auch verstärkte Weine wie
süße Ports und Sherrys können
einen Whiskey Sour geschmackvoll abrunden. Ob Rye oder Bourbon verwendet wird, richtet sich
nach dem eigenen Geschmack
und dem verwendeten Wein. Ein
sehr dominanter Wein mit tiefer

Würze braucht vielleicht einen
trockenen, kräftigen Rye Whiskey
zum Ausgleich, ein Wein mit fein-
gliedriger Frucht wird schon durch
einen runden Bourbon abgefedert.
Außerdem hilft oft ein Spritzer
Bitters, diesen komplexen Kombinationen den letzten Schliff zu
verleihen.

BY SIDE

Wer heute am Tresen einfach einen **Old Fashioned** bestellt, dem wird normalerweise eine Version mit Bourbon und Angostura Bitters serviert, seltener schon Varianten mit Rye Whiskey oder Orange Bitters. Dabei lässt sich ein Old Fashioned mit so ziemlich jeder charakterstarken Spirituose zubereiten. Insbesondere Old Fashioneds mit Brandy oder Rum dürften im 19. Jahrhundert Verbreitung gefunden haben. Ein enger Verwandter aus dieser Zeit ist der **Sazerac**.

In einem Old Fashioned lassen sich hervorragend Charakteristika der Spirituose herausarbeiten. Daher empfiehlt es sich, schon bei der Süßequelle ein Aroma zu wählen, das der gewählten Basis entspricht. Rye Whiskey mit Ahornsirup, Scotch Whisky mit Honig, Tequila Añejo mit Agavendicksaft oder Brandy de Jerez mit einem süßen Sherry – und das sind nur die naheliegendsten Varianten. Liköre als Süßequelle eröffnen weitere Möglichkeiten.

Selbst Spirituosen ohne deutlichen Fasscharakter wie Gin oder ein junger Mezcal lassen sich zu großartigen Old Fashioneds formen.

Der Old Fashioned ist außerdem ein Drink, in dem kleine Spielereien wie verschiedene Bitters und Zesten plötzlich einen großen Unterschied machen können – ob Rum mit Chocolate Bitters und Orangenzeste oder Gin mit Peychaud's Bitters und Limettenzeste. Auch die Kombination von mehreren Bitters und Zesten kann, bei gezieltem Einsatz, zu beeindruckenden Geschmackserlebnissen führen.

PIMM'S CUP

GLAS // HIGHBALL
GARNITUR // GURKENSCHEIBE

---

45 ml Pimm's No. 1, Ginger Ale zum Auffüllen,
1 Scheibe Zitrone, 1 Scheibe Orange,
2 Scheiben Gurke, 1 Zweig Minze

---

bauen

BY SIDE

Unter den Produkten von **Pimm's** ist Pimm's No.1 Cup das populärste. Während Pimm's No. 1 eine fruchtige Mischung auf Gin-Basis ist, enthalten (die größtenteils nicht mehr erhältlichen) No. 2-6 jeweils andere Spirituosen als Basis. Ihren Ursprung hatte die erste „Pimm's Cup" 1923 in der Londoner Oyster Bar von James Pimm. Hier wurden, dem Geschmack der Zeit entsprechend, Austern mit Gin serviert. Um diese Kombination zu harmonisieren, erfand Pimm seine „House Cup". Die Version mit Gin jedenfalls hat sich auf dem Markt durchgesetzt und wird als **Pimm's Cup** mit Limonade und verschiedenen Früchten bereichert – ganz nach Lust und Laune. Die Variante mit Champagner statt Limonade wird **Pimm's Royal Cup** genannt.

PIÑA COLADA

GLAS // DOF
GARNITUR // ANANASKEIL

50 ml Rum (leicht, z. B. Havana Club 3 Años),
120 ml Ananassaft, 10 ml Limettensaft,
25 ml Cream of Coconut

schütteln, auf Eiswürfel abseihen

BY SIDE

Einige Bartender haben die **Piña Colada** mittlerweile aus ihren Rezeptbüchern verbannt. Das ist schade, denn richtig zubereitet, ist sie ein Drink mit eigenem Charakter, der seine Berechtigung hat. Zu ihrem schlechten Ruf kam die Piña Colada, als sie in den letzten Jahrzehnten mit Unmengen an Saft, Sirup und Sahne zugekleistert wurde – einen Sommerdrink stelle ich mir anders vor. Leicht und nicht zu süß muss er sein. Beim Ersatz der Cream of Coconut durch

entsprechend anders balanciert werden. Ein kleiner Schuss Sahne hilft hier für die richtige Textur. Cream of Coconut finden Sie in großen Supermärkten oder, meist preiswerter, in Africa- und Asia-Shops.

Etwas Zitronen- oder Limettensaft mildert außerdem die Süße des Ananassaftes. Und viel Wasser braucht der Drink nun auch nicht mehr, genügend Luft kommt auch beim Schütteln hinein, und die Cream of Coconut sorgt für di-

passende Konsistenz. Auch die Zubereitung im Blender ist bei richtigem Einsatz möglich, insbesondere wenn Sie frische Ananas oder Ananaspüree verwenden, was sich geschmacklich durchaus lohnen kann. Etwas Salz, sehr sparsam eingesetzt, nimmt der Säure der Ananas übrigens die Spitzen. Und wenn wir gerade beim Experimentieren sind: Ist der Sommertag mal nicht ganz so heiß, macht sich auch ein etwas kräftigerer Rum gut in der Piña Colada.

PROFESSOR

Glas: Coupette
Garnitur: Orangenzeste

60 ml Rhum Agricole, 20 ml Port
(Tawny), 15 ml süßer Wermut,
1 Dash Angostura Bitters, 1 Dash
Orange Bitters

rühren, abseihen

PROHIBITION COCKTAIL

Glas: Cocktailspitz
Garnitur: Zitronenzeste

50 ml Gin, 50 ml Lillet Blanc,
1 Dash Apricot Brandy, 2 Dashes
Orangensaft

schütteln, doppelt abseihen

QUEENS PARK SWIZZLE

Glas: Highball
Garnitur: Minzspitze

60 ml Rum, 30 ml Limettensaft,
15 ml Demerarasirup, 2 Dashes
Peychaud's Bitters, 2 Dashes Angostura Bitters, 8 Blätter Minze

Minze leicht andrücken, swizzlen,
Bitters dabei oben auf dem Drink
verteilen

RAMOS GIN FIZZ

Glas: Highball

60 ml Gin, 20 ml Sahne, 20 ml Zu-
ckersirup, 15 ml Limettensaft, 15 ml
Zitronensaft, 5 Tropfen Orange Flower
Water, Eiweiß, Soda zum Auffüllen

ohne Orangenblütenwasser und
Soda lange und kräftig schütteln,
abseihen, vorsichtig mit Soda
aufgießen, umrühren und das
Orangenblütenwasser auf die
Schaumkrone geben

RANGLUM

Glas: SOF
Garnitur: Limettenzeste

40 ml Rum (kräftig), 10 ml Overproof Rum, 15 ml Falernum, 1 Dash
Zuckersirup, 20 ml Limettensaft

schütteln, doppelt auf Eiswürfel
abseihen

RAPSCALLION

Glas: Cocktailspitz
Garnitur: Zitronenzeste

15 ml Scotch Whisky (z. B. Chivas
Regal 12), 30 ml Scotch Whisky
(rauchig, z. B. Lagavulin 16), 15 ml
Sherry PX, Absinth zum Parfümieren

Glas mit Absinth parfümieren,
rühren, abseihen

BY SLIDE

Die Varianten des **Planter's
Punch** sind unzählig. Das liegt
wohl auch an seinem Entstehungs-
hintergrund. Denn es liegt nahe,
dass der „planter", also der „Pflan-
zer" oder besser noch „Plantagen-
besitzer", im Süden Amerikas den
heimischen Rum eher spontan mit
all den Früchten bereicherte, die er
gerade zur Verfügung hatte.

Typisch ist in jedem Fall der heute
oftmals vergessene Wasseranteil,
der den kräftigen Drink etwas
verdünnte und mittlerweile lieber
durch süße Säfte ersetzt wird. Mit
der Zeit üblich geworden ist zudem
die Verwendung von Granatapfelsirup (häufig in der modernisier-
ten Form Grenadine) und Muskatnuss. Wir treffen uns in der Mitte
und einigen uns auf eine eigene
Version mit kräftiger Rum-Basis,
feiner Säure und wenig Sirup, abgerundet mit Soda, Bitters und
Muskatnuss. Für ihre eigene Version gibt es also nicht viele Regeln.

PLANTER'S PUNCH

GLAS // HIGHBALL
GARNITUR // MUSKATNUSS, GERIEBEN

---

60 ml Rum (kräftig), 30 ml Limettensaft,
15 ml Granatapfelsirup, 10 ml Zuckersirup,
2 Dashes Angostura Bitters, Soda zum Auffüllen

---

ohne Soda schütteln, auf Eiswürfel abseihen,
mit Soda auffüllen und umrühren

PRINCE OF WALES

GLAS // SILBERBECHER
GARNITUR // ZITRONENZESTE

40 ml Cognac, 1 Barlöffel Maraschino, 1 Barlöffel Curaçao,
1 Barlöffel Bénédictine, 2 Dashes Angostura Bitters,
Champagner (z. B. Roederer Champagner) zum Auffüllen

bauen mit Soda auffüllen und umrühren

RATTLESNAKE

Glas: Cocktailspitz

60 ml Rye Whiskey, 30 ml Zitronensaft, 20 ml Zuckersirup, Eiweiß

Glas mit Absinth parfümieren,
rühren, doppelt abseihen

RED CULLIN HILL

Glas: Coupette

60 ml Talisker 10, 20 ml Zitronensaft, 15 ml Rotweinsirup

schütteln, doppelt abseihen

RED HOOK

Glas: Cocktailspitz
Garnitur: Kirsche

60 ml Rye Whiskey, 30 ml Punt e
Mes, 15 ml Maraschino

rühren, abseihen

RED LION

Glas: Coupette
Garnitur: Orangenspalte

30 ml Gin, 30 ml Grand Marnier,
20 ml Orangensaft, 20 ml Zitronensaft, 5 ml Granatapfelsirup

schütteln, doppelt abseihen

REMEMBER THE MAINE

Glas: Cocktailspitz
Garnitur: Zitronenzeste

60 ml Rye Whiskey, 25 ml süßer
Wermut, 15 ml Cherry Brandy,
1 Dash Absinth

rühren, abseihen

RENDEZVOUS

Glas: Cocktailspitz
Garnitur: Zitronenzeste

45 ml Gin, 15 ml Cherry Brandy,
10 ml Campari

rühren, abseihen

RITZ COCKTAIL

Glas: Champagner
Garnitur: Orangenzeste

25 ml Cognac, 15 ml Cointreau,
5 ml Maraschino, 5 ml Zitronensaft,
Champagner zum Auffüllen (z. B.
Perrier-Jouët)

ohne Champagner schütteln, abseihen, mit Champagner auffüllen
und umrühren

ROB ROY

Glas: Cocktailspitz
Garnitur: Kirsche

60 ml Scotch Whisky (z. B. Johnnie
Walker Gold), 30 ml süßer Wermut,
2 Dashes Angostura Bitters

rühren, abseihen

ROSITA

Glas: SOF
Garnitur: Zitronenzeste

45 ml Tequila Reposado, 15 ml süßer
Wermut, 15 ml trockener Wermut,
10 ml
Campari, 1 Dash Angostura Bitters

rühren, auf Eiswürfel abseihen

ROSSINI

Glas: Champagner
Garnitur: Erdbeere

50 ml Erdbeerpüree, Champagner
zum Auffüllen (z. B. Perrier-Jouët)

bauen

ROYAL BERMUDA YACHT CLUB

Glas: Coupette
Garnitur: Limettenzeste

60 ml Rum, 10 ml Cointreau, 10 ml
Falernum, 20 ml Limettensaft,
1 Dash Angostura Bitters, 1 Dash
Orange Bitters

schütteln, doppelt abseihen

RUSTY NAIL

Glas: SOF
Garnitur: Zitronenzeste

60 ml Scotch Whiskyv (z. B. Jhonnie
Walker Double Black), 30 ml Drambuie

bauen

SAFFRON MADNESS

Glas: Coupette
Garnitur: Orangenzeste

50 ml Saffron Gin, 2 Barlöffel Rosen-
Marmelade, 10 ml Zuckersirup, 25 ml
Limettensaft, Eiweiß

schütteln, doppelt abseihen

SAINT TEN

Glas: Cocktailspitz
Garnitur: Zitronenzeste

60 ml Tanqueray No.10, 20 ml
St. Germain

rühren, abseihen

SATAN'S WHISKERS

Glas: Cocktailspitz

25 ml Gin, 25 ml süßer Wermut,
25 ml trockener Wermut, 10 ml
Grand Marnier, 25 ml Orangensaft,
1 Dash Orange Bitters

schütteln, doppelt abseihen

SARATOGA

Glas: Cocktailspitz
Garnitur: Zitronenspalte

25 ml Rye Whiskey, 25 ml Brandy,
25 ml süßer Wermut, 2 Dashes
Angostura Bitters

rühren, abseihen

SAZERAC

Glas: SOF
Garnitur: Orangenzeste

60 ml Cognac, 15 ml Zuckersirup,
3 Dashes Peychaud's Bitters, Absinth
zum Parfümieren

Glas mit Absinth parfümieren,
rühren, in ein SOF-Glas ohne
Eiswürfel abseihen

SCHNEEFLÖCKCHEN

Glas: Champagner
Garnitur: Zitronenzeste

25 ml Gin, 20 ml St. Germain,
20 ml Zitronensaft, Champagner zum
Auffüllen (z. B. Perrier-Jouët)

ohne Champagne schütteln, doppelt abseihen, mit Champagner
auffüllen und umrühren

SCOFFLAW

Glas: Cocktailspitz

60 ml RyeWhiskey, 30 ml trockener
Wermut, 15 ml Zitronensaft, 10 ml
Granatapfelsirup, 2 Dashes Orange
Bitters

schütteln, doppelt abseihen

fand außerdem der in Frankreich populäre Absinth seinen Weg in den Sazerac und wurde zum unverzichtbaren Bestandteil.

Der **Sazerac** weist eine prägnante Ähnlichkeit zum **Old Fashioned** auf. Spirituose, Zucker, Bitters. Entstanden ist er in New Orleans Mitte des 19. Jahrhunderts, und das lässt sich auch in den Zutaten ablesen: Französischer Coganc – New Orleans war vormals französische Kolonie – und die Bitters des Apothekers Antoine Peychaud, der in New Orleans zu Hause war. Im Laufe des 19. Jahrhunderts

Als der Cognac im Amerikanischen Bürgerkrieg knapper wurde, griff man zum besser erhältlichen Rye Whiskey. Aus dieser Situation erklären sich auch die zahlreichen Varianten mit einer gemischten Basis aus Cognac und Rye, die bei einer genauen Kenntnis der Zutaten durchaus gelingen kann. Der **Zazerac** dagegen vereint Whiskey mit leichtem Rum. Eine moderne Variante mit Gin ist der **Wink**.

Eine weitere Besonderheit des Sazerac ist seine Präsentation. Denn typischerweise wird er in einem Single-Old-Fashioned-Glas ohne Eis serviert. Er erfährt also nicht wie der Old Fashioned eine zusätzliche Verdünnung im Glas. Für Bars bietet es sich daher an, den Sazerac ohne viel Schmelzwasser zu servieren, aber zusätzlich Eis im Bucket zu servieren, sodass der Gast bei Bedarf selbst nachdosieren kann. Es spricht allerdings auch nichts gegen einen sorgfältig gekühlten Sazerac auf gutem Eis.

SCORPION

Glas: Highball

60 ml Rum (leicht), 10 ml Overproof Rum, 15 ml Brandy, 60 ml Orangensaft, 20 ml Zitronensaft, 15 ml Mandelsirup, 10 ml Overproof Rum

ohne Overproof Rum schütteln, auf Eiswürfel abseihen, Overproof Rum floaten

SEABREEZE

Glas: Highball
Garnitur: Limettenspalte

45 ml Wodka, 60 ml Grapefruitsaft, 45 ml Cranberrynektar

bauen

SEELBACH COCKTAIL

Glas: Champagner
Garnitur: Orangenzeste

30 ml Bourbon Whiskey, 15 ml Cointreau, 7 Dashes Angostura Bitters, 7 Dashes Peychaud's Bitters, Champagner zum Auffüllen (z. B. Roederer Champagner)

ohne Champagner rühren, abseihen, mit Champagner auffüllen und umrühren

SEVENTH HEAVEN

Glas: Coupette
Garnitur: Minzspitze

50 ml Gin, 15 ml Maraschino, 20 ml Grapefruitsaft, Minze

schütteln, doppelt abseihen

SEX ON THE BEACH

Glas: Highball
Garnitur: n/a

40 ml Wodka, 20 ml Peach Liqueur, 60 ml Ananassaft, 20 ml Cranberrynektar

schütteln, doppelt auf Eiswürfel abseihen

SHERMAN

Glas: Cocktailspitz
Garnitur: Zitronenzeste

30 ml Rye Whiskey, 60 ml süßer Wermut, 3 Dashes Absinth, 1 Dash Angostura Bitters, 1 Dash Orange Bitters

rühren, abseihen

SANGAREE

GLAS // HIGHBALL

---

15 ml Cognac, 15 ml Curaçao, 50 ml Rotwein (Merlot),
25 ml Orangensaft, 15 ml Zitronensaft, 20 ml Zuckersirup,
30 ml Soda, 1 Scheibe Zitrone, 1 Scheibe Orange,
1 Scheibe Ananas (filetiert), 6 Blätter Minze

Minze und Früchte leicht andrücken,
ohne Soda schütteln, doppelt auf Eiswürfel abseihen,

BY SIDE

Sangaree ist im Prinzip der eng-lische Ausdruck für unsere glas-gerechte Version der bekannten **Sangría**, wie sie im 19. Jahrhun-dert schon bekannt war – ohne Plastik-eimer und 2-Meter-Trink-halme. Wie es sich für die Bar ge-hört, werden die einzelnen Kom-ponenten mit etwas mehr Alkohol unterstrichen. Der Wein findet sich in der Cognac-Basis wieder und die Früchte im Curaçao. Da-mit der Drink dennoch sommer-lich leicht bleibt, fügen wir etwas Soda hinzu. Wenn Sie die nötige Zeit haben, empfiehlt es sich, die Früchte in den Spirituosen etwas ziehen zu lassen, bevor Sie den Drink fertig zubereiten.

SIDECAR

Glas: Cocktailspitz

60 ml Cognac (z. B. Rémy Martin VSOP), 30 ml Cointreau, 20 ml Zitronensaft

schütteln, doppelt abseihen

SLOE GIN FIZZ

Glas: Fizz Glas

30 ml Gin, 30 ml Sloe Gin, 25 ml Zitronensaft, 15 ml Zuckersirup, Soda zum Auffüllen

ohne Soda schütteln, doppelt auf Eiswürfel abseihen, mit Soda auffüllen, umrühren

SNAP DRAGON

Glas: DOF
Garnitur: Stachelbeere

55 ml Tequila Blanco, 25 ml Limettensaft, 20 ml Holunderblütensirup, 8 Stachelbeeren (optional Trauben, weiß, kernlos)

Beeren kräftig andrücken, schütteln, doppelt auf Eiswürfel abseihen

SOUTHSIDE

Glas: Coupette

60 ml Gin, 20 ml Zitronensaft, 25 ml Zuckersirup, 4 Blätter Minze

Minze leicht andrücken, schütteln, doppelt abseihen

SOYER AU CHAMPAGNE

Glas: Coupette
Garnitur: Früchte

5 ml Brandy, 5 ml Grand Marnier, 5 ml Maraschino, 5 ml Ananassaft, Champagner zum Auffüllen, 1 Esslöfel Vanilleeis

bauen

SPICY FIFTY

Glas: Cocktailspitz
Garnitur: Chili (z. B. Piri Piri)

50 ml Vanille-Wodka, 15 ml Limettensaft, 15 ml Holunderblütensirup, 1 Barlöffel Honig, 1 Spitze Chili

Spitze der Chili leicht andrücken, schütteln, doppelt abseihen

STARRY NIGHT

Glas: Cocktailspitz
Garnitur: Sternanis

15 ml Poire Williams Eau de Vie, 15 ml Maraschino, 60 ml Chardonnay

rühren, abseihen

STRAITS SLING

Glas: Highball
Garnitur: Kirsche, Zitronenspalte

60 ml Gin, 15 ml DOM Bénédictine, 15 ml Kirschwasser, 15 ml Zitronensaft, 2 Dashes Orange Bitters, 2 Dashes Angostura Bitters, Soda zum Auffüllen

349

ohne Soda schütteln, doppelt auf Eiswürfel abseihen, mit Soda auffüllen, umrühren

SUFFERING BASTARD

Glas: DOF
Garnitur: Orangenspalte, Minzspitze

30 ml Gin, 30 ml Brandy, Lime Juice Cordial, 15 ml Ginger Beer zum Auffüllen, 2 Dashes Angostura Bitters

bauen

SHERRY COBBLER

GLAS // DOF
GARNITUR // FRÜCHTE DER SAISON

80 ml Amontillado Sherry, 10 ml Zuckersirup,
Früchte der Saison

Früchte kräftig andrücken,
auf Crushed Ice bauen

SWIMMING POOL

Glas: Highball
Garnitur: Kirsche, Ananaskeil

20 ml Rum (leicht), 20 ml Wodka,
10 ml Curaçao blue, 20 ml Cream
of Coconut, 20 ml Sahne, 60 ml
Ananassaft

schütteln, auf Crushed Ice abseihen

TAHITIAN COFFEE

Glas: DOF

30 ml Rhum Agricole, 10 ml heißer
Kaffee, 3 Barlöffel Kokosnusssirup,
Sahne als Krone

bauen, geschlagene Sahne schichten

TAILSPIN

Glas: Cocktailspitz
Garnitur: Kirsche, Zitronenzeste

25 ml Gin, 25 ml süßer Wermut,
25 ml Chartreuse Verte, 1 Dash
Campari

rühren, abseihen

TELMIG

Glas: Coupette
Garnitur: Gurkenscheibe

40 ml Gin, 10 ml Grand Marnier,
5 ml Limettensaft, 15 ml Rose´s Lime
Juice, 5 Blätter Koriander

Koriander andrücken, rühren,
doppelt abseihen

TEQUILA SUNRISE

Glas: Highball

50ml Tequila Blanco, Orangensaft
zum Auffüllen, 10 ml Granatapfelsirup

bauen, Granatapfelsirup dabei vorsichtig floaten, leicht umrühren

TEST PILOT

Glas: DOF
Garnitur: Kirsche

45 ml Rum (kräftig), 20 ml Rum
(leicht), 15 ml Falernum, 10 ml
Cointreau, 1 Dash Pernod, 20 ml
Limettensaft

mit Crushed Ice blenden

THAI MAI

Glas: SOF
Garnitur: Zitronengras

45 ml Rhum Agricole (50 %), 15 ml
Zuckersirup, 15 ml Limettensaft,
2 Stück Kaffirblätter, 1 Stange
Zitronengras

unteren Teil vom Zitronengras
und Kaffirblätter andrücken,
schütteln und doppelt auf Eiswürfel abseihen

THE ATTY COCKTAIL

Glas: Cocktailspitz
Garnitur: Zitronenzeste

60 ml Gin, 20 ml trockener Wermut,
5 ml Crème de Violette, 5 ml Absinth

rühren, abseihen

THE COMMUNIST

Glas: Cocktailspitz

30 ml Gin, 30 ml Orangensaft,
15 ml Cherry Brandy, 20 ml Zitronensaft

schütteln, doppelt abseihen

SINGAPORE SLING

GLAS // HIGHBALL
GARNITUR // ZITRONENZESTE

50 ml Gin, 15 ml Bénédictine, 25 ml Cherry Brandy,
25 ml Zitronensaft, 30 ml Ananassaft,
3 Dashes Angostura Bitters, Soda zum Auffüllen

ohne Soda schütteln, doppelt auf Eiswürfel
abseihen, mit Soda auffüllen, umrühren

352

BY SIDE

Der **Singapore Sling** in seiner heutigen Form hat sich vermutlich in den 1920/30er-Jahren aus dem trockeneren **Straits Sling** entwickelt. Die Urform des Singapore Slings soll dabei um 1915 an der Bar des Raffles Hotel Singapur entstanden sein und war zunächst wohl nur eine unter vielen Straits Sling-Varianten. Heutige Versionen entfernen sich häufig noch weiter vom Straits Sling und ergänzen die Rezeptur mit Säften und Sirups. Insbesondere Ananassaft und Grenadine sind typische Zutaten.

THE MILLION DOLLAR COCKTAIL

Glas: Coupette
Garnitur: Zitronenzeste

60 ml Gin, 30 ml süßer Wermut,
15 ml Ananassaft, 15 ml Granatapfelsirup, Eiweiß

schütteln, doppelt abseihen

THE ROSE

Glas: Cocktailspitz
Garnitur: Kirsche

30 ml Kirschwasser, 60 ml trockener
Wermut, 5 ml Himbeersirup

schütteln, abseihen

THE SECRET COCKTAIL

Glas: Cocktailspitz
Garnitur: Kirsche

45 ml Gin, 15 ml Applejack,
20 ml Zitronensaft, Eiweiß, 2 Dashes
Granatapfel-sirup

schütteln,doppelt abseihen

THE WILLIAMS

Glas: Coupette
Garnitur: Birnenspalte

45 ml Tequila Blanco, 15 ml Williamsbrand, 30 ml Limettensaft,
20 ml Birnendicksaft, Eiweiß

schütteln, abseihen

TI PUNCH

Glas: SOF

60 ml Rhum Agricole, 1/8 Limette,
10 ml Zuckersirup

ohne Eis bauen, Limettenachtel
dabei im Glas auspressen

TIPPERARY COCKTAIL

Glas: Coupette

60 ml Irish Whiskey, 30 ml süßer
Wermut, Chartreuse Verte zum
Parfümieren

Glas mit Chartreuse parfümieren,
rühren, abseihen

TOM & JERRY

Glas: DOF
Garnitur: Muskatnuss, gerieben

20 ml Brandy, 20 ml Rum (kräftig),
3 Barlöffel Puderzucker, 1 Ei, 60 ml
heißes Wasser

blenden ohne Eis, abseihen

TOMMY'S MARGARITA

Glas: Coupette
Garnitur: Limettenspalte

60 ml Tequila, 30 ml Limettensaft,
20 ml Agavensirup

schütteln, doppelt abseihen

TONGA PUNCH

Glas: Highball
Garnitur: Minzspitze

60 ml Rum (leicht), 15 ml Curaçao,
60 ml Orangensaft, 20 ml Zitronensaft, 1 Dash Granatapfelsirup

mit Crushed Ice blenden

TOREADOR

Glas: Cocktailspitz
Garnitur: Limettenzeste

60 ml Tequila Reposado, 25 ml Apricot Brandy, 20 ml Limettensaft

schütteln, doppelt abseihen

353

TORTUGA

Glas: Highball
Garnitur: Minzspitze, Früchte

50 ml Demerara Rum, 30 ml süßer
Wermut, 10 ml Curaçao, 10 ml
Crème de Cacao (braun), 50 ml
Oran-gensaft, 10 ml Limettensaft,
30 ml Zitronensaft, 1 Dash Granatapfelsirup

mit Crushed Ice blenden

TOM COLLINS

GLAS // HIGHBALL
GARNITUR // ZITRONENSPALTE

50 ml Gin, 25 ml Zitronensaft,
15 ml Zuckersirup, Soda zum Auffüllen

bauen

Gin, Zitrone, Zucker, Soda – kommt Ihnen das irgendwie bekannt vor? Richtig, der **Tom Collins** enthält die gleichen Zutaten wie der **Gin Fizz**. Wir fassen den Collins als alkoholhaltige Limonade auf, die auch an einem Nachmittag im Garten genossen werden darf. Und die Trägheit, die man auf der besonnten Terrasse an den Tag legt, spiegelt sich eben auch in der Zubereitung wider – nicht schütteln, sondern bauen. Nebenbei sorgt aber auch die vergleichsweise große Sodamenge dafür, dass auch beim Bauen ein balancierter Drink entsteht, indem die einzelnen Zutaten verdünnt werden.

Zum Namen des Tom Collins gibt es verschiedene Anekdoten. Eine der bekanntesten berichtet vom englischen Bartender John Collins, nach dem der Drink benannt sein soll. Durch die Verwendung von Old Tom Gin sei der Name dann zu „Tom Collins" gewandelt worden. Eine andere populäre Geschichte erzählt von einem Streich, der im New York der 1870er-Jahre beliebt war. So erzählte man dem Opfer des Streichs, ein Kerl namens Tom Collins würde in einer Bar Gemeinheiten über das Opfer verbreiten. Das provozierte Opfer stürmte also in die nächste Bar und versuchte, diesen Störenfried

namens Tom Collins vergeblich ausfindig zu machen. Als immer mehr Varianten auf der Grundidee des Collins entstanden, erweiterte man auch den Stammbaum der Familie Collins namentlich. Gebräuchliche Namen sind:

Applejack / Calvados	*Jack Collins*
Bourbon Whiskey	*Colonel Collins, John Collins*
Canadian Whiskey	*Captain Collins*
Cognac	*Pierre Collins*
Gin	*Tom Collins, John Collins*
Irish Whiskey	*Mike Collins*
Old Tom Gin	*(Old) Tom Collins*
Pisco	*Pisco Collins*
Rum	*Ron Collins, Pedro Collins*
Scotch Whiskey	*Sandy Collins*
Tequila	*Pepito Collins, JosJ Collins*
Wodka	*Joe Collins, Wodka Collins*

TRADER VIC'S GROG

Glas: Highball
Garnitur: Minzspitze

60 ml Rum (kräftig), 40 ml Ananassaft, 30 ml Zitronensaft, 20 ml Maracujasirup, 1 Dash Angostura Bitters

mit Crushed Ice schütteln, auf
Crushed Ice abseihen

TRILBY COCKTAIL NO. 2

Glas: Cocktailspitz

30 ml Scotch Whisky, 30 ml süßer
Wermut, 30 ml Parfait Amour,
1 Dash Absinth, 2 Dashes Orange
Bitters

rühren, abseihen

TROBBLER

Glas: Coupette
Garnitur: Beeren der Saison,
Orangenspalte

60 ml Port (Ruby), 15 ml Himbeer-
Zitronenmelissesirup, 40 ml frisch
gepresster Apfelsaft, 15 ml Calvados,
1 Messerspitze Zimt (gemahlen)

schütteln, doppel abseihen

TULIP COCKTAIL

Glas: Cocktailspitz
Garnitur: Zitronenzeste

30 ml Calvados, 15 ml Apricot
Brandy, 30 ml süßer Wermut, 15 ml
Zitronensaft

schütteln, doppelt abseihen

TUXEDO

Glas: Coupette
Garnitur: Zitronenzeste

50 ml Gin, 40 ml trockener Wermut,
5 ml Maraschino, 2 Dashes Orange
Bitters

rühren, abseihen

TWENTIETH CENTURY COCKTAIL

Glas: Coupette

40 ml Gin, 20 ml Crème de Cacao
(weiß), 20 ml Lilet Blanc, 20 ml
Zitronensaft

schütteln, doppelt abseihen

TYROL

Glas: Cocktailspitz
Garnitur: Muskatnuss, gerieben

15 ml Brandy, 15 ml Chartreuse
Verte, 30 ml Galliano L'Autentico,
15 ml Sahne

schütteln, abseihen

UNION CLUB

Glas: Cocktailspitz
Garnitur: Orangenzeste

60 ml Bourbon Whiskey, 15 ml
Maraschino, 15 ml Campari, 45 ml
Orangensaft

schütteln, doppelt abseihen

UP TO DATE

Glas: Coupette
Garnitur: Zitronenzeste

60 ml Rye Whiskey, 25 ml Manzanilla Sherry, 15 ml Grand Marnier,
2 Dashes Angostura Bitters

rühren, abseihen

VANDERBILT

Glas: Cocktailspitz
Garnitur: Zitronenzeste

60 ml Cognac, 20 ml Cherry Brandy,
5 ml Zuckersirup, 2 Dashes Angostura
Bitters

rühren, abseihen

VESPER

Glas: Cocktailspitz
Garnitur: Zitronenzeste

75 ml Gin, 25 ml Wodka (z. B.
Ciroc), 15 ml Lillet Blanc

schütteln, abseihen

VIEUX CARRÉ

Glas: Cocktailspitz
Garnitur: Zitronenzeste

30 ml Rye Whiskey, 30 ml Cognac,
30 ml süßer Wermut, 1 Barlöffel Bénédictine, 2 Dashes Angostura Bitters,
2 Dashes Peychaud's Bitters

rühren, abseihen

VIEUX MOT

Glas: Coupette

45 ml Gin, 20 ml Zitronensaft,
15 ml Holunderblütenlikör, 5 ml
Zuckersirup

schütteln, doppelt abseihen

VOWEL COCKTAIL

Glas: Cocktailspitz

30 ml Scotch Whisky (z. B. Chivas Regal 18), 45 ml Kümmel, 30 ml süßer
Wermut, 15 ml Orangensaft,
2 Dashes Angostura Bitters

schütteln, doppelt abseihen

VOYAGER

Glas: DOF
Garnitur: Limettenspalte

60 ml Rum (leicht), 15 ml Bénédictine, 15 ml Falernum, 20 ml Limettensaft, 2 Dashes Angostura Bitters

schütteln, doppelt abseihen

WARD EIGHT

Glas: Coupette

50 ml Bourbon Whiskey, 25 ml
Orangensaft, 15 ml Zitronensaft,
2 Barlöffel Granatapfelsirup

schütteln, doppelt abseihen

WEDDING BELLE

Glas: Cocktailspitz
Garnitur: Orangenzeste

35 ml Gin, 30 ml Dubonnet, 15 ml
Cherry Brandy, 15 ml Orangensaft

schütteln, doppelt abseihen

WHISKEY SMASH

Glas: SOF
Garnitur: Minzspitze

60ml Bourbon Whiskey (z. B. Blanton's
Single Barrel), 1/2 Zitrone, 20 ml
Zuckersirup, 6 Blätter Minze

halbe Zitrone vierteln, Zitrone
kräftig andrücken, Minze leicht
andrücken, schütteln, doppelt auf
Eiswürfel abseihen

WHITE LADY

Glas: Cocktailspitz

50 ml Gin (z. B. Tanqueray Gin),
25 ml Cointreau, 25 ml Zitronensaft,
Eiweiß

schütteln, doppelt abseihen

WIDOW'S KISS

Glas: Cocktailspitz
Garnitur: Kirsche

45 ml Calvados, 20 ml Chartreuse
Verte, 20 ml Bénédictine, 2 Dashes
Angostura Bitters

schütteln, doppelt abseihen

WINK

Glas: SOF

60 ml Gin, 7,5 ml Cointreau, 5 ml
Zuckersirup, 3 Dashes Peychaud's
Bitters, Absinth zum Parfümieren

rühren, Glas mit Absinth
parfümieren, in SOF-Glas ohne
Eiswürfel abseihen

YACHT CLUB

Glas: Cocktailspitz

25 ml Gin, 25 ml süßer Wermut,
25 ml Orangensaft, 2 Dashes Campari, 2 Dashes Zuckersirup

schütteln, doppelt abseihen

ZIG ZAG

Glas: Cocktailspitz

50 ml Tequila Reposado, 10 ml Bénédictine, 10 ml Apricot Brandy, 10 ml
Limettensaft

schütteln, doppelt abseihen

BY SIDE

Der **Sour** und seine Varianten **(Gin Daisy, Gin Fizz, Tom Collins)** bieten eine dankbare Grundlage zum Variieren und Ausprobieren. Mit dem Verhältnis aus 60 ml Spirituose zu 30 ml Säure und 20 ml Zucker lässt sich wenig falsch machen – das richtige Abschmecken vorausgesetzt. Während sich bei Spirituosen mit europäischer oder nordamerikanischer Herkunft (z. B. Gin, Whiskey) die Verwendung von Zitronensaft eingebürgert hat, wird bei

Bränden mit südlicherer Herkunft (z. B. Rum, Tequila) meist Limettensaft genutzt. Das ist aber eher Gewohnheiten als geschmacklichen Gründen geschuldet, schon weil Limetten im Norden früher weitaus schwieriger zu beschaffen waren als Zitronen.

Auf dieser Grundlage lässt sich im **Smash** wunderbar improvisieren. Gin Smash mit Himbeere und Rosmarin? Gerne! Cognac Smash mit Orange und Thymian? Nur

her damit! Lassen Sie sich inspirieren – vielleicht hilft ein Blick in den Kühlschrank oder in Ihr Lieblingskochbuch.

Eine willkommene Ergänzung im Sour ist außerdem Eiweiß. Es macht den Drink runder und schaumiger. Hier empfiehlt sich übrigens eine Zitronenzeste, um den Eischaum ansprechend zu parfümieren. Bitters können dem Drink dagegen mehr Tiefe verleihen.

WHISKEY SOUR

GLAS // SOF
GARNITUR // ZITRONENSPALTE

60 ml Bourbon Whiskey (z. B. Bulleit Bourbon),
30 ml Zitronensaft, 20 ml Zuckersirup

schütteln, auf Eiswürfel abseihen

WHITE RUSSIAN

GLAS // COCKTAILSPITZ

60 ml Wodka (z. B. Ketel One),
30 ml Kaffeelikör, 30 ml Sahne (halbsteif)

ohne Sahne rühren, abseihen,
Sahne vorsichtig floaten

ZUMBO

Glas: Cocktailspitz
Garnitur: Zitronenzeste

45 ml Gin, 10 ml Cointreau, 10 ml süßer Wermut, 10 ml trockener Wermut, 2 Dashes Fernet Branca

rühren, abseihen

ZUMMY

Glas: Cocktailspitz

30 ml Gin, 30 ml Bénédictine, 20 ml süßer Wermut, 20 ml trockener Wermut, 1 Dash Campari

rühren, abseihen

Der **White Russian** ist die sanfte Alternative zum **Black Russian**. Bei seiner Zubereitung kann man zwei gegensätzliche Schulen ausmachen. Die klassischere Variante verwendet Sahne und wird serviert in einem Spitz, die moderne Variante gibt sich etwas arbeitsscheuer und baut den White Russian mit Milch in einem Double-Old-Fashioned-Glas. Wir entscheiden uns manchmal aber auch für die goldene Mitte und genießen den White Russian mit Sahne, aber auf Eis.

ZOMBIE

GLAS // TIKI MUG
GARNITUR // MINZSPITZE, FRÜCHTE

30 ml Rum (kräftig), 30 ml Rum Overproof,
30 ml Rum (leicht), 10 ml Cherry Brandy,
30 ml Zitronensaft, 20 ml Granatapfelsirup,
40 ml Orangensaft, 1 Dash Absinth

ohne Absinth schütteln, auf Eiswürfel
abseihen, mit Absinth floaten

BY SIDE

363

Der **Zombie** ist nicht nur der letzte Drink in unserer Rezeptliste, sondern auch das letzte Exemplar in einer Liste von altverdienten Rumdrinks, denen in den letzten Jahrzehnten mit zu viel Saft und Sirup die letzte Würde geraubt wurde **(Hurricane, Mai Tai, Planter's Punch)**. Erfunden wurde die Urversion dieses Tiki-Klassikers von Ernest Raymond Beaumont-Gannt, genannt Donn Beach, der ihn in den 1930er-Jahren angeblich einem Gast servierte, der damit seinen Kater überdecken wollte. Da das Originalrezept wohl etwa 120 ml Rum enthielt, ist es kein Wunder, dass der Gast einige Tage später wieder auftauchte und erzählte, er habe sich nach dem Drink wie ein Zombie gefühlt. So entstand der einprägsame Name.

Am Originalrezept schien selbst Donn Beach nicht besonders zu hängen und veröffentlichte über die Jahre verschiedene Zombie-Rezepte. Andere Bartender taten es ihm gleich, und es entstanden zahllose Versionen, die sich teilweise vor allem in der Anzahl der verwendeten Rums zu überbieten schienen – mancher hat schon Rezepte mit sieben oder acht Sorten gesehen. Das ist zwar übertrieben, aber eine wohlüberlegte Mischung aus zwei oder drei Rums gibt dem Zombie die charakteristische Kraft. Ansonsten gehe ich es für diesen Drink mit 90 ml Rum eher moderat an, bin mir aber dennoch sicher, dass auch diese Version nicht zur Bekämpfung eines Katers taugt.

ZUTATENVERZEICHNIS

STICHWORTVERZEICHNIS

LITERATUR

Adam, Helmut; Hasenbein, Jens; Heuser, Bastian: Cocktailian 2. Rum & Cachaça. Wiesbaden: Tre Torri 2011.

Arthur, Stanley Clisby: Famous New Orleans Drinks & How to Mix 'em. Gretna: Pelican Publishing Company 2009.

Baker, Jr., Charles H.: Jigger, Beaker and Glass. Drinking Around the World. Lanham, Boulder, New York: The Derrydale Press 1992.

Begg, Desmond: The Vodka Companion. A Connoisseur's Guide. London: Apple Press 1998.

Bergeron, Victor: Trader Vic's Book of Food and Drink. New York: Doubleday & Company 1946.

Berry, Jeff; Kaye, Annene: Beachbum Berry's Grog Log. San Jose: SLG Publishing 1998.

Beutel, F. J.; Barics, Roland (Hrsg.): Die modernen Getränke. Norderstedt: Books on Demand 2009.

Bock, Dietrich: Erlesene Cocktails für private Gäste. Dietrich Bock 1997.

Boothby, William T.: American Bar-Tender. San Francisco: Anchor Distilling 2009.

Boothby, William T.: Cocktail Boothby's American Bartender. San Francisco: San Francisco News Company 2009.

Bos, Ralf: Avantgarde. Molekularküche und andere progressive Kochtechniken. Köln: Fackelträger 2008.

Brandl, Franz: Liköre der Welt. München: Südwest 2000.

Broom, Dave; Lowe, Jason: Rum. München: Christian 2004.

Broom, Dave: The Complete Bartender's Guide. London: Carlton Books 2010.

Broom, Dave: The World Atlas of Whiskey. More than 300 Expressions Tasted. London: Mitchell Beazley 2010.

Calabrese, Salvatore: Classic Cocktails. London: Prion Books Limited 2001.

Calabrese, Salvatore: Classic Cocktails. New York: Sterling Publishing Co., Inc. 1997.

Carson, Gerald: The Social History of Bourbon. Lexington: The University Press of Kentucky 2010.

Craddock, Harry: The Savoy Cocktail Book. London: Pavilion Books 1999.

Crockett, A.S.: The Old Waldorf-Astoria Bar Book. Quezon City: New Day Publishing 2003.

Curtis, Wayne: And a Bottle of Rum. A History of the New World in Ten Cocktails. New York: Crown Publishers 2006.

Davies, Myles: Pioneers of Mixing at Elite Bars 1903-1933. Mixellany Limited 2009.

DeGroff, Dale: The Craft of the Cocktail. Everything You Need to Know to Be a Master Bartender, with 500 Recipes. New York: Clarkson Potter 2002.

Difford, Simon: Diffordsguide Cocktails 8. London: Difford's Guides 2009.

Dominé, André: Die Welt der Spirituosen und Cocktails. The Ultimate Bar Book. Potsdam: Tandem 2008.

Edwards, Michael: The Finest Wines of Champagne. A Guide to the Best Cuvées, Houses, and Growers. Berkeley: University of California Press 2009.

Embury, David A.: The Fine Art of Mixing Drinks. New York: Doubleday & Company 2008.

Emmons, Bob: The Book of Tequila. A Complete Guide. Chicago: Open Court Publishing Company 1997.

Ensslin, Hugo R.: Recipes for Mixed Drinks. New York: Mud Puddle Books 2009.

Faith, Nicholas; Wisniewski, Ian: Classic Vodka. London: Prion Books Limited 1997.

Fischer, Christina: Christina Fischers Weinwissen. Eggolsheim: Dörfler 2004.

Furrer, Daniel: Zechen und Bechern. Eine Kulturgeschichte des Trinkens und Betrinkens. Geschichte erzählt. Bd. 4 Darmstadt: Primus Verlag 2006.

Gately, Ian: Drink. A Cultural History of Alcohol. New York: Gotham Books 2008.

Gregory, Conal R.: Cognac. Das Handbuch für Genießer. Köln: Benedikt Taschen 1999.

Grimes, William: Straight Up or On the Rocks. The Story of the American Cocktail. New York: North Point Press 2001.

Haigh, Ted: Vintage Spirits and Forgotten Cocktails. From the Alamagoozlum to the Zombie. 100 Rediscovered Recipes and the Stories Behind Them. London: Quarry Books 2009.

Hubert, Wolfgang; Schwarzwälder, David: Portugal und seine Weine. Ein Weinland im Aufbruch. München: Gräfe und Unzer Verlag 2007.

Iburg, Anne: Dumonts kleines Gewürzlexikon. Eggolsheim: Dörfler 2004.

Jackson, Michael: Whisky. Alle Marken und Destillerien der Welt. München: Dorling Kindersley 2005.

Jäger, Peter: Das Handbuch der Edelbrenntweine, Schnäpse, Liköre. Vom Rohstoff bis ins Glas. Graz: Leopold Stocker Verlag 2006.

Johnson, Harry: Harry Johnson's Bartenders Manual. Mixellany Limited. 2009.

Johnson, Harry: Handbuch für Bartender. Passau: Merchandising eCocktail KG 2001.

Johnson, Hugh: Der große Johnson. Die Enzyklopädie der Weine, Weinbaugebiete und Weinerzeuger der Welt. München: Gräfe und Unzer Verlag 2009.

Kolb, Erich (Hrsg): Spirituosen-Technologie. Hamburg: B. Behr's Verlag 2004.

McElhone, Harry; Holcomb, Wynn: Barflies and Cocktails. 300 Recipes. New York: Mud Puddle Books 2008.

Meehan, Jim; Gall, Chris: The PDT Cocktail Book. The Complete Bartender's Guide from the Celebrated Speakeasy.

New York: Sterling Epicure 2011.

Meier, Frank: The Artistry of Mixing Drinks. New York: Mud Puddle Books 2009.
Miller, Anistatia; Brown, Jared: Spirituous Journey. A History of Drink. Mixellany Limited. 2009.

Miller, Anistatia; Brown, Jared: Spirituous Journey. From Publicans To Master Mixologists. Mixellany Limited. 2009.

Murray, Jim: Classic Bourbon Tennessee & Rye Whiskey. Weil der Stadt: Walter Hädecke Verlag 1998.

Myhrvold, Nathan; Young, Chris; Bilet, Maxime: Modernist Cuisine. Die Revolution der Kochkunst. Band 1–5. Köln: Taschen 2011.

Nickell, Colonel Joe: The Kentucky Mint Julep. Lexington: The University Press of Kentucky 2003.

Peck, Garrett: The Prohibition Hangover. Alcohol in America from Demon Rum to Cult Cabernet. New Brunswick: Rutgers University Press 2009.

Perrine, Joy; Riegler, Susan: The Kentucky Bourbon Cocktail Book. Lexington: University Press of Kentucky 2009.

Priewe, Jens: Wein, die neue große Schule. München: Zabert Sandmann 2001.

Reed, Ben: Bartenders Guide. London, New York: Ryland Peters & Small 2006.

Regan, Gary: The Bartender's Gin Compendium. Bloomington: Xlibris 2009.

Regan, Gary: The Cocktailian Chronicles. Life with the Professor. Mixellany Limited 2010.

Regan, Gary: The Joy of Mixology. The Consummate Guide to the Bartender's Craft. New York: Clarkson Potter 2003.

Richter, Peter: Über das Trinken. München: Goldmann 2011.

Scott, Berkeley and Jeanine: The Kentucky Bourbon Trail. Mount Pleasant: Arcadia Publishing 2009

Thomas, Jerry: Bartenders Guide or How to Mix all Kinds of Drinks. Frankfurt: Beam Global Deutschland 2009.

Von der Winden, Usch: Wildkräuter und Blüten. Frisch aus der Natur für die kreative Kräuterküche. Köln: Fackelträger 2012.

Wirtz, Dieter H.; Martens, Matthias: Cigarre & Co. Köln: Fackelträger 2008.

Wondrich, David: Imbibe! From Absinthe Cocktail to Whiskey Smash, A Salute in Stories and Drinks to „Professor" Jerry Thomas, Pioneer of the American Bar. New York: Perigee 2007.

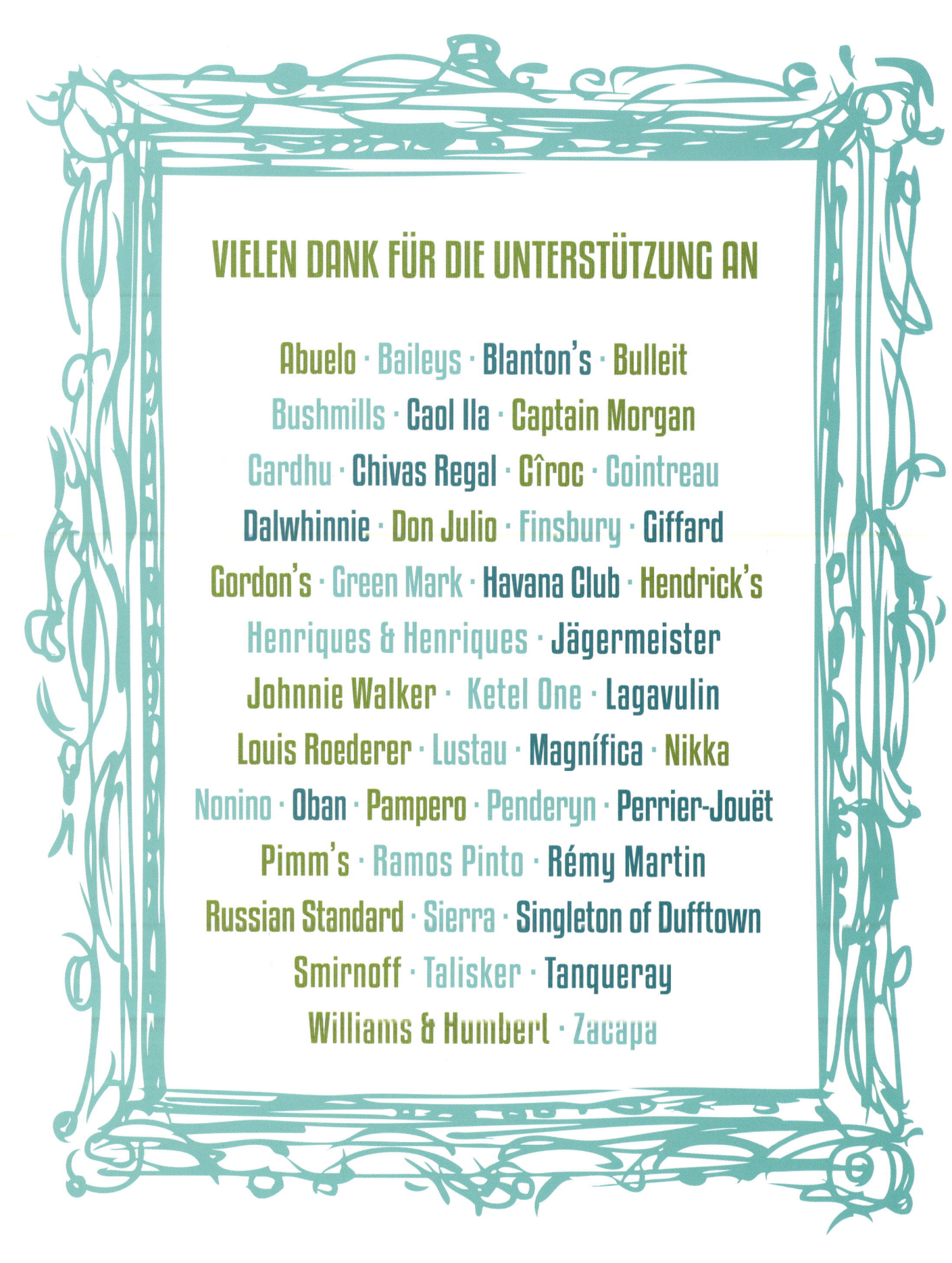

VIELEN DANK FÜR DIE UNTERSTÜTZUNG AN

Abuelo · Baileys · Blanton's · Bulleit
Bushmills · Caol Ila · Captain Morgan
Cardhu · Chivas Regal · Cîroc · Cointreau
Dalwhinnie · Don Julio · Finsbury · Giffard
Gordon's · Green Mark · Havana Club · Hendrick's
Henriques & Henriques · Jägermeister
Johnnie Walker · Ketel One · Lagavulin
Louis Roederer · Lustau · Magnífica · Nikka
Nonino · Oban · Pampero · Penderyn · Perrier-Jouët
Pimm's · Ramos Pinto · Rémy Martin
Russian Standard · Sierra · Singleton of Dufftown
Smirnoff · Talisker · Tanqueray
Williams & Humbert · Zacapa